Bestimmungsbuch Archäologie 1

Herausgegeben von
Landesstelle für die nichtstaatlichen Museen in Bayern,
Archäologisches Landesmuseum Baden-Württemberg,
LVR-LandesMuseum Bonn,
Archäologisches Museum Hamburg

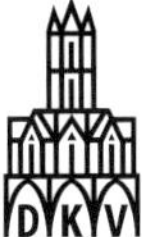

Fibeln

erkennen · bestimmen · beschreiben

von
Ronald Heynowski

DEUTSCHER KUNSTVERLAG

Bestimmungsbuch Archäologie 1

Herausgegeben von
Landesstelle für die nichtstaatlichen Museen in Bayern,
Archäologisches Landesmuseum Baden-Württemberg,
LVR-LandesMuseum Bonn,
Archäologisches Museum Hamburg

Redaktion:
Christof Flügel, Wolfgang Stäbler

Abbildung auf dem Umschlag:
Filigranscheibenfibel (3.26.3.), LVR-LandesMuseum Bonn, Inv.Nr. E 988/153

Bibliografische Information der Deutschen Bibliothek
Die Deutsche Bibliothek verzeichnet diese Publikation in der Deutschen Nationalbibliografie;
detaillierte bibliografische Daten sind im Internet über <http://dnb.d-nb.de> abrufbar.

Projektleitung im Verlag: Rudolf Winterstein
Lektorat im Verlag: Birgit Olbrich, Anna Bierler
Umschlaggestaltung: Edgar Endl, Deutscher Kunstverlag

Repro: Deutscher Kunstverlag
Druck und Bindung: DZA Druckerei zu Altenburg GmbH, Altenburg

Schrift: Myriad Pro

ISBN 978-3-422-98098-3

Inhalt

Anhang

Vorwort der Herausgeber zur 1. Auflage

Band 1 der neuen Reihe »Bestimmungsbuch Archäologie« widmet sich den Gewandspangen/Fibeln als archäologischen Leitfunden. Epochen- und länderübergreifend hat Dr. Ronald Heynowski Fibeltypen von ca. 1500 v. Chr. bis 1000 n. Chr. systematisch geordnet, detailliert beschrieben und dabei die nahezu unübersichtliche Spezialliteratur zu regionalen Fibelbeständen und -typen kompakt und verständlich zusammengefasst. Das Buch bietet so einen hervorragenden Überblick über die Vielfalt einer Fundgattung, die die Menschen über Jahrtausende begleitet hat. Es ist vorwiegend für Museums- und Sammlungsmitarbeiter gedacht, die archäologische Fundbestände digital inventarisieren und korrekt ansprechen müssen. Genauso gern werden es auch Studierende, Sammlerinnen und Sammler und archäologische Fachkollegen zur Hand nehmen. Das Bestimmungsbuch will und kann die Spezialliteratur nicht ersetzen, soll aber eine rasche Orientierung in der umfangreichen und komplexen archäologischen Kleinfundliteratur ermöglichen.

Die Idee zum »Bestimmungsbuch Archäologie« entstand in der länderübergreifenden »Arbeitsgemeinschaft Archäologiethesaurus«, die im Archäologischen Museum Hamburg von Michael Merkel und Kathrin Mertens initiiert wurde. Dieser Arbeitsgruppe gehören Kolleginnen und Kollegen aus dem gesamten deutschsprachigen Raum an. Den Grundstock der Arbeit bilden lokale Wortlisten, welche im Rahmen digitaler archäologischer Inventarisierungsprojekte erstellt worden waren. Für die Bereitstellung dieser Wortlisten sind wir den beteiligten Institutionen sehr dankbar. Die einzelnen Häuser und ihre Mitarbeiter werden in der Einführung von Kathrin Mertens detailliert aufgelistet.

Dem Pilotband sollen weitere Bände nichtkeramischer Fundgattungen folgen; in Vorbereitung sind die Bände »Äxte und Beile« sowie »Geräte zur Körperpflege: Kämme, Spiegel, Rasiermesser und Toilettebesteck«.

Realisiert werden konnte die Drucklegung des ersten Bandes des »Bestimmungsbuches Archäologie« durch das gemeinsame Engagement der beteiligten Institutionen aus vier Bundesländern. An der Landesstelle für die nichtstaatlichen Museen in Bayern wurde das Projekt von dem Referenten für die archäologischen Museen in Bayern, Dr. Christof Flügel, sowie von Dr. Wolfgang Stäbler als Refereten für Öffentlichkeitsarbeit und Publikationen koordiniert. Beiden Kollegen danken wir für ihren Einsatz. Beim Deutschen Kunstverlag wurde das Projekt in gewohnt professioneller Weise von Rudolf Winterstein betreut.

Der neuen Reihe wünschen wir positive Resonanz, dauerhafte Wirkung, weite Verbreitung und viele Folgebände.

Im Mai 2012

Dr. Michael Henker
Landeskonservator
Leiter der Landesstelle
für die nichtstaatlichen Museen in Bayern

Dr. Jörg Heiligmann
Direktor
Archäologisches Landesmuseum
Baden-Württemberg

Prof. Dr. Rainer-Maria Weiss
Direktor
Archäologisches Museum Hamburg

Dr. Gabriele Uelsberg
Leiterin
LVR-LandesMuseum Bonn

Vorwort der Herausgeber zur 2. und 3. Auflage

Archäologische Literatur entwickelt sich aufgrund ihres spezifischen Leserkreises und der teilweise komplexen Fachsprache nur selten zu Bestsellern. Mit großer Freude legen die Herausgeber deshalb den erstmals 2012 publizierten Pilotband »Fibeln« der erfolgreichen Reihe »Bestimmungsbuch Archäologie« nun bereits in der dritten Auflage vor. Die außergewöhnliche Akzeptanz dieses Buches sowie der gesamten Reihe, deren sechster Band (»Dolche und Schwerter«) noch 2019 erscheinen wird, beweist, dass hier nicht nur für die Museen ein leicht benutzbares Nachschlagewerk für die tägliche Bestimmungs- und Inventarisierungsarbeit geschaffen wurde; vielmehr finden die Inhalte auch das Interesse eines breiteren Leserkreises.

Die »Bestimmungsbücher Archäologie« werden durch die »Arbeitsgruppe Archäologiethesaurus« erarbeitet, eine Bundesländer übergreifende Kooperation von erfahrenen Spezialisten an archäologischen Landesmuseen und Landesämtern. Jeder Band bietet den Nutzern einen möglichst einfachen und klar strukturierten Zugang zur wissenschaftlichen Ansprache von archäologischen Objekten. Dabei besitzen die Bände enzyklopädischen Charakter. Ihre hierarchische Struktur, die Abbildungen und Register erlauben das schnelle Auffinden der Informationen. Die Relationen zwischen den einzelnen Typen über die Gliederungsstruktur hinweg helfen beim Vergleichen und Einordnen, die Literaturverweise ermöglichen einen vertieften Einstieg. Besonders ein Grundgedanke hat sicherlich zum Erfolg der Reihe beigetragen: Der Leser muss keinerlei Fachkenntnisse mitbringen, um das Bestimmungsbuch für sich zu nutzen – er wird geleitet. Aber auch die hilfreichen Relationen zu den inzwischen publizierten Materialgruppen, insbesondere der Nadeln und Gürtelbestandteile, haben zu einer Verbesserung des Inhalts beitragen.

Für die dritte Auflage wurden der Text und das Literaturverzeichnis des Buches durch Änderungen und Ergänzungen auf den neuesten Stand gebracht.

Abschließend möchten wir uns beim Autor und der gesamten »AG Archäologiethesaurus« für Ihr großes Engagement bedanken!

Im Mai 2019

Dr. Astrid Pellengahr
Leiterin der Landesstelle
für die nichtstaatlichen Museen in Bayern

Dr. Barbara Theune-Großkopf
Kommissarische Direktorin
Archäologisches Landesmuseum
Baden-Württemberg Konstanz

Prof. Dr. Rainer-Maria Weiss
Direktor
Archäologisches Museum Hamburg

Dr. Gabriele Uelsberg
Leiterin
LVR-LandesMuseum Bonn

Einführung

Ein einheitlicher Archäologischer Objektbezeichnungsthesaurus für den deutschsprachigen Raum

Für die digitale Erfassung archäologischer Sammlungsbestände ist ein kontrolliertes Vokabular unerlässlich. Nur so kann eine einheitliche Ansprache der Objekte garantiert und damit ihre langfristige Auffindbarkeit gewährleistet werden. Auch für ihre Einbindung in überregionale, nationale und internationale Kulturportale (Deutsche Digitale Bibliothek, Europeana) ist die Verwendung eines kontrollierten Vokabulars zwingend erforderlich. Während jedoch im kunst- und kulturhistorischen Bereich bereits zahlreiche überregional anerkannte Thesauri vorliegen, fehlt etwas Vergleichbares für das Fachgebiet der Archäologie bisher weitgehend.

Die Schwierigkeiten einer einheitlichen Verwendung archäologischer Objektbezeichnungen zeigen sich schnell: Viele Begriffe sind in einen engen regionalen oder chronologischen Kontext eingebettet, an bestimmte Forschungsrichtungen oder Schulen gebunden oder verändern durch neue Forschungsarbeiten ihren Inhalt. Hinzu kommt die über Jahrzehnte gewachsene archäologische Fachterminologie, die zu vielfältigen und oft umständlichen, aus zahlreichen Präkombinationen bestehenden Bezeichnungen geführt hat.

Die 2008 gegründete AG Archäologiethesaurus, in der Archäologen aus ganz Deutschland zusammenarbeiten, hat sich trotz dieser offenkundigen Hindernisse zum Ziel gesetzt, ein vereinheitlichtes, überregional verwendbares Vokabular aus klar definierten Begriffen zu entwickeln, das die – nicht nur digitale – Inventarisierung der umfangreichen Bestände in den archäologischen Landesmuseen und Landesämtern ebenso wie der kleineren archäologischen Sammlungen in den vielfältigen regionalen Museen erleichtern soll. Dieser archäologische Objektbezeichnungsthesaurus soll sowohl von Laien als auch von Wissenschaftlern benutzt werden können. Dies setzt voraus, dass die zu erarbeitende Terminologie, ausgehend von sehr allgemein gehaltenen Begriffen, eine gewisse typologische Tiefe erreicht, wobei jedoch nur solche Typen in dem Vokabular abgebildet werden, die bereits eine langjährige generelle Anerkennung in der Fachwelt erfahren haben. Die gewachsenen und vertrauten Bezeichnungen bleiben dabei selbstverständlich erhalten. Das in der AG erarbeitete Vokabular erhebt keinen Anspruch auf Vollständigkeit; Ziel ist es aber, eine Struktur zu schaffen, die jederzeit ergänzt und erweitert werden kann, ohne grundsätzlich verändert werden zu müssen.

Als Ausgangspunkt für dieses Vokabular dienten die zur Zeit bereits verwendeten Wortlisten verschiedener Institutionen, die der AG zu Beginn ihrer Arbeit zur Verfügung gestellt wurden. Hierfür geht ein Dank an: Archäologie Baselland, Bibliotheksservice-Zentrum Baden-Württemberg | MusIS-Verbund, Archäologisches Museum Hamburg, Niedersächsisches Landesmuseum Hannover, Landesmuseum Württemberg, Landesstelle für die nichtstaatlichen Museen in Bayern, Saarländischer Museumsverband sowie Thüringisches Landesamt für Denkmalpflege und Archäologie.

Am Ende der Arbeit soll ein Vokabular stehen, das zum einen die Erfassung archäologischer Bestände mit unterschiedlichen Erschließungstiefen ermöglicht, zum anderen aber auch vielfältige Suchmöglichkeiten sowohl für interessierte Laien als auch für Wissenschaftler anbietet. Jedem Begriff sollen dabei eine Definition, ein Quellennachweis und eine typische Abbildung (Zeichnung oder Foto) hinterlegt werden. Für eine nachvollziehbare Einordnung eines jeden Objekttyps sind zudem Hinweise zur Datierung und Verbreitung vorgesehen.

Die Bereitstellung des Thesaurus ist langfristig online auf der Website von www.museumsvokabular.de geplant und soll über Standard-Austauschformate in alle gängigen Datenbanken einspielbar sein. Vorab werden, beginnend mit den Fibeln, schrittweise einzelne Objektgruppen in gedruckter Form als mehrbändiges »Bestimmungsbuch Archäologie« erscheinen.

Kathrin Mertens

In der AG Archäologiethesaurus sind derzeit folgende Institutionen regelmäßig vertreten:

Bonn, LVR-LandesMuseum (Hoyer von Prittwitz)
Dresden, Landesamt für Archäologie (Ronald Heynowski)
Hamburg, Archäologisches Museum Hamburg (Kathrin Mertens)
Hannover, Niedersächsisches Landesmuseum (Ulrike Weller, Sonja Nolte)
Köln, Universität zu Köln (Eckhard Deschler-Erb)
München, Landesstelle für die nichtstaatlichen Museen in Bayern (Christof Flügel)
München, Archäologische Staatssammlung (Brigitte Haas-Gebhardt)
Rastatt, Archäologisches Landesmuseum Baden-Württemberg (Patricia Schlemper)
Schleswig, Stiftung Schleswig-Holsteinische Landesmuseen (Angelika Abegg-Wigg)

Einleitung

Die Fibel ist eine Gewandspange, die dazu verwendet wurde, ein Kleid, ein Untergewand oder einen Mantel zu verschließen. Durch ihren hervorgehobenen Sitz im Brust- oder Halsbereich wurde sie zum Träger modischen Designs und zeigt häufig regionale Besonderheiten. Der hohe Stellenwert, der der Fibel in der archäologischen Forschung eingeräumt wird, resultiert aus dieser zeit- und raumbezogenen Variationsfreude.

Eine erste Zusammenfassung der Fibeln als Materialgruppe erfolgte 1872 durch den späteren schwedischen Reichsantiquar Hans Hildebrand (Hildebrand 1872–80). In seiner typologisch angelegten Studie beschrieb er die Fibeln in einem umfänglichen Rahmen. Zeitlich erfasste er die Spanne zwischen der älteren Bronzezeit mit dem ersten Auftreten von Fibeln und der Wikingerzeit, dem durch die Einführung des Christentums und der wachsenden Dichte schriftlicher Quellen definierten Ende der prähistorischen Epochen. Den geographischen Rahmen bildete Europa, wobei Süd- und Südosteuropa mit Schwerpunkten in Ungarn und Italien, der Alpenraum und das nördlich anschließende Vorland sowie Skandinavien im Mittelpunkt der Ausführungen standen.

In diesen frühen Tagen archäologischer Forschung ging es darum, die Grundlagen der in der Entstehung befindlichen Wissenschaft zu legen. Entsprechend stellte die Studie von Hildebrand eine der ersten typologischen Untersuchungen überhaupt dar und trug dazu bei, die Methode der Typologie zu begründen und zu etablieren.

Es ist auffällig, dass Hildebrands Untersuchung die erste und zugleich einzige Darstellung der Fibeln in diesem weiten zeitlichen und geographischen Rahmen bildet. Alle nachfolgenden Arbeiten behandeln lediglich einen Ausschnitt dieses Spektrums und begrenzen ihr Untersuchungsgebiet. Die Ursachen dafür sind in der großen Anzahl der auftretenden Fundstücke, in der Vielfältigkeit der Formen sowie in der ausgesprochenen Fülle von Merkmalen und Details bei jedem Einzelstück zu suchen. Der damit verbundene hohe Aussagewert der Fibeln in Hinblick auf Fragen der Chronologie und Verbreitung, Technologie, Soziologie oder Trachtgeschichte hat dazu geführt, dass in der Forschung zunehmend das Detail gegenüber der Generalisierung in den Mittelpunkt rückte. Eine Verfeinerung der Ansprache und die Ableitung valider Aussagen aus feintypologischen Analysen sowie der Betrachtung von Detailmerkmalen nimmt die Forschung der letzten Jahrzehnte ein. Dies hat zu unabhängigen Forschungstraditionen geführt, die sich nicht ohne Weiteres vereinen lassen.

Die bronzezeitlichen Fibeln lassen sich sehr gut durch die Schriften der von Herrmann Müller-Karpe editierten Reihe »Prähistorische Bronzefunde« erschließen (Bader 1983; Betzler 1972; v. Eles Masi 1986; Gedl 2004; Glogović 2003; Laux 1973; Novotná 2001; Říhovský 1993; Vasić 1999). Die grundlegenden Untersuchungen zu den Fibelformen der Eisenzeit stammen von Robert Beltz (1911; 1913) und Józef Kostrzewski (1919). Zu den jüngeren Arbeiten zählen die Studien von Günther Mansfeld (1973), Bettina Glunz (1997) und Rupert Gebhard (1991). Die Formenvielfalt der Römischen Kaiserzeit wird durch Emilie Riha (1979; 1994) sehr systematisch gegliedert. Darüber hinaus gehören unter anderem die Arbeiten von Astrid Böhme (1972), Elisabeth Ettlinger (1973), Michel Feugère (1985) oder Werner Jobst (1975) zu den Standardwerken. Für die zeitgleichen Formen im Barbaricum gilt trotz zahlreicher Modifikationen die Einteilung von Oscar Almgren (1923). Die Fibeln der Merowingerzeit wurden in den letzten Jahren von verschiedenen Autoren bearbeitet, von denen Margarete Klein-Pfeuffer

(1993), Alexander Koch (1998) und Gabriele Graenert (2007) exemplarisch genannt seien. Die Arbeiten von Sven Spiong (2000) und Egon Wamers (1994) schaffen einen Zugang zu den Fibeln des frühen und hohen Mittelalters. Die jüngere Fibelentwicklung, die über diverse Hemd- und Mantelspangen bis zu den neuzeitlichen und modernen Broschen einerseits und den Sicherheitsnadeln andererseits führt, wird hier nicht weiter verfolgt. Einen Einstieg in das jüngere Formenspektrum kann durch die Arbeiten von H. J. E. van Beuningen (2001), Stefan Krabath (2004) oder Maria Stürzebecher (2010) erfolgen. Über die Stücke des 17.–19. Jahrhunderts informieren volkskundliche und trachtgeschichtliche Studien (Ritz 1978; Behrmann 1984).

Ein rascher Überblick verdeutlicht, dass es kein allgemein gebräuchliches System gibt, nach dem Fibeln klassifiziert werden. Um dies zu illustrieren, soll zunächst die Bezeichnung der Fibelform als möglicher Ausdruck einer innewohnenden Gliederung betrachtet werden. Es zeigt sich, dass es sehr unterschiedliche Möglichkeiten gibt, Fibelklassen zu benennen und damit charakteristische Eigenschaften zum Ausdruck zu bringen. Folgende Attribute, die in einem direkten Bezug zur Fibel stehen, sind für die Bezeichnung verbreitet: Konstruktion (z.B. Armbrustspiralfibel, Hülsenspiralfibel), Aufbau (z.B. Fibel des Frühlatèneschemas, Fibel mit umgeschlagenem Fuß), äußere Form (z.B. Scheibenfibel, Kreuzfibel), markante Besonderheit (z.B. Fußzierfibel, Bügelknopffibel), Material (z.B. Almandinscheibenfibel, Millefiorifibel, Emailfibel), Zierelemente (z.B. Tierkopffibel, Augenfibel), Trageweise (z.B. Haarfibel, Kleinfibel) oder Anmutungen (z.B. Krebsschwanzfibel, Delphinfibel, tierkopfähnliche Fibel). Dieses System erweitert sich um solche Bezeichnungen, deren Grundlage nur in einem indirekten Zusammenhang mit der beschriebenen Fibelklasse steht. Hierunter fallen: Fundort (z.B. Nauheimer Fibel), Fundregion (z.B. norisch-pannonische Fibel, Lüneburger Fibel, Bornholmfibel), Nutzergruppe (z.B. Soldatenfibel), vermutetes Ethnos (z.B. Langobardenfibel, gotische Silberblechfibel), Bearbeiter (z.B. Beltz Var. J, Almgren 101) oder wissenschaftliche Sprachkonstruktion (z.B. Pseudo-Spätlatènefibel).

Damit wird deutlich, dass die Bezeichnung einer Fibelklasse ein wenig geeignetes Merkmal für eine Strukturierung darstellt. Die individuelle Arbeitsweise oder das persönliche Forschungsziel des Bearbeiters bilden eine wesentliche, aber unsystematische Grundlage für den Namen. Dies kann in letzter Konsequenz auch zu einer Inflation von Namen führen. Da es kein einheitliches Schema gibt, nach dem Fibeln benannt werden, steht es jedem Bearbeiter frei, unabhängig von Forschungstraditionen eigene Bezeichnungen zu kreieren. Eine wissenschaftliche Bearbeitung kann aber nur dann wirksam sein, wenn über die Begriffe Klarheit besteht.

Eine andere Herangehensweise zur Gruppierung von Fibeln besteht in der Beschreibung der Kombination ausgewählter Merkmale.

Ein Beispiel bildet die Studie von Mechthild Schulze über Fibeln mit festem Nadelhalter (Schulze 1977). Zur Klassifizierung dieser Fibelgruppe wurden acht Kriterien ausgewählt: Spiralkonstruktion, Bügelöse, Bügelumriss, Fußumriss, aufgesetzte Bügelscheibe (oder nicht), Bügelquerschnitt, Form des Nadelhalters, Längenverhältnis von Bügel und Fuß. Nicht berücksichtigt wurden beispielsweise absolute Größe, Länge der Spirale, Verzierungselemente, -techniken und -muster, Herstellungsmaterial sowie Herstellungstechnik als Guss- oder Schmiedearbeit. Die Liste ließe sich erweitern.

Für jede einzelne Fibel wurden die Einzelmerkmale festgestellt und zu einer Gruppe von Fibeln gleicher Merkmalskombination zusammengefasst. Eine subjektive Ähnlichkeit der Fibeln einer Klasse spielt für die Einordnung keine Rolle. Die genannten acht Merkmale kamen bei den untersuchten Fibeln mit festem Nadelhalter in 255 verschiedenen Kombinationsmöglichkeiten vor.

Für eine grundsätzliche Klassifikation von Fibeln ist dieses Vorgehen nicht weiterführend. Zur Ordnung aller Fibeln müsste das Spektrum der Attribute erheblich erweitert werden, um die gesamte Bandbreite der auftretenden Formen erfassen zu können. Daraus ergeben sich unüberschaubar viele Kombinationsmöglichkeiten. Die Konsequenz ist die Aufhebung des Typengedankens als Gliederungsprinzip, da sich aus dieser

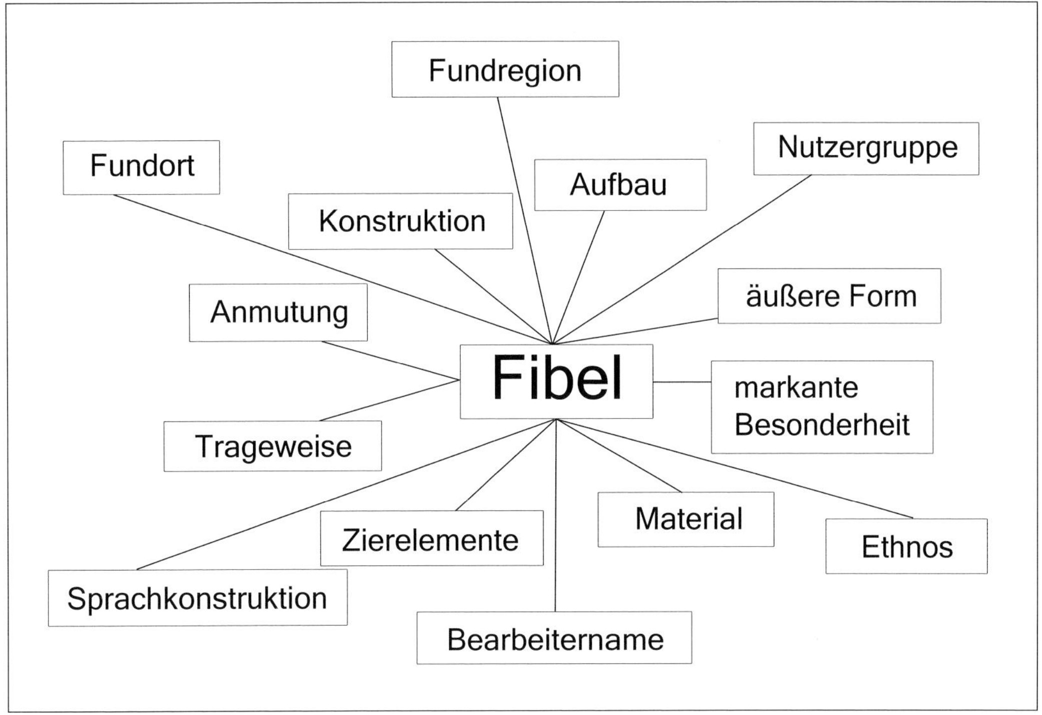

In der Literatur verbreitete Möglichkeiten zur Benennung von Fibeln.

Vorgehensweise keine Typen ergeben. Probleme bereitet ferner die Verwendung vielstelliger, abstrakter Bezeichnungen. Schließlich stellt sich die Frage, inwieweit solche Attributklassen in der Lage sind, historische Aussagen zu befördern. Die Beispiele von M. Schulze oder ähnlich G. Mansfeld zeigen, dass abstrakte Kombinationen von Eigenschaften als Fibelname (z.B. IIx Ak-o 2a) zumindest keine breite Akzeptanz in der Forschung finden (Schulze 1977; Mansfeld 1973).

Aus grundsätzlichen Erwägungen ist nicht davon auszugehen, dass es eine universelle Gliederung von archäologischen Objekten gibt, die eine Analyse jeder beliebigen Fragestellung erlaubt. Gliederungsprinzip und ausgewählte Attribute bestimmen die Auswertemöglichkeiten. Die vorliegende Zusammenstellung ist als ein Angebot zu verstehen. Es handelt sich um eine Liste von präkombinierten Formen als ein kontrolliertes Vokabular.

Die Grundlage bildet die im Zuge der Forschung ausgebaute und weithin etablierte Fachbezeichnung von Fibelgruppen und -typen. Diese Terme stellen ein wesentliches Element in der wissenschaftlichen Kommunikation dar. Sie sind nicht ohne weiteres zu streichen und durch andere zu ersetzen. Allerdings bilden die gängigen Fibelabfolgen nur jeweils Sequenzen in der gesamten Entwicklung dieser Objektgruppe, die stets zeitliche Grenzen aufweisen. Der Versuch, eine übergeordnete, allgemein gültige Struktur zu schaffen, muss sich zwangsläufig an den etablierten Sequenzen anlehnen, um die bisherige Terminologie zu wahren. Dies bedeutet aber auch, dass diese Strukturen integriert werden müssen, die einzelnen Stationen feststehen und eine Neugliederung nur innerhalb eines geringen Spielraums möglich ist. Dies führt zwangsläufig zu gewissen Inkonsequenzen, die jedoch billigend in Kauf genommen werden müssen. Da das Kulturgefüge menschlicher Gesellschaften keine mathematische Angelegenheit ist, sondern ein hoch flexibles und anpassungsfähiges Gebilde, dem trotzdem eine strukturelle Ordnung zugrunde liegt, ist auch von der Abbildung eines Teilbereichs – der Fibeln – nichts anderes zu erwarten. Hier soll die grundsätzliche Ordnung im Vordergrund stehen, nicht die mathematische Präzision.

Ziel ist es, die gängigen Fibelklassen zu definieren und so zu gliedern, dass eine hierarchische Ordnung entsteht. Dies geschieht in erster Linie aus Gründen der praktischen Anwendung bei der Inventarisierung von archäologischen Sammlungsbeständen. Eine Gliederung in mehreren Ebenen verschafft die Möglichkeit, die Objektansprache inhaltlich präzise vorzunehmen und dem jeweiligen Nutzungsrahmen anzupassen. Dieses Vorgehen ist im Rahmen einer Datenbankerfassung sowohl bei der Dateneingabe als auch für das Retrival sinnvoll. Es bietet aber in gleicher Weise Vorteile bei der analogen Erfassung in einem Inventarbuch, einem Fundverzeichnis oder einem Werkstattbuch. Eine Nummerierung der einzelnen Fibelklassen bildet die Ordnungshierarchie ab und dient zur besseren Orientierung. Darüber hinaus lassen sich die Fibelnamen über ein Verzeichnis erschließen. Die spezifischen Nutzungsmöglichkeiten zeigen, dass dieses Vokabular nicht speziell zu Forschungszwecken erstellt wurde. Die Zielgruppe sind diejenigen, die archäologische Sammlungsbestände beschreiben, ohne die entsprechenden Spezialisten zu sein.

Ausgangspunkt für das Vokabular ist eine Zusammenstellung von Fibelbezeichnungen, die aus acht bereits verwendeten Wortlisten aus dem deutschsprachigen Raum zusammengeführt wurden: Archäologie Baselland, Bibliotheksservice-Zentrum Baden-Württemberg | MusIS-Verbund, Archäologisches Museum Hamburg, Niedersächsisches Landesmuseum Hannover, Landesmuseum Württemberg, Landesstelle für die nichtstaatlichen Museen in Bayern, Saarländischer Museumsverband sowie Thüringisches Landesamt für Denkmalpflege und Archäologie.

Die Liste der Objekte ist um solche Begriffe reduziert, die nicht das Stück beschreiben, sondern an Datierung, Verbreitung, Verwendung oder Herstellungsmaterial anknüpfen wie beispielsweise Provinzialrömische Fibel, Kleinfibel, Norisch-Pannonische Fibel, Armbrustfibel u.ä.

Um die verbleibenden Stücke zu gliedern, wurde die Nadelaufhängung als primäres Kriterium ausgewählt. Dieses Merkmal besitzt gegenüber anderen den Vorteil, dass jede Fibel genau eine Nadelkonstruktion besitzt und die Konstruktionsprinzipien sich eindeutig voneinander unterscheiden. Dies verschafft die Möglichkeit, die Fibeln in einer ersten Ebene grob zu gliedern. Die zweite Ebene bezieht sich entweder ebenfalls auf das Konstruktionsprinzip oder auf den Aufbau der Fibel. Ab der dritten Ebene bilden Gestaltungs- und Verzierungsdetails die Gliederungskriterien.

Mit den behandelten Fibelklassen ist das Formenspektrum keinesfalls erschöpft. Zahlreiche Fibelformen wurden nicht berücksichtigt. Der Umfang aus den zugrunde liegenden acht Wortlisten gibt einen Detaillierungsgrad an, mit dem die Fibeln erfasst sind. Weitere Formen wurden aufgenommen, um die Zusammenstellung abzurunden. Insgesamt werden mehr als 250 Fibelklassen besprochen. Ziel ist die repräsentative Erfassung von Fibeln im deutschsprachigen Raum, wobei die relative Häufigkeit und die charakteristische Ausprägung die Kriterien für die Auswahl mitbestimmt haben. Die Gliederungsstruktur ist so aufgebaut, dass sie sich erweitern lässt. Bei einer digitalen Nutzung des Fibelvokabulars lässt die Struktur Ergänzungen ebenso zu wie eine Verfeinerung der Klassifikation durch die Anlage neuer Ebenen.

Für die Datierung der einzelnen Fibelklassen wurde bewusst ein grobes Raster jeweils mit einer relativen (Zeitstufe) und einer absoluten (Jahrhundert) Altersangabe gewählt. Dies soll lediglich als Anhaltpunkt dienen. Gerade weil die Fibeln für die Erforschung der Chronologie eine wichtige Rolle spielen, wurde darauf verzichtet, die Fibelklassen feiner als auf das Jahrhundert einzugrenzen.

In gleicher Weise darf die Verbreitung der einzelnen Fibelklassen nur als ein Hinweis aufgefasst werden. Die angegebenen Vorkommen bezeichnen den Verbreitungsschwerpunkt und lassen erkennen, ob es sich um eine weitläufige Form oder um eine Regionalerscheinung handelt. Hier

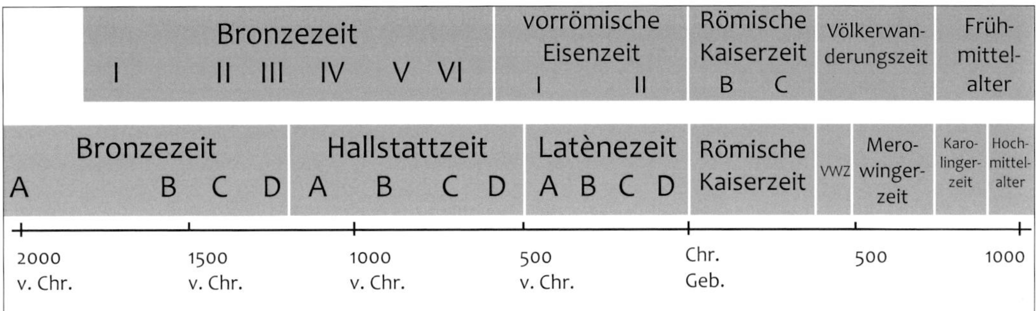

Chronologische Übersicht der prähistorischen Epochen im norddeutschen (oben) und süddeutschen Raum (unten). Die Bezeichnung der Zeitstufen erfolgt nach P. Reinecke (1965), O. Montelius (1917), H. Hingst (1959), H. Keiling (1969) und H.-J. Eggers (1955).

wurde jedoch nicht jedem Einzelstück nachgegangen.

Eine Abbildung soll die Beschreibung der Formen ergänzen. Es handelt sich dabei stets um individuelle Stücke, die in Hinsicht auf ihre charakteristische Ausprägung und gute Erhaltung ausgewählt wurden. Dennoch muss besonders bei variantenreichen Fibelklassen ein einzelnes Stück das Spektrum der Ausprägungen nicht vollständig repräsentieren. Hier ist zu berücksichtigen, dass andere Stücke der jeweiligen Fibelgruppe abweichende Merkmale aufweisen können. Mit Ausnahme der schematischen Zeichnungen zur Verdeutlichung der Konstruktionsprinzipien gilt für alle Zeichnungen der einheitliche Maßstab 1:2.

Die unter der Bezeichnung »Relation« aufgeführten Bezüge sollen quer zu den Hierarchien solche Fibeln verbinden, die auffällige gemeinsame Merkmale aufweisen oder die sich leicht verwechseln lassen. Hier wurde das Augenmerk auf besonders charakteristische Einzelmerkmale gelegt. Diese Rubrik lässt sich je nach Fragestellung sicherlich ergänzen.

Auf Beziehungen zwischen Stücken verschiedener Objektgruppen kann ein Verweis erst dann erfolgen, wenn weitere Gruppen bearbeitet sind; bei dem vorliegenden ersten Heft ist dies leider noch nicht möglich.

Für die Durchsicht des Manuskripts und Anregungen zu Gestaltung und Umfang möchte ich mich bei Dr. Stefan Krabath (Dresden), PD Dr. Eckard Deschler-Erb (Zürich) sowie Dr. Helga Sedlmayer (Wien) ganz herzlich bedanken. Das grundlegende Konzept wurde in Diskussionsrunden der Arbeitsgruppe Archäologiethesaurus entwickelt, deren Mitglieder wesentlich am Entstehen dieser Arbeit mitgewirkt haben.

Farbtafeln

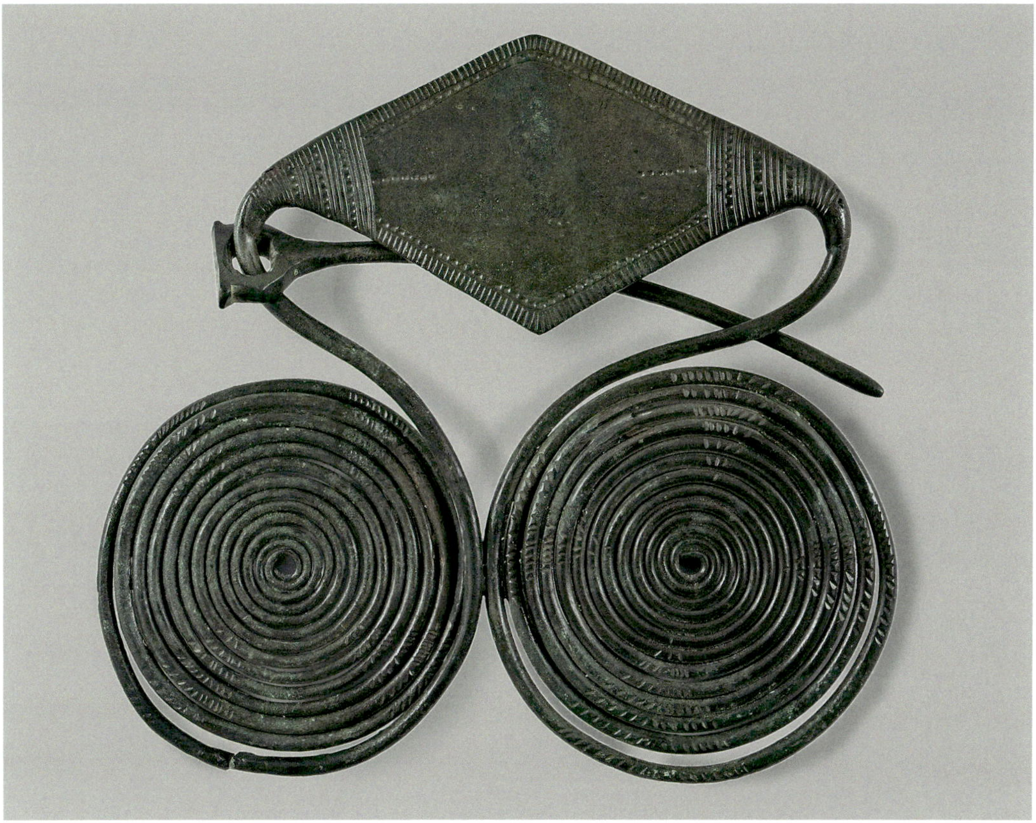

1.2.2.3.2. Haarknotenfibel (Länge 17,2 cm) – Archäologisches Museum Hamburg, Inv.Nr. MfV 1904.182

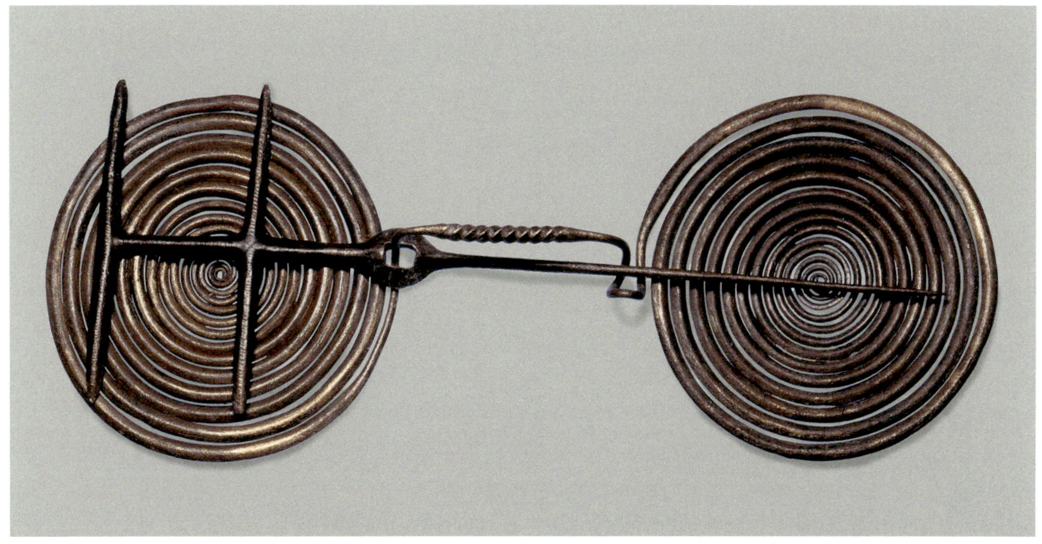

1.2.3.2. Fibel mit stabförmigem Bügel (Länge 33,6 cm) – Landesamt für Archäologie, Dresden, Inv.Nr. S.: 477/56

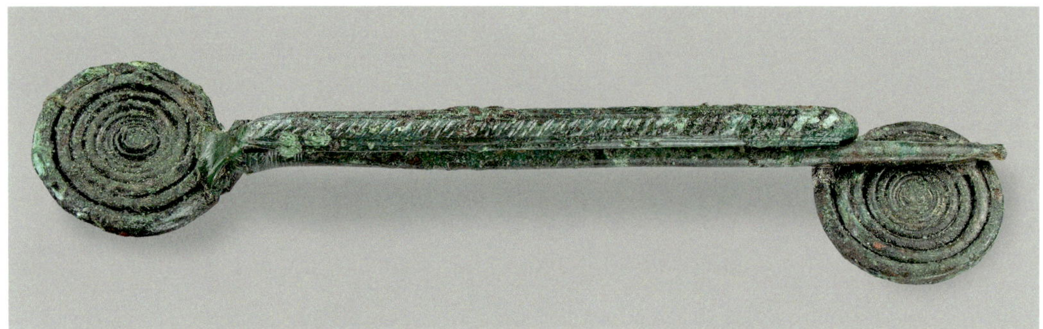

1.2. Spiralplattenfibel (Länge 10,4 cm) – Archäologisches Museum Hamburg, Inv.Nr. MfV 1886.177

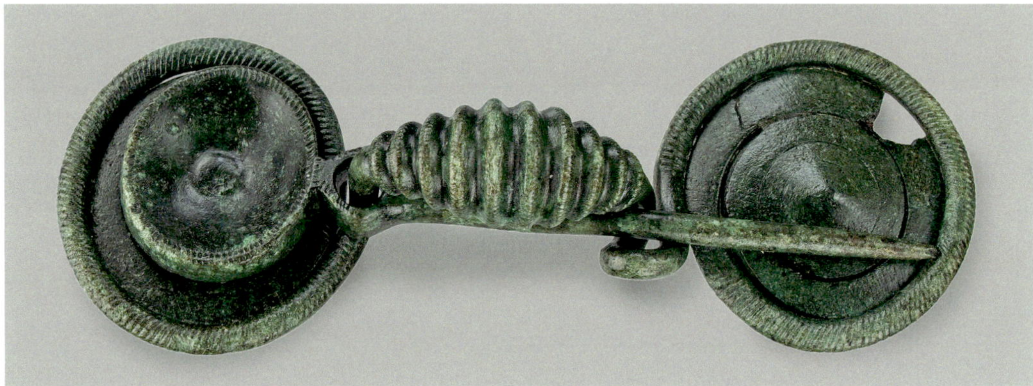

1.2.4. Raupenbügelfibel (Länge 11,6 cm) – Archäologisches Museum Hamburg, ohne Nummer

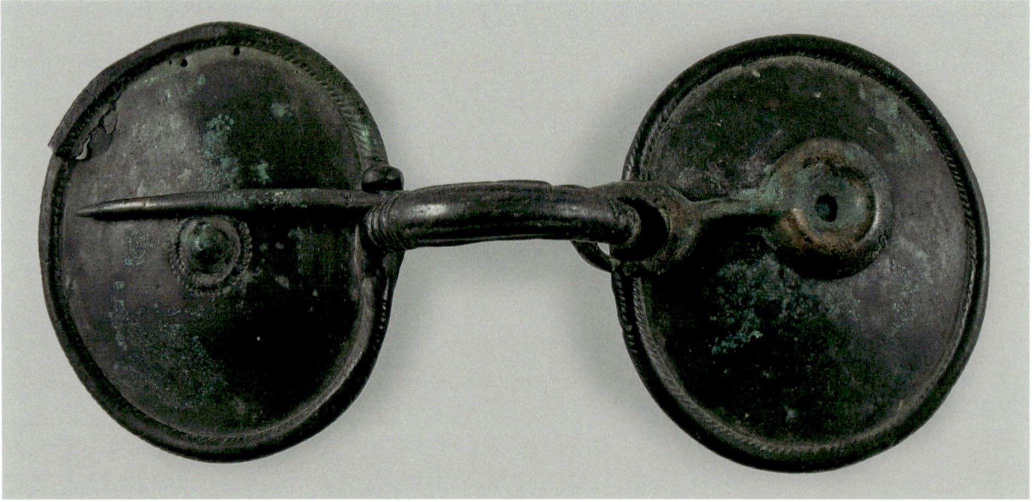

1.3.3. Plattenfibel mit unverzierten Platten oder Warze in Scheibenmitte (Länge 14,8 cm) – Archäologisches Museum Hamburg, Inv.Nr. MfV 1904.181

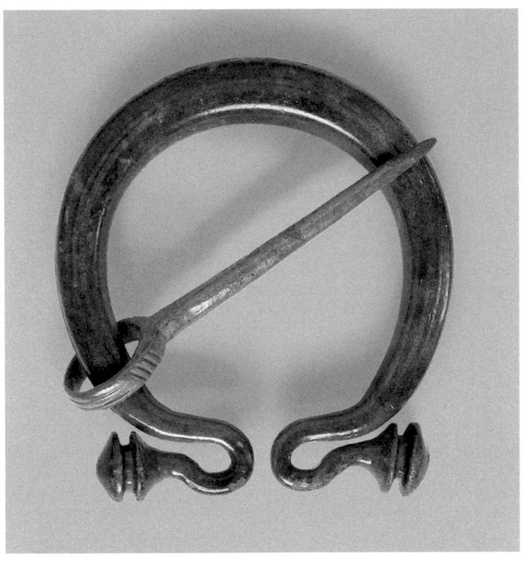

1.4.2. Omegafibel (ø 4,5 cm) – Archäologisches Landesmuseum Baden-Württemberg, Inv.Nr. 1967-26-545-7

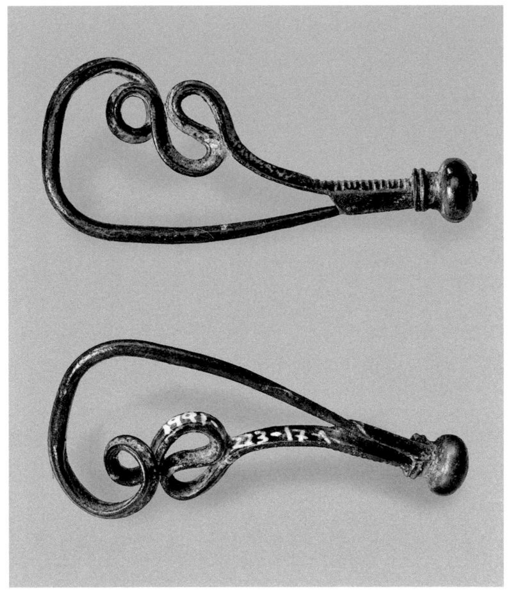

2.3. Schlangenfibel (Länge 3,6 cm) – Archäologisches Landesmuseum Baden-Württemberg, Inv.Nr. 1991-223-17-1

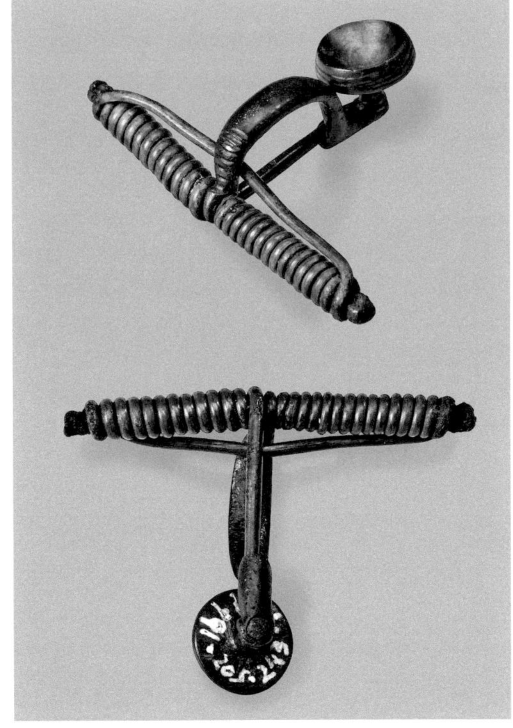

3.7. Fußzierfibel (Länge 2,6 cm) – Archäologisches Landesmuseum Baden-Württemberg, Inv.Nr. 1991-205-243-1

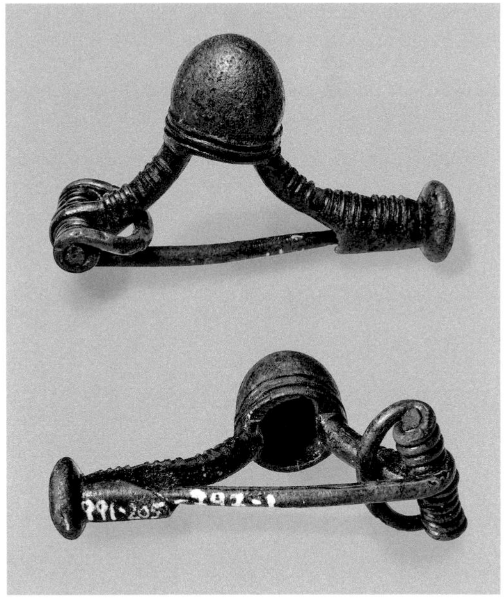

3.6. Paukenfibel (Länge 3,2 cm) – Archäologisches Landesmuseum Baden-Württemberg, Inv.Nr. 1991-205-797-1

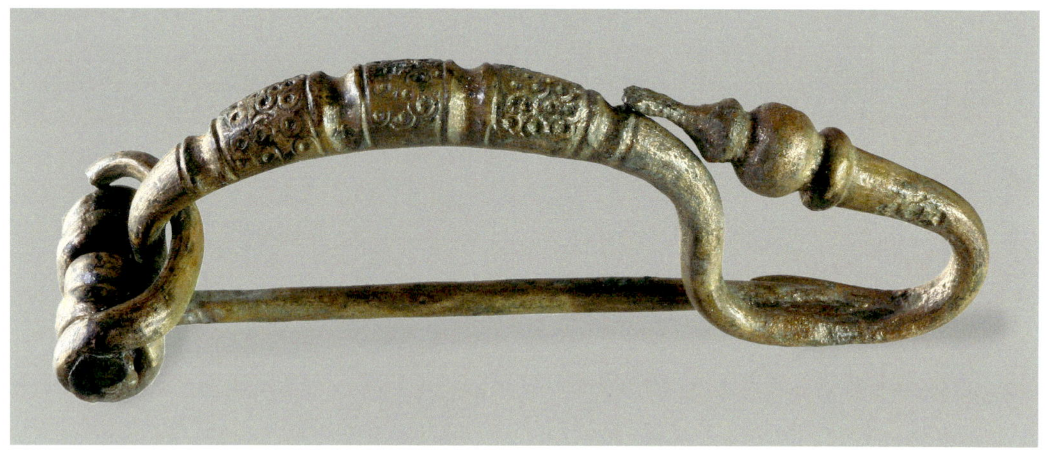

3.10.3. Duxer Fibel (Länge 5,2 cm) – Landesamt für Archäologie, Dresden

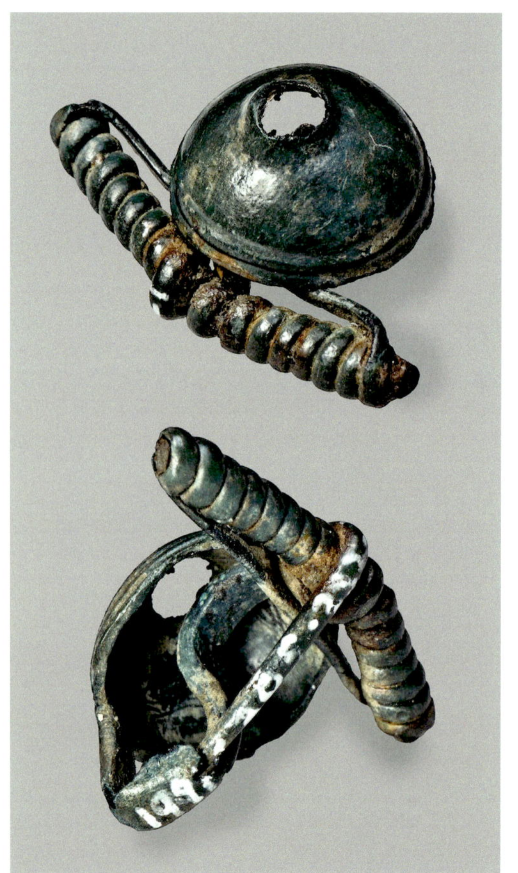

3.7.3. Knopffibel (Länge 2,5 cm) – Archäologisches Landesmuseum Baden-Württemberg, Inv.Nr. 1991-205-332-1

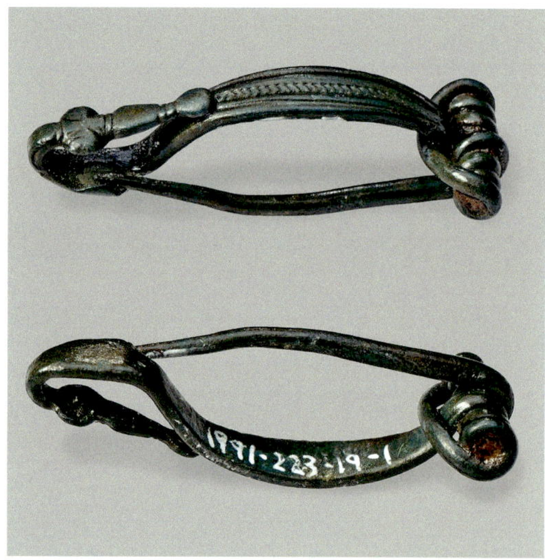

3.10. Fibel vom Frühlatèneschema (Länge 3,7 cm) – Archäologisches Landesmuseum Baden-Württemberg, Inv.Nr. 1991-223-19-1

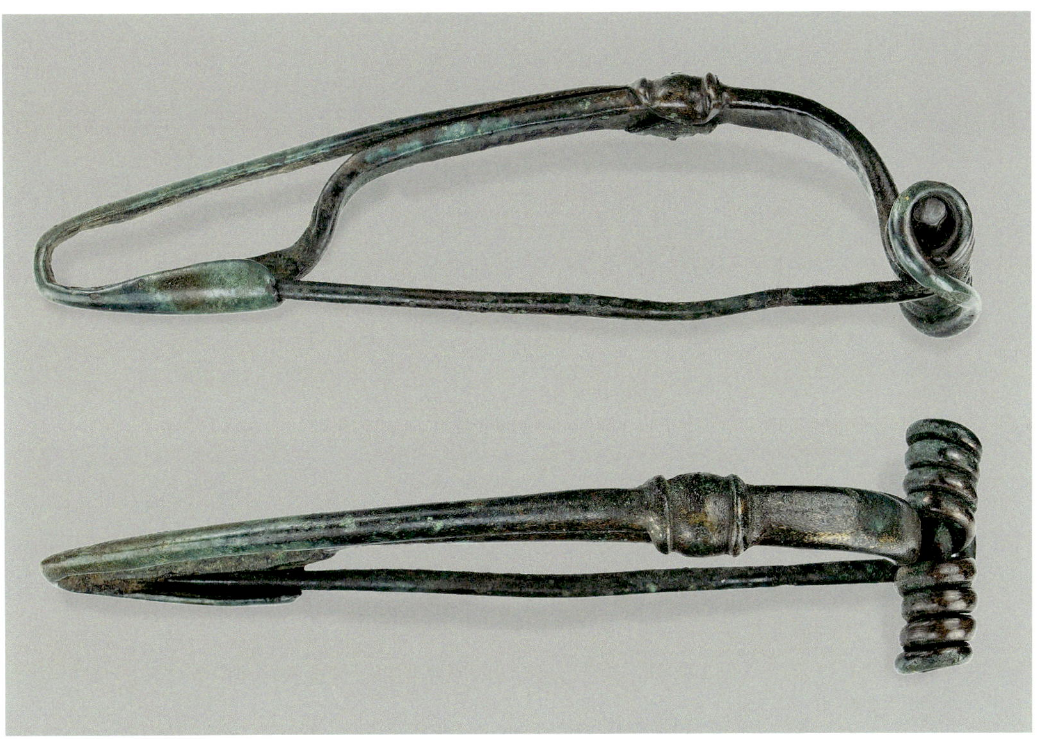

3.13. Fibel vom Mittellatèneschema (Länge 9,4 cm) – Archäologisches Museum Hamburg, Inv.Nr. HM 6942

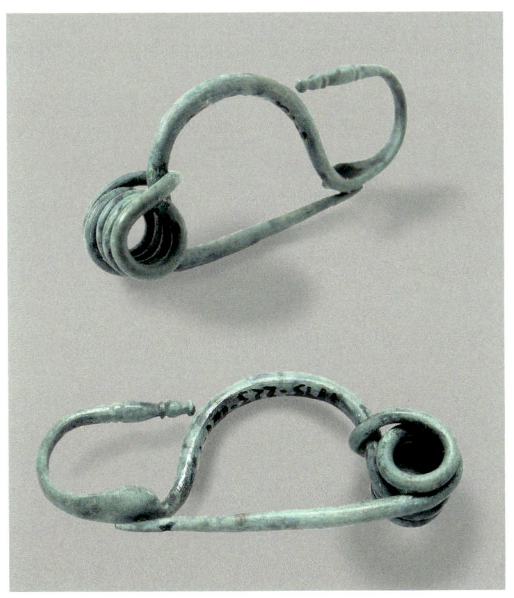

3.10.1. Marzabottofibel (Länge 3,7 cm) – Archäologisches Landesmuseum Baden-Württemberg, Inv.Nr. 1995-223-181-1

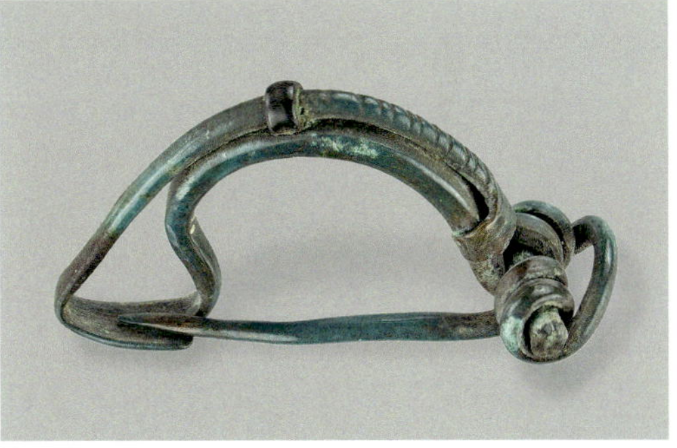

3.13.4. Hochgewölbte Fibel mit eingeknicktem Bügel (Länge 4,6) – Archäologisches Museum Hamburg, Inv.Nr. HM V 1966:1

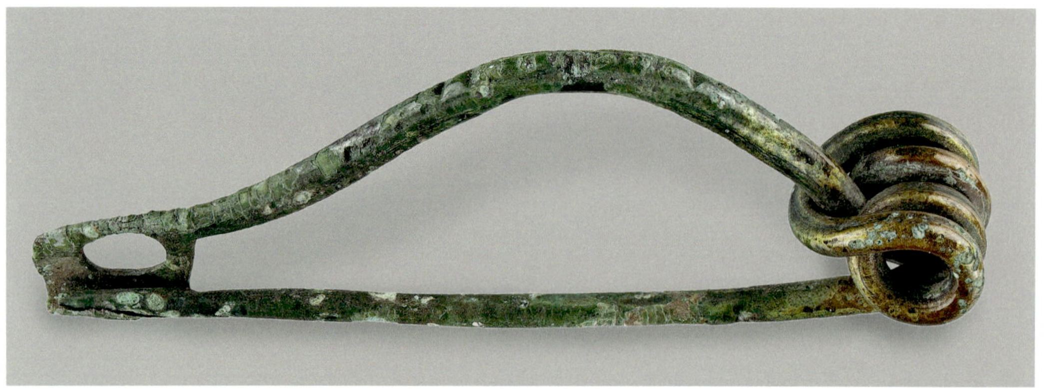

3.14. Fibel vom Spätlatèneschema (Länge 5,9 cm) – Archäologisches Museum Hamburg, Inv.Nr. HM V 1965:282

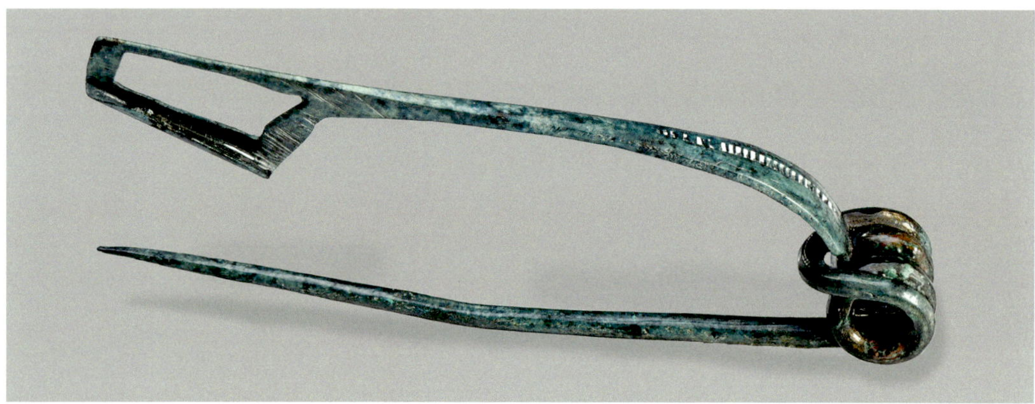

3.14.3. Nauheimer Fibel (Länge 6,8 cm) – Archäologisches Landesmuseum Baden-Württemberg, Inv.Nr. 1972-16-276-1

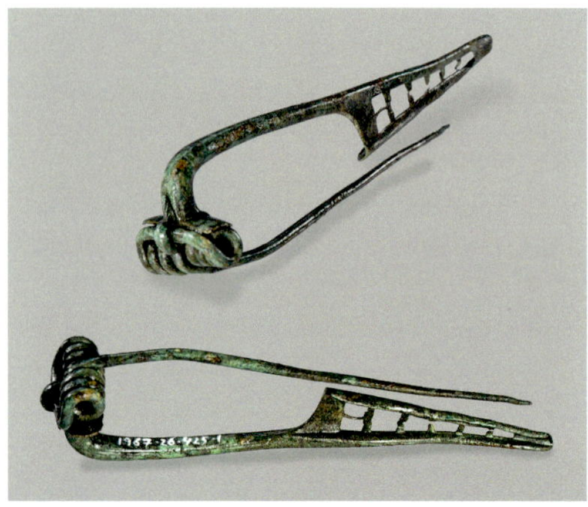

3.15.1. Einfache Gallische Fibel (Länge 9,5 cm) – Archäologisches Landesmuseum Baden-Württemberg, Inv.Nr. 1967-26-425-1

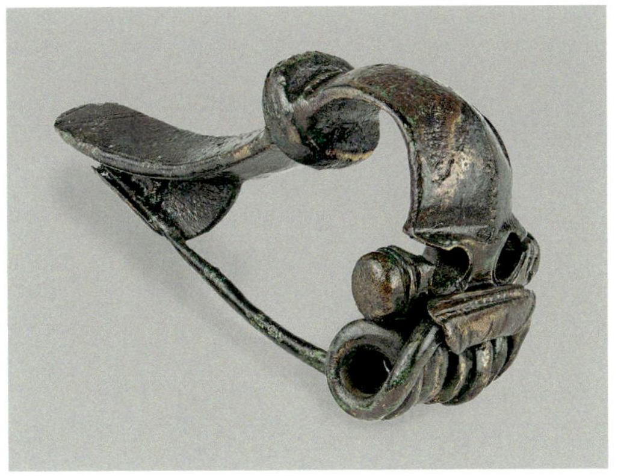

3.15.8. Augenfibel (Länge 5,9 cm) – Archäologisches Museum Hamburg, ohne Nummer

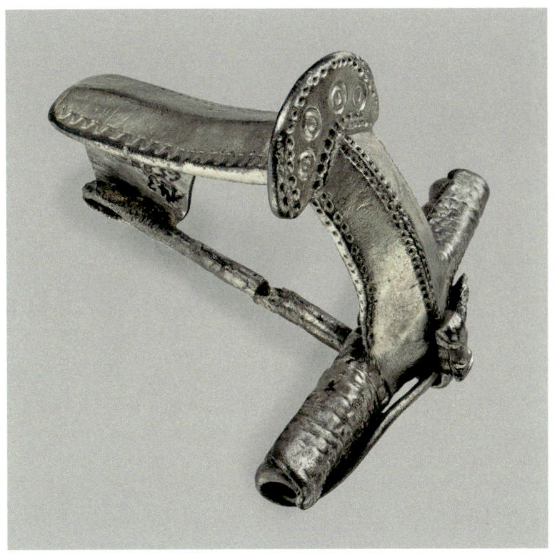

3.16.2. Fibel mit Sehnenhaken (Länge 4,2 cm) – Archäologisches Museum Hamburg , Inv.Nr. HM 65899

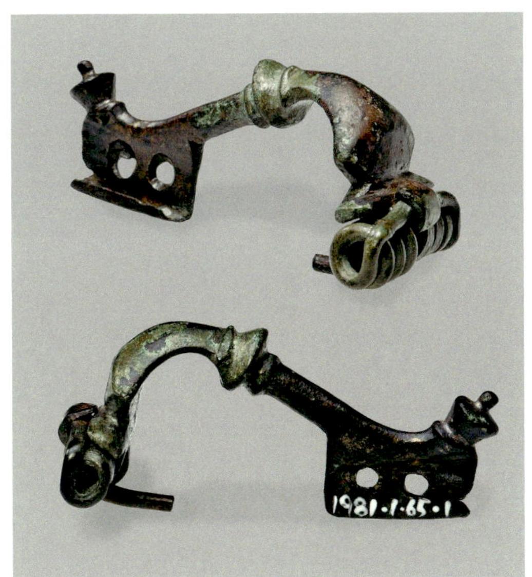

3.18.1. Kräftig profilierte Fibel mit Stützplatte (Länge 4,9 cm) – Archäologisches Landesmuseum Baden-Württemberg, Inv.Nr. 1981-1-65-1

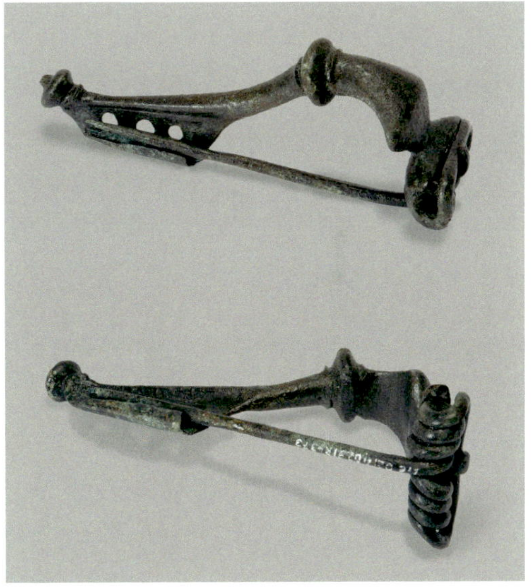

3.18.1. Kräftig profilierte Fibel mit Stützplatte (Länge 6,0 cm) – Landesamt für Archäologie, Dresden, Inv.Nr. R 4373

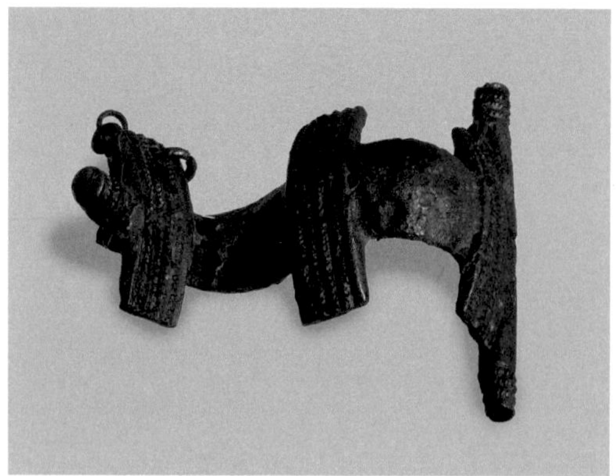

3.19.2. Dreisprossenfibel (Länge 7,0 cm) – Landesamt für Archäologie, Dresden, Inv.Nr. D 686/76 (Sammlung Preusker 670)

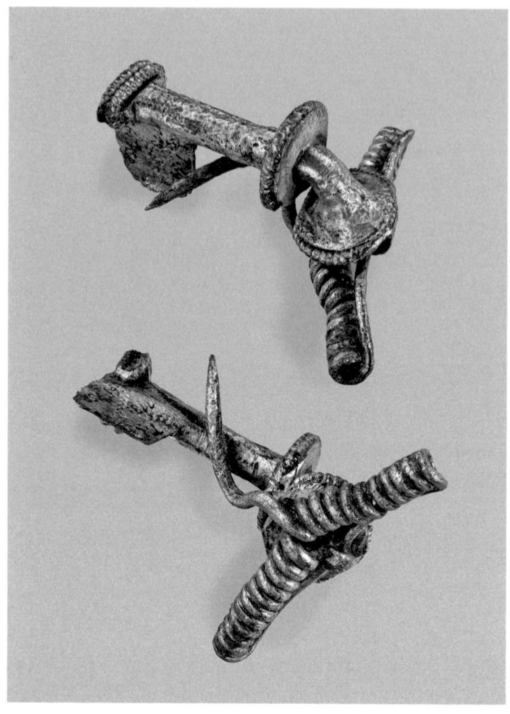

3.18.2.1. Trompetenkopffibel (Länge 3,6 cm) – Archäologisches Museum Hamburg, Inv.Nr. HM 65758

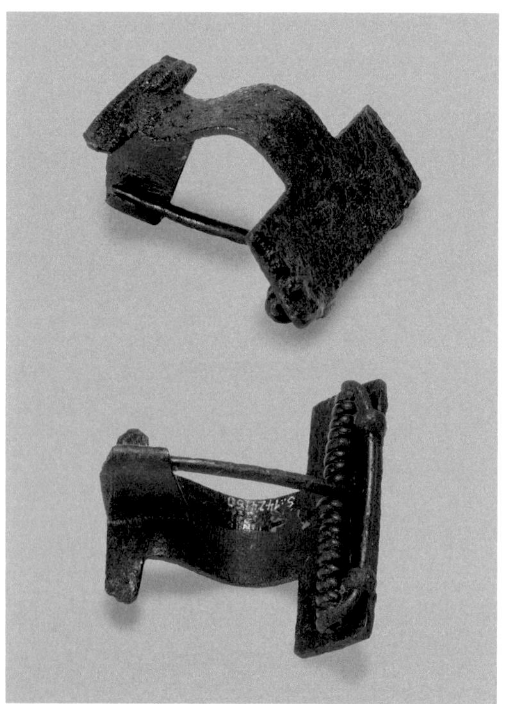

3.19.7. Breite Fibel mit Deckplatte (Länge 4,0 cm) – Landesamt für Archäologie, Dresden, Inv.Nr. S.: 1424/60

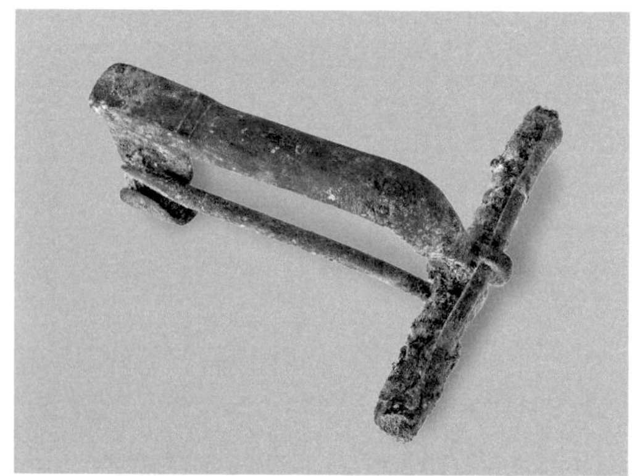

3.19.5. Knieförmig gebogene Fibel (Länge 4,2 cm) – Archäologisches Museum Hamburg, Inv.Nr. MfV 1914.98:80

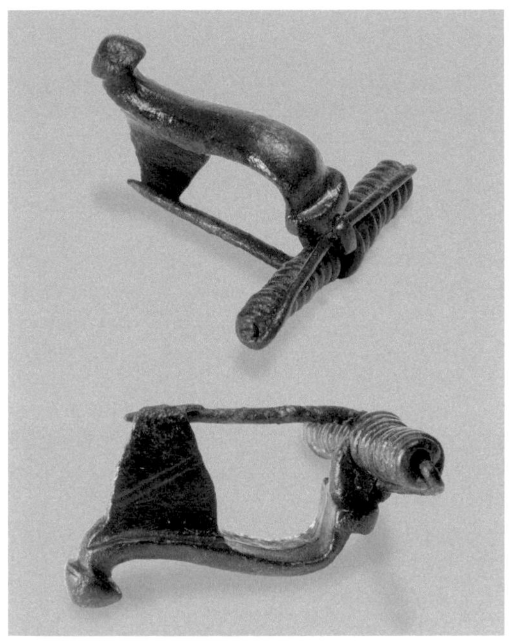

3.19.3. Fibel ohne Bügelkamm (Länge 3,5 cm) – Landesamt für Archäologie, Dresden, Inv.Nr. S.: 1425/60

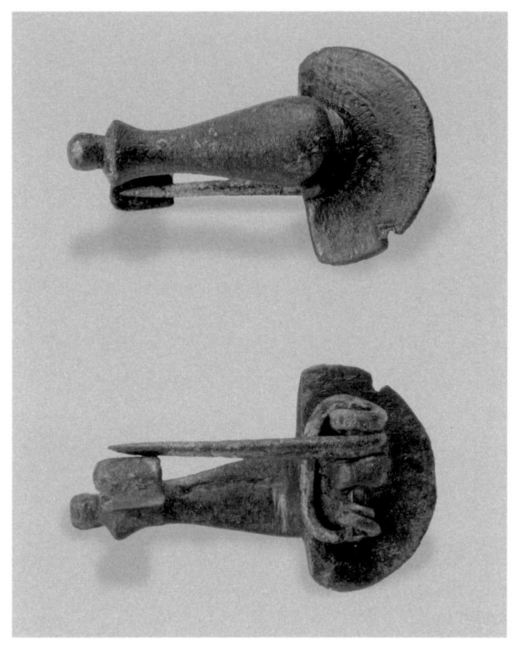

3.19.8. Römische Kniefibel mit halbrunder Kopfplatte (Länge 5,5 cm) – Landesamt für Archäologie, Dresden, Inv.Nr. D 330/79

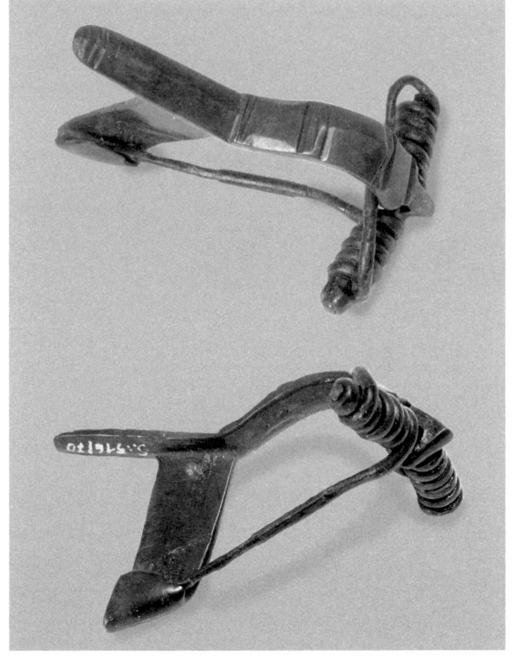

3.20.1. Armbrustfibel mit hohem Nadelhalter und Fußknopf (Länge 4,9 cm) – Landesamt für Archäologie, Dresden, Inv.Nr. S.: 516/70

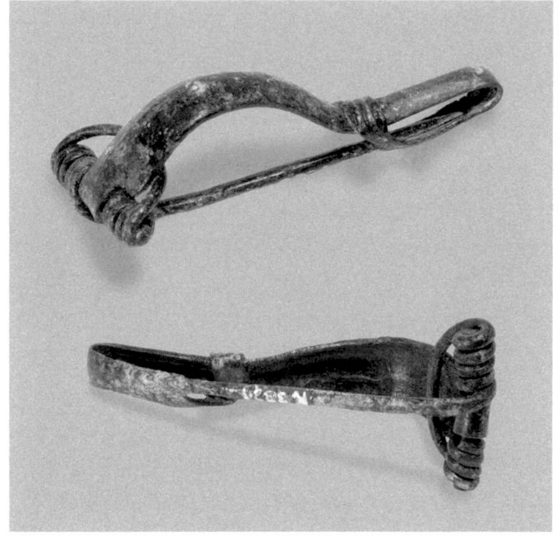

3.21. Fibel mit umgeschlagenem Fuß (Länge 5,0 cm) – Landesamt für Archäologie, Dresden, Inv.Nr. R 3331

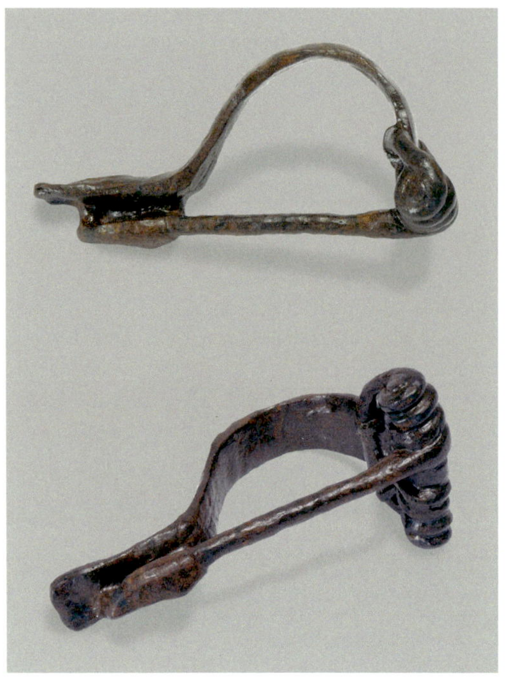

3.22. Fibel mit festem Nadelhalter (Länge 8,0 cm) – Landesamt für Archäologie, Dresden, Inv.Nr. ZWO-03/282/2

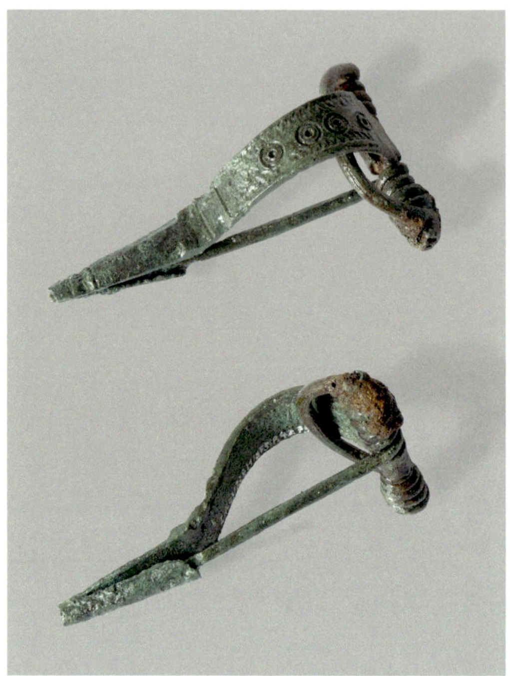

3.22.11. Niemberger Fibel (Länge 4,0 cm) – Landesamt für Archäologie, Dresden, Inv.Nr. ZWO-03/228/1

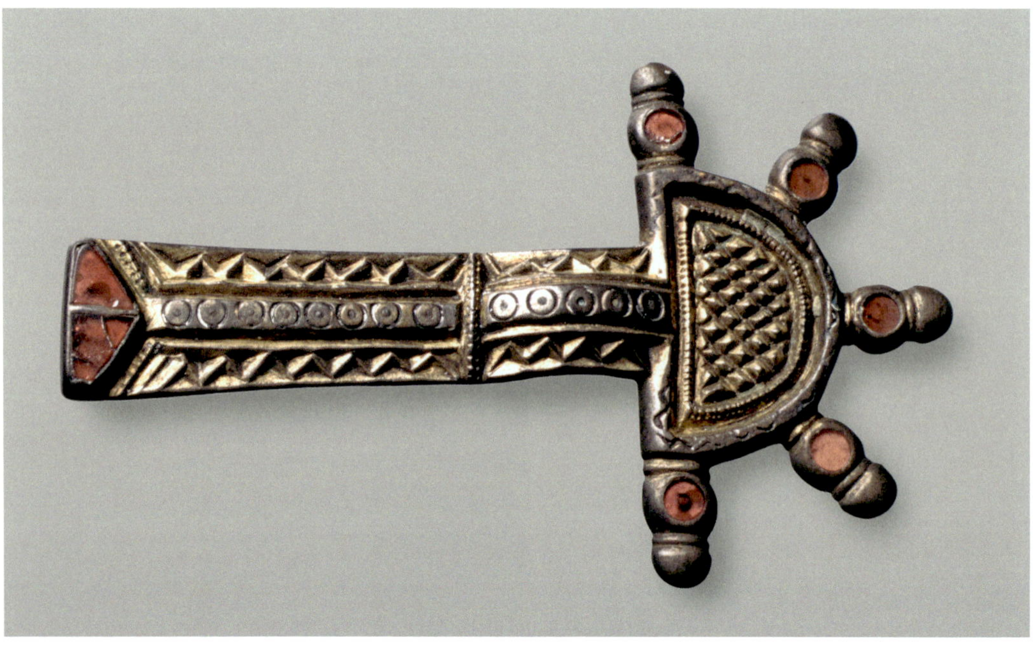

3.24.1.2. Fünfknopffibel mit gleichbreitem Fuß (Länge 9,0 cm) – LVR-LandesMuseum Bonn, Inv.Nr. 40.656,1-1

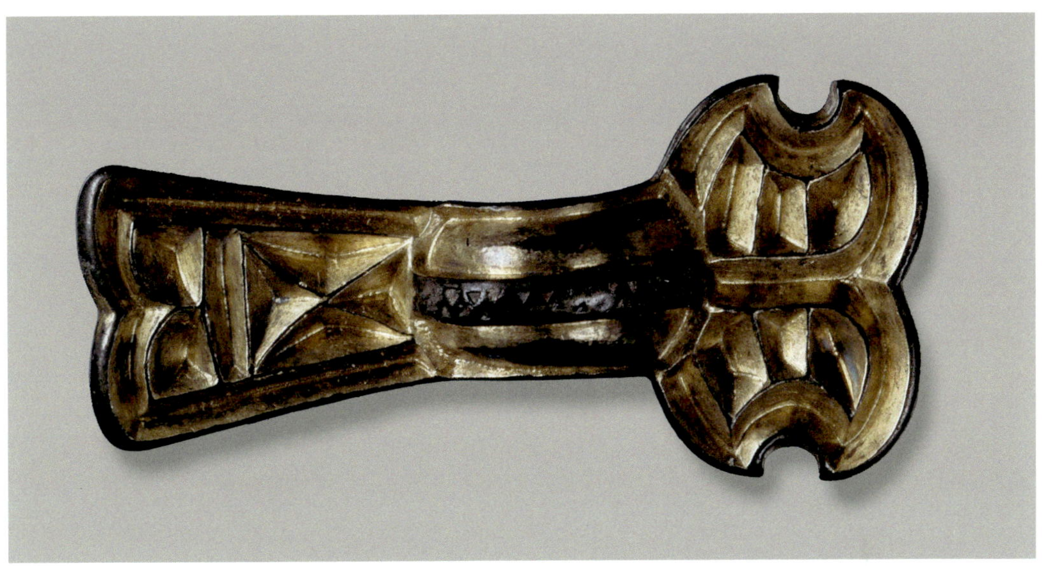

3.24.10. Thüringische Zangenfibel (Länge 4,3 cm) – Landesamt für Archäologie, Dresden, Inv.Nr. D 1389/79

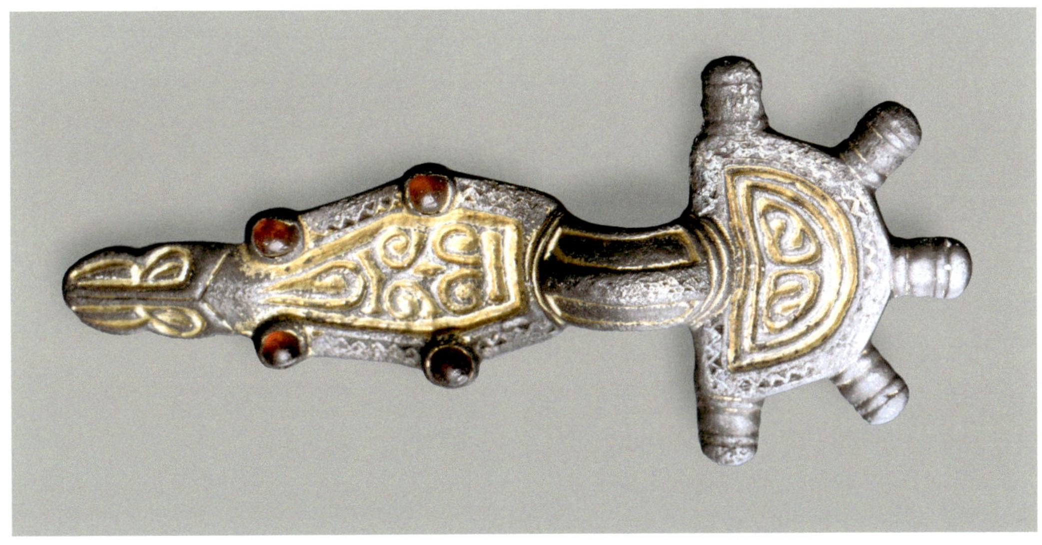

3.24.3.2. Fünfknopffibel mit rhombischem Fuß (Länge 11,0 cm) – LVR-LandesMuseum Bonn, Inv.Nr. E 143/82

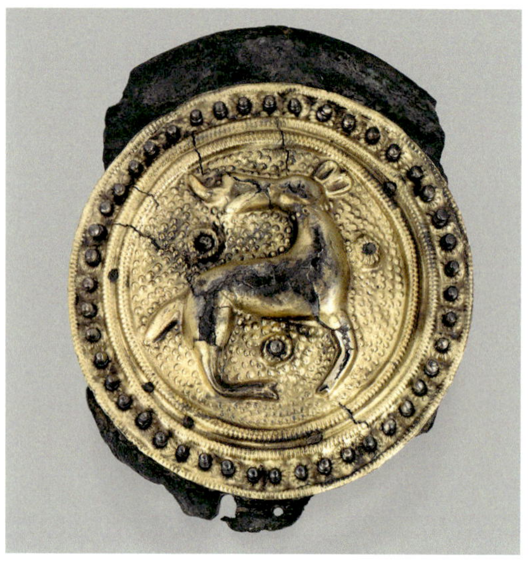

3.26.1. Pressblechfibel (ø 7,8 cm) – Archäologisches Museum Hamburg , Inv.Nr. HM 63472

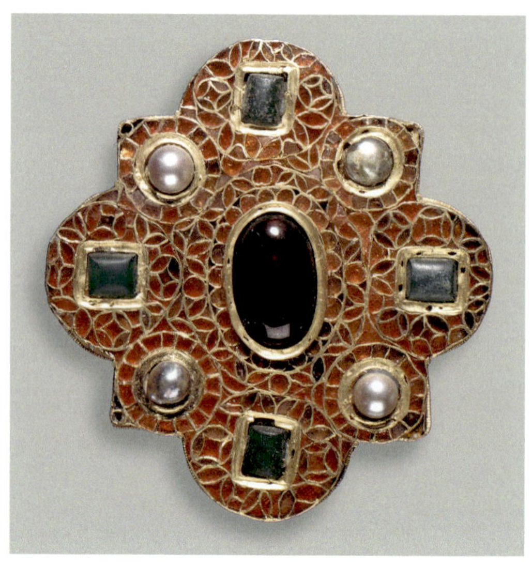

3.26.2. Almandinscheibenfibel (ø 6,0 cm) – LVR-LandesMuseum Bonn, Inv.Nr. 74.51,0-1

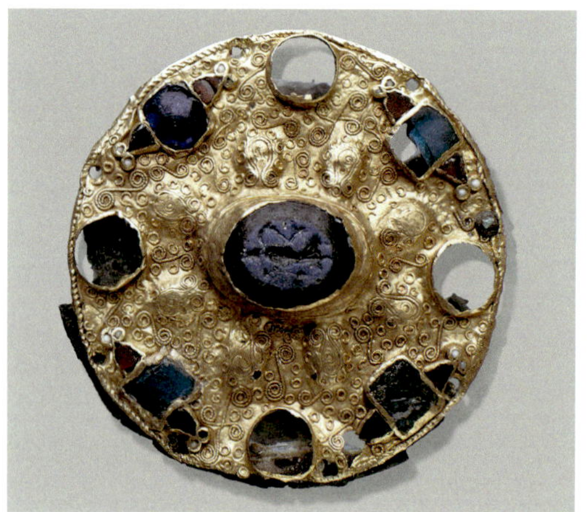

3.26.3. Filigranscheibenfibel (ø 5,4 cm) – LVR-Landes-Museum Bonn, Inv.Nr. 35.54

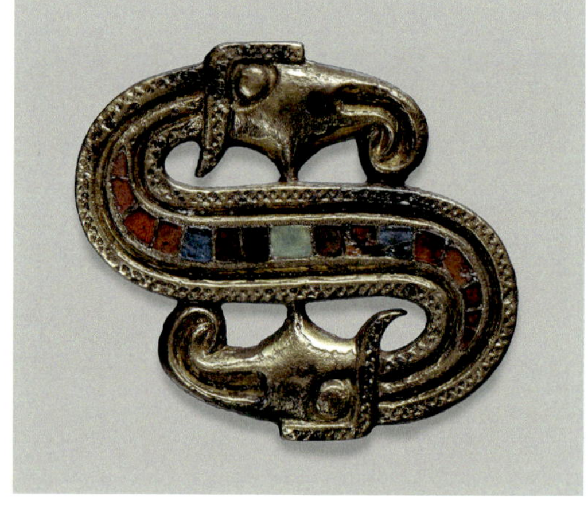

3.26.17. S-Fibel (Länge 4,5 cm) – Landesamt für Archäologie, Dresden

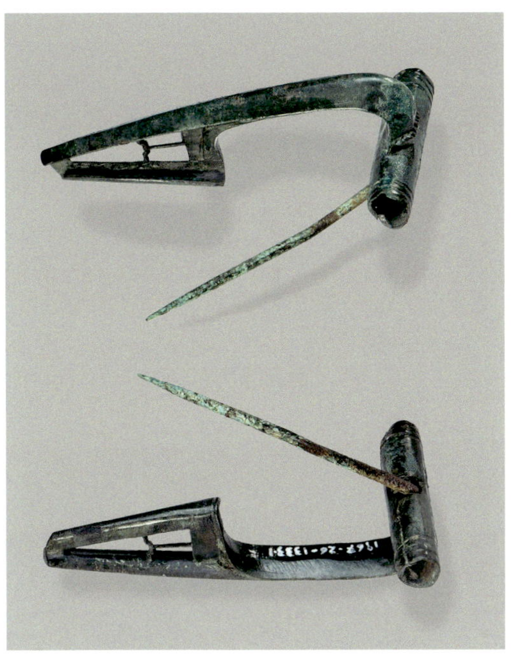

3.29. Hülsenspiralfibel (Länge 6,2 cm) – Archäologisches Landesmuseum Baden-Württemberg, Inv.Nr. 1967-26-1333-1

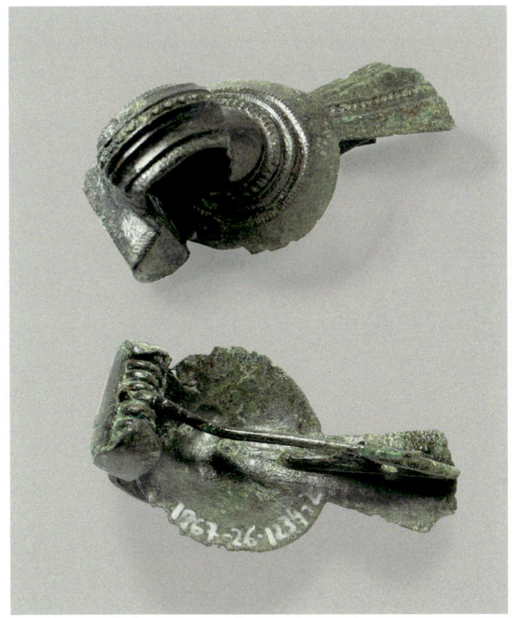

3.29.3. Distelfibel (Länge 4,6 cm) – Archäologisches Landesmuseum Baden-Württemberg, Inv.Nr. 1967-26-1234-2

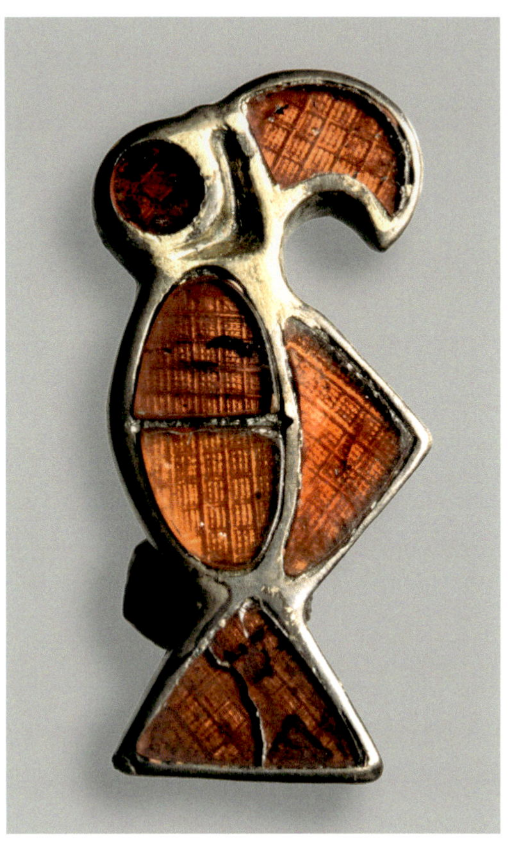

3.27.2. Vogelfibel (Länge 4,0 cm) – LVR-Landes-Museum Bonn, Inv.Nr. 72.390,0-1

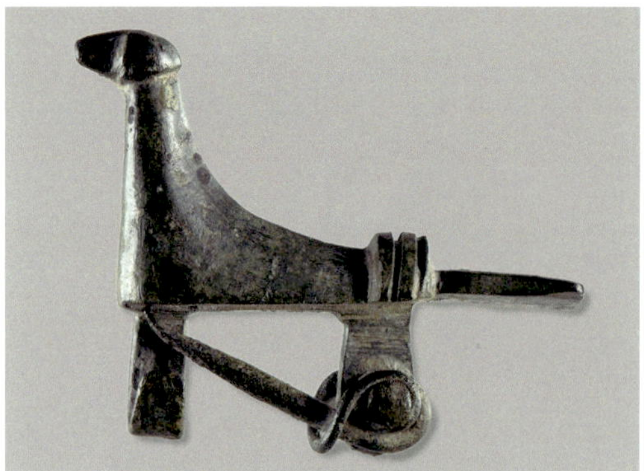

3.28. Figürliche Fibel mit vollplastischer Bügelzier (Länge 3,3 cm) – Landesamt für Archäologie, Dresden (Slg. Preusker), Inv.Nr. 1950:12919

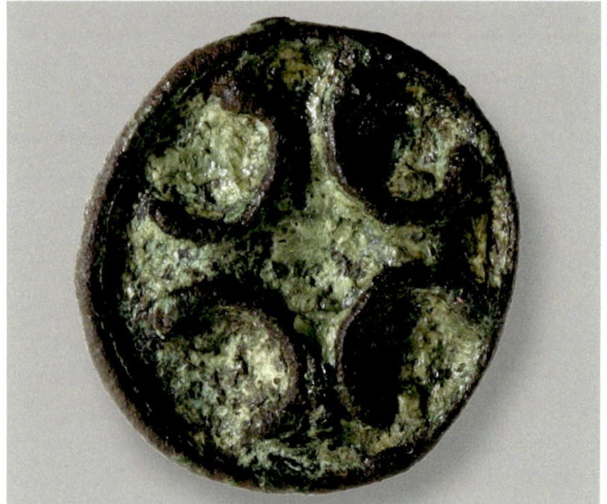

4.1.2.2. Kreuzemailfibel (ø 2,4 cm) – Landesamt für Archäologie, Dresden, Inv.Nr. R 11731

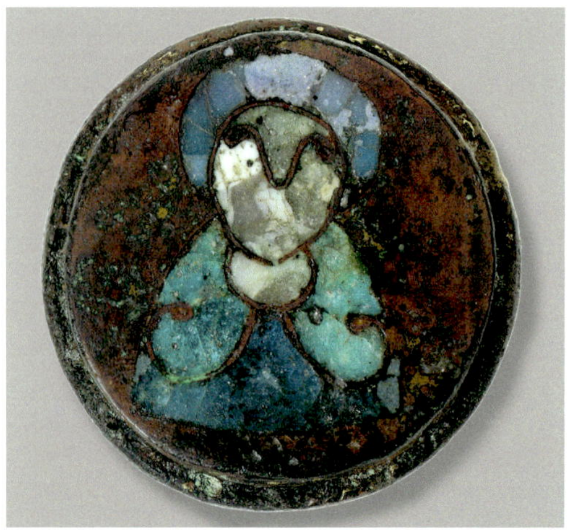

4.1.2.4. Heiligenfibel (ø 3,1 cm) – Archäologisches Museum Hamburg, Inv.Nr. HM V 1958:269

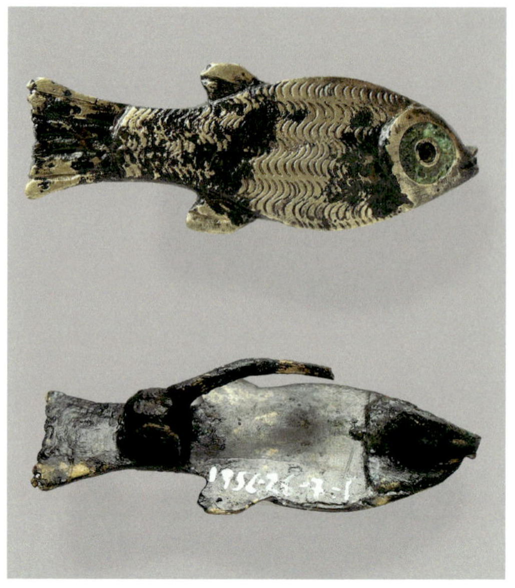

4.2. Scharnierfibel mit Backenscharnier (Länge 5,4 cm) – Archäologisches Landesmuseum Baden-Württemberg, Inv.Nr. 1956-26-7-1

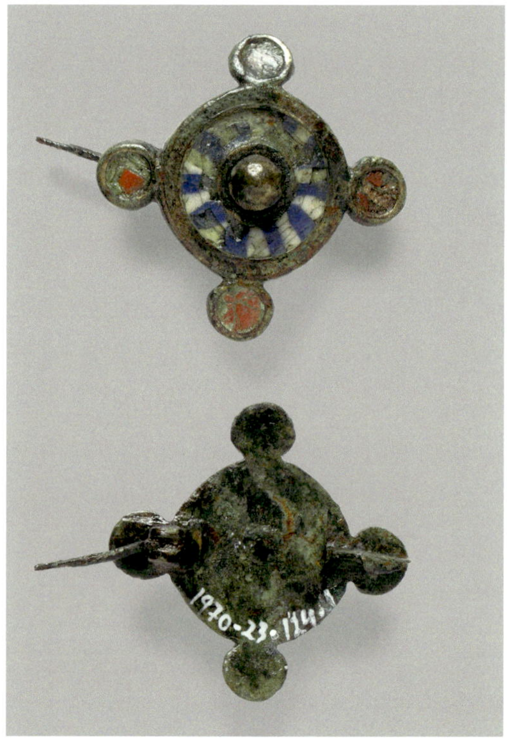

4.2.1. Scheibenfibel (Länge 4,0 cm) – Archäologisches Landesmuseum Baden-Württemberg, Inv.Nr. 1970-23-124-1

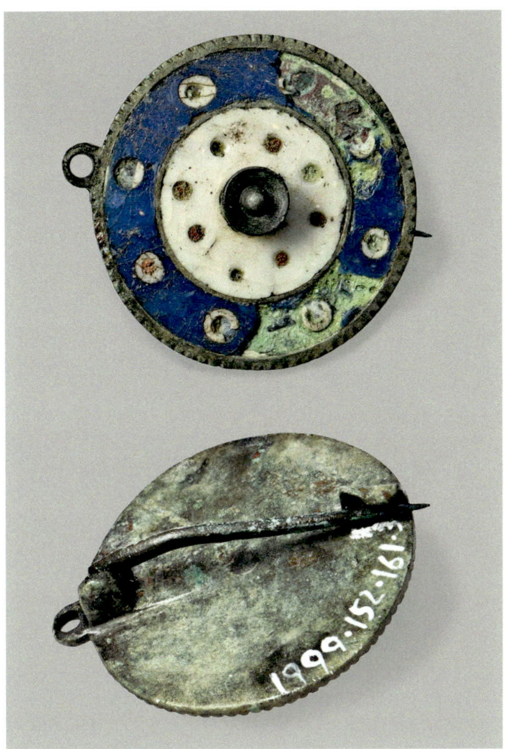

4.2.1.1. Emailscheibenfibel (Länge 3,2 cm) – Archäologisches Landesmuseum Baden-Württemberg, Inv.Nr. 1999-152-161-3

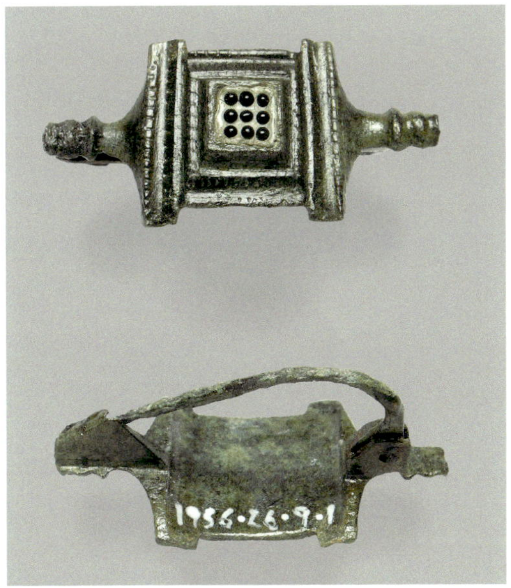

4.2.2. Gleichseitige Fibel (Länge 3,6 cm) – Archäologisches Landesmuseum Baden-Württemberg, Inv.Nr. 1956-26-9-1

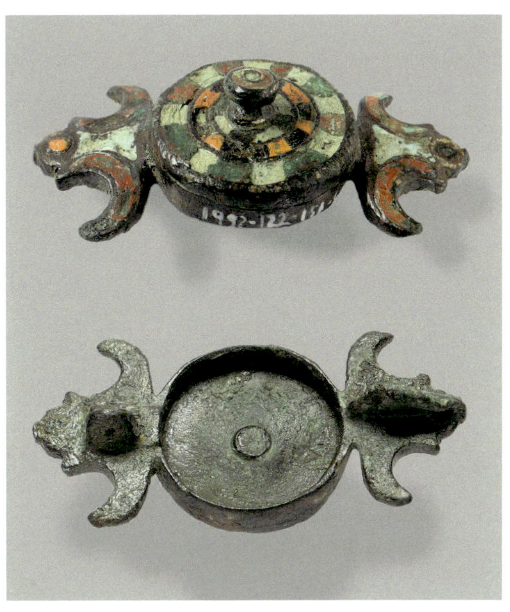

4.2.2. Gleichseitige Fibel (Länge 5,8 cm) – Archäologisches Landesmuseum Baden-Württemberg, Inv.Nr. 1992-122-151-1

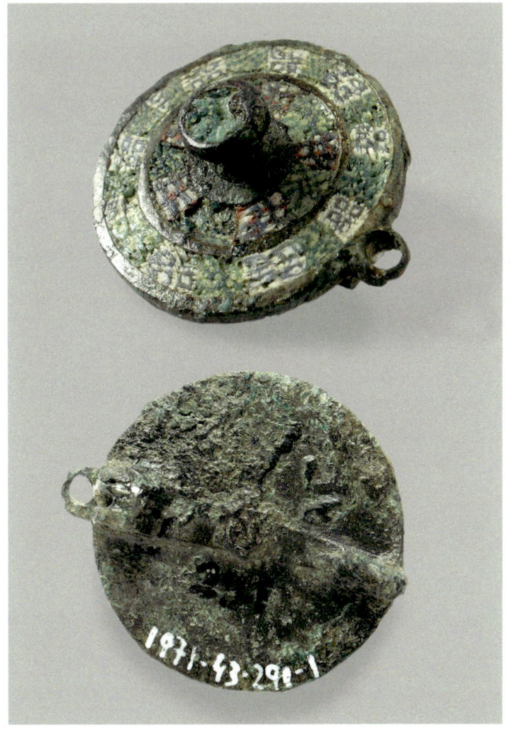

4.2.1.2. Millefiorifibel (ø 3,3 cm) – Archäologisches Landesmuseum Baden-Württemberg, Inv.Nr. 1971-43-291-1

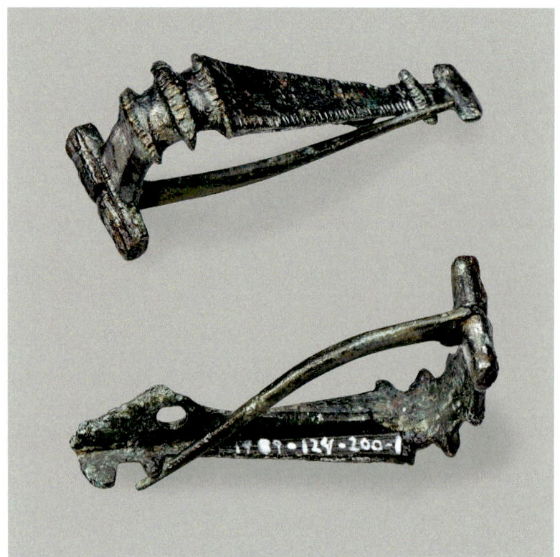

4.3. Scharnierfibel mit Hülsenscharnier (Länge 4,1 cm) – Archäologisches Landesmuseum Baden-Württemberg, Inv.Nr. 1989-124-200-1

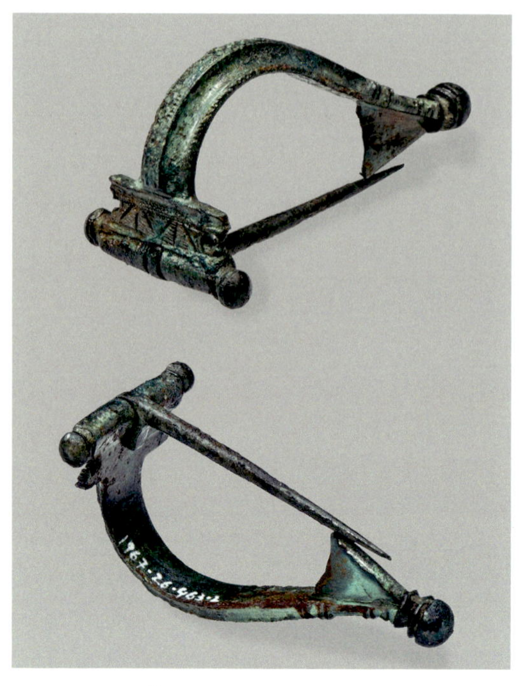

4.3.2. Aucissafibel (Länge 5,5 cm) – Archäologisches Landesmuseum Baden-Württemberg, Inv.Nr. 1967-26-463-2

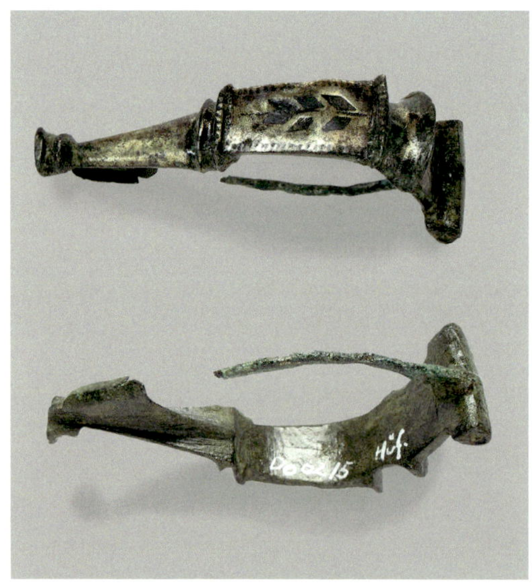

4.3.4. Gestreckte Scharnierfibel mit profiliertem Bügel (Länge 5,2 cm) – Archäologisches Landesmuseum Baden-Württemberg, Inv.Nr. 1956-26-3-1

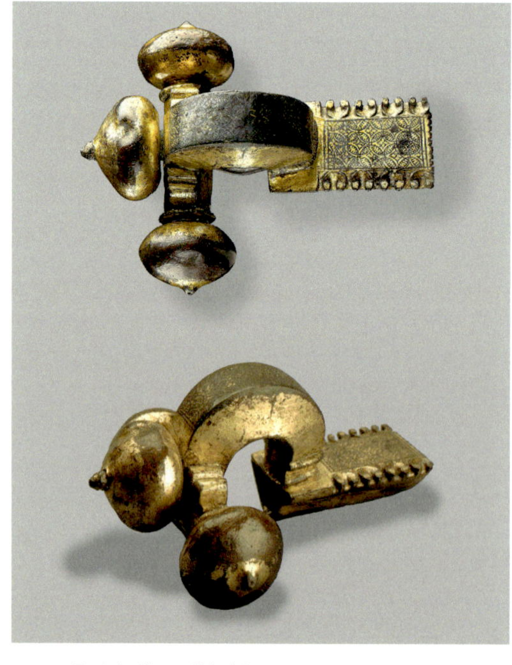

4.4.4. Zwiebelknopffibel (Länge 7,8 cm) – LVR-Landes-Museum Bonn, Inv.Nr. 72.315,0-1

Die Fibeln

Die Fibel ist eine Gewandspange zum Verschluss von Kleidungsstücken nach dem Prinzip der Sicherheitsnadel. An prominenter Stelle getragen, hatte die Fibel daneben vielfach Schmuckcharakter oder diente als Statussymbol oder Repräsentationsobjekt für den Träger.

Die Fibel besteht aus einer Nadel und einem Bügel oder einer Scheibe. Das eine Ende der Nadel ist mit dem Bügel verbunden; dieses Fibelende wird als »Kopf« bezeichnet. Am anderen Ende des Bügels befindet sich in der Regel eine Auflagemöglichkeit für die Nadelspitze, die »Nadelhalter« oder »Nadelrast« heißt; dieses Fibelende ist der »Fuß«. Bei der Verbindung von Nadel und Bügel unterscheidet man verschiedene Konstruktionsprinzipien: 1. Die Nadel ist frei beweglich durch eine einfache Ringmanschette in den Bügel eingehängt (Fibel mit loser Nadel); 2. die Nadel ist fest mit dem Bügel verbunden, besitzt aber keine spezielle Federkonstruktion (Fibel mit fester Nadel); 3. zwischen Fibelbügel und Nadel sitzt eine Spiralkonstruktion; durch die Spiralspannung wird die Nadel auf den Nadelhalter gedrückt und sichert so den festen Halt (Fibel mit Spiralkonstruktion); 4. die Nadel bewegt sich in einem Scharnier (Fibel mit Scharnierkonstruktion).

Bezeichnung der einzelnen Bestandteile bei unterschiedlichen Fibelklassen.

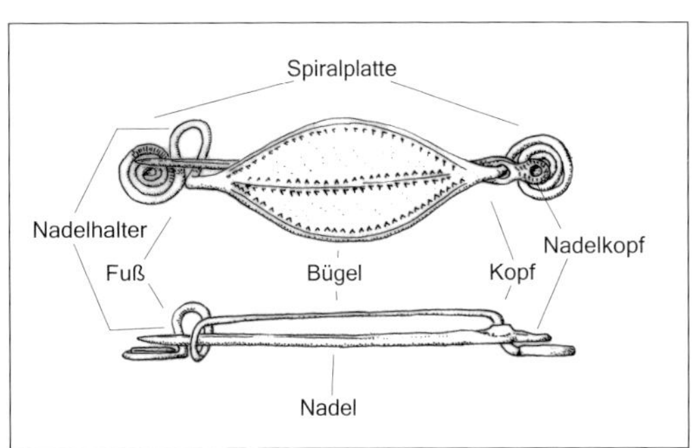

1. Fibel mit loser Nadel

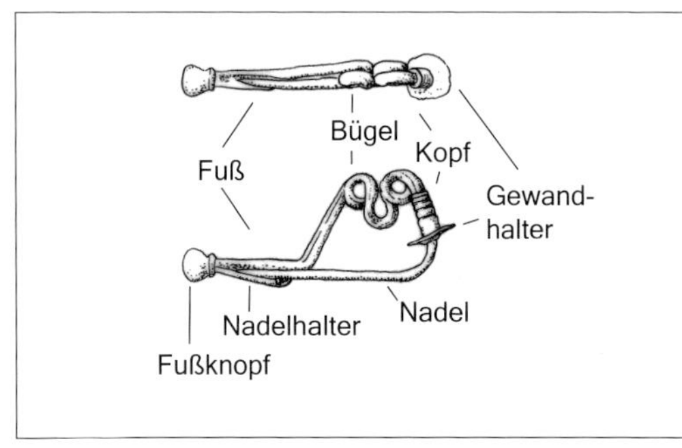

2. Fibel mit fester Nadel

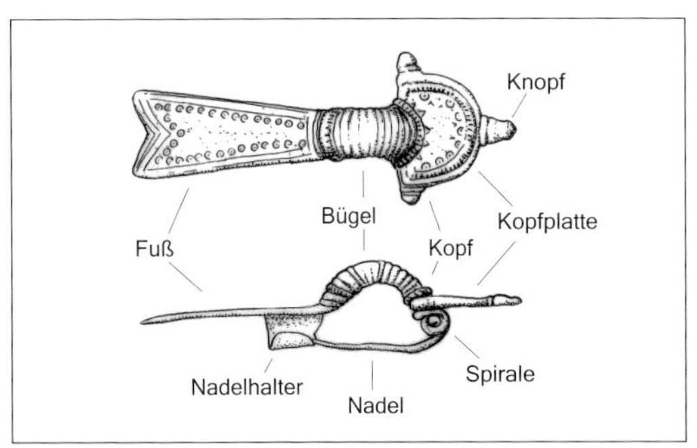

3. Fibel mit Spiralkonstruktion

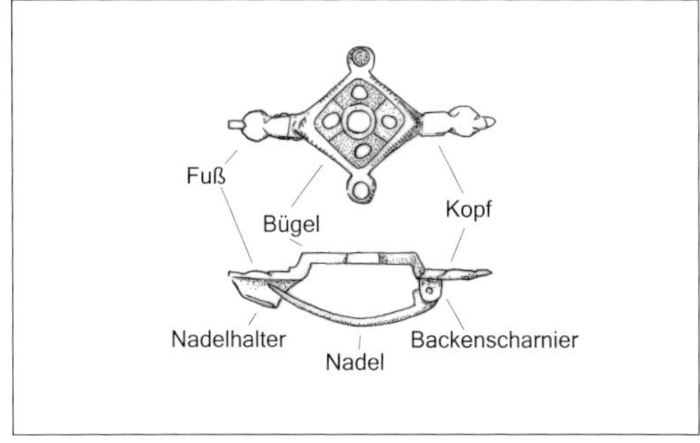

4. Fibel mit Scharnierkonstruktion

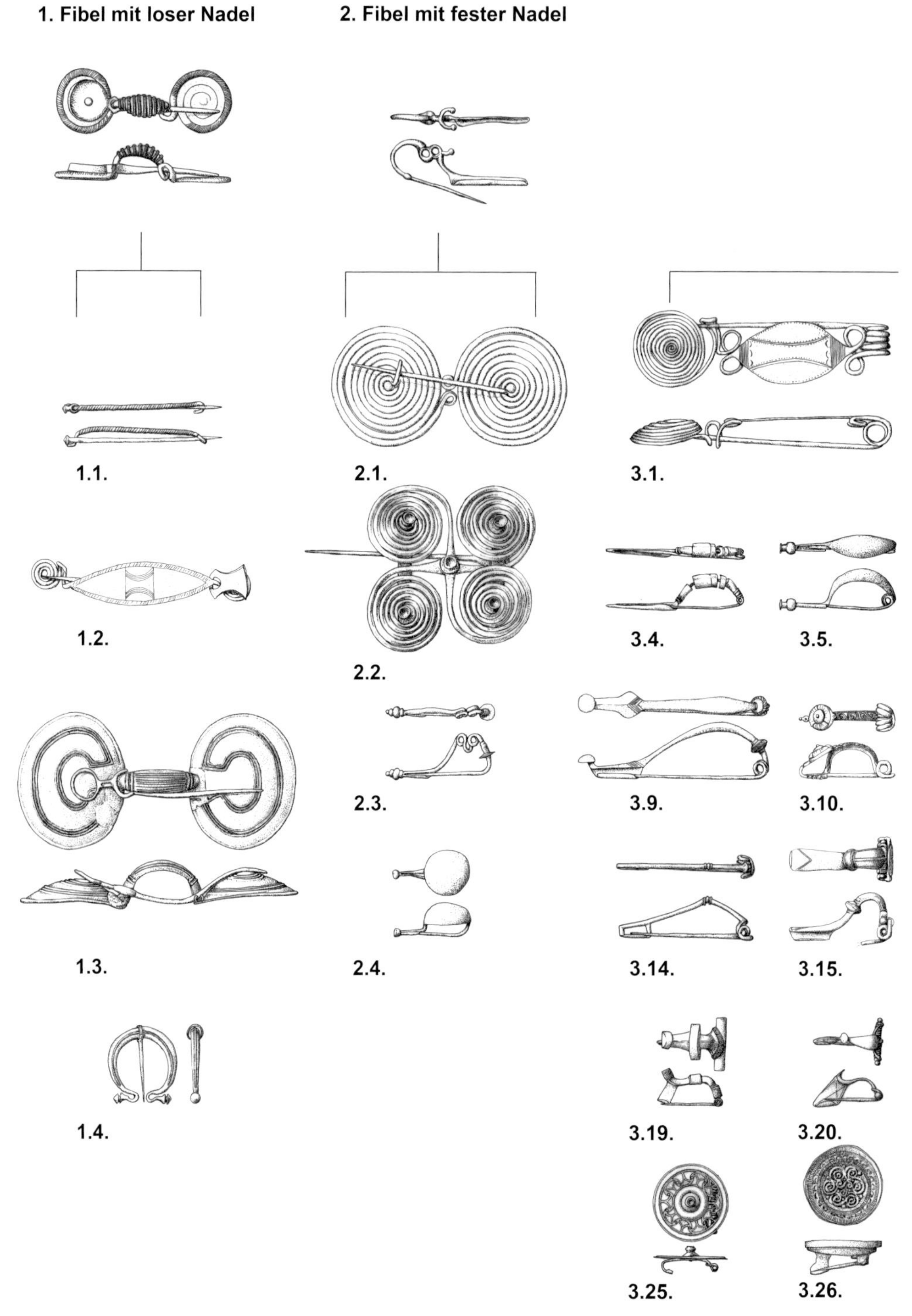
1. Fibel mit loser Nadel
2. Fibel mit fester Nadel
1.1.
2.1.
3.1.
1.2.
2.2.
3.4.
3.5.
2.3.
3.9.
3.10.
1.3.
2.4.
3.14.
3.15.
1.4.
3.19.
3.20.
3.25.
3.26.

3. Fibel mit Spiralkonstruktion

4. Fibel mit Scharnierkonstruktion

3.2. 3.3. 4.1.

3.6. 3.7. 3.8. 4.2.

3.11. 3.12. 3.13. 4.3.

3.16. 3.17. 3.18. 4.4.

3.21. 3.22. 3.23. 3.24. 4.5.

3.27. 3.28. 3.29.

1. Fibel mit loser Nadel

Beschreibung: Die Fibel ist so konstruiert, dass die Nadel lose in den Fibelbügel eingehängt wird und die notwendige Spannung zum festen Sitz der Fibel durch den Druck des Stoffbausches erzeugt werden muss. Der Nadelkopf ist manschettenförmig gestaltet oder mit einem Loch versehen. Diese Klasse fasst die sogenannten »nordischen Fibeln« der Bronzezeit und die Ringfibeln zusammen. Ihre Verbreitung ist jedoch nicht auf den Nordischen Kreis beschränkt.

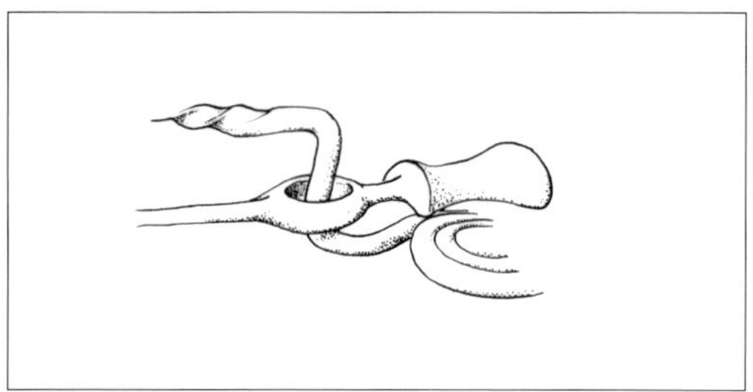

1.

1.1. Fibel ohne Endspiralen

Beschreibung: Die Fibel besteht aus einem langgezogenen Bügel, der an beiden Enden in Haken abschließt, und einer Nadel mit einem runden, gelochten Kopf, die auf das eine Hakenende aufgeschoben ist und der das andere Bügelende als Nadelhalter dient. Die Bügelform kann drahtförmig (z. T. gekerbt), weidenblattförmig oder bandförmig (nebeneinander gesetzte Kreisplatten) sein.
Synonym: Rundkopffibel, Urfibel.
Datierung: ältere Bronzezeit, Per. II (Montelius), 15.–14. Jh. v. Chr.

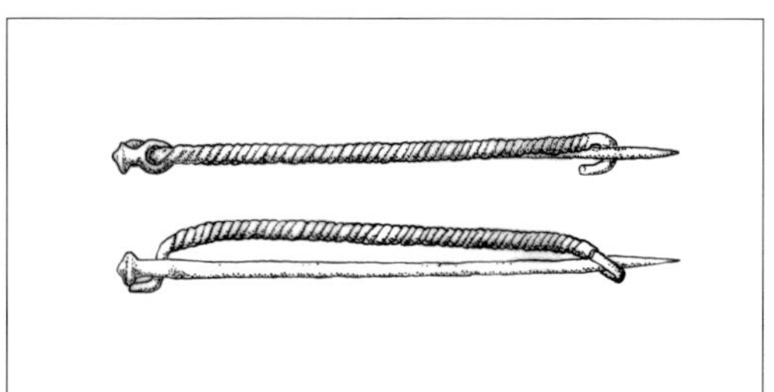

1.1.

Verbreitung: Norddeutschland, Südskandinavien.
Relation: scheibenförmiger, runder Nadelkopf: 1.2.2.3. Lüneburger Fibel; hakenförmiges Bügelende: 1.3.1. Mecklenburgische Plattenfibel.
Literatur: Beltz 1913, 665ff.; Oldeberg 1933, 15ff.; Laux 1973, 31ff.; Aner/Kersten 1981; Zimmermann in: Beck 1994, 418–421.

1.2. Spiralplattenfibel

Beschreibung: Der Fibelbügel endet in der Regel an beiden Seiten in je einer Spiralscheibe. Dazu wurde das jeweilige Bügelende zu einem langen Draht ausgezogen und eingerollt. Die Größe der Spiralscheiben und das Aushämmern der inneren Spiralwindungen zu einer flachen Scheibe sind chronologisch relevante Merkmale. Eine Differenzierung dieser Fibelgruppe erfolgt aufgrund der Bügelform (blattförmig, drahtförmig, raupenförmig profiliert).
Synonym: Spiralfibel.
Datierung: Bronzezeit, Per. II–V (Montelius), 15.–8. Jh. v. Chr.
Verbreitung: Mittel- und Nordeuropa.
Literatur: Oldeberg 1933.
(siehe Farbtafel Seite 18)

1.2.1. Spiralplattenfibel mit flachem Nadelkopf

Beschreibung: Der Fibelbügel ist überwiegend rundstabig und kann durch Querkerben (imitierte Torsion) oder Längsriefen dekoriert sein. An den Enden befinden sich relativ kleine Spiralen aus rundstabigem Draht. Die Nadel besitzt einen auf der Unterseite flach gegossenen Kopf, der unterschiedliche Formen aufweisen kann; häufig treten im Umriss vasenförmige, rhombische oder ringförmige Nadelköpfe auf.
Datierung: ältere bis mittlere Bronzezeit, Per. II–III (Montelius), 15.–13. Jh. v. Chr.
Verbreitung: Norddeutschland, Südskandinavien.
Literatur: Oldeberg 1933, 25ff.; Aner/Kersten 1977; Zimmermann in: Beck 1994, 421.

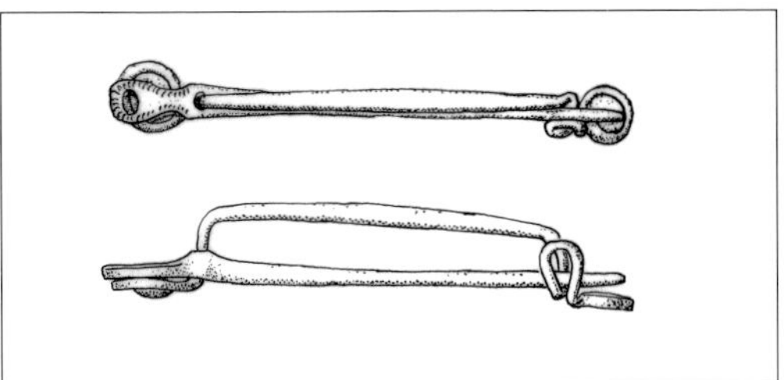

1.2.1.

1.2.1.1. Fibel mit sanduhrförmigem Nadelkopf

Beschreibung: Eine häufige Ausprägung der Spiralfibeln mit flachem Nadelkopf sind die Exemplare mit sanduhrförmigem Kopf. Die Profilierung des Nadelkopfs kann dabei unterschiedlich ausfallen, manche Stücke sind schwer von den Fibeln mit kreuzförmigem Nadelkopf (1.2.1.2.) zu unterscheiden.
Synonym: Spiralplattenfibel mit Kolbennadelkopf.
Datierung: ältere bis mittlere Bronzezeit, Per. II–III (Montelius), 15.–13. Jh. v. Chr.
Verbreitung: Norddeutschland, Südskandinavien.
Literatur: Beltz 1913, 667ff.; Oldeberg 1933, 25ff.; Laux 1973, 34f.; Aner/Kersten 1981; Zimmermann in: Beck 1994, 421.

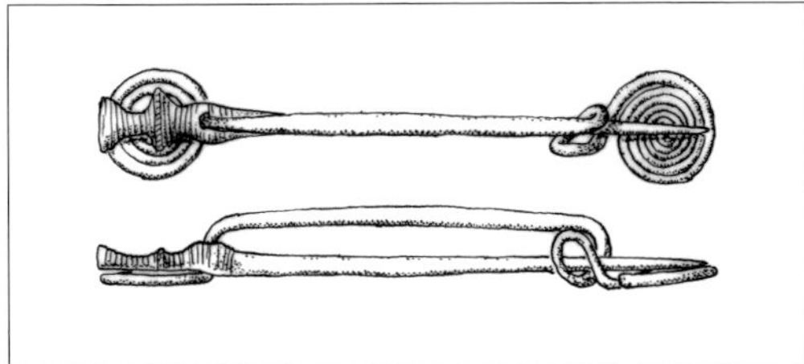

1.2.1.1.

1.2.1.2. Fibel mit kreuzförmigem Nadelkopf

Beschreibung: Die verhältnismäßig kleine Fibel besitzt einen rundstabigen, häufig quer oder schräg gekerbten Bügel sowie Endplatten, deren innere Windungen vielfach zu einer flachen Platte überhämmert wurden und deren äußere Windung mit Querkerben verziert ist. Der Nadelkopf weist zwei Querstege auf.
Datierung: mittlere Bronzezeit, Per. III (Montelius), 14.–13. Jh. v. Chr.
Verbreitung: Norddeutschland, Südskandinavien.
Relation: kreuzförmiger Nadelkopf: 1.2.2.1. Fibel mit Kreuzbalkenkopfnadel, 1.2.3.2. Fibel mit stabförmigem Bügel.
Literatur: Beltz 1913, 669ff.; Laux 1973, 35f.; Zimmermann in: Beck 1994, 421f.

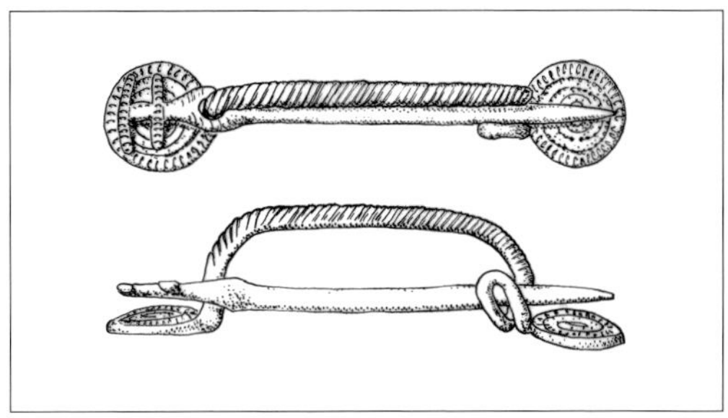

1.2.1.2.

1.2.1.3. Fibel mit ringförmigem Nadelkopf

Beschreibung: Der sich zur Mitte hin leicht verdickende, hoch gewölbte Bügel kann mit Kerbmustern verziert sein. Die Spiralscheiben sind im Mittelbereich flach überhämmert und besitzen eine Querkerbung auf der äußeren Spiralwindung. Die Nadel endet in einem ringförmigen Kopf.
Datierung: mittlere Bronzezeit, Per. III (Montelius), 14.–13. Jh. v. Chr.
Verbreitung: Norddeutschland, Südskandinavien.

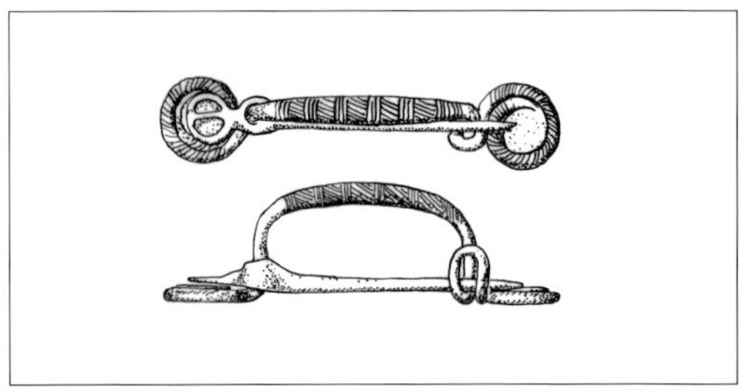

1.2.1.3.

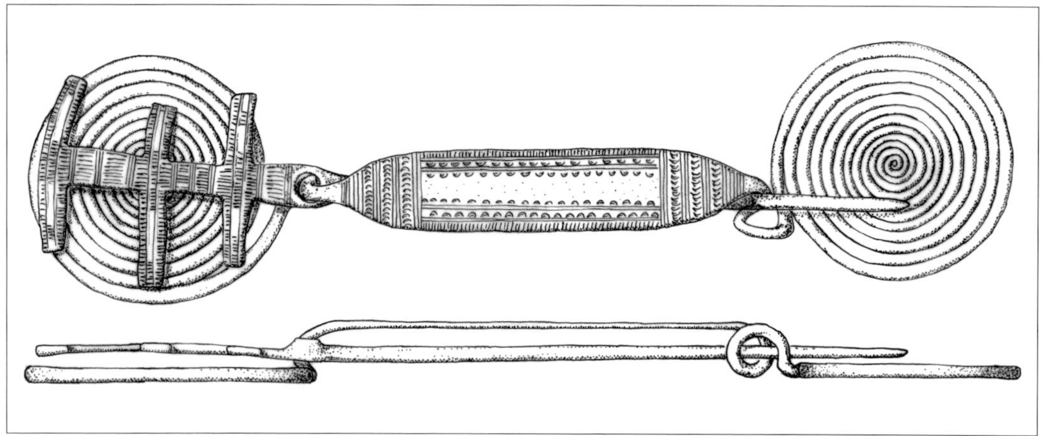

1.2.2.1.

Relation: ringförmiger Nadelkopf: 1.2.4. Raupenbügelfibel, 1.3. Plattenfibel.
Literatur: Montelius 1917; Oldeberg 1933, 47ff.; Zimmermann in: Beck 1994, 422.

1.2.2. Blattbügelfibel

Beschreibung: Der flache Bügel ist spitzoval und besitzt eine Punz- oder Kerbverzierung. Die Spiralen bestehen aus rundem Draht. E. Sprockhoff verwendet eine weit gefasste Terminologie, wonach fast alle Blattbügelfibeln als Spindlersfelder Fibel zu bezeichnen sind. Andere Autoren definieren weitere Typen (Betzler 1974; Gedl 2004).
Datierung: mittlere bis jüngere Bronzezeit, Per. III–V (Montelius), Hallstatt A–B (Reinecke), 14.–8. Jh. v. Chr.
Verbreitung: Mitteleuropa.
Relation: blattförmiger Bügel: 3.1. Blattbügelfibel.
Literatur: Beltz 1913, 674ff.; Sprockhoff 1938; Betzler 1974, 49ff.; Gedl 2004, 20ff.

1.2.2.1. Fibel mit Kreuzbalkenkopfnadel

Beschreibung: Die Fibel besitzt einen langen, bandförmigen Bügel, der eine Punz- oder Kerbverzierung trägt. Die großen Endspiralen bestehen aus rundstabigem Draht. Die Nadel endet in einem großen, zweifach oder dreifach kreuzförmigen Kopf mit Punzverzierung. Aufgrund der Bügelbreite unterscheidet man Mecklenburger und Lüneburger Formen.
Datierung: mittlere bis jüngere Bronzezeit, Per. III–IV (Montelius), 14.–9. Jh. v. Chr.
Verbreitung: Mittel- und Norddeutschland.
Relation: kreuzförmiger Nadelkopf: 1.2.1.2. Fibel mit kreuzförmigem Nadelkopf, 1.2.3.2. Fibel mit stabförmigem Bügel.
Literatur: Beltz 1913, 669ff.; Laux 1973, 31ff.; Zimmermann in: Beck 1994, 422.

1.2.2.2. Bornholm-Fibel

Beschreibung: Der breitovale Bügel endet in kleinen Spiralscheiben. Die Bügelplatte weist eine den Rand begleitende und die Mitte ausfüllende Punzverzierung auf. Die Nadel besitzt einen hohen tutulusförmigen Kopf, der in seinem Durchmesser dem der gegenüberliegenden Spiralscheibe entspricht.
Datierung: mittlere Bronzezeit, Per. III (Montelius), 14.–13. Jh. v. Chr.
Verbreitung: Südschweden, Norddeutschland.
Relation: rhombischer Bügel: 1.2.2.4.2. Blattbügelfibel Typ Reisen/Weißenbrunn, 1.2.2.3.2. Haarknotenfibel.
Literatur: Oldeberg 1933, 40ff.; Aner/Kersten 1977.

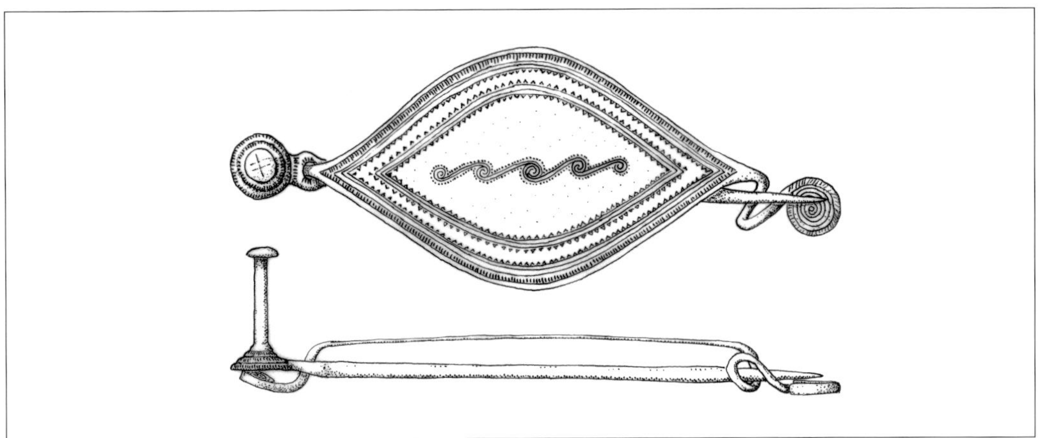

1.2.2.2.

1.2.2.3. Lüneburger Fibel

Beschreibung: Typisch sind die stehenden Spiralscheiben, die nach innen gezogen sind und sich bei einigen Stücken fast berühren. Aufgrund der Bügellänge und Form lassen sich zwei Ausprägungen unterscheiden, die u.a. nach den Ziermustern auf dem Bügel weiter untergliedert sind. Die Nadel endet immer in einem einfachen nagel- oder linsenförmigen Kopf.
Datierung: mittlere Bronzezeit, Per. III (Montelius), 14.–13. Jh. v. Chr.
Verbreitung: Norddeutschland.
Relation: scheibenförmiger, runder Nadelkopf: 1.1. Fibel ohne Endspiralen.
Literatur: Beltz 1913, 672ff.; Drescher 1953–55; Laux 1973, 9ff.

1.2.2.3.1. Lüneburger Fibel mit einem lang gezogenen, weidenblattförmigen Bügel

Beschreibung: Die große Ausprägung der Lüneburger Fibel besitzt immer einen weidenblattförmigen Bügel, der eine Punzverzierung aufweist. Die Spiralen sind verhältnismäßig klein. Aufgrund von Grabfunden wird die Fibel der Männertracht zugewiesen.
Datierung: mittlere Bronzezeit, Per. III (Montelius), 14.–13. Jh. v. Chr.
Verbreitung: Norddeutschland.
Literatur: Laux 1973, 26ff.

1.2.2.3.2. Haarknotenfibel

Beschreibung: Der Fibelbügel ist kurz. Er kann weidenblattförmig, breit blattförmig oder breit rhombisch sein und zeigt eine Punzverzierung.

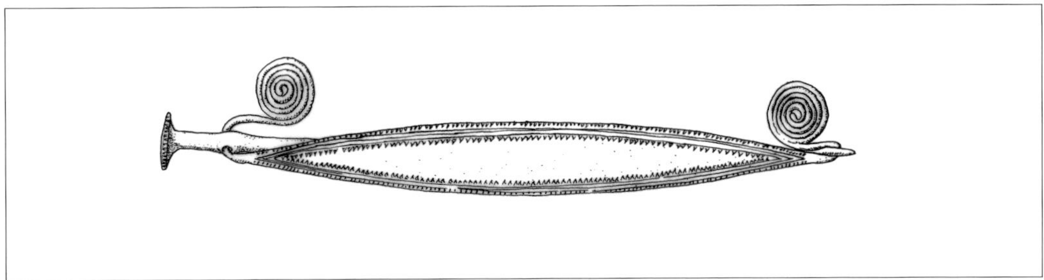

1.2.2.3.1.

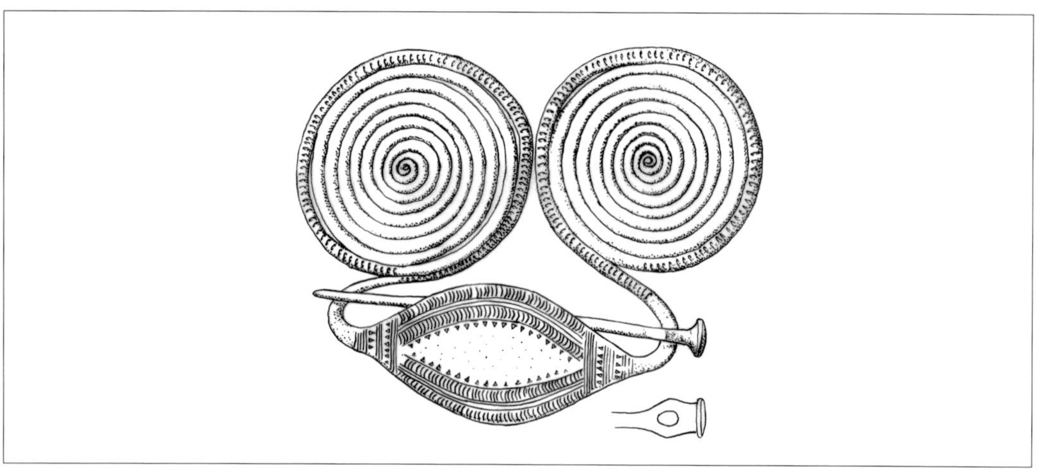

1.2.2.3.2.

Die Spiralen sind überwiegend groß und wurden dann so angeordnet, dass sie sich in der Mitte fast berühren. Aus Grabfunden ist eine Trageweise am Hinterkopf von Frauen belegt, die zu der Interpretation eines Haarschmucks geführt hat; einen konkreten Nachweis für diese Funktion gibt es jedoch nicht.

Synonym: Hannoversche Fibel.

Datierung: mittlere Bronzezeit, Per. III (Montelius), 14.–13. Jh. v. Chr.

Verbreitung: Norddeutschland.

Relation: rhombischer Bügel: 1.2.2.2. Bornholm-Fibel, 1.2.2.4.2. Blattbügelfibel Typ Reisen/Weißenbrunn.

Literatur: Beltz 1913, 672ff.; Laux 1973, 9ff.

(siehe Farbtafel Seite 17)

1.2.2.4. Spindlersfelder Fibel

Beschreibung: Die variantenreiche Spiralfibel besitzt einen blechförmigen Bügel, der eine Verzierung aus Buckeln und einem Sanduhrmuster aufweist. Unter den Verzierungselementen finden sich auch das Barkenmotiv und zoomorphe Darstellungen. Der Nadelkopf ist flach und blechförmig. Häufig nimmt er Ruderform an. Größe und Bügelausprägung können sehr unterschiedlich ausfallen.

Datierung: mittlere bis jüngere Bronzezeit, Per. III–V (Montelius), 14.–8. Jh. v. Chr.

Verbreitung: Deutschland, Polen, Tschechien, Slowakei, Österreich.

Literatur: Sprockhoff 1938; Sprockhoff 1956, 223ff.; Laux 1973, 44f.; Říhovský 1993, 24ff.; Gedl 2004, 20ff.; K. Wagner 2006.

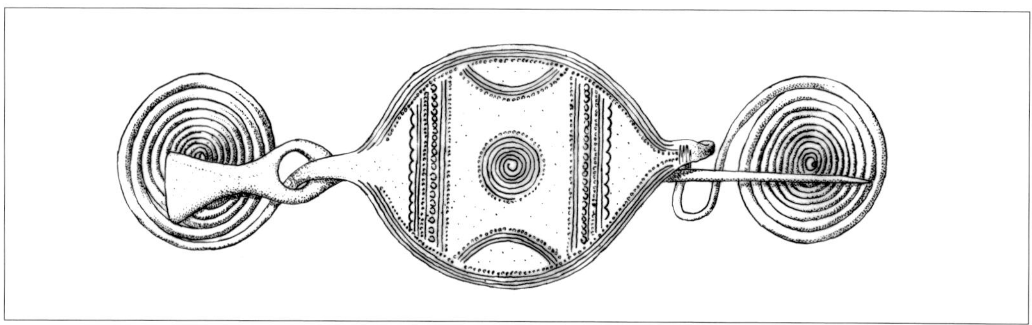

1.2.2.4.

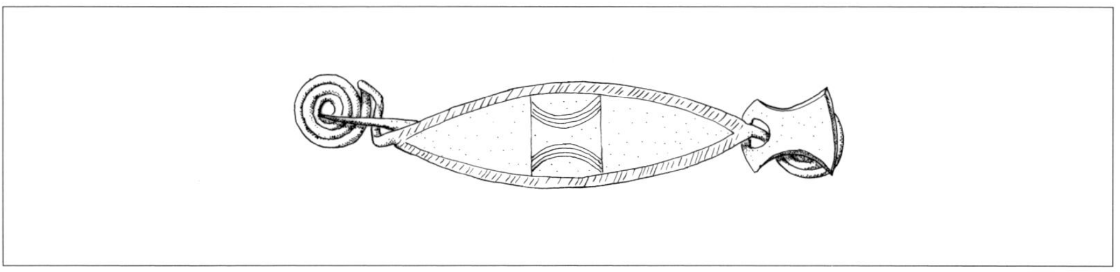

1.2.2.4.1.

1.2.2.4.1. Blattbügelfibel Typ Gemeinlebarn

Beschreibung: Der spitzovale Blechbügel weist eine quergekerbte Umrandung und ein Sanduhrmuster in der Bügelmitte auf. Die Spiralplatten bestehen aus rundem oder vierkantigem Draht. Die Nadel besitzt häufig einen flachen, ruderförmigen Kopf; daneben kommen andere Nadelkopfformen vor.
Datierung: jüngere Bronzezeit, Bronzezeit D–Hallstatt A (Reinecke), 13.–11. Jh. v. Chr.
Verbreitung: Mittel- und Südeutschland, Österreich.
Literatur: Betzler 1974, 49ff.

1.2.2.4.2. Blattbügelfibel Typ Reisen/ Weißenbrunn

Beschreibung: Die verhältnismäßig große Fibel besitzt einen breitovalen oder rhombischen Bügel, der mit einem Sanduhrmuster (Typ Reisen) oder gewinkelten Rillenbändern (Typ Weißenbrunn) sowie kleinen oder großen Buckeln verziert ist. Die Spiralen wurden aus vierkantigem Draht aufgewickelt. Der Nadelkopf ist flach, ruderförmig und unverziert.
Datierung: jüngere Bronzezeit, Hallstatt A–B (Reinecke), 11.– 9. Jh. v. Chr.
Verbreitung: Süddeutschland, Tschechien.
Relation: rhombischer Bügel: 1.2.2.2. Bornholm-Fibel, 1.2.2.3.2. Haarknotenfibel.
Literatur: Betzler 1974, 55ff.

1.2.3. Drahtbügelfibel

Beschreibung: Eine Gruppe verhältnismäßig großer Fibeln wird durch ihren drahtförmigen Bügel charakterisiert. Der Bügel kann gerade verlaufen, es finden sich aber auch Fibeln mit einem wellenförmigen Bügelverlauf oder einer Bügelverzierung aus Schlingen oder Schleifen. Die Nadel kann eine einfache Befestigungsöse oder einen kreuzförmigen Kopf aufweisen. Der Nadelhalter besteht aus einer Schlinge zwischen Bügel und Spiralplatte.
Datierung: jüngere Bronzezeit, Per. IV–V (Montelius)/Hallstatt A–B (Reinecke), 12.– 8. Jh. v. Chr.
Verbreitung: Mitteleuropa.

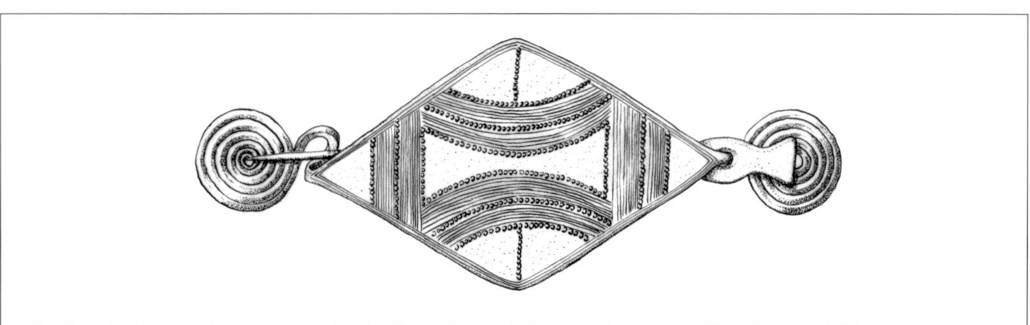

1.2.2.4.2.

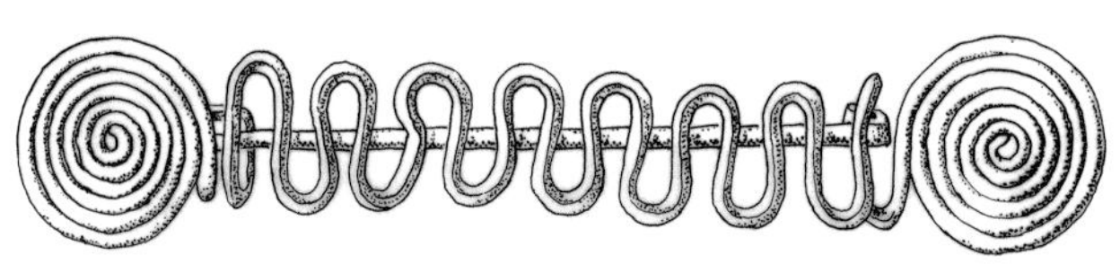

1.2.3.1.

Relation: Drahtbügel: 3.2. Drahtbügelfibel; Fibelduktus: 2.1. Brillenfibel.
Literatur: Betzler 1974; Gedl 2004.

1.2.3.1. Wellenbogenfibel

Beschreibung: Der Bügel besteht aus einem vierkantigen oder runden Draht, der wellenförmig in Schlingen gelegt ist. An den Enden sitzt jeweils eine Spiralscheibe. Die Nadel ist durch eine einfache Öse in den Bügel eingehängt.
Synonym: Zweiteilige Drahtbügelfibel vom Typ Burladingen, Fibel Typ Burladingen.
Datierung: jüngere Bronzezeit, Hallstatt A (Reinecke), 12.–11. Jh. v. Chr.
Verbreitung: West- und Süddeutschland.
Literatur: Beltz 1913, 779ff.; Betzler 1974, 31ff.

1.2.3.2. Fibel mit stabförmigem Bügel

Beschreibung: Ein kurzer, drahtförmiger, tordierter Bügel verbindet zwei große Spiralplatten, die flach ausgehämmert sind. Die Nadel besitzt einen ausgeprägten Kreuzbalkenkopf. Die Fibel ist ausgesprochen groß.
Datierung: jüngere Bronzezeit, Per. IV–V (Montelius), 11.–8. Jh. v. Chr.
Verbreitung: Nordostdeutschland, Westpolen.
Relation: kreuzförmiger Nadelkopf: 1.2.1.2. Fibel mit kreuzförmigem Nadelkopf, 1.2.2.1. Fibel mit Kreuzbalkenkopfnadel.
Literatur: Sprockhoff 1956, 223; Gedl 2004, 14ff.
(siehe Farbtafel Seite 17)

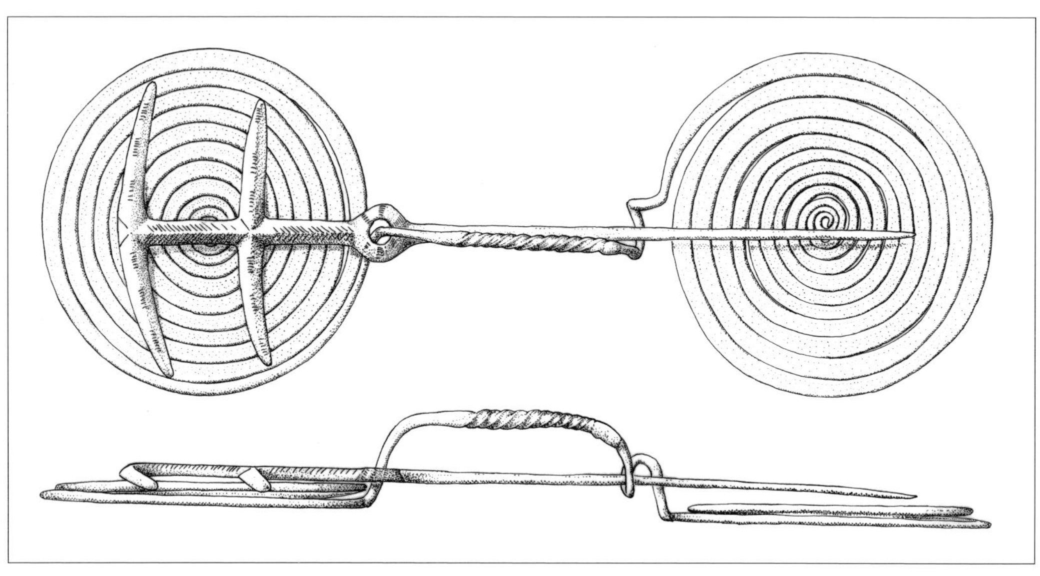

1.2.3.2.

1.2.4. Raupenbügelfibel

Beschreibung: Der Fibelbügel ist kurz und kräftig quergerippt. Er zieht in der Regel auf der Unterseite schalenförmig ein. Die Spiralscheiben sind bis auf die äußerste Windung flach. Die Nadel endet in einem großen Scheibenkopf, der schalenförmig eingetieft sein kann oder einen Mitteldorn besitzt.
Datierung: mittlere bis jüngere Bronzezeit, Per. III–IV (Montelius), 14.–9. Jh. v. Chr.
Verbreitung: Südskandinavien, Norddeutschland.
Relation: raupenförmiger Bügel: 3.4.1. Raupenfibel; ringförmiger Nadelkopf: 1.2.1.3. Fibel mit ringförmigem Nadelkopf, 1.3. Plattenfibel.
Literatur: Beltz 1913, 677; Oldeberg 1933, 57ff.; Baudou 1960, 73f.; Laux 1973, 45f.
(siehe Farbtafel Seite 18)

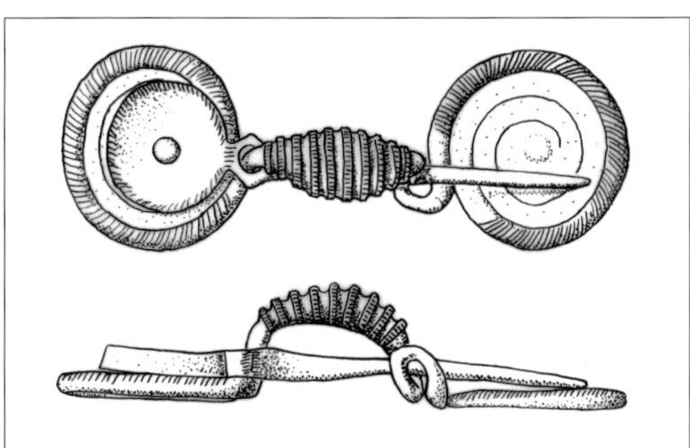

1.2.4.

1.3. Plattenfibel

Beschreibung: An beiden Enden eines kurzen Bügels befinden sich bei dieser Fibelgruppe große kreisrunde bis bohnenförmige Platten, die in der Regel gemeinsam mit dem Bügel gegossen wurden. Neben einigen Sonderformen lässt sich der Großteil dieser Fibeln aufgrund der Plattenform und -verzierung weiter untergliedern. Die Form des Nadelkopfes spielt hingegen eine untergeordnete Rolle. Hinsichtlich der Chronologie ist die Tendenz zur Vergrößerung der Stücke wahrnehmbar.
Synonym: Fibel mit festen Platten.
Datierung: jüngere Bronzezeit, Per. IV–VI (Montelius), 10.–7. Jh. v. Chr.
Verbreitung: Norddeutschland, Nordpolen, Skandinavien.
Relation: ringförmiger Nadelkopf: 1.2.1.3. Fibel mit ringförmigem Nadelkopf, 1.2.4. Raupenbügelfibel.
Literatur: Oldeberg 1933, 73ff.; Baudou 1960, 72ff.; Laux 1973, 46ff.

1.3.1. Mecklenburgische Plattenfibel

Beschreibung: Die Fibel verfügt über eine gegossene Scheibe am Fußende; am Kopfende ist der Bügel hakenartig umgebogen oder endet in einer kleinen Spiralscheibe. Eine zweite Scheibe in Größe und Form der Fußscheibe bildet den Nadelkopf. Die Zierscheiben können eine einfache Ritzverzierung tragen. Der Bügel ist drahtförmig.
Synonym: Fibel mit Scheibennadelkopf.
Datierung: mittlere Bronzezeit, Per. III (Montelius), 14.–13. Jh. v. Chr.
Verbreitung: Norddeutschland.
Relation: hakenförmiges Bügelende: 1.1. Fibel ohne Endspiralen.
Literatur: Beltz 1913, 671ff.; Laux 1973, 36f.

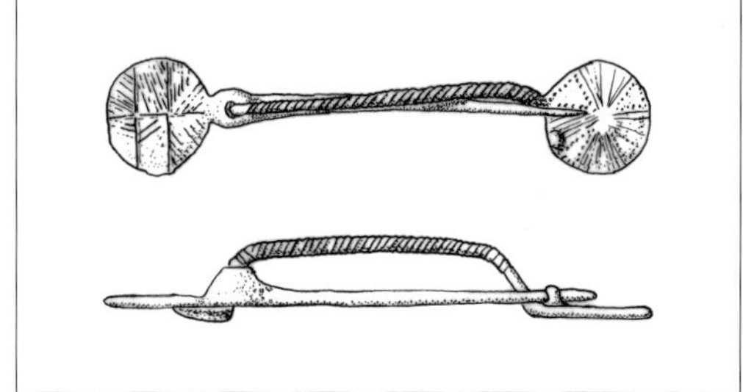

1.3.1.

1.3.2. Fibel mit lose verbundenen Platten

Beschreibung: Die Fibel besitzt Endplatten, die aus einer kreisförmigen Blechscheibe und einem drahtförmigen Verbindungsstück bestehen. Dieses Verbindungsstück ist rahmenförmig um die Scheibe geführt und geht in den Bügel über. Die Blechscheibe ist überwiegend unverziert und trägt in der Mitte eine kleine Warze. Das Verbindungsstück zeigt eine Querrillung. Der Bügel ist

kurz. Der Nadelkopf besitzt häufig Scheiben- oder Ringform.
Datierung: jüngere Bronzezeit, Per. IV (Montelius), 10.–9. Jh. v. Chr.
Verbreitung: Südskandinavien, Norddeutschland.
Literatur: Beltz 1913, 678; Oldeberg 1933, 73ff.; Baudou 1960, 74; Gedl 2004.

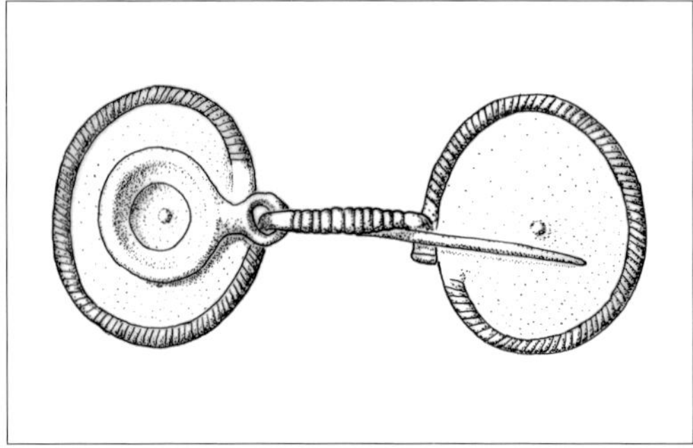

1.3.2.

1.3.3. Plattenfibel mit unverzierten Platten oder Warze in Scheibenmitte

Beschreibung: Die Endplatten und der Bügel sind in einem Stück gegossen. Der Bügel ist relativ hoch und schmal. Häufig trägt er eine Querkerbung. Die Platten sind flach oder leicht gewölbt. Den Rand bildet ein kräftiger Wulst, der quer oder schräg gekerbt ist. Bis auf eine kleine Warze, die bei einigen Stücken in der Plattenmitte sitzt, sind die Platten darüber hinaus unverziert. Die Nadel besitzt häufig einen ringförmigen Kopf.
Datierung: jüngere Bronzezeit, Per. IV–V (Montelius), 10.– 8. Jh. v. Chr.
Verbreitung: Norddeutschland, Nordpolen, Skandinavien.
Literatur: Beltz 1913, 677f.; Laux 1973, 46ff.; Gedl 2004, 42ff.
(siehe Farbtafel Seite 18)

1.3.4. Plattenfibel mit plastischen bandförmigen Figuren und/oder konzentrischen Kreisen

Beschreibung: Die Fibeln besitzen einen hochgewölbten, kurzen Bügel und große, gewölbte Endplatten. Diese tragen eine Verzierung aus kurvolinearen und/oder ringförmigen Leisten. Häufig bedecken ganze Bündel von annähernd parallelen Leisten sichelförmig die äußeren Partien der Endplatten.
Synonym: Fibel mit mondsichelförmiger Verzierung.
Datierung: jüngere Bronzezeit, Per. IV–VI (Montelius), 10.–7. Jh. v. Chr.
Verbreitung: Norddeutschland, Nordpolen, Südskandinavien.
Literatur: Montelius 1917; Oldeberg 1933, 112ff.; Baudou 1960, 75f.; Laux 1973, 48ff.; Gedl 2004, 51f.

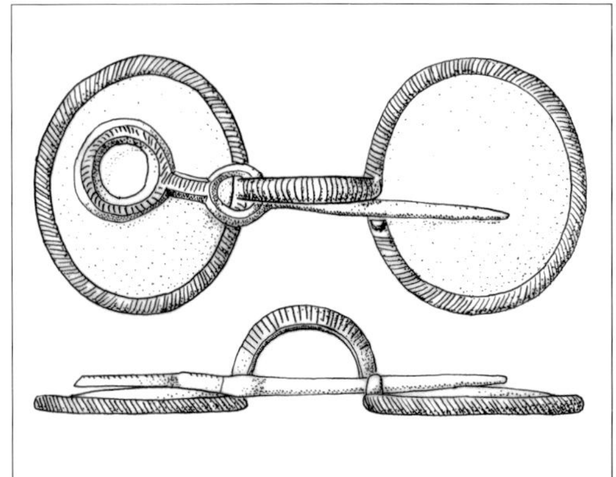

1.3.3.

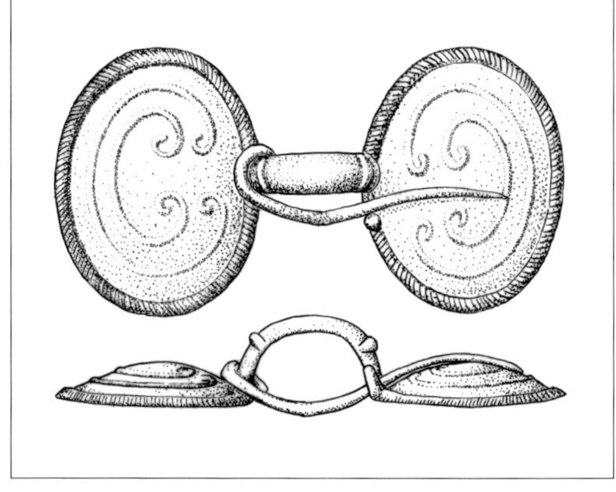

1.3.4.

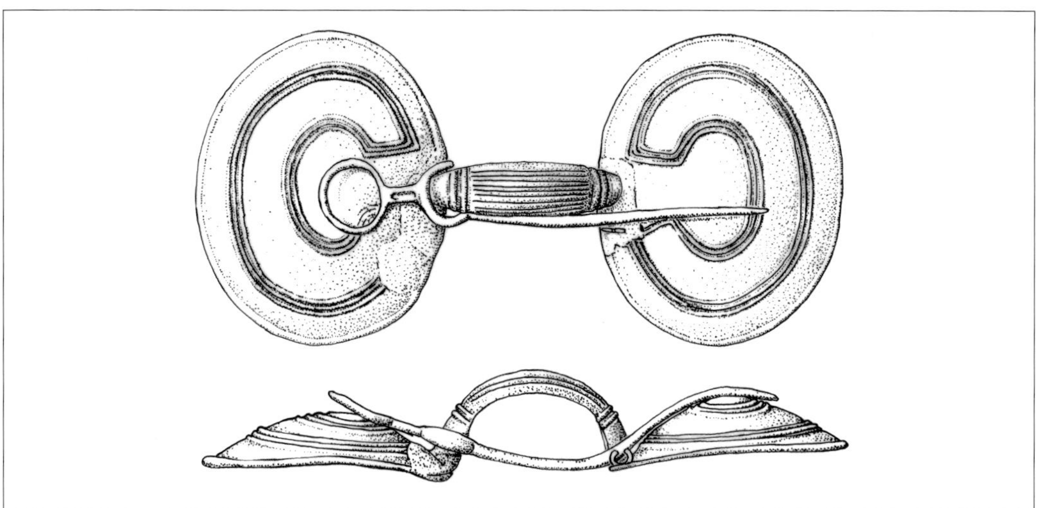

1.3.5.

1.3.5. Plattenfibel mit plastischem Hufeisenmuster

Beschreibung: Die häufig sehr große Fibel besitzt große, hoch aufgewölbte Endplatten. Diese sind mit einem C-förmigen Leistenmuster verziert, das beiderseits des Bügelansatzes eckig abgesetzt ist. Als Füllmotive kommen ringförmige Leisten vor. Der Fibelbügel ist breit und zeigt vielfach eine Längsrillung. Die Nadel endet in einem ring- oder leierförmigen Kopf oder ist am Ende zu einer einfachen Öse umgebogen.

Datierung: jüngere Bronzezeit, Per. V–VI (Montelius), 9.–7. Jh. v. Chr.

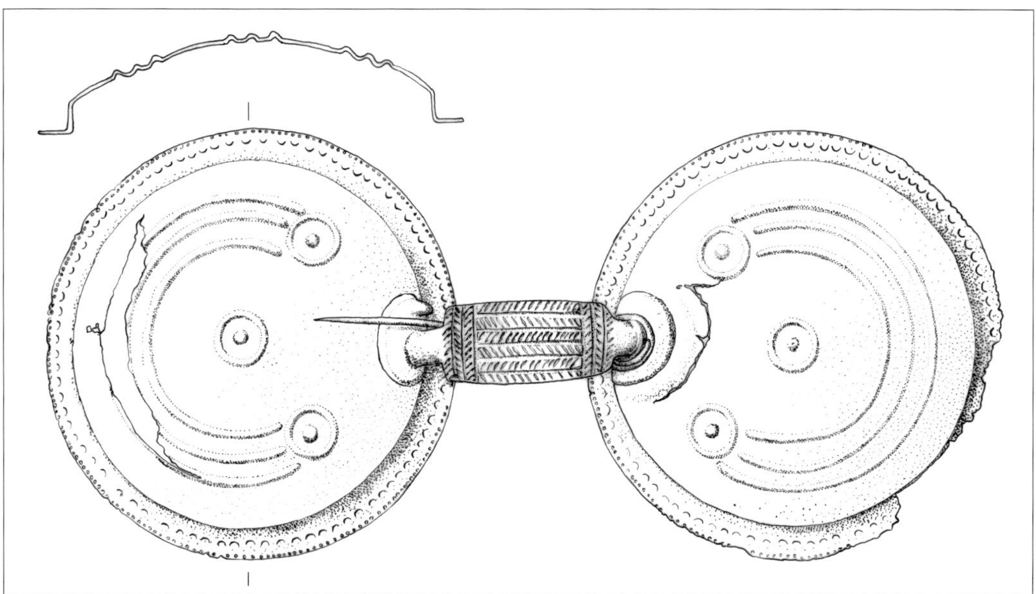

1.3.6.

Verbreitung: Norddeutschland, Nordpolen, Skandinavien.
Literatur: Oldeberg 1933, 199ff.; Baudou 1960, 76f.; Gedl 2004.

1.3.6. Plattenfibel mit getriebenen Platten

Beschreibung: Die Fibel besteht aus einem gegossenen, längsgerillten Bügel und daran montierten (genieteten), getriebenen Platten. Die Platten weisen am Rand eine kantig abgesetzte Krempe auf und sind mit bogenförmigen Rippen sowie Kreismustern verziert. Die Nadel ist am Ende zur Öse eingerollt und in den Bügel eingehängt.
Datierung: jüngere Bronzezeit, Hallstatt B3 (Reinecke), Per. V (Montelius), 9.–8. Jh. v. Chr.
Verbreitung: Mittel- und Nordwestdeutschland.
Relation: blechförmige Platten: 4.1.1. Plattenfibel.
Literatur: Betzler 1974, 60ff.; Gedl 2004, 58f.

1.4. Fibel mit Drehverschluss

Beschreibung: Die Terminologie dieser Fibelgruppe wird in der Forschung unterschiedlich, teils widersprüchlich gehandhabt. Grundbestandteil der Fibelgruppe ist ein in der Regel offener Ring, in den eine Nadel frei beweglich eingehängt ist. Das Öffnen und Schließen der Fibel erfolgt über ein Drehen des Ringes. Der Ringkörper und insbesondere die Enden können – mitunter sehr aufwändig – verziert sein. Bei einigen Autoren wird die ganze Gruppe als Ringfibel bezeichnet, andere bevorzugen den Namen Omegafibel. Die Bezeichnung Fibel mit Drehverschluss wurde von E. Riha eingeführt und wird als Oberbegriff übernommen. Hier werden drei Untergruppen aufgrund charakteristischer Merkmale gebildet. Die Fibelform ist insbesondere in einer einfachen Form sehr langlebig und weit verbreitet.
Datierung: vorrömische Eisenzeit bis Hochmittelalter, 6. Jh. v. Chr.–14. Jh. n. Chr.
Verbreitung: Europa.
Relation: ringförmiger Fibelkörper: 4.1.1.6. Zachower Fibel.
Literatur: Riha 1994, 177ff.; Teegen 1998.

1.4.1. Ringfibel

Beschreibung: Die Fibel besteht aus einem offenen Ring und einer Nadel mit ösenförmigem Kopf, die in den Ring eingehängt ist. Der Ring kann mit Kerben oder Punzen verziert sein. Häufig finden sich verdickte, aufgebogene oder eingerollte Ringenden. Aus dem Mittelalter gibt es sehr aufwändig verzierte Ringfibeln. Bei diesen Stücken ragt die Nadel häufig deutlich über den Ring hinaus.
Synonym: Schnallenfibel, Böhme 51, Jobst 36, Riha Typ 8.2, Feugère Typ 30a/b/g.
Datierung: vorrömische Eisenzeit, Römische Kaiserzeit, Früh- und Hochmittelalter, 6. Jh. v. Chr.–14. Jh. n. Chr.
Verbreitung: Deutschland, Skandinavien, Baltikum, Britische Inseln, Balkanländer.
Relation: Grundform: [Nadel] 2.3.2. Ringnadel mit Ösenkopf.
Literatur: Fowler 1960; A. Böhme 1972; Jobst 1975, 125ff.; Riha 1979, 208ff.; Feugère 1985, 416ff.; Riha 1994, 179ff.; Heynowski 1998; Teegen 1998; Gaspar 2007.

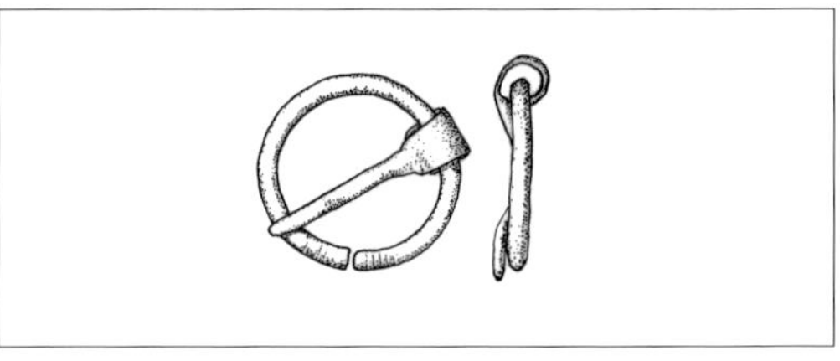

1.4.1.

1.4.2. Omegafibel

Beschreibung: Die Enden des ringförmigen Fibelkörpers sind nach außen umgeschlagen und schließen mit kleinen Zierknöpfen ab. Je ein

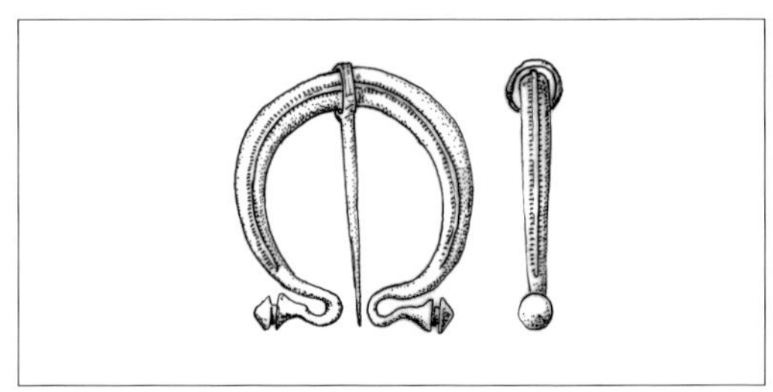

1.4.2.

weiterer Zierknopf kann in dem Knick beiderseits der Ringöffnung eingeklemmt sein. Der Ringkörper kann eine einfache Längsverzierung tragen.
Synonym: Böhme 50, Ettlinger Typ 51, Jobst 35, Riha Typ 8.1, Feugère Typ 30 c–f.
Datierung: Römische Kaiserzeit, 1.–3. Jh. n. Chr.
Verbreitung: südliches Mitteleuropa.
Literatur: A. Böhme 1972; Ettlinger 1973, 131 ff.; Jobst 1975, 124; Riha 1979, 205 ff.; Feugère 1985, 416 ff.; Fingerlin 1986; Riha 1994, 177 ff.; Gaspar 2007.
(siehe Farbtafel Seite 19)

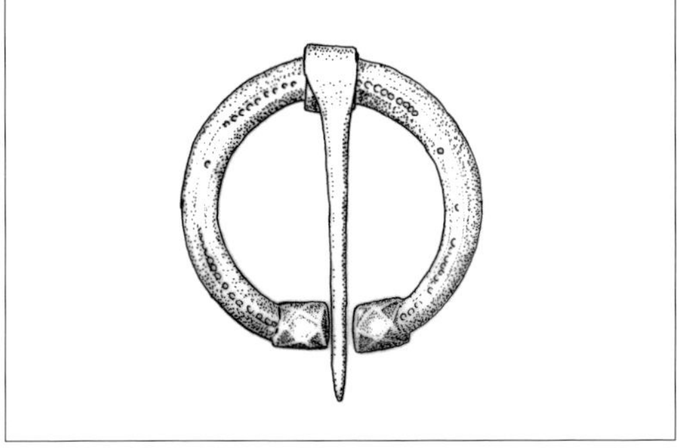

1.4.3.

1.4.3. Hufeisenfibel

Beschreibung: Die verhältnismäßig große, ringförmige Fibel besitzt hervorgehobene Enden, die kugel- oder würfelförmig gestaltet sind oder aufgerollt wurden. Der Fibelkörper kann eine einfache Verzierung tragen. Die Nadel endet in einer breiten Öse.
Datierung: Frühmittelalter, 9.–15. Jh. n. Chr.
Verbreitung: Norddeutschland, Skandinavien, Baltikum.
Literatur: Müller-Wille 1986; Carlsson 1988; Vijups 1994.

2. Fibel mit fester Nadel

Beschreibung: Bei dieser Fibelgruppe geht die Nadel organisch aus dem Bügel hervor oder ist mit ihm vernietet. Die Nadel wird durch eine gewisse Materialspannung sowie durch eine federnde Wirkung des Bügels auf den Nadelhalter gedrückt. Die Verbindung zwischen Nadel und Bügel ist im Wesentlichen jedoch starr.
Relation: fest montierte Nadel: 4.1.1.1. Tinsdahler Fibel.

2.1. Brillenfibel

Beschreibung: Hauptbestandteil sind zwei gegenständige, aufgerollte Spiralscheiben aus vierkantigem oder rundem Draht. Zwischen ihnen kann eine Achterschleife sitzen. Aus dem einen Spiralauge setzt sich der Draht als Nadel fort. Ein hakenförmig gebogenes Drahtende am anderen Spiralauge bildet den Nadelhalter. In seltenen Fällen sind Nadel und Nadelhalter angenietet und können Tutulusknöpfe tragen.
Datierung: jüngere Bronzezeit bis ältere Eisenzeit, Hallstatt B–D (Reinecke), 9.–6. Jh. v. Chr.
Verbreitung: Südostdeutschland, Österreich, Tschechien, Slowakei, Polen, Italien, Balkanländer, Griechenland.

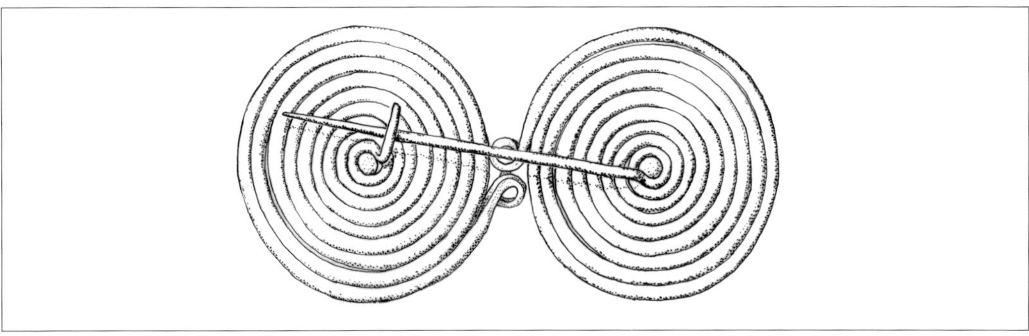

2.1.

Relation: Fibelduktus: 1.2.3. Drahtbügelfibel; Grundform: [Nadel] 2.1.1. Spiralscheibenkopfnadel mit Achterschleife, 2.1.2. Brillennadel.
Literatur: Beltz 1913, 681ff.; Betzler 1974, 91ff.; Torbrügge 1979, 75f.; Bader 1983, 56ff.; Vasić 1999, 28ff.; Pabst-Dörrer 2000; Novotná 2001, 51ff.; Gedl 2004, 61ff.

2.2. Vierpassfibel

Beschreibung: Vier Spiralscheiben aus vierkantigem Draht sind im Viereck angeordnet und in der Mitte miteinander vernietet. Auf der Unterseite kann sich eine Stützkonstruktion aus Querbändern befinden. An ihr sind eine einfache Nadel und ein Nadelhalter angenietet. In anderen Fällen sind Nadel und Nadelhalter aus der Fortsetzung des Drahtes in gegenüberliegenden Spiralaugen gebildet.
Synonym: Doppelbrillenfibel.
Datierung: ältere Eisenzeit, Hallstatt D (Reinecke), 7.–6. Jh. v. Chr.
Verbreitung: Südostdeutschland, Polen, Tschechien, Slowakei, Österreich, Slowenien, Italien.
Literatur: Beltz 1913, 682; Betzler 1974, 143ff.; Torbrügge 1979, 76; Říhovský 1993, 72f.; Glunz 1997, 112ff.; Novotná 2001, 58ff.; Gedl 2004, 72.

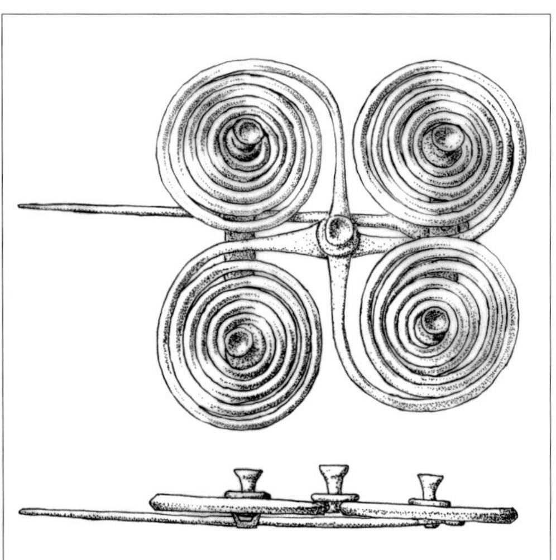

2.2.

2.3. Schlangenfibel

Beschreibung: Der Bügel aus einem Draht oder schmalen Band weist eine Reihe von Schlingen und/oder Spiralwindungen auf. Sehr häufig sind zwei Spiralwindungen durch eine Schlinge verbunden. Eine auf das Bügelende geschobene Scheibe hält den Stoffbausch zurück. Der Fibelfuß ist vielfach lang ausgezogen und kann in einem Knopf enden.
Datierung: ältere Eisenzeit, Hallstatt D (Reinecke), 7.–6. Jh. v. Chr.
Verbreitung: Ostfrankreich, Süddeutschland, Schweiz, Österreich, Norditalien, Slowenien.
Literatur: Beltz 1913, 690ff.; Mansfeld 1973; v. Eles Masi 1986, 210ff.; Zürn 1987; Glunz 1997, 79ff.
(siehe Farbtafel Seite 19)

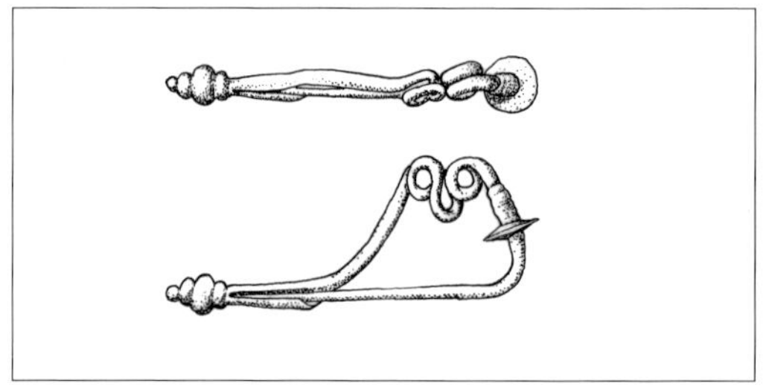

2.3.

2.3.1. Dragofibel

Beschreibung: Die Dragofibel nimmt die äußere Gestalt der drahtförmigen Schlangenfibel auf, ist aber gegossen. Anstelle der Bügelspiralen besitzt sie zwei ringförmige Bügellöcher. Typisch sind ein

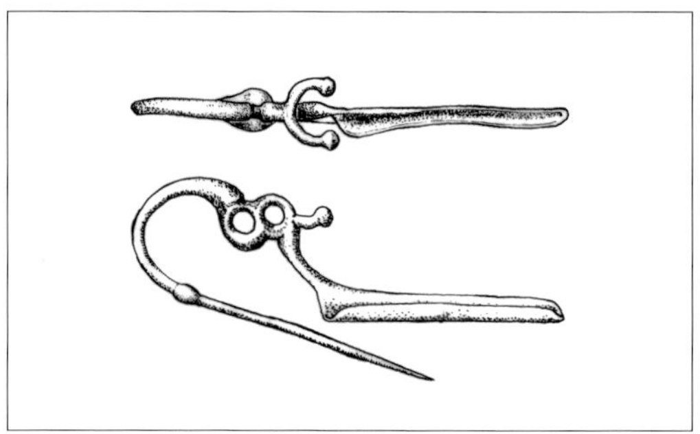

2.3.1.

oder mehrere Paare kleiner Hörnchen auf dem Bügel.
Synonym: Hörnchenfibel.
Datierung: ältere Eisenzeit, Hallstatt C–D (Reinecke), 8.–6. Jh. v. Chr.
Verbreitung: Süddeutschland, Österreich, Norditalien, Slowenien.
Literatur: Kromer 1956; Mansfeld 1973; v. Eles Masi 1986, 230ff.; Glunz 1997, 79ff.

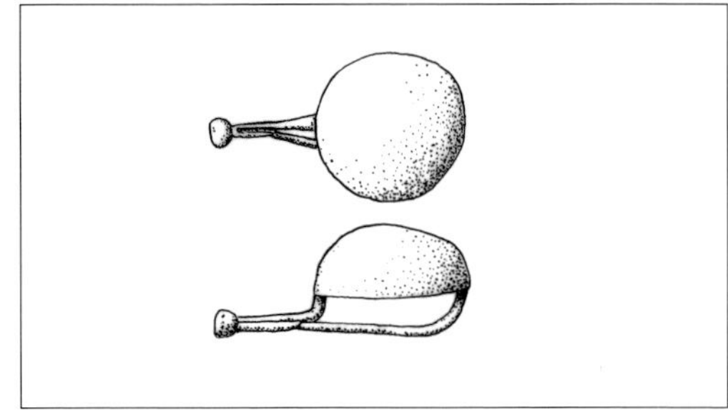

2.4.

2.4. Paukenfibel

Beschreibung: Die Fibel besitzt eine große, fast halbkugelförmige Blechpauke, von der ein mittellanger Nadelhalter ausgeht. Auch die Nadel besitzt in der Pauke ihren Ursprung und führt unter ihr hindurch zum Nadelhalter. Die Pauke kann reich mit einer Treibverzierung versehen sein. Neben Bronze ist diese Fibelform mehrfach auch aus Gold hergestellt.

Datierung: ältere Eisenzeit, Hallstatt D (Reinecke), 6. Jh. v. Chr.
Verbreitung: Süddeutschland, Österreich, Schweiz, Ostfrankreich.
Relation: paukenförmiger Bügel: 3.6. Paukenfibel.
Literatur: Mansfeld 1973; Zürn 1987; Glunz 1997, 124ff.; Ettel 2005; Heimann 2007.

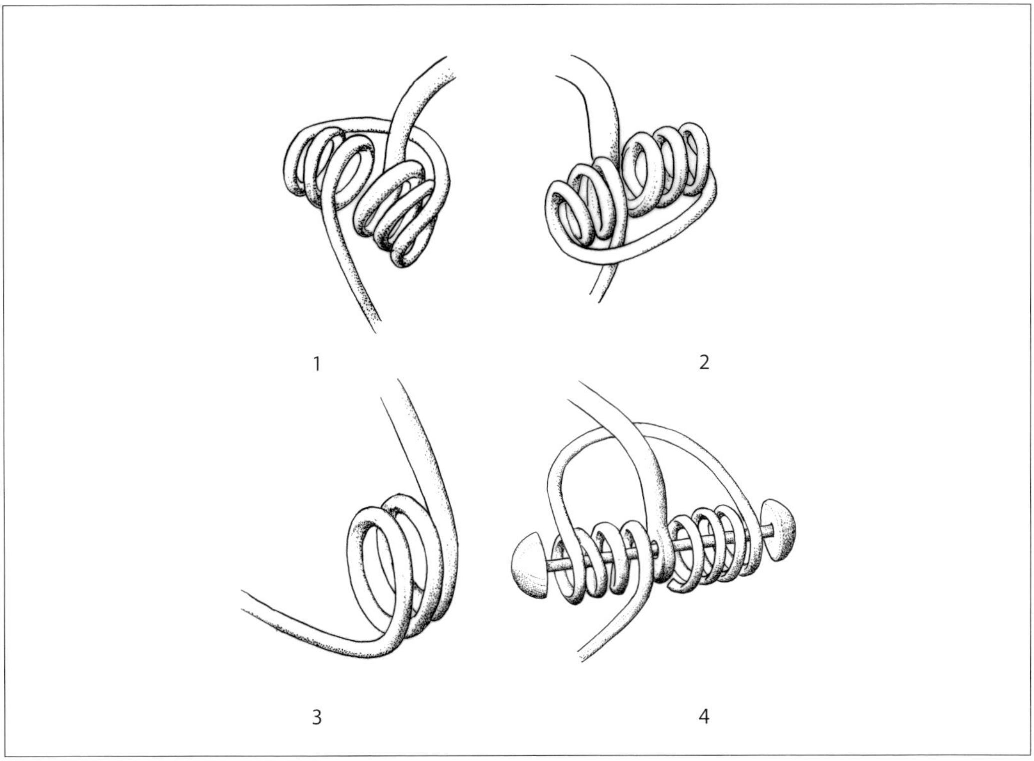

3.

3. Fibel mit Spiralkonstruktion

Wesentlicher Bestandteil der Fibel ist eine Spirale am Nadelansatz, die die Nadel auf den Nadelhalter drückt und damit einen stabileren Sitz der Fibel gewährleistet. Als eingliedrige (einteilige, 1–3) Fibel werden solche Stücke verstanden, bei denen Bügel, Spirale und Nadel aus einem Stück bestehen. Bei den zweigliedrigen (mehrgliedrigen/mehrteiligen, 4) Fibeln bilden der Bügel auf der einen Seite und die Spirale zusammen mit der Nadel andererseits zwei unterschiedliche Bauteile, die durch die Achse, einen durch die Spirale verlaufenden Stab, in Form einer Steckverbindung miteinander montiert sind. Eine einseitige Spirale (3) befindet sich nur auf einer Seite des Bügels. In der Regel besitzt eine einseitige Spirale nur wenige – ein oder zwei – Windungen. Sind die Spiralen symmetrisch auf beiden Seiten angeordnet, müssen die beiden Spiralhälften jeweils von innen nach außen gewickelt sein. Die beiden äußersten Punkte der Spirale werden durch eine sogenannte Sehne verbunden, einem geraden Überbrückungsstück. Verläuft die Sehne zwischen Nadel und Bügel, spricht man von einer unteren oder inneren Sehne (1), anderenfalls von einer oberen oder äußeren Sehne (2). Eine zweigliedrige Fibel mit unterer Sehne wird aufgrund der äußeren Ähnlichkeit als Armbrustfibel bezeichnet (4). Ein Sehnenhaken ist ein hakenförmiger Fortsatz des Bügels, in den die äußere Sehne eingehakt ist (siehe 3.15. Eingliedrige Fibeln mit oberer Sehne und Sehnenhaken). Stützbalken können sich auf beiden Seiten des Bügels befinden und die Spiralkonstruktion vor einem Verbiegen schützen. Eine weitere Montagemöglichkeit besteht darin, die gesondert gefertigte Spirale mit einer Blechhülse zu umschließen (siehe 3.29. Hülsenspiralfibel).

3.1. Blattbügelfibel

Beschreibung: Bei dieser einteiligen Fibel ist der Bügel zu einer langovalen, dünnen Platte ausgeweitet, die mit einer Rillen- oder Punzverzierung versehen ist. Am Kopfende befindet sich eine einseitige Spirale mit zwei bis drei Windungen. Das Fußende wird durch einen schleifenförmigen Nadelhalter gebildet.

Datierung: jüngere Bronzezeit, Hallstatt A (Reinecke), 12.–11. Jh. v. Chr.
Verbreitung: Frankreich, West- und Süddeutschland, Schweiz, Österreich, Tschechien, Italien, Griechenland.
Relation: blattförmiger Bügel: 1.2.2. Blattbügelfibel, 3.2.2. Posamenteriefibel.
Literatur: Betzler 1974, 42ff.; Říhovský 1993, 50ff.

3.1.1. Fibel Typ Kreuznach

Beschreibung: Die Fibel besitzt eine auffallend schlichte Konstruktion. Der lorbeerblattförmige Bügel endet auf der einen Seite in einer kurzen einseitigen Spirale und der Nadel. Das andere Bügelende ist zu einer drahtförmigen Schlaufe ausgezogen, die als Nadelhalter dient und ein eingerolltes Ende besitzt. Die Verzierung bleibt auf den Bügel beschränkt und besteht aus längs oder quer angeordneten Zierbändern in Form von Punz- oder getriebenen Buckelreihen.
Datierung: jüngere Bronzezeit, Hallstatt A (Reinecke), 12. Jh. v. Chr.
Verbreitung: Westdeutschland, Ostfrankreich.
Literatur: Betzler 1974, 42ff.

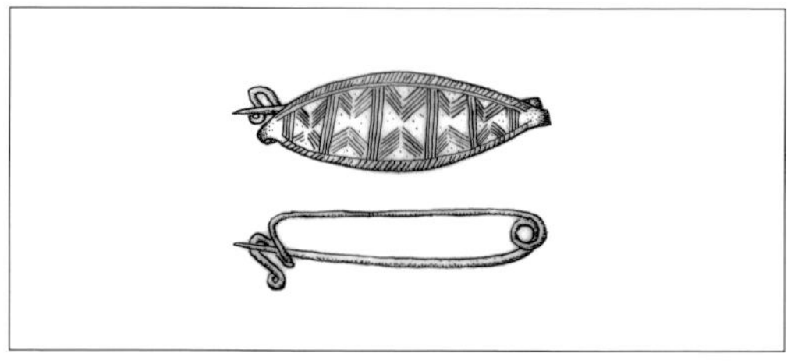

3.1.1.

3.1.2. Blattbügelfibel mit je einer Achterschleife an den Blattenden

Beschreibung: Ein flacher, blattförmiger Bügel zeigt eine Verzierung aus Rillen, Punzen und/oder kleinen Buckeln. An beiden Enden läuft die Bügelplatte in einen Draht aus, der eine Achterschleife bildet. Am Kopfende schließt sich daran eine einseitige Spirale mit zwei bis acht Windungen an.

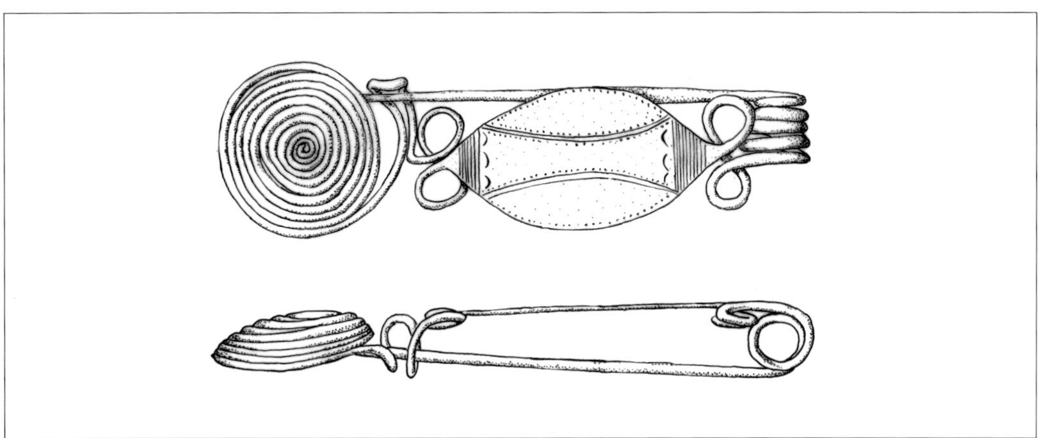

3.1.2.

Das Fußende besteht aus einem schlingenförmigen Nadelhalter sowie einer anschließenden Spiralplatte, die tutulusartig aufgewölbt sein kann.
Synonym: Fibel Typ Röschnitz, Fibel Typ Innsbruck-Hölting.
Datierung: jüngere Bronzezeit, Hallstatt A–B (Reinecke), 11.–10. Jh. v. Chr.
Verbreitung: Österreich, Tschechien, Ungarn.
Literatur: Betzler 1974, 46ff.; Říhovský 1993, 52ff.

3.2. Drahtbügelfibel

Beschreibung: Aus einer einseitigen Spirale mit häufig drei bis fünf Windungen entwickelt sich ein drahtförmiger Bügel, der parallel zur Nadel verläuft. Der Abstand zwischen beiden wird durch den verhältnismäßig großen Spiraldurchmesser und die Höhe des Nadelhalters bestimmt. Der Bügel besitzt ein rundstabiges oder vierkantiges Profil. Als Dekor können sich an beiden Bügelenden oder gleichmäßig über die gesamte Bügellänge verteilt 8-förmige Schlingen befinden. Der Nadelhalter besteht in einer am Bügelende herabgezogenen Drahtschlinge. Der Fibelfuß kann in einer großen Spiralscheibe bestehen.
Datierung: jüngere Bronzezeit, Hallstatt A–B (Reinecke), 13.–10. Jh. v. Chr.
Verbreitung: Süddeutschland, Österreich, Ungarn, Tschechien, Slowakei.
Relation: drahtförmiger Bügel: 1.2.3. Drahtbügelfibel.
Literatur: Betzler 1974, 21ff.; Říhovský 1993, 17ff.

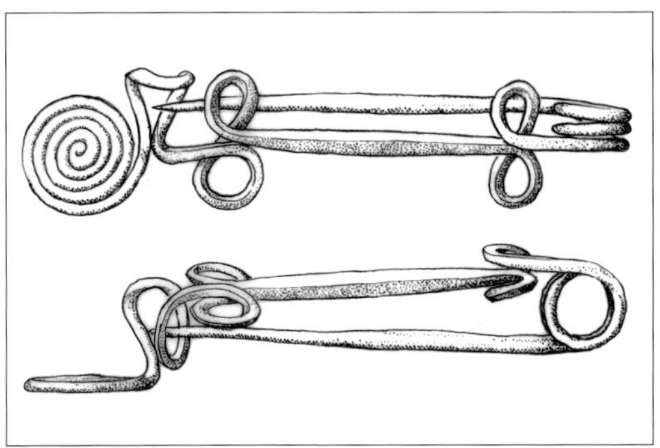

3.2.

3.2.1. Violinbogenfibel

Beschreibung: Die Fibel aus einem runden Draht besitzt einen geraden Bügel, der rechtwinklig umbiegt und mit einem einfachen, hakenförmigen

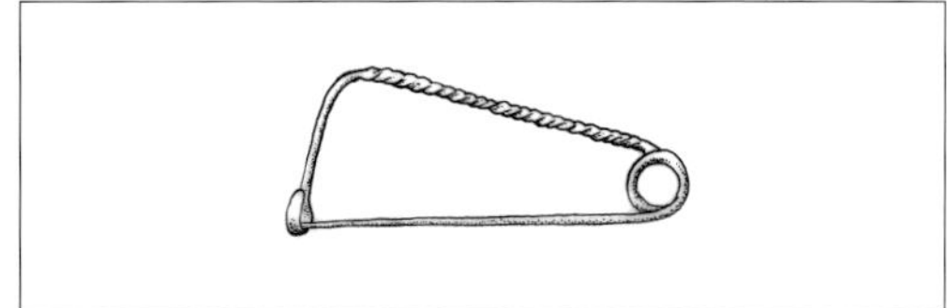

3.2.1.

Nadelhalter endet. Der Bügel kann eine Verzierung tragen. Eine einseitige, einwindige Spirale gibt der Nadel Spannung.
Datierung: jüngere Bronzezeit, Hallstatt A (Reinecke), 13.–12. Jh. v. Chr.
Verbreitung: Süddeutschland, Österreich, Schweiz, Italien, Balkanländer, Griechenland, Ägäis.
Literatur: Betzler 1973, 9ff.; v. Eles Masi 1986, 1ff.; Pavišić 2003.

3.2.1.1. Peschiera-Fibel

Beschreibung: Bei dieser Sonderform der Violinbogenfibel verlaufen Bügel und Nadel parallel. Ihr Abstand ist durch den Spiraldurchmesser vorgegeben. Der Bügel ist unverziert. Die Fibel besitzt eine schlichte Form.

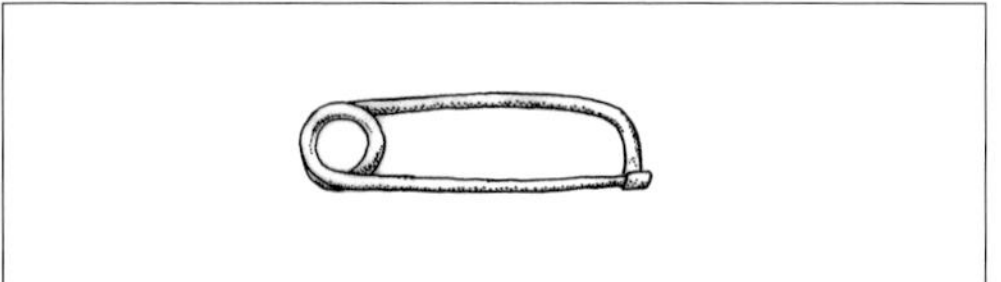

3.2.1.1.

Datierung: jüngere Bronzezeit, Hallstatt A (Reinecke), 13.–12. Jh. v. Chr.
Verbreitung: Italien, Schweiz, Österreich, Balkanländer, Griechenland.
Literatur: Beltz 1913, 680; Betzler 1973, 9ff.; v. Eles Masi 1986, 1ff.

3.2.1.2. Violinbogenfibel mit Spiralfuß

Beschreibung: Der Bügel besteht aus einem Vierkantdraht. Er ist lang gestreckt und verläuft parallel zur Nadel. Eine einseitige Spirale mit häufig drei oder vier Windungen bestimmt mit ihrem Durchmesser den Abstand von Bügel und Nadel.

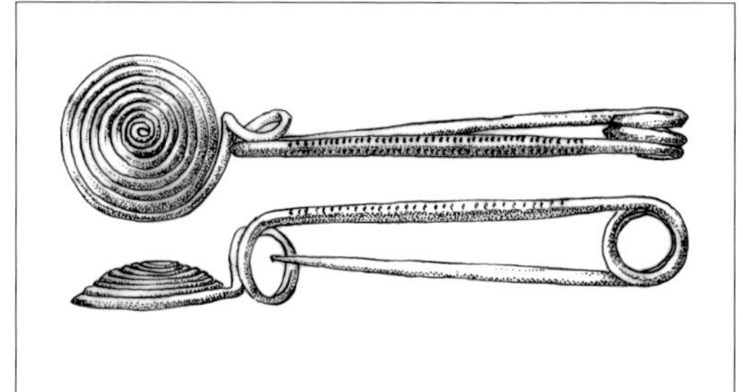

3.2.1.2.

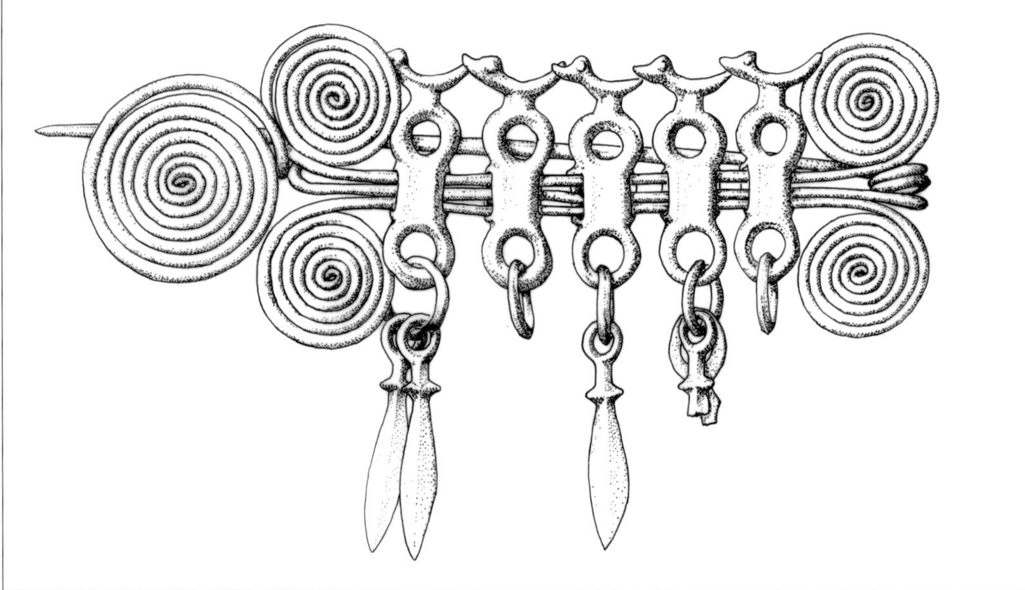

3.2.2

Am Fußende bildet der Bügel eine Schlaufe, die als Nadelhalter dient, und läuft in eine große Endspirale aus, die tutulusförmig aufgewölbt sein kann.
Synonym: einteilige Drahtbügelfibel vom Typ Unter-Radl
Datierung: jüngere Bronzezeit, Bronzezeit D–Hallstatt A (Reinecke), 14.–12. Jh. v. Chr.
Verbreitung: Österreich, Tschechien, Slowakei, Ungarn, Slowenien, Norditalien.
Literatur: Říhovský 1993, 17ff.

3.2.2. Posamenteriefibel

Beschreibung: Unter dieser Bezeichnung werden sowohl Fibeln mit Drahtbügel als auch solche mit Blattbügel zusammengefasst, an denen mit Hilfe von Klammern weitere Zierelemente befestigt sind. Zu diesen zusätzlichen Verzierungen gehören Drähte mit großen Spiralscheiben, figürliche Ornamente oder Anhänger. Die Fibel besitzt in der Regel eine eingliedrige Konstruktion mit einer einseitigen Spirale und schlaufenförmigem Nadelhalter.
Datierung: jüngere Bronzezeit, Hallstatt A–B (Reinecke), 13.–8. Jh. v. Chr.
Verbreitung: Tschechien, Slowakei, Ungarn.
Relation: Klapperbleche: 3.4.1. Raupenfibel, 3.4.5. Halbmondfibel.
Literatur: Paulík 1959; Bader 1983, 41ff.; Říhovský 1993, 56ff.; Vasić 1999, 21ff.; Gaál 2001; Novotná 2001, 36ff.

3.3. Harfenfibel

Beschreibung: Eine Spiralscheibe aus rundem Draht geht in einen weit M-förmig geschwungenen Bügel über, der eine einfache Kerbverzierung tragen kann. Am Ende des Bügels schließt sich eine lange Spiralrolle an, die im rechten Winkel zum Bügel steht. Von Ihrem Ende aus führt die Nadel zu einem Nadelhalter, der durch eine Drahtschlinge der Spiralscheibe am Fuß gebildet wird.
Datierung: ältere Eisenzeit, Hallstatt D (Reinecke), 7.–6. Jh. v. Chr.
Verbreitung: Österreich, Süddeutschland, Tschechien, Slowakei, Polen.

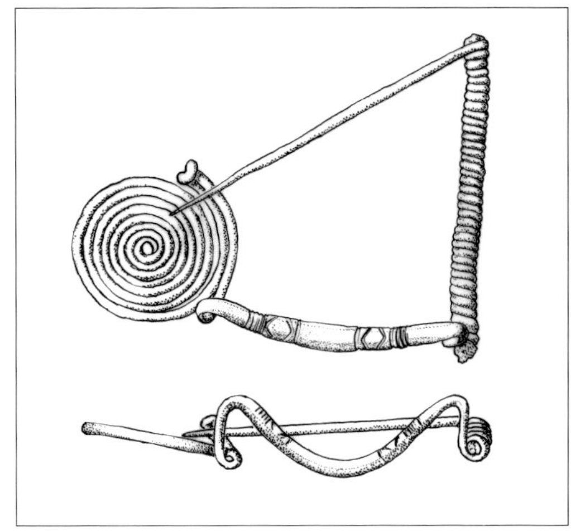

3.3.

Literatur: Beltz 1913, 680f.; Betzler 1974, 86ff.; Gedl 2004.

3.4. Bogenfibel

Beschreibung: Unter der Bezeichnung »Bogenfibel« wird eine Anzahl von Fibelausprägungen zusammengefasst, deren wesentlichen Bestandteil ein meist halbkreisförmiger Bügel bildet. Sehr häufig besitzt die Fibel eine einseitige Spirale aus ein oder zwei Windungen, aber auch beidseitige Spiralen kommen vor. Ein chronologisches Merkmal ist der Nadelhalter, der bei frühen Stücken hakenartig umgebogen ist oder in einer größeren Platte besteht, bei den späten Formen langgezogen ist.
Datierung: jüngere Bronzezeit bis ältere Eisenzeit, Hallstatt B–D (Reinecke), 9.–6. Jh. v. Chr.

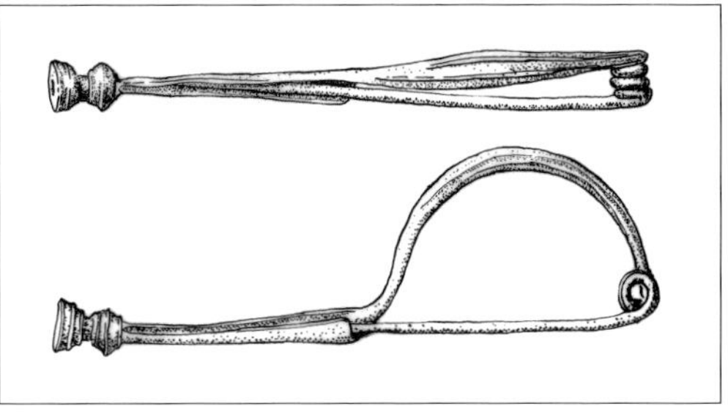

3.4.

Verbreitung: östlicher Mittelmeerraum, Italien, Balkanländer, Österreich, Schweiz, Süddeutschland.
Relation: Fibelduktus: 3.22.8. Nydamfibel.
Literatur: Beltz 1913, 684ff.; Mansfeld 1973; v. Eles Masi 1986, 14ff.; Zürn 1987; Glunz 1997, 19ff.

3.4.1. Raupenfibel

Beschreibung: Der dicke, wulstige Bügel ist kräftig quergerippt. Die Fibel besitzt eine einseitige Spirale und einen einfachen, kleinen, zungenförmigen Haken als Nadelhalter. Eine spezielle Gruppe dieser Fibel ist mit Klapperblechen ausgestattet.
Synonym: Fibel Typ Möringen.
Relation: raupenförmiger Bügel: 1.2.4. Raupenbügelfibel; Klapperbleche: 3.2.2. Posamenteriefibel, 3.4.5. Halbmondfibel.
Datierung: jüngere Bronzezeit, Hallstatt B (Reinecke), 10.–8. Jh. v. Chr.
Verbreitung: Süddeutschland, Schweiz, Österreich, Norditalien, Slowenien.
Literatur: Beltz 1913, 685f.; Betzler 1974, 74ff.; v. Eles Masi 1986, 41ff.

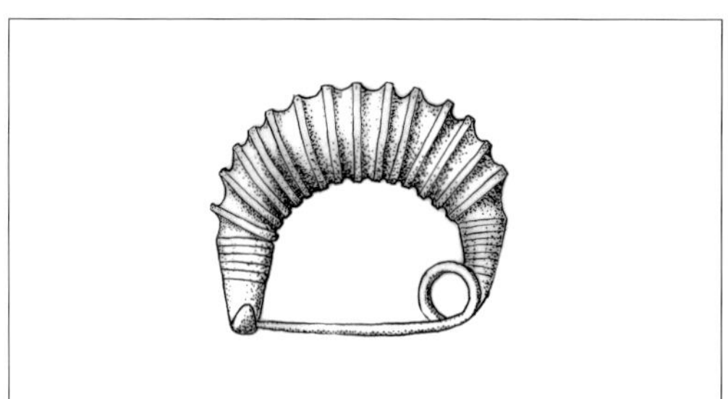

3.4.1.

3.4.2. Sanguisugafibel

Beschreibung: Kennzeichnend ist ein wulstiger Bügel (Sanguisuga [ital.] = Blutegel), der sich zu beiden Seiten stark verjüngt. Der Bügel ist massiv oder hohl. Bei einigen Stücken ist er nach unten durch einen schmalen Spalt geöffnet. Eine lineare Verzierung auf dem Bügel ist häufig. Die Nadel besitzt eine einseitige Spirale.
Synonym: Mignatta-Fibel, Blutegelfibel.
Datierung: jüngere Bronzezeit bis ältere Eisenzeit, Hallstatt B–C (Reinecke), 9.–7. Jh. v. Chr.
Verbreitung: Norditalien, Schweiz, Österreich, Slowenien.
Relation: kräftiger, hohler Bügel: 3.5. Kahnfibel.
Literatur: Kromer 1956; v. Eles Masi 1986, 76ff.; Glunz 1997, 70ff.; Ettel 2005.

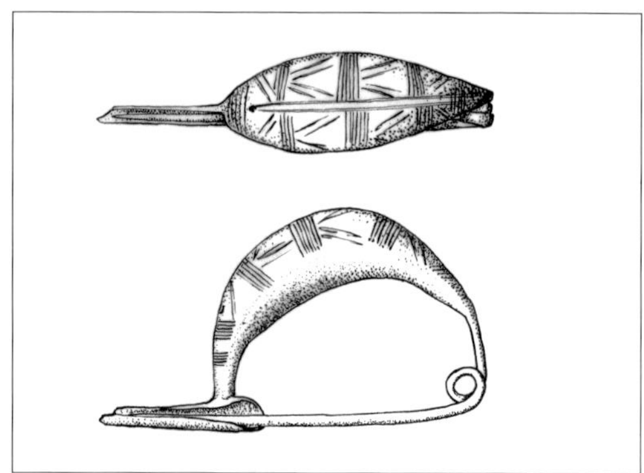

3.4.2.

3.4.3. Zweiknopffibel

Beschreibung: Der Bügel ist in der Regel schmal und kann eine einfache Verzierung tragen. Seitlich beiderseits des Bügelscheitels befindet sich jeweils eine knopfartige Verdickung. Die Spirale ist einseitig, der Nadelhalter lang.
Datierung: ältere Eisenzeit, Hallstatt C–D (Reinecke), 8.–6. Jh. v. Chr.
Verbreitung: Österreich, Norditalien, Slowenien.
Literatur: Beltz 1913, 687; Kromer 1956; v. Eles Masi 1986, 203ff.; Glunz 1997, 59ff.

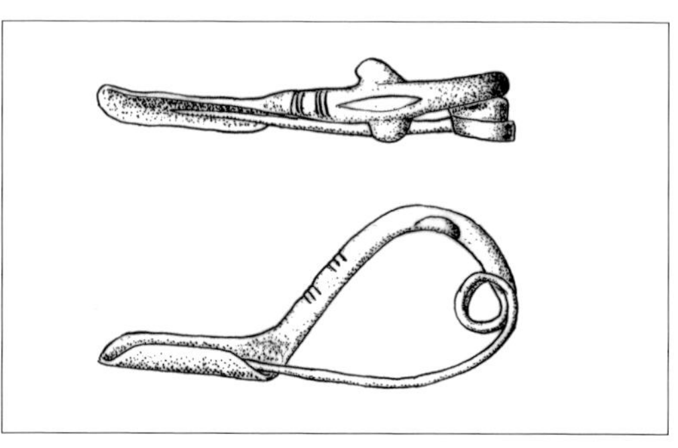

3.4.3.

3.4.4. Dreiknopffibel

Beschreibung: Gegenüber der Zweiknopffibel besitzt diese Form einen dritten Bügelknopf, der auf dem Bügelscheitel sitzt. Die Knöpfe können durch Rippen profiliert sein. Der Fuß ist lang ausgezogen.
Datierung: ältere Eisenzeit, Hallstatt C–D (Reinecke), 8.–6. Jh. v. Chr.
Verbreitung: Österreich, Norditalien, Slowenien.
Relation: Bügelknopf: 3.22.6. Bügelknopffibel.
Literatur: Kromer 1956; Glunz 1997, 20ff.; Ogrin 1998.

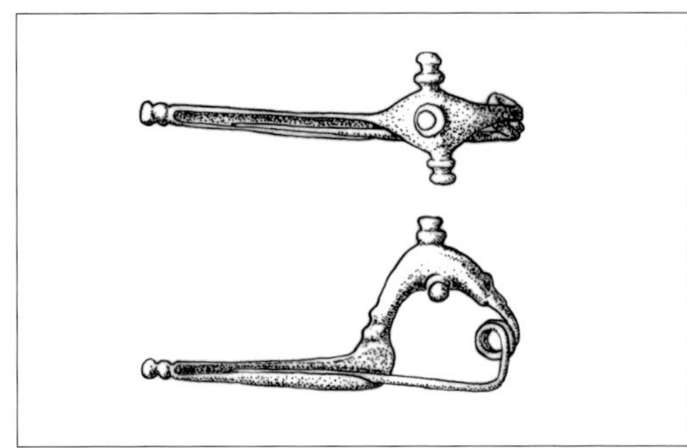

3.4.4.

3.4.5. Halbmondfibel

Beschreibung: Der Bügel trägt eine breite, krempenartige Platte, die ihm einen sichelförmigen Umriss gibt. Die Krempe besitzt eine Verzierung aus Tremolierstichlinien und Kreisaugen. In der Bügelöffnung befindet sich eine plastische Darstellung, in der Regel eine gegenständige Anordnung von zwei Pferden oder Vögeln. In Löcher entlang des Krempenrandes sind in dichter Reihenfolge Ketten eingehängt, die in Klapperblechen enden.
Synonym: Gehängefibel.
Datierung: ältere Eisenzeit, Hallstatt D (Reinecke), 7.–6. Jh. v. Chr.
Verbreitung: Süddeutschland, Österreich.

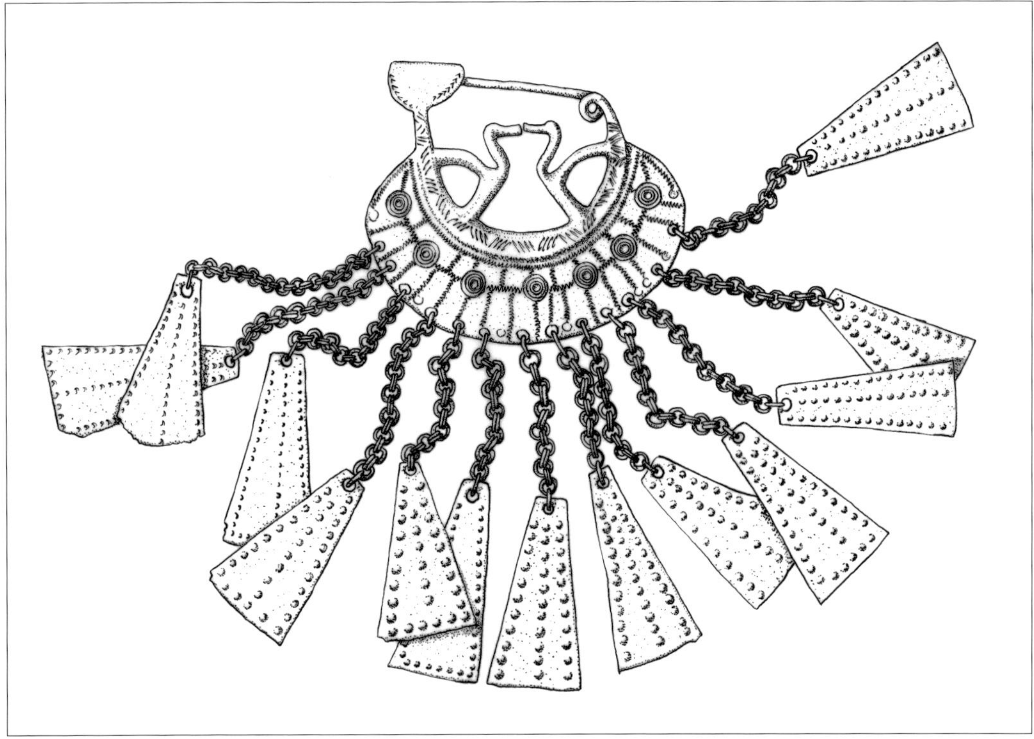

3.4.5.

Relation: Klapperbleche: 3.2.2. Posamenteriefibel, 3.4.1. Raupenfibel.
Literatur: Beltz 1913, 692f.; Kromer 1956; Torbrügge 1979, 76f.; Glunz 1997; Metzner-Nebelsick 2007.

3.4.6. Zweischleifige Bogenfibel

Beschreibung: Der hochgewölbte, drahtförmige Bügel beschreibt etwa einen Halbkreis. Er ist rundstabig oder profiliert und kann eine einfache Verzierung aus Querrillen aufweisen. An beiden Enden geht der Bügel in eine nach innen gewandte Spirale mit ein oder zwei Windungen über. Am Kopfende geht aus der Spirale die Nadel hervor, am Fußende ein breiter, unterschiedlich hoher Nadelhalter.
Datierung: ältere Eisenzeit, Hallstatt C (Reinecke), 8.–7. Jh. v. Chr.
Verbreitung: Österreich, Slowenien, Norditalien, Ungarn, Balkanländer, Griechenland.
Relation: doppelte Spirale: 3.10.5. Spiralfußfibel.
Literatur: Glunz 1997, 41ff.; Lippert/Stadler 2009.

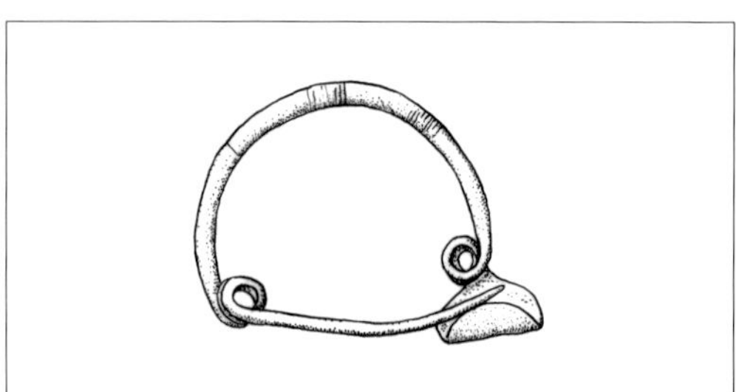

3.4.6.

3.4.7. Bogenfibel mit Perlenbügel

Beschreibung: Der Bügel der Fibel verjüngt sich zu einem dünnen, in einem gleichmäßigen Bogen geführten Draht, auf den eine Anzahl von Perlen aus Knochen oder Bernstein aufgereiht sind. Die Perlen besitzen in der Regel unterschiedliche Längen und verleihen dem Bügel insgesamt ein wulstartiges Aussehen. Der Fibelfuß ist lang ausgezogen oder kurz. Die einseitige Spirale weist eine Windung auf.
Synonym: Sanguisugafibel mit knochen- und bernsteinumkleidetem Bügel, Fibel mit knochen- oder bersteinummanteltem Bügel.
Datierung: ältere Eisenzeit, Hallstatt C–D (Reinecke), 8.–6. Jh. v. Chr.
Verbreitung: Österreich, Slowenien, Italien.
Relation: mit Perlen besetzter Bügel: 3.10.9. Korallenfibel.
Literatur: Kromer 1957; Glunz 1997, 70ff.

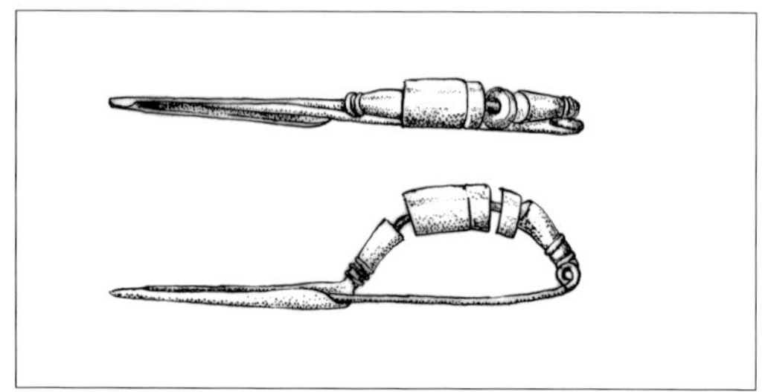

3.4.7.

3.4.8. Kniefibel

Beschreibung: Auffallend an dieser Bogenfibel ist der spitzwinklig geknickte Bügel. Er ist häufig bandförmig verbreitert und kann einen Mittelgrat besitzen. Die Fibel kommt in eingliedriger oder zweigliedriger Spiralkonstruktion vor.
Datierung: ältere Eisenzeit, Hallstatt D (Reinecke), 7.–6. Jh. v. Chr.
Verbreitung: Ostfrankreich, Süddeutschland, Schweiz, Österreich.
Relation: knieförmiger Bügelknick: 3.19.5. knieförmig gebogene Fibel, 3.19.8. Römische Kniefibel mit halbrunder Kopfplatte, 3.29.7. Kniefibel.
Literatur: Beltz 1913, 689f.; Kromer 1956; Mansfeld 1973, 14ff.; Glunz 1997, 66ff.

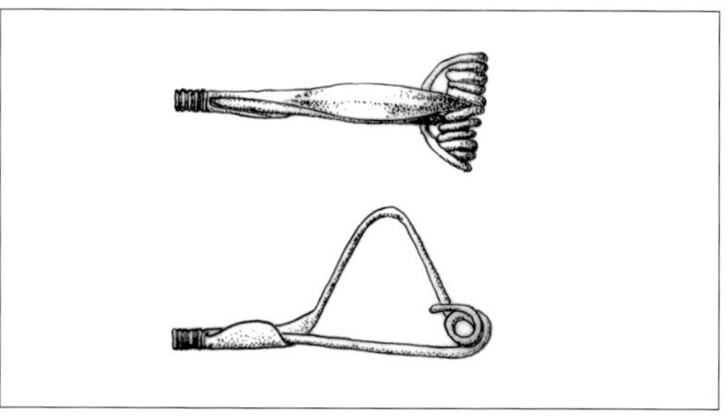

3.4.8.

3.5. Kahnfibel

Beschreibung: Die Fibel wird durch einen gleichmäßig gewölbten Blechbügel mit nach unten offenem, C-förmigem Querschnitt gekennzeichnet. Der Fuß ist lang ausgezogen und endet in einem Knopf. Die Fibel kann eine einseitige Spiralkonstruktion oder eine beidseitige Armbrustkonstruktion besitzen.
Synonym: Navicellafibel.
Datierung: ältere Eisenzeit, Hallstatt C–D (Reinecke), 8.–6. Jh. v. Chr.
Verbreitung: Ostfrankreich, Süddeutschland, Österreich, Schweiz, Norditalien, Slowenien.
Relation: kräftiger, hohler Bügel: 3.4.2. Sanguisugafibel.
Literatur: Beltz 1913, 687; Mansfeld 1973; v. Eles Masi 1986, 85ff.; Zürn 1987; Glunz 1997, 96ff.

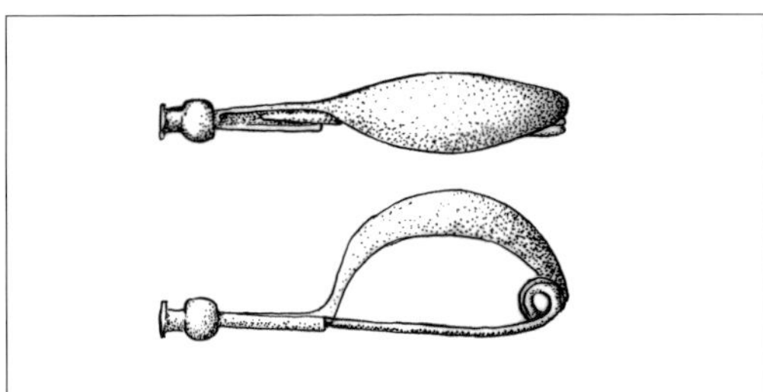

3.5.

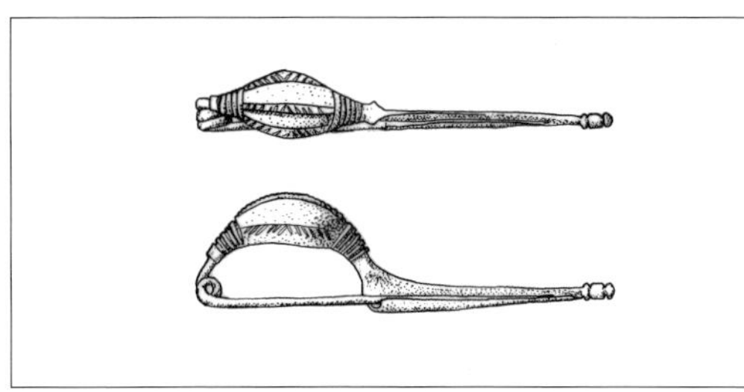

3.5.1.

3.5.1. Šmarjetafibel

Beschreibung: Die Fibel besitzt einen in Längsrichtung verzierten, wulstigen Bügel. Der Bügel ist in der Regel nach Art der Kahnfibeln auf der Unterseite ausgehöhlt, kann aber auch wie bei den Sanguisugafibeln massiv sein. Die Bügelverzierung besteht aus einer oder mehreren schmalen Leisten. Zusätzlich kann eine Strichverzierung auftreten. Die Spirale ist einseitig. Der lang gezogene Fuß endet meistens in einem Schlussknopf.
Datierung: ältere Eisenzeit, Hallstatt C–D (Reinecke), 8.–6. Jh. v. Chr.
Verbreitung: Tschechien, Slowakei, Österreich, Slowenien, Norditalien, Westungarn.
Literatur: Kromer 1956; Stare 1973, 55; Glunz 1997, 98ff.

3.6. Paukenfibel

Beschreibung: Die Pauke ist ein in der Aufsicht kreisrundes Zierelement in der Bügelmitte. Sie kann halbkugelförmig, kegelstumpfförmig, scheibenförmig oder zylindrisch sein. Häufig ist die Paukenmitte eingesenkt. Die Fibel kann eine einseitige oder eine beidseitige Spiralkonstruktion besitzen. Der Fibelfuß ist häufig kurz und endet in einem Knopf.
Datierung: ältere Eisenzeit, Hallstatt D (Reinecke), 7.–6. Jh. v. Chr.
Verbreitung: Süddeutschland, Österreich, Schweiz, Ostfrankreich.
Relation: paukenförmiger Bügel: 2.4. Paukenfibel.
Literatur: Beltz 1913, 693f.; Mansfeld 1973; Torbrügge 1979, 81f.; Zürn 1987; Glunz 1997, 122ff.; Heimann 2007.
(siehe Farbtafel Seite 19)

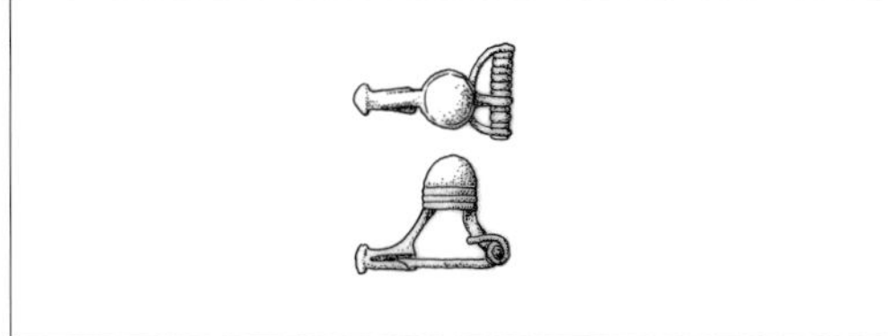

3.6.

3.6.1. Spitzpaukenfibel

Beschreibung: Bei dieser speziellen Form der Paukenfibel ist die Bügelpauke spitz-kegelförmig gestaltet. Eine kleine Kugel kann die Spitze krönen. Die zweigliedrige Fibel besitzt eine Armbrustspiralkonstruktion und eine untere Sehne. Der Fuß endet in einem Knopf.

Datierung: ältere Eisenzeit, Hallstatt D (Reinecke), 6. Jh. v. Chr.
Verbreitung: Süddeutschland, Schweiz, Österreich.
Literatur: Mansfeld 1973; Hoppe 1986, 28.

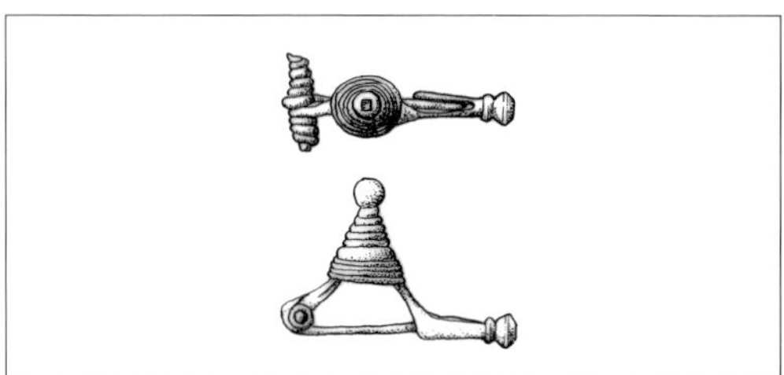

3.6.1.

3.7. Fußzierfibel

Beschreibung: Die Fibel besitzt eine ausgeprägte Armbrustspiralkonstruktion sowie eine betonende Verzierung am Fibelfuß. Diese Fußzier ist auf das gerade ausgerichtete oder nach oben umgelegte Fußende aufgenietet oder geht organisch aus dem Fuß hervor. Dabei handelt es sich um paukenförmige oder scheibenförmige Zierelemente, seltener um plastische, zuweilen balusterartig profilierte Aufsätze.
Datierung: Eisenzeit, Hallstatt D–Latène A (Reinecke), 6.–5. Jh. v. Chr.
Verbreitung: Ostfrankreich, Südeutschland, Schweiz, Österreich.
Relation: aufgebogene Fußzier: 3.9. Certosafibel, 3.12. Bandfibel; paukenförmiger Knopf: 4.1.1.5. Pommersche Fibel.
Literatur: Beltz 1913, 694f.; Mansfeld 1973; Torbrügge 1979, 82f.; Říhovský 1993, 113ff.; Dehn/Stöllner 1996; Glunz 1997, 129ff.
(siehe Farbtafel Seite 19)

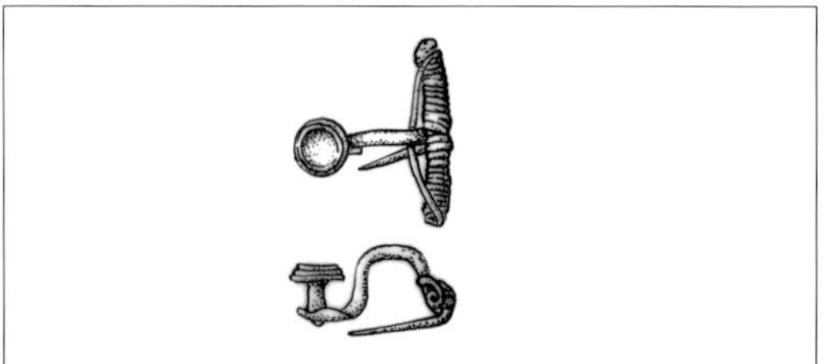

3.7.

3.7.1. Doppelpaukenfibel

Beschreibung: Die Verzierung dieser Fibel besteht aus zwei Pauken: die eine ist auf den Fuß aufgenietet oder aus dem umgeschlagenen Fußende hervorgegangen, die andere Pauke entsteht durch eine Verbreiterung der Bügelmitte. Die Pauken besitzen häufig eine ähnliche Form und Größe, doch können sie auch unterschiedlich sein. Die Fibel besitzt eine zweigliedrige Konstruktion mit oberer oder unterer Sehne.
Datierung: Eisenzeit, Hallstatt D–Latène A (Reinecke), 6.–5. Jh. v. Chr.
Verbreitung: Ostfrankreich, Süddeutschland, Schweiz, Österreich.
Literatur: Mansfeld 1973; Zürn 1987; Heimann 2007; Keiling 2011.

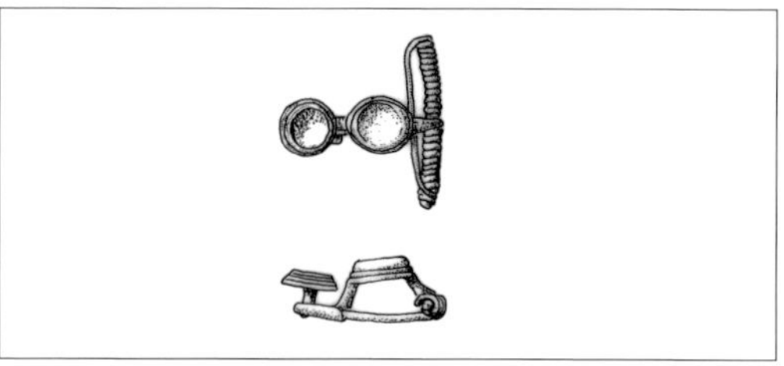

3.7.1.

3.7.2.Doppelzierfibel

Beschreibung: Ähnlich der Doppelpaukenfibel besitzt diese Fibel auf dem Fuß und dem Bügel jeweils ein Zierelement, wobei es sich allerdings nicht um eine Pauke, sondern andere Formen handelt wie quaderförmige oder balusterartige Verzierungen. Die Fibeln sind klein und besitzen eine Armbrustkonstruktion.
Datierung: Eisenzeit, Hallstatt D–Latène A (Reinecke), 6.–5. Jh. v. Chr.

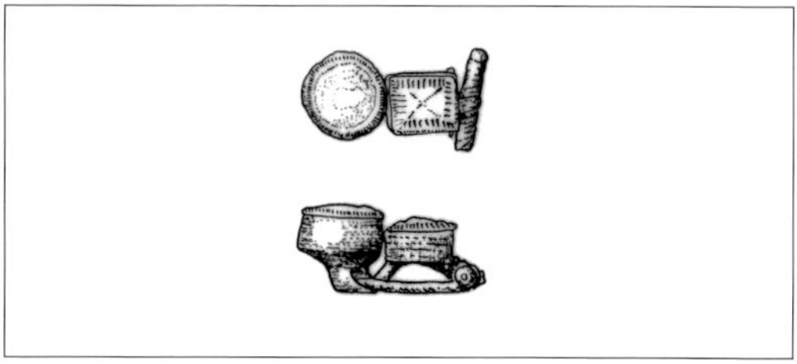

3.7.2.

Verbreitung: Ostfrankreich, Süddeutschland, Schweiz, Österreich.
Literatur: Pauli 1978; Glunz 1997, 132ff.

3.7.3. Knopffibel

Beschreibung: Bei dieser Sonderform der Fußzierfibel besteht die Fußzier aus einer großen, in der Regel halbkugelförmigen Pauke, die den gesamten Bügel überdeckt und sogar die Spiralkonstruktion unter sich verbergen kann. Die Fibel ist ausgesprochen klein.
Synonym: Weidacher Fibel.
Datierung: Eisenzeit, Hallstatt D–Latène A (Reinecke), 6.–5. Jh. v. Chr.
Verbreitung: Süddeutschland, Österreich.
Relation: Fibelaufbau: 3.25. Scheibenfibel.
Literatur: Beltz 1913, 694; Kossack 1959; Mansfeld 1973.
(siehe Farbtafel Seite 20)

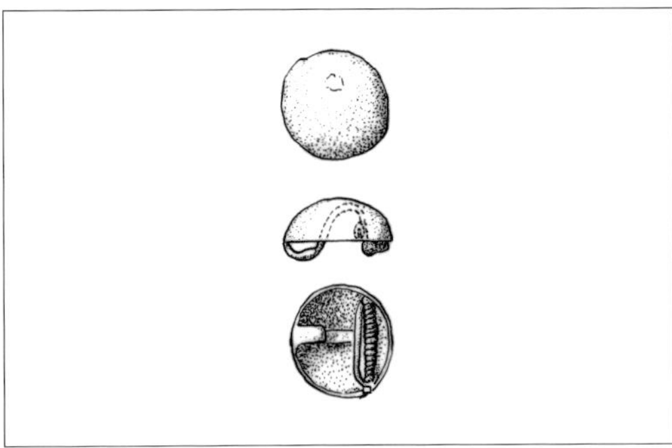

3.7.3.

3.8. Ostalpine Tierkopffibel

Beschreibung: Die Fibel besitzt eine breite Armbrustkonstruktion mit unterer Sehne und Spiralachse. Der Bügel ist bandförmig. Er läuft am Fußende in einen schmalen Steg aus, der mit einem zum Fibelkopf gewandten, kleinen, stilisierten Pferdekopf abschließt. Der Bügel kann eine einfache lineare Verzierung tragen.
Datierung: Eisenzeit, Hallstatt D–Latène A (Reinecke), 6.–5. Jh. v. Chr.
Verbreitung: Österreich, Süddeutschland.
Relation: Tierkopf: 3.28.1. Tierkopffibel; Pferdedarstellung: 3.27.3. Pferdchenfibel, 3.27.4. Reiterfibel, 3.28.3. Pferdchenfibel.
Literatur: Pauli 1978; Adam 1996, 87ff.

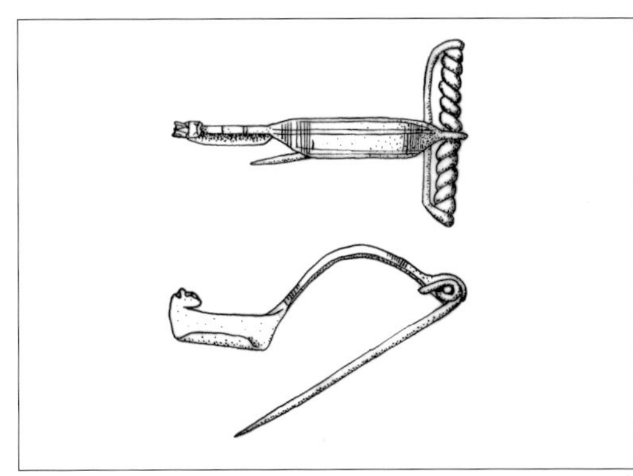

3.8.

3.9. Certosafibel

Beschreibung: Zu den charakteristischen Elementen dieser Fibel gehören eine einseitige Spirale mit zwei Windungen sowie ein asymmetrischer Bügel, der zur Mitte hin leicht anschwillt und im Kopfbereich einen kräftigen Knoten aufweist. Der Nadelhalter ist mit einer lanzettförmigen Platte abgedeckt, die sich vor dem Bügelansatz kreisförmig verbreitert. Das Fußende wird durch einen linsenförmigen, schräg aufgebogenen Knopf eingenommen.
Datierung: jüngere Eisenzeit, Latène A (Reinecke), 5.–4. Jh. v. Chr.
Verbreitung: Süddeutschland, Österreich, Schweiz, Norditalien, Slowenien.

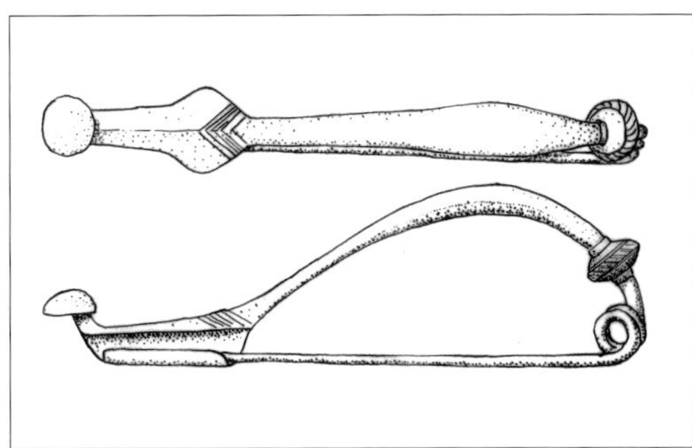

3.9.

Relation: aufgebogene Fußzier: 3.7. Fußzierfibel.
Literatur: Beltz 1913, 695f.; Primas 1967; Teržan 1976; Pauli 1978; Adam 1996, 80ff.

3.10. Fibel vom Frühlatèneschema

Beschreibung: Die eingliedrige Fibel besitzt eine beidseitige Spiralkonstruktion mit oberer oder unterer Sehne. Der Bügelverlauf kann gleichmäßig segmentförmig, asymmetrisch gewölbt oder kantig geknickt sein. Das kennzeichnende Merkmal bildet der Fuß, der in weitem Bogen oder scharf umgeknickt dem Bügel zugeneigt ist. Häufig endet der Fuß in einem kugel- oder scheibenförmigen Zierelement. Der Bügel kann eine weitere Verzierung tragen. Sie besteht meistens aus einem Rillen- oder Punzmuster.
Datierung: jüngere Eisenzeit, Latène A–C (Reinecke), 5.–3. Jh. v. Chr.
Verbreitung: Mitteleuropa.
Relation: Fibelaufbau: 3.11. massiv gegossene Fibel.
Literatur: Hodson 1968; Wendowski-Schünemann 2002; Bujna 2003; Wendowski-Schünemann 2004a.
(siehe Farbtafel Seite 20)

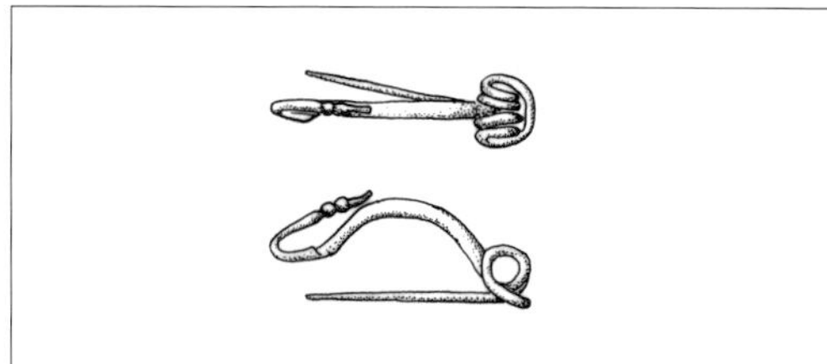

3.10.

3.10.1. Marzabottofibel

Beschreibung: Die Fibel zeichnet sich durch ihre besondere Symmetrie aus. Spirale, Bügel und Fußverlauf beschreiben drei etwa gleich große Kreise. Die Fibel ist drahtförmig. Der Bügel kann leicht verdickt sein und eine einfache Punzverzierung tragen. Überwiegend ist er jedoch unverziert. Am Ende des Fußes sitzt ein kleines kugelförmiges Zierelement.
Datierung: jüngere Eisenzeit, Latène A (Reinecke), 5. Jh. v. Chr.
Verbreitung: Ostfrankreich, Süddeutschland, Schweiz, Österreich, Tschechien.
Literatur: Beltz 1911; Pauli 1978; Logemann 1993; Dehn/Stöllner 1996.
(siehe Farbtafel Seite 21)

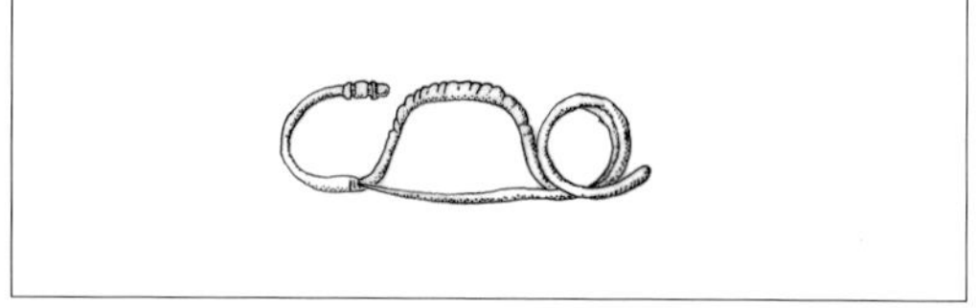

3.10.1.

3.10.2. Schwanenhalsfibel

Beschreibung: Die Fibel vom Frühlatèneschema besitzt einen S-förmig gebogenen Fuß, der einen stark stilisierten, vom Bügel abgewandten Tierkopf darstellt. Der Kopf kann plastisch ausgeführt oder auf ein Kugelelement reduziert sein. Auch Stücke ohne ausgeprägte Kopfdarstellung kommen vor.
Synonym: Tierkopffibel mit Schwanenhals.
Datierung: jüngere Eisenzeit, Latène A (Reinecke), 5. Jh. v. Chr.
Verbreitung: Süddeutschland, Österreich.
Relation: Tierkopf: 3.28.1. Tierkopffibel.
Literatur: Binding 1993, 33ff.

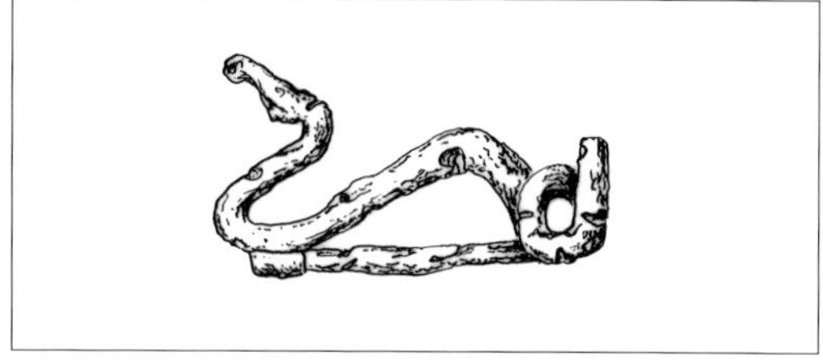

3.10.2.

3.10.3. Duxer Fibel

Beschreibung: Eine Fibel vom Frühlatèneschema mit mittelgroßer Kugelspitzzier am Fußende wird als Duxer Fibel bezeichnet. Der Bügel ist sehr variabel. Es finden sich drahtförmige, lorbeerblatt-

förmige oder plastisch profilierte Bügel. Der Bügel verläuft in der Regel U-förmig mit leicht geknickten Ecken. Es kommen auch flache, kreissegmentförmige Bügel vor. Als Verzierung treten Punz-, Leisten oder Kerbmuster auf. Die Fibel besitzt eine eingliedrige Spiralkonstruktion mit vier oder sechs Windungen und oberer Sehne.
Datierung: jüngere Eisenzeit, Latène B (Reinecke), 4. Jh. v. Chr.
Verbreitung: Mitteleuropa.
Relation: Fibelduktus: 3.12. Bandfibel.
Literatur: Krämer 1964; Kruta 1971; Adam 1996, 121 ff.
(siehe Farbtafel Seite 20)

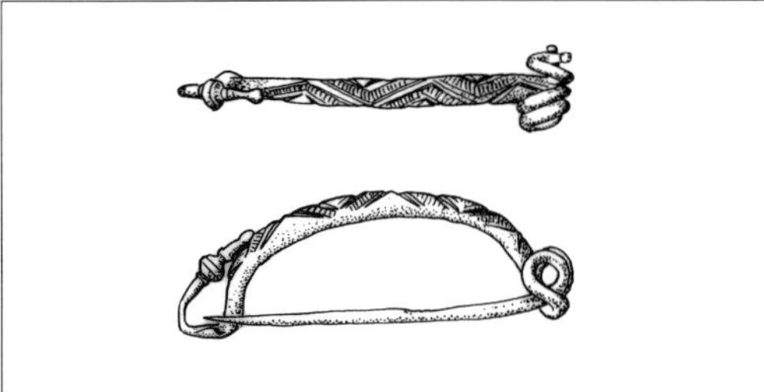

3.10.3

3.10.3.1. Fibel Typ Carzaghetto

Beschreibung: Die Fibel besitzt einen blattförmigen Bügel, den eine flächige, im Guss entstandene Verzierung aus unterschiedlich gefüllten Querstreifen bedeckt. Der seitliche Umriss des Bügels ist U-förmig. Es schließt sich ein Fuß an, der etwa die Form eines rechtwinkligen Dreiecks besitzt. Das Fußende ist als kleine Kugelspitze ausgebildet.
Datierung: jüngere Eisenzeit, Latène B (Reinecke), 4. Jh. v. Chr.

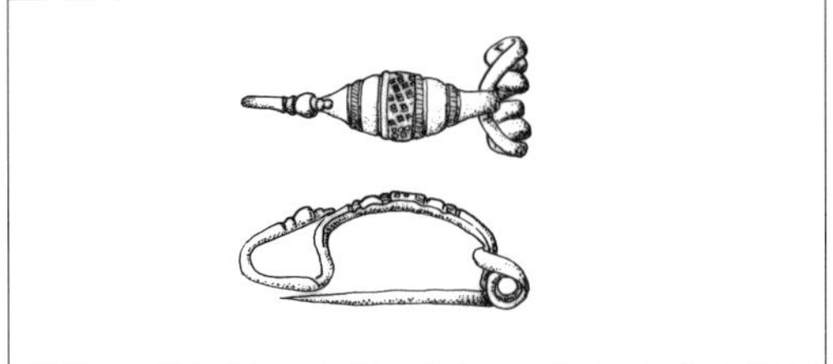

3.10.3.1.

Verbreitung: Schweiz, Norditalien.
Literatur: Hodson 1968; Müller/Lüscher 2004, 69.

3.10.4. Münsinger Fibel

Beschreibung: Von einer Spirale mit vier oder sechs Windungen geht ein U-förmiger Bügel aus, der in der Regel drahtförmig, seltener auch stärker profiliert ist. Ein rechtwinklig dreieckiger Fuß endet in einer Scheibe, die in der Regel mit Koralle belegt ist, aber auch eine Zierscheibe aus Blech tragen kann.
Synonym: Scheibenfußfibel.
Datierung: jüngere Eisenzeit, Latène B (Reinecke), 4. Jh. v. Chr.
Verbreitung: Süddeutschland, Österreich, Schweiz, Ostfrankreich.
Relation: scheibenförmige Fibelzier: 3.11.4. Bügelplattenfibel.
Literatur: Beltz 1911, 679 f.; Hodson 1968.

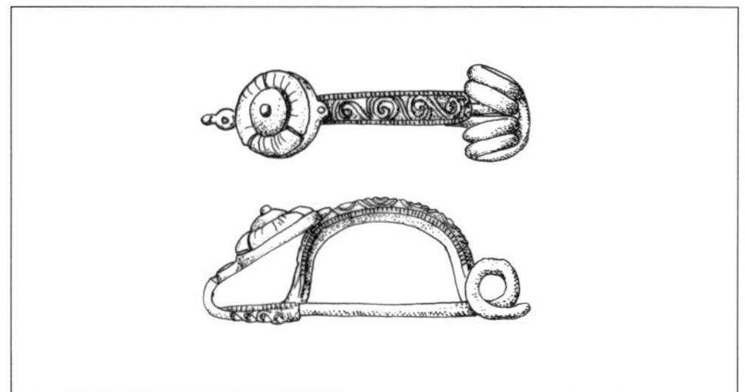

3.10.4.

3.10.5. Spiralfußfibel

Beschreibung: Bei der Fibel wiederholt sich die Spirale vom Kopfende in ähnlicher Weise am Fußende, dort jedoch ohne Funktionalität als reine Verzierung. Meistens handelt es sich um eine Fibel vom Frühlatèneschema; seltener ist das Drahtende des Fußes zur Stabilität um den Bügel gewickelt und damit das Prinzip des Mittellatèneschemas gegeben. Sonderformen bilden Fibeln, bei denen mehrere Spiralen leiterstufenartig angeordnet sind. Zusätzlich zur Fußspirale können eine Spirale oder mehrere Schlingen den Bügel verzieren.

Datierung: jüngere Eisenzeit, Latène A–C (Reinecke), ca. 5.–2. Jh. v. Chr.
Verbreitung: Nordfrankreich, Deutschland.
Relation: doppelte Spirale: 3.4.6. zweischleifige Bogenfibel.
Literatur: Sprockhoff 1938; Krämer 1964; Behrends 1968, 46; Peschel 1972.

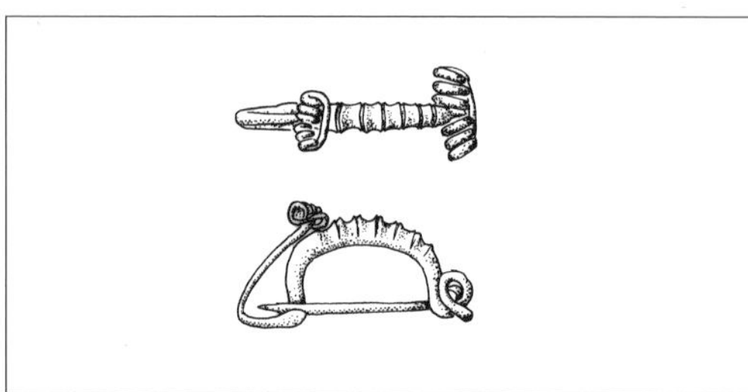

3.10.5.

3.10.6. Fibel vom Frühlatèneschema mit großer Fußzier

Beschreibung: Die drahtförmige Fibel besitzt eine Symmetrie, bei der Bügel und Fußteil etwa gleich lang sind. Der Bügel ist hoch aufgewölbt und U-förmig gebogen, so dass eine fast quadratische Bügelöffnung entsteht. Aber auch kreissegmentförmige Bügelverläufe kommen vor. Den Fuß dominiert eine große, meist flach-kugelförmige Verzierung, die in einem kurzen Fortsatz endet. Alternativ kommen auch vasenförmige sowie andere Ausbildungen als Fußzier vor. Die sechs- oder achtwindige Spirale besitzt eine obere oder den Bügel umschlingende Sehne.
Datierung: jüngere Eisenzeit, Latène B (Reinecke), 3. Jh. v. Chr.

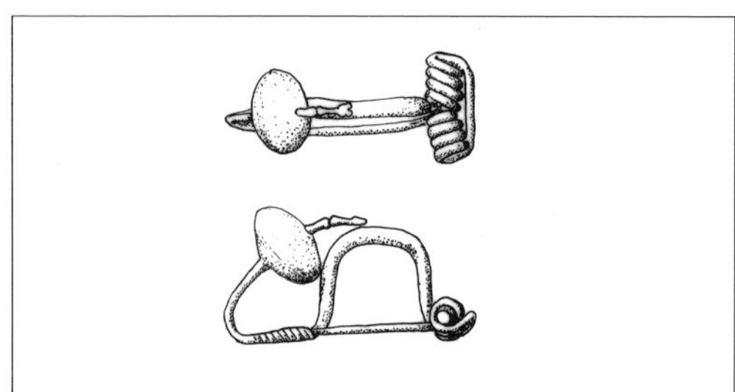

3.10.6.

Verbreitung: Süddeutschland, Österreich, Schweiz, Ostfrankreich.
Relation: Fußzier: 3.11.3. Fibel mit angegossenem Schlussstück.
Literatur: Krämer 1985.

3.10.7. Eichelfibel

Beschreibung: Das Fußende besteht in einem großen, ovalen, in der Mitte eingeschnürten und auf der Unterseite abgeplatteten Zierknopf. Er ist mit quer gekerbten Zonen und Riefen verziert. Der Fuß ist lang ausgezogen und weist zum Nadelhalter eine weite, runde Biegung auf. Der Bügel ist rundstabig. Er verläuft in der Regel lang gezogen, rahmenartig, kann aber auch Kreissegmentform annehmen. Während die fußseitige Hälfte des Bügels unverziert bleibt, weist der Kopfbereich eine schräge Kannelur auf, die von schräg schraffierten Zonen begleitet wird. Die sechs- oder achtwindige Spirale hat eine obere Sehne.
Datierung: jüngere Eisenzeit, Stufe IIa (Hingst/Keiling), 3. Jh. v. Chr.
Verbreitung: Norddeutschland.
Literatur: Schwantes 1958, 341ff.; Rangs-Borchling 196; Reinecke 1985, 119ff.

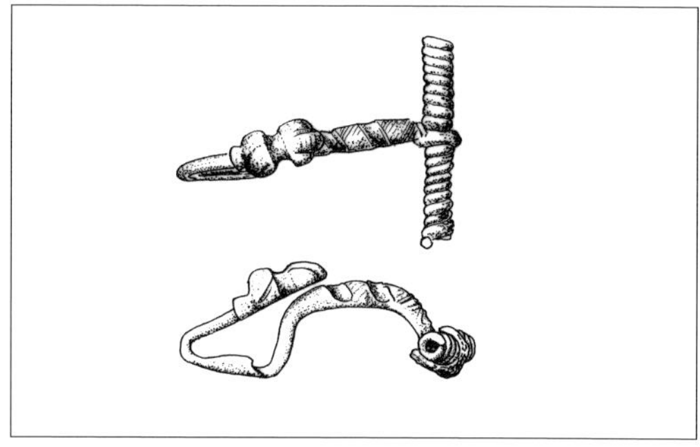

3.10.7.

3.10.8. Helmkopffibel

Beschreibung: Die Fibel steht den Stücken vom Frühlatèneschema mit großer, scheibenförmiger Fußzier (3.10.4. Münsinger Typ) nahe. Der Bügel ist ausgesprochen kräftig und zeigt eine plastische

Verzierung oder Querkerben. Zusätzlich trägt er häufig eine streifenförmige Einlage aus organischem Material entlang der Bügelachse. Die Fibel ist eingliedrig und weist eine sechswindige Spirale mit oberer Sehne auf. Den aufgebogenen Fuß ziert eine große Scheibe, die häufig eine Auflage (Bronzeblech, Koralle) trägt. Er endet in einem kleinen Fortsatz in Form eines behelmten Köpfchens.
Synonym: Mandolinenfibel mit anthropomorphem Fußknopf.
Datierung: jüngere Eisenzeit, Latène C (Reinecke), 3.–2. Jh. v. Chr.
Verbreitung: Schweiz, Norditalien, westliches Österreich.
Literatur: Graue 1974; Binding 1993, 11ff.

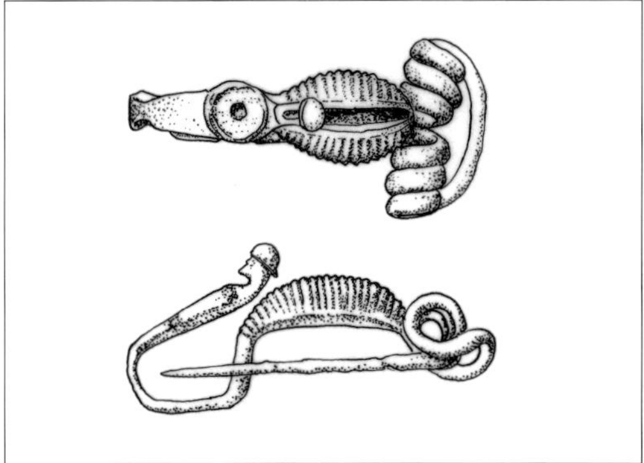

3.10.8.

3.10.9. Korallenfibel

Beschreibung: Die gedrungene Fibel vom Frühlatèneschema ist durch große Korallenperlen geprägt, die mit Hilfe von Stiften an Bügel und Fuß befestigt sind. In der Regel ist eine große Korallenperle auf das Fußende aufgesteckt. Eine zweite befindet sich auf dem Bügelscheitel. Weitere Korallenperlen sind seitlich des Bügels jeweils paarweise gegenüberliegend angebracht. Zu ihrer Befestigung kann eine Montageplatte auf den Bügel aufgenietet sein. Die Spirale mit sechs oder acht Windungen und oberer Sehne kann eine Achse mit Abschlussknöpfen besitzen.
Synonym: Korallenfibel vom mitteldeutschen Typ.
Datierung: jüngere Eisenzeit, Latène C–D (Reinecke), 3.–1. Jh. v. Chr.
Verbreitung: Mitteldeutschland.
Relation: mit Perlen besetzter Bügel: 3.4.7. Bogenfibel mit Perlenbügel.
Literatur: Haevernick 1938, 77f.; R. Müller 1985, 72ff.; Walther 1999.

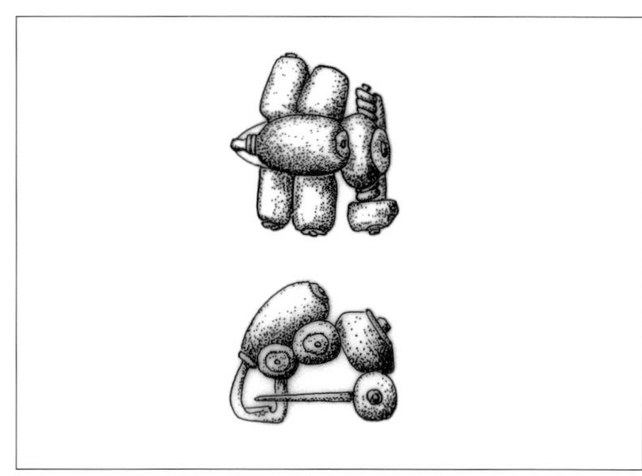

3.10.9.

3.11. Massive gegossene Fibel

Beschreibung: Bügel und Fuß der Fibel sind sehr plastisch ausgeformt. Die Fibel nimmt die Formgebung des Frühlatèneschemas auf. Das Fußende ist jedoch fest mit dem Bügel verbunden. Die Plastizität der Fibel kann auch die Verzierung einschließen, wobei kräftige Rippen und Wülste häufig sind. Es tritt überwiegend eine zweigliedrige Spiralkonstruktion auf.
Synonym: schwer gegossene Fibel, Fibel vom Pseudo-Spätlatèneschema.
Datierung: jüngere Eisenzeit bis ältere Römischen Kaiserzeit, 4. Jh. v. Chr. – 1. Jh. n. Chr.
Verbreitung: Mitteleuropa.
Literatur: Schwantes 1958, 338ff.

3.11.1. Massive gegossene Kugelfibel

Beschreibung: Bügel und Fuß der Fibel sind in einem Stück gegossen und sehr plastisch profiliert. Der Bügel besteht in der Regel aus zwei Kugeln, die mit einem Leiterband oder Kreisaugen verziert sein können. Der Fuß erscheint als horizontale Scheibe oder Schälchen und ist mit dem

Bügel verbunden. Seltener kommen auch einfache Zylinderformen oder ein Tierkopf als Fußabschluss vor. Die Nadelkonstruktion ist zweigliedrig. Große Zierknöpfe können auf den Enden der Spiralachse sitzen.
Synonym: Beltz Var. N.
Datierung: jüngere Eisenzeit, Stufe IIa (Hingst), 3.–2. Jh. v. Chr.
Verbreitung: Dänemark, Norddeutschland.
Relation: kugelförmige Bügelverzierung: 3.13.1. Kugelfibel.
Literatur: Beltz 1911, 690; Bieger 2003.

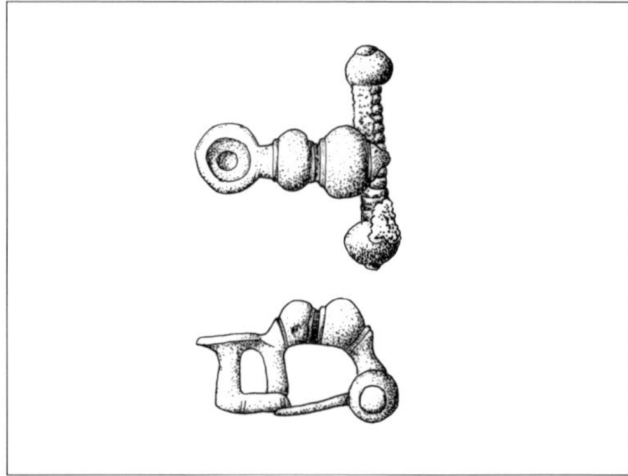

3.11.1.

3.11.2. Krebsschwanzfibel

Beschreibung: Die massive Bronzefibel besitzt einen wulstigen Bügel, der mit dem Fußende zusammengegossen ist. Auf diese Weise bildet sich eine ovale bis kreisförmige Fußöffnung, in die bei einigen Stücken ein Ringlein eingehängt ist. Es lässt sich weiter zwischen Stücken unterscheiden, bei denen die Oberseite des Fußes mit Querrippen bedeckt ist (Typ Nomèsino), und solchen mit quer geripptem Bügel und runder Fußscheibe, die eine Koralleneinlage trägt (Typ Cavèdine). Die Spirale besitzt vier bis zwölf Windungen und eine obere oder untere Sehne. Bei den breiten Spiralen kann eine Achse auftreten.
Datierung: jüngere Eisenzeit, Latène C–D (Reinecke) bis ältere Römische Kaiserzeit, 3. Jh. v. Chr.–1. Jh. n. Chr.
Verbreitung: Schweiz, Norditalien, Österreich.
Literatur: Lang 1976; Adam 1996, 194ff.; Demetz 1999b.

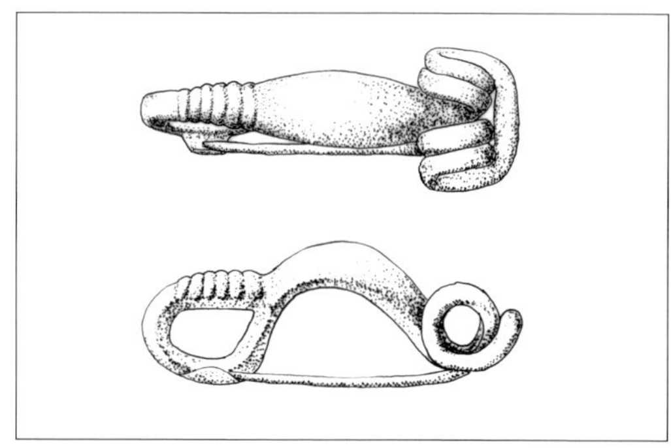

3.11.2.

3.11.3. Fibel mit angegossenem Schlussstück

Beschreibung: Die Fibel bildet ein Derivat der Tierkopffibel/Vogelkopffibel (3.28.1.). Die Grundform zeigt Anklänge an das Frühlatèneschema, doch ist der Fibelfuß mit dem Bügel zusammengegossen. Der wulstige, hoch gewölbte Bügel ist U-förmig und etwa von gleicher Länge wie der Fuß. Die Fußzier besteht aus einem kräftigen, linsenförmigen Wulst und einem geschweiften Fortsatz, der mit dem Bügel verschmilzt. Durch Querrillen und Grate wird die Fußzier akzentuiert. Die zweiteilige Spiralkonstruktion aus Achse und acht- bis zehnwindiger Spirale besitzt eine Sehne, die zur Stabilisierung der Konstruktion um den Bügel gewickelt ist.
Synonym: massive Frühlatènefibel, Osterburger Fibel, Märkische Vogelkopffibel, gegossene Mittellatènefibel.

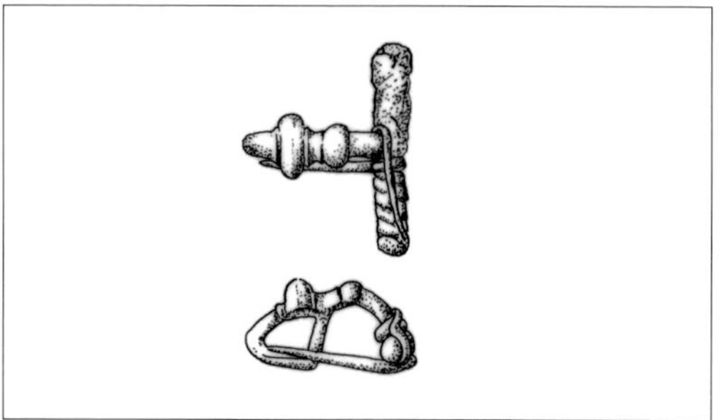

3.11.3.

Datierung: jüngere Eisenzeit, Latène B (Reinecke), 4.–3. Jh. v. Chr.
Verbreitung: Mittel- und Norddeutschland.
Relation: Fußzier: 3.10.3. Duxer Fibel, 3.10.6. Fibel vom Frühlatèneschema mit großer Fußzier; Fibelduktus: 3.28.1 Tierkopffibel.
Literatur: Schwantes 1958, 338ff.; R. Müller 1985, 70ff.; Heynowski 2013.

3.11.4. Bügelplattenfibel

Beschreibung: Der Fibelbügel wird durch eine große, kreisförmige Scheibe eingenommen, die an der Fuß- oder der Kopfseite Fortsätze aufweisen kann. Die Scheibe besitzt einen hochstehenden Rand und kann von weiteren, kleinen Scheibchen umgeben sein. In der Mitte der Bügelscheibe befindet sich ein Stift, der dazu diente, eine vergangene, ursprünglich vermutlich halbkugelige Einlage aus organischem Material zu fixieren. Das Fußende der Fibel ist mit der Bügelscheibe verbunden und besteht aus einem weit ausgezogenen, drahtförmigen Dreieck. Das Kopfende des Bügels ist bandförmig oder wulstig. Es schließt sich daran eine zweigliedrige Spiralkonstruktion mit Achse und den Bügel umschlingender Sehne an.
Synonym: Bügelscheibenfibel.
Datierung: jüngere Eisenzeit, Latène C (Reinecke), 3.–2. Jh. v. Chr.
Verbreitung: Mitteldeutschland.
Relation: große runde Bügelscheibe: 3.22.10. Schildfibel, 3.29.3. Distelfibel, 4.1.1. Plattenfibel, 4.3.6. Scharnierfibel mit scheibenförmigem Bügel; scheibenförmige Fibelzier: 3.10.4. Münsinger Fibel.
Literatur: Krämer 1950; Gebhard 1991, 35f.; Cosack 2008, 91; Heynowski 2013, 82f.

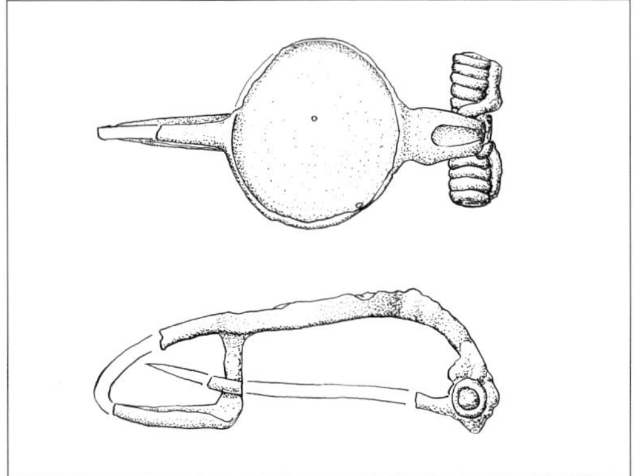

3.11.4.

3.12. Bandfibel

Beschreibung: Die Bandfibel ähnelt in ihrem Aufbau der Fibel vom Frühlatèneschema. Im Unterschied zu jenen ist die Konstruktion der Bandfibel zweigliedrig. Es überwiegt eine breite Spirale von geringem Durchmesser mit einer unteren Sehne. Häufig ist die Sehne einmal um den Bügel geschlungen. Die Spiralachse kann in kleinen Zierkugeln enden. Der Bügel ist bandförmig, flach und lang ausgezogen. Das Fußende ist im Bogen zum Bügel zurückgeführt.
Datierung: jüngere Eisenzeit, Stufe Ic (Hingst/Keiling)/Latène A–B (Reinecke), 5.–4. Jh. v. Chr.
Verbreitung: Mitteldeutschland, Südpolen.
Relation: aufgebogene Fußzier: 3.7. Fußzierfibel; Fibelduktus: 3.10.3. Duxer Fibel.
Literatur: Petersen 1929, 100ff.; Keiling 1971.

3.12.1. Altmärker Fibel

Beschreibung: Die Fibel besteht überwiegend aus Eisen, kommt aber auch in Bronze vor. Die zweigliedrige Spiralkonstruktion besteht aus einer breiten, zehn- bis zwölfwindigen Spirale und einer Spiralachse. Der bandförmige Fibelbügel kann mit einer oder zwei Mittelrippen oder Längsrillen sowie mit einer Randkerbung verziert sein. Der

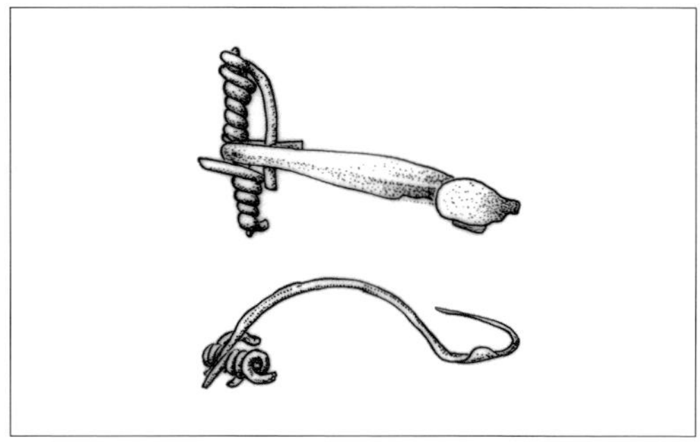

3.12.1.

verbreiterte Fuß ist platten-, tropfen- oder kugelsegmentförmig gestaltet. Die Altmärker Fibel tritt häufig in funktionalem Zusammenhang mit dem Altmärker Kettenplattenschmuck auf, bei dem eine Konstruktion aus zwei großen, mit Ketten verbundenen Zierplatten mit zwei Fibeln im Brustbereich montiert war.

Synonym: Beltz Var. Q.

Datierung: jüngere Eisenzeit, Stufe Ic (Hingst/Keiling), 5.–4. Jh. v. Chr.

Verbreitung: Mittel- und Norddeutschland.

Literatur: Keiling 1971; Seyer 1982; R. Müller 1985, 66ff.

3.12.2. Kaulwitzer Fibel

Beschreibung: Die Fibel besitzt einen schmal lorbeerblattförmigen Bügel, der häufig eine Mittelrippe oder Längsrillen trägt. Das Fußende ist in runder Biegung zum Bügel zurückgeführt und weist in der Regel eine plattenartige Verbreiterung auf. Diese kann scheibenförmig sein, sich aus mehreren Rundeln zusammensetzen oder leierförmig durchbrochen sein. Der Nadelhalter besteht in einer einfachen Auslappung des Fußes. Die Fibel ist zweigliedrig. Sie besitzt eine lange Spirale mit Achse. Die Sehne ist in der Regel um den Bügel geschlungen.

Datierung: jüngere Eisenzeit, Latène A–B (Reinecke), 5.–4. Jh. v. Chr.

Verbreitung: Südpolen.

Literatur: Petersen 1929, 100ff.; Gedl 2004.

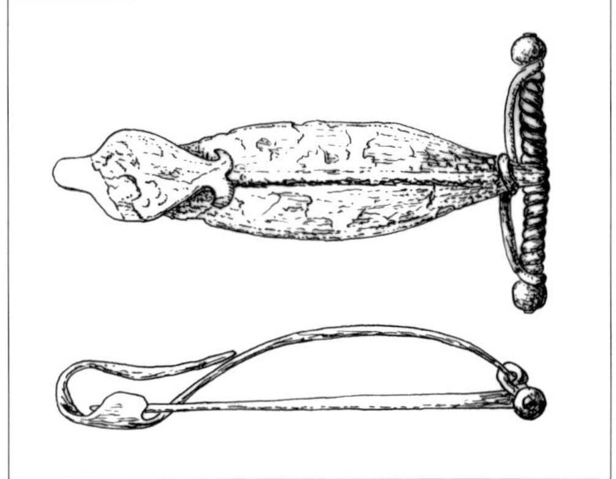

3.12.2.

3.13. Fibel vom Mittellatèneschema

Beschreibung: Der Bügel der Fibel verläuft segmentförmig gebogen oder rahmenartig geknickt. Er ist mehrheitlich flach. Vor allem im östlichen Verbreitungsgebiet (Polen) tritt eine sogenannte Stützfalte auf, ein scharfer Bügelknick am Kopfende. Die eingliedrige Fibel besitzt eine beidseitige Spirale mit oberer oder unterer Sehne. Der Fuß führt in einem weiten Bogen oder spitzwinkligen Knick zum Bügel zurück, wo eine Klammer Fußende und Bügel verbindet. Die Fibel zeichnet sich durch besondere Schlichtheit aus, die in dem drahtförmigen Material und der geringen Verwendung von Zierelementen zum Ausdruck kommt. Häufiger findet sich eine Zierkugel am Fuß. Neben Bronze ist Eisen das bevorzugte Herstellungsmaterial.

Datierung: jüngere Eisenzeit, Latène C–D (Reinecke), 3.–1. Jh. v. Chr.

Verbreitung: Mitteleuropa.

Literatur: Beltz 1911; Kostrzewski 1919; Krämer 1985; Bujna 2003.

(siehe Farbtafel Seite 21)

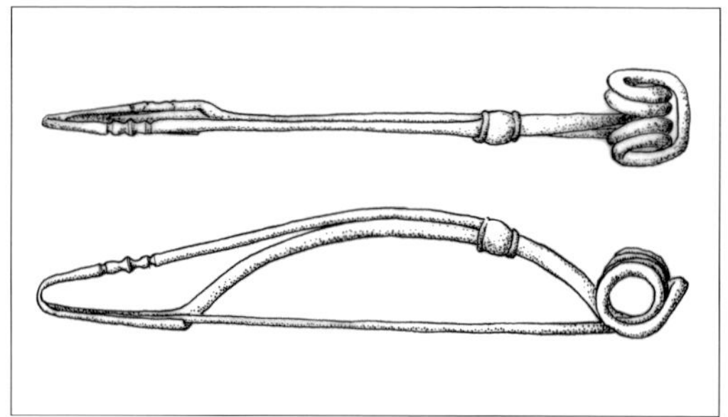

3.13.

3.13.1. Kugelfibel vom Mittellatèneschema

Beschreibung: Die eingliedrige Fibel vom Mittellatèneschema weist überwiegend eine breite, acht- bis zehnwindige Spirale und eine obere Sehne auf. Der drahtförmige Bügel ist U-förmig geknickt und flach. Nadelhalter und Fuß sind lang ausgezogen. Das Fußende führt in einer weiten Rundung zum Bügel zurück. Auf Fußende und Bügel sitzen mehrere, mindestens zwei, bisweilen vier bis fünf große Kugeln. Immer verbindet eine

Kugel Fuß und Bügel an der Stelle, an der der Bügel zum Nadelhalter abknickt. Eine weitere Kugel sitzt zwischen dieser und dem Fußknick am unteren Ende der Fibel oder – bei lang geführtem Fußende – auf dem mittleren oder oberen Teil des Bügels. Die Kugeln sind aufgesteckt oder aufgegossen. Nicht selten tritt eine Materialkombination aus eisernem Fibelkörper und bronzenen Zierkugeln auf. Die Kugeln können kreuzförmige Aussparungen für eine Emaileinlage oder gekerbte Zierleisten besitzen. Außer der Kugelform treten in seltenen Fällen tonnenförmige oder kreuzförmige Kugeln auf.

Synonym: Beltz Var.F.

Datierung: jüngere Eisenzeit, Latène C (Reinecke), 3.–2. Jh. v. Chr.

Relation: kugelförmige Bügelverzierung: 3.11.1. massiv gegossene Kugelfibel.

Verbreitung: Mitteleuropa.

Literatur: Beltz 1911, 684f.; Behrends 1968; Keiling 1970; Bieger 2002; Bieger 2003.

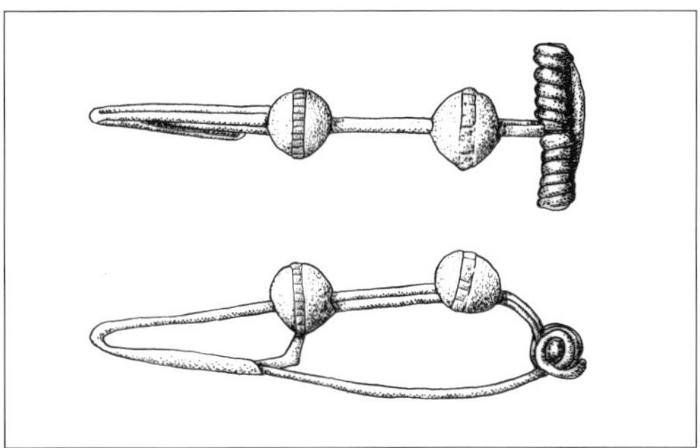

3.13.1.

3.13.2. Fibel Typ Mötschwil

Beschreibung: Die Fibel vom Mittellatèneschema besitzt einen flachen, gleichmäßig gerundeten Bügel. Er nimmt zum Kopf hin an Breite und Stärke zu und besitzt einen linsenförmigen Querschnitt. Die kopfseitige Bügelhälfte ist mit einer einfachen Linienzier versehen. Der Nadelhalter ist kurz. Der Fuß verläuft in spitzem Winkel zum Bügel zurück. Das Fußende ist auf dem Bügelscheitel mit Hilfe einer perlenartigen Klammer befestigt. Die Fibel ist eingliedrig. Die vierwindige Spirale besitzt eine obere Sehne.

Datierung: jüngere Eisenzeit, Latène C (Reinecke), 2. Jh. v. Chr.

Verbreitung: Süddeutschland, Schweiz, Österreich.

Literatur: Viollier 1916, 38; Hodson 1968; Suter 1984, 84f.

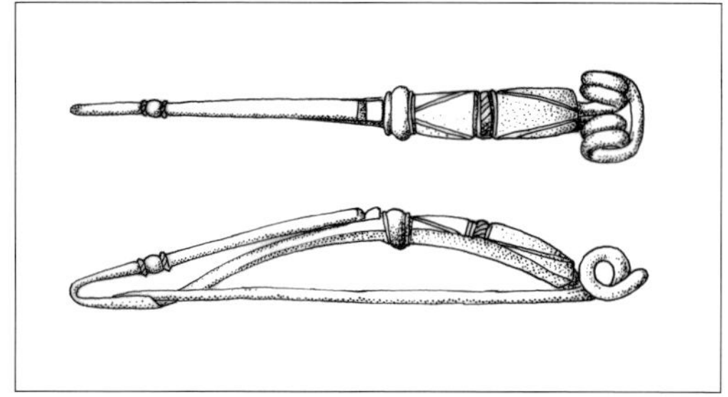

3.13.2.

3.13.3. Rechteckfibel

Beschreibung: Die drahtförmige Fibel besitzt eine vierwindige Spirale mit unterer Sehne und einen S-förmig geschwungenen Bügel. Charakteristisch ist der kurze Nadelhalter mit dem daran anschließend steil aufgebogenen Fußende, das wiederum rechtwinklig abknickt und geradlinig zum Kopf läuft, wo das Fußende direkt oberhalb der Spirale angeklammert ist. Auf diese Weise besitzt die Fibel einen rechteckigen Fußumriss.

Synonym: Hannoversche Fibel, Langobardenfibel, Kostrzewski Var. I.

Datierung: jüngere Eisenzeit, Stufe IIb (Hingst/Keiling), 2.–1. Jh. v. Chr.

Verbreitung: Norddeutschland, Nordpolen.

Literatur: Beltz 1911, 685; Kostrzewski 1919, 23f.; Rangs-Borchling 1963; R. Müller 1985, 81.

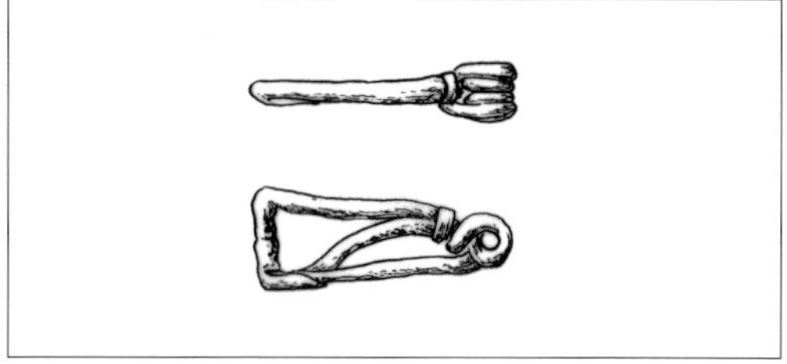

3.13.3.

3.13.4. Hochgewölbte Fibel mit eingeknicktem Bügel

Beschreibung: Die drahtförmige Fibel zeichnet sich durch einen hochgewölbten, fast halbkreisförmigen Bügel aus. Der Bügel knickt kurz vor dem Fuß ein. Der Nadelhalter ist kurz. Zwischen dem Nadelhalter und dem zurücklaufenden Fußende entsteht eine etwa gleichseitig dreieckige Aussparung. Das Fußende ist dicht am Kopf mit dem Bügel verklammert. Weitere Zierklammern, kleine kugelige Verdickungen sowie Querkerben können das Fußende verzieren. Die sechswindige Spirale besitzt eine obere Sehne.
Synonym: Beltz Var. J, Kostrzewski Var. G/H, Windische Fibel.
Datierung: jüngere Eisenzeit, Latène D (Reinecke), 2.–1. Jh. v. Chr.
Verbreitung: Mitteleuropa.
Literatur: Beltz 1911, 683ff.; Kostrzewski 1919, 21f.; Demetz 1999b, 113ff. ; Krauße 2006.
(siehe Farbtafel Seite 21)

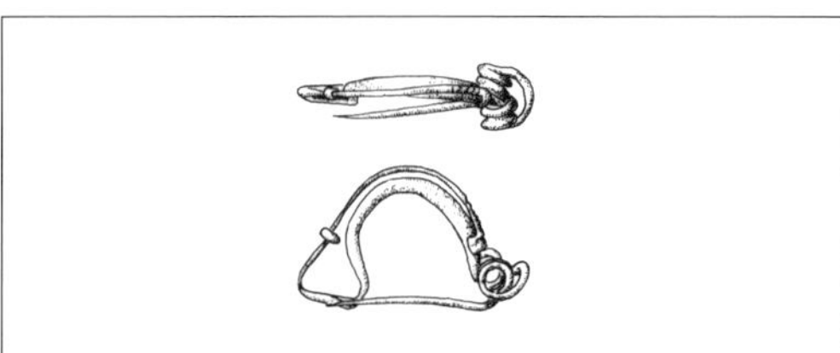

3.13.4.

3.13.5. Fibel mit zurückgelegtem Fuß

Beschreibung: Der Bügel ist überwiegend hoch gewölbt. Neben dünnen drahtförmigen Bügeln kommen auch etwas massivere Formen mit linsenförmigem Querschnitt vor. Der Nadelhalter ist kurz. Der Fuß knickt spitzwinklig um und wird zum Bügel zurückgeführt. Das Fußende ist mit einer Manschette auf dem Bügelscheitel verklammert. Die Fibel besitzt eine vierwindige Spirale mit unterer Sehne.
Synonym: Almgren 1, Ettlinger Typ 3, Feugère Typ 3, Riha Typ 1.4.
Datierung: jüngere Eisenzeit, Latène D (Reinecke) bis ältere Römische Kaiserzeit, Stufe B (Eggers), 1. Jh. v. Chr. – 1. Jh. n. Chr.
Verbreitung: Süddeutschland, Schweiz, Österreich, Frankreich.
Literatur: Almgren 1923; Ettlinger 1973, 39f.; Riha 1979, 56ff.; Feugère 1985, 190ff.; Riha 1994, 53ff.; Gaspar 2007.

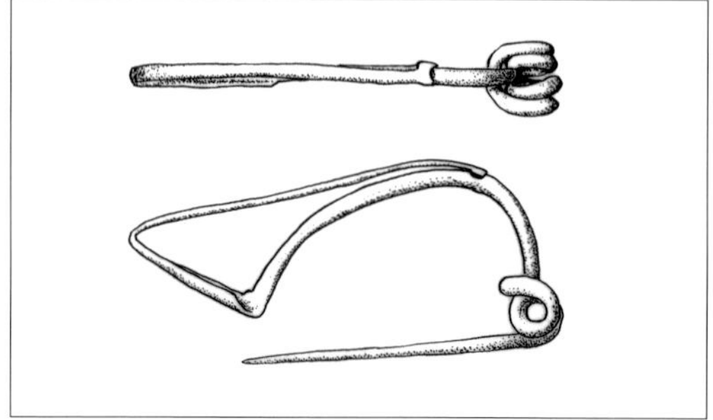

3.13.5.

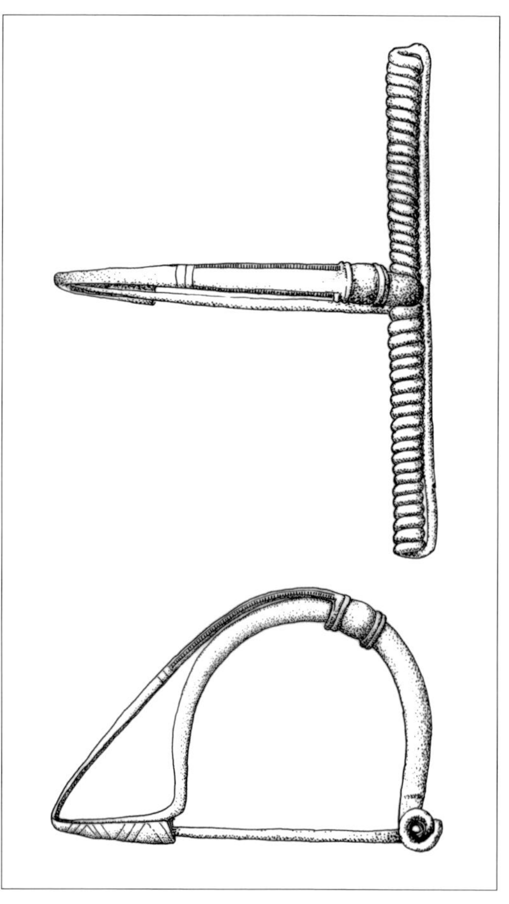

3.13.5.1.

3.13.5.1. Fibel Typ Ornavasso

Beschreibung: Die ausgesprochen große Fibel ist durch einen hohen, etwa halbkreisförmig aufgewölbten, rundstabigen Bügel und eine sehr lange Spirale charakterisiert. Die Länge der Spirale kann die Länge der Fibel deutlich überschreiten. Die Spiralkonstruktion ist eingliedrig ohne Achse. Der Nadelhalter schließt sich an den Bügel an und ist verhältnismäßig kurz. Das Fußende wurde mit scharfem Knick zum Bügel zurückgeführt, liegt im Bereich des Bügelscheitels auf dem Bügel auf und ist mit einer durch Querrippen profilierten Manschette im kopfseitigen Bügelbereich verklammert. Der letzte Abschnitt des Fußes kann durch Längsrillen oder Punzreihen verziert sein. Auf dem Nadelhalter ist häufig ein Sparrenmuster zu finden.
Synonym: Armbrustspiralfibel mit zurückgelegtem Fuß, Ettlinger Typ 6.
Datierung: jüngere Eisenzeit bis ältere Römische Kaiserzeit, 1. Jh. v. Chr.–1. Jh. n. Chr.
Verbreitung: Norditalien, Südschweiz.
Literatur: Ettlinger 1973, 44f.; Graue 1974, 41ff.; Guerra 2009.

3.14. Fibel vom Spätlatèneschema

Beschreibung: Die eingliedrige Fibel besitzt einen lang gezogenen, geraden oder einen aufgewölbten Bügel, der eine besondere Profilierung oder Verzierung aus kugelartigen Verdickungen oder Leisten tragen kann. Die Spirale besitzt in der Regel nur wenige, vier oder sechs, Windungen sowie eine obere oder eine untere Sehne. Fuß und Nadelhalter bestehen aus einer flachen Platte, die in der Regel rahmenförmig durchbrochen ist.

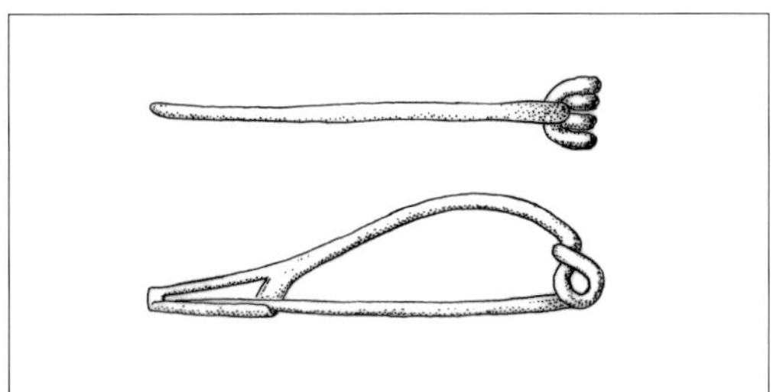

3.14.

Datierung: jüngere Eisenzeit, Latène D (Reinecke), 2. Jh. v. Chr.–1. Jh. n. Chr.
Verbreitung: Mitteleuropa.
Relation: Fibelduktus: 3.22.8. Nydamfibel.
Literatur: Beltz 1911; Mahr 1967; Riha 1994, 52ff.; Gaspar 2007.
(siehe Farbtafel Seite 22)

3.14.1. Stufenfibel

Beschreibung: Die vornehmlich aus Eisen gefertigte Fibel besitzt einen rechteckigen Umriss. Der Bügel steigt am Kopfende steil an, knickt rechtwinklig um und fällt zum Fußende hin leicht ab. Der Nadelhalter ist rechteckig und rahmenförmig durchbrochen. Die Spirale besitzt acht oder zehn Windungen und eine obere Sehne.
Datierung: jüngere Eisenzeit, Stufe II (Hingst/Keiling), 2. Jh. v. Chr.
Verbreitung: Nord- und Osteuropa.
Relation: Fibelduktus: 3.13.3. Rechteckfibel.
Literatur: Rangs-Borchling 1963, 17; R. Müller 1985, 80.

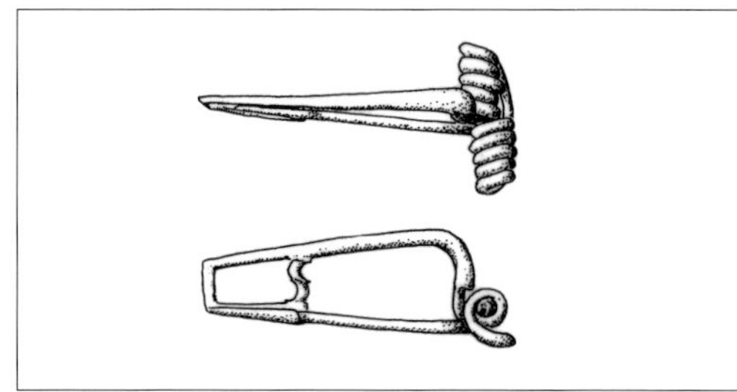

3.14.1.

3.14.2. Fibel vom Spätlatèneschema mit geknicktem Bügel

Beschreibung: Die Fibel besitzt einen stabförmigen Bügel, dessen Verlauf etwa in der Bügelmitte deutlich abknickt, so dass der Bügelausschnitt fast ein gleichseitiges Dreieck beschreibt. Am Knick befindet sich eine Verdickung in Form weniger schmaler Rippen. Eine Stützfalte sitzt am Ansatz der Spirale. Die Spirale selbst besteht aus vier Windungen und einer oberen Sehne. Symmetrisch zur Stützfalte kann der Steg am Fußende S-förmig geschwungen sein.

Synonym: geknickte Fibel, dreieckige Fibel, Beltz Var. K, Kostrzewski Var. K.
Datierung: jüngere Eisenzeit, Latène D (Reinecke), 1. Jh. v. Chr.
Verbreitung: Deutschland, Polen, Südskandinavien.
Literatur: Beltz 1911, 688; Kostrzewski 1919, 34f.; R. Müller 1985, 80f.; Demetz 1999b, 115f.; M. Meyer 2001; Wendowski-Schünemann 2003.

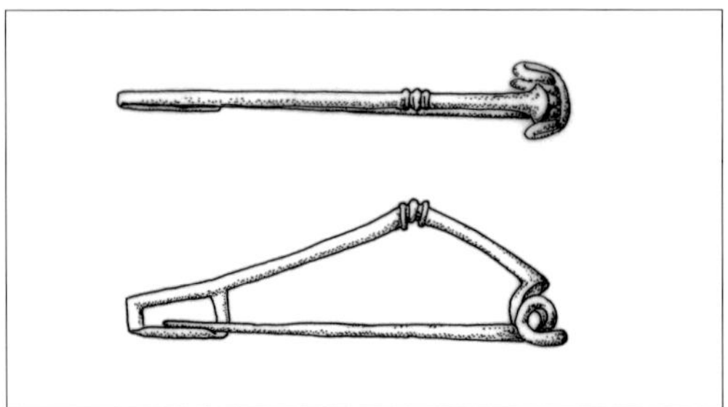

3.14.2.

3.14.3. Nauheimer Fibel

Beschreibung: Der bandförmige, flach gewölbte Bügel verbreitert sich dem Kopf zu bis auf die Breite der Spirale. Die kopfseitige Hälfte des Bügels ist mit Längsstrichen, Leiterbändern und/ oder Zickzacklinien verziert. Die vierwindige Spirale besitzt eine untere Sehne. Der trapezförmige Nadelhalter ist rahmenartig durchbrochen.
Synonym: Ettlinger Typ 1; Riha Typ 1.1, Feugère Typ 5.
Datierung: jüngere Eisenzeit, Latène D (Reinecke), 2.–1. Jh. v. Chr.
Verbreitung: Mitteleuropa.

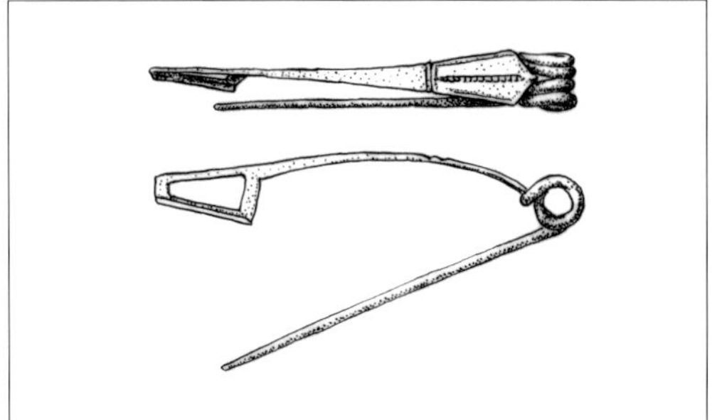

3.14.3.

Literatur: Beltz 1911, 687f.; Werner 1955; Ettlinger 1973, 33ff.; Riha 1979, 55f.; Feugère 1985, 203ff.; Riha 1994, 52f.; Gebhard 1991; Striewe 1994; Striewe 1996; Demetz 1999b, 78ff.; Zanier 2004.
(siehe Farbtafel Seite 22)

3.14.4. Schüsselfibel

Beschreibung: Der flache, gestreckte oder kreissegmentförmig gebogene, bandförmige Bügel verbreitert sich ausgehend von einem schmalen Steg am Fußende in Richtung Spirale gleichmäßig. Am Kopfende des Bügels befindet sich eine halbkreisförmige bis kreisförmige Bügelerweiterung, die die Spirale zum Teil abdeckt. Der Bügel kann mit einer Gruppe von Querrippen oder randbegleitenden Längsrillen verziert sein. Die Spirale besitzt vier Windungen und eine untere Sehne.
Synonym: Schalenkopffibel, Kostrzewski Var. J, Ettlinger Typ 2, Riha Typ 1.13, Feugère Typ 7c/d.
Datierung: jüngere Eisenzeit, Latène D (Reinecke) bis ältere Römische Kaiserzeit, 1. Jh. v. Chr.– 1. Jh. n. Chr
Verbreitung: Mitteleuropa.
Realtion: fächerförmige Spiralabdeckung: 3.14.13. Palmettenfibel.
Literatur: Kostrzewski 1919, 31f.; Ettlinger 1973, 37f.; Feugère 1985, 232ff.; Riha 1994, 61; Adam 1996, 221ff.; Demetz 1999b, 64ff.; Gaspar 2007.

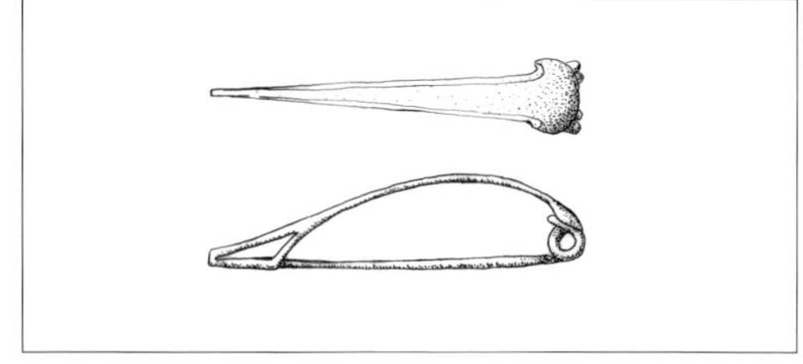

3.14.4.

3.14.5. Lauteracher Fibel

Beschreibung: Die Fibel vom Spätlatèneschema besitzt einen flachen, drahtförmigen Bügel. Am Kopfende schwingt er zu einer kleinen Dreiecksform aus. Den Bügelscheitel ziert ein profilierter Knopf. Die Spirale besitzt vier Windungen und

eine untere Sehne. Der Nadelhalter ist flach dreieckig und lang gezogen. Er ist rahmenförmig durchbrochen.
Synonym: Riha Typ 1.2.
Datierung: jüngere Eisenzeit, Latène D (Reinecke), 1. Jh. v. Chr.
Verbreitung: Süddeutschland, Österreich, Schweiz.
Literatur: Krämer 1971, 112ff.; Riha 1979, 56; Gebhard 1991; Striewe 1996, 73ff.

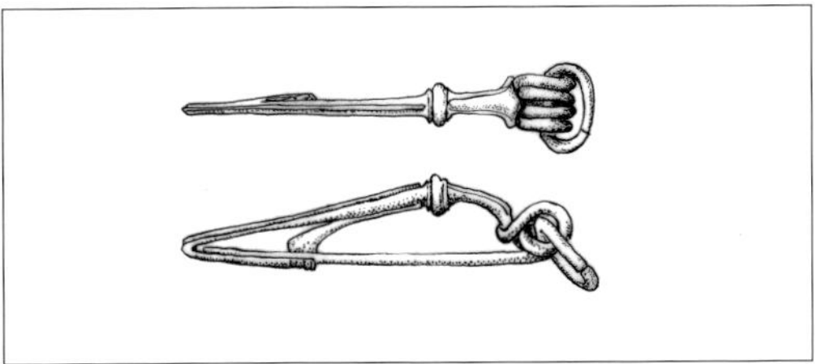

3.14.5.

3.14.6. Fibel Typ Jezerine

Beschreibung: Der bandförmige Bügel ist halbkreisförmig gerundet. Er zeigt eine Längsverzierung, die getrieben oder gepunzt ist. Stufenartig verjüngt sich der Bügel zu dem schmalen Fußteil. Am Übergang befindet sich eine quer gerippte Manschette. Der Fuß ist leicht geschwungen und endet in einem aufgebogenen Fortsatz. Er kann eine Durchlochung aufweisen. Die Fibel besitzt eine vierschleifige Spirale mit unterer Sehne.
Synonym: Feugère Typ 12.
Datierung: jüngere Eisenzeit, 1. Jh. v. Chr.
Verbreitung: Italien, Slowenien, Serbien, Ungarn, Österreich, Süddeutschland, Schweiz, Frankreich.

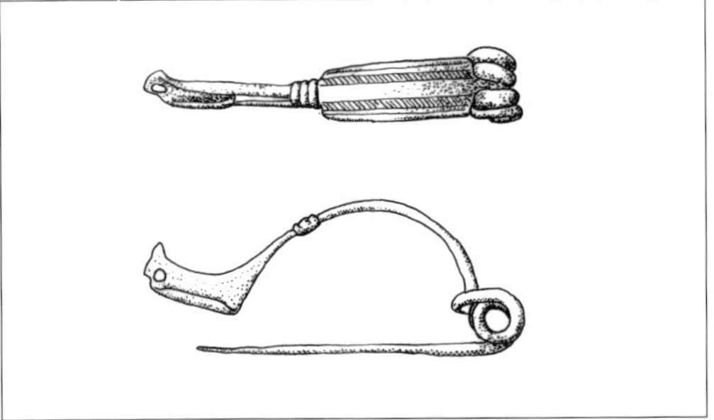

3.14.6.

Literatur: Voigt 1969; Rieckhoff 1975, 24f.; Feugère 1985, 253ff.; Demetz 1999b, 99ff.; Gamper 2006.

3.14.7. Helmshagener Fibel

Beschreibung: Der hoch gewölbte, leicht asymmetrische Bügel gibt der Fibel gemeinsam mit dem hohen, rahmenförmigen Nadelhalter ein Erscheinungsbild, das an Fibeln vom Mittellatèneschema erinnert. Dazu trägt auch die ausgesprochen breite Spirale bei. Die Konstruktion ist zweigliedrig. Das charakteristische Merkmal besteht in einer in der Regel H-förmigen Eintiefung auf dem Bügelscheitel, die zur Aufnahme von Emaile dient.
Datierung: jüngere Eisenzeit, Stufe IIb (Keiling), 2.–1. Jh. v. Chr.
Verbreitung: Norddeutschland, Skandinavien.
Literatur: Beltz 1911, 690f.; G. Bemmann 1999; Wendowski-Schünemann 2004b.

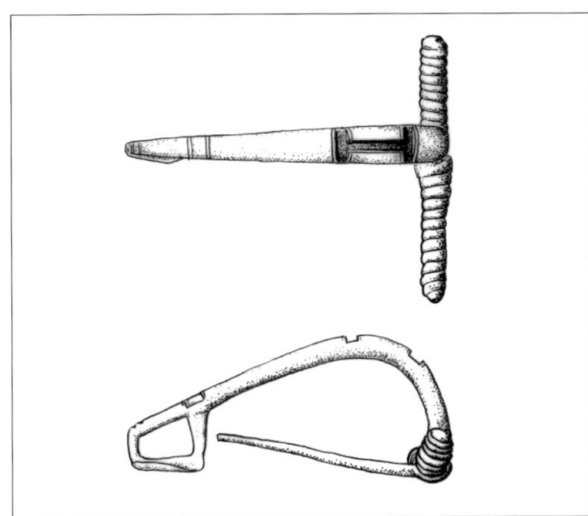

3.14.7.

3.14.8. Geschweifte Fibel

Beschreibung: Vom schmalen Fuß mit trapezförmigem Nadelhalter aus steigt der Bügel geschwungen an, wölbt sich hoch auf und fällt sehr steil zur Spirale hin ab. Der Bügel ist drahtförmig oder durch Längsriefen leicht profiliert. An der Wechselstelle von konkavem zu konvexem Bügelschwung befindet sich eine knopfartige Verdickung. Die Spirale ist vierwindig und besitzt

eine untere Sehne. Die Fußgestaltung kann unterschiedlich sein. Es kommen geschlossene oder rahmenförmig durchbrochene Fußplatten vor; vielfach finden sich aber auch kreisförmige Durchbrechungen oder Öffnungen mit getreppten Stegen.
Synonym: Boierspange, Almgren 2, Kostrzewski Var. M/N/O.
Datierung: jüngere Eisenzeit, Latène D (Reinecke) bis ältere Römische Kaiserzeit, Stufe B (Eggers), 1. Jh. v. Chr. – 1. Jh. n. Chr.
Verbreitung: Mitteleuropa.
Relation: Bügelschwung: 3.14.10. Eingliedrige Armbrustfibel mit breitem Fuß, 3.15.3. Knickfibel.
Literatur: Beltz 1911, 688; Almgren 1923, 3; Rangs-Borchling 1963; Völling 1998, 39ff.; Demetz 1999b, 109ff.; Gaspar 2007.

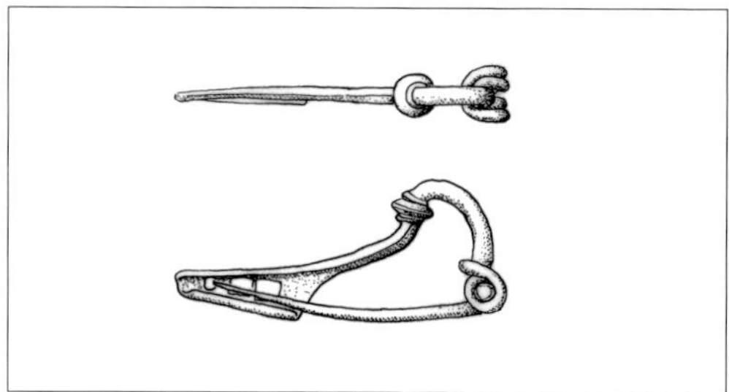

3.14.8.

3.14.9. Soldatenfibel

Beschreibung: Die Fibel besitzt einen aufgewölbten, asymmetrisch geschweiften oder einen geknickten Bügel ohne Verzierung. Der rechteckige Nadelhalter weist keine Durchbrechungen auf. Eine Besonderheit an der vierwindigen Spirale mit einer unteren Sehne stellt die Tatsache dar, dass der Spiraldraht vierkantig ausgeschmiedet wurde.
Synonym: eingliedrige Drahtfibel, Legionsfibel, Hofheim Typ IV, Almgren 15, Böhme 14, Ettlinger Typ 4, Riha Typ 1.6.
Datierung: ältere Römische Kaiserzeit, 1.–2. Jh. n. Chr.
Verbreitung: Westdeutschland, Ostfrankreich, Schweiz, Österreich.
Literatur: Beltz 1911, 689; Ritterling 1912, 124ff.; Almgren 1923; A. Böhme 1972, 14; Ettlinger 1973, 41; Rieckhoff 1975; Riha 1979, 59ff.; Riha 1994, 56ff.

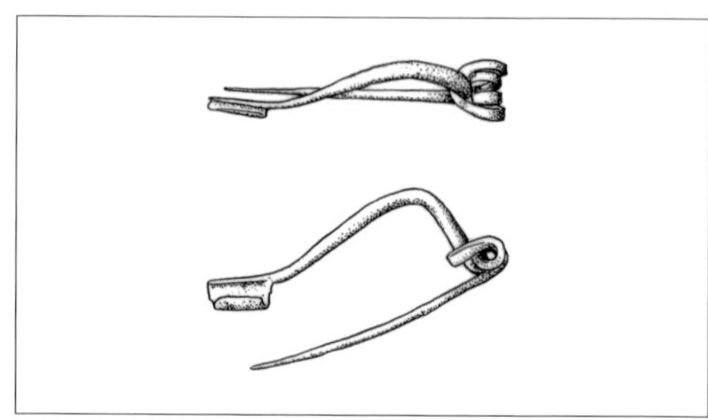

3.14.9.

3.14.10. Eingliedrige Armbrustfibel mit breitem Fuß

Beschreibung: Der Bügel besitzt einen leicht S-förmigen Schwung. Am Wechsel vom konvexen zum konkaven Verlauf befindet sich ein profilierter Knoten oder ein Bügelkamm. Der Bügel ist über die gesamte Länge bandförmig breit oder im Kopfbereich schmal und zum Fußende hin breiter. Es kommt eine einfache Punz- oder Tremolierstichverzierung vor, die die Bügelränder oder die Mittelachse betont. Die Spirale besitzt in der Regel vier bis sechs Windungen und eine untere Sehne. Kommen breitere Spiralen vor, können diese mit einer Achse verstärkt sein.
Synonym: Almgren Gruppe I, Riha Typ 1.8.
Datierung: jüngere Eisenzeit, Stufe IId (Hingst) bis ältere Römische Kaiserzeit, Stufe B (Eggers), um Chr. Geb.
Verbreitung: Niederlande, Nord- und Mitteldeutschland, Dänemark.
Relation: Fibelaufbau, trapezförmiger Fuß: 3.18.3. Kräftig profilierte Fibel mit trapezförmigem Fuß;

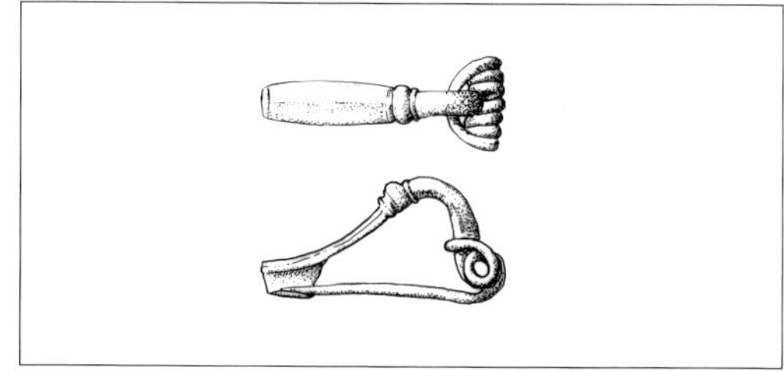

3.14.10.

Bügelschwung: 3.14.8. Geschweifte Fibel, 3.15.3. Knickfibel.
Literatur: Almgren 1923, 7ff.; Rangs-Borchling 1963; Voigt 1964; Cosack 1979, 21ff.; Riha 1979, 62; Grasselt 1998.

3.14.11. Bügelknotenfibel

Beschreibung: Der gerade ansteigende Bügel besitzt an der höchsten Stelle eine Knotenpartie. Sie ist durch drei Rippen oder Scheiben bestimmt, deren mittleres Element besonders stark profiliert ist. Fußseitig schließt sich ein Zierelement aus ein bis drei Querwülsten oder Läppchen an. Der Bügel fällt zum Kopf hin steil ab. Er ist in diesem Bereich verdickt und am Spiralende gerade abgeschnitten. Die Spirale besitzt vier oder sechs Windungen und eine obere Sehne. Fibelfuß und Nadelhalter sind spitz dreieckig oder trapezförmig und rahmenartig durchbrochen. Es kommen auch getreppte Stege vor.
Synonym: Knotenfibel, Almgren 65–66, Ettlinger Typ 8, Feugère Typ 8.
Datierung: jüngere Eisenzeit, Latène D (Reinecke), 1. Jh. v. Chr.
Verbreitung: Italien, Slowenien, Schweiz, Österreich, Süddeutschland, Tschechien, Ostfrankreich.
Relation: Bügelknoten: 3.15.7. Einknotenfibel mit Stützplatte und gestrecktem Fuß.

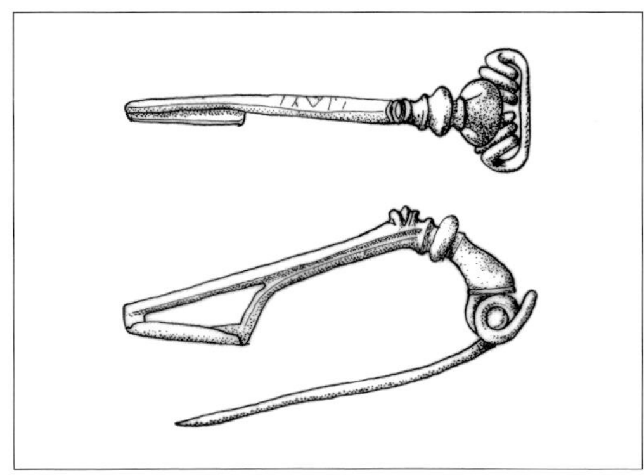

3.14.11.

Literatur: Almgren 1923; Hundt 1964; Ettlinger 1973, 48ff.; Feugère 1985, 237f.; Demetz 1992; Demetz 1998, 137ff.; Demetz 1999b, 27ff.

3.14.12. Misoxer Fibel

Beschreibung: Die auffallend große Fibel besitzt eine kurze, meist vierwindige Spirale mit unterer oder oberer Sehne. Der kopfseitige Bügel ist bandförmig oder rundstabig und steigt steil an. Vom Bügelscheitel an ist der Bügel als flaches Band geformt und fällt leicht geschwungen ab. Die Seitenfläche ist mit einem Punzmuster verziert, das den gesamten Raum einnehmen kann und aus Reihen von Punktpunzen, Kreisaugen sowie S- oder V-

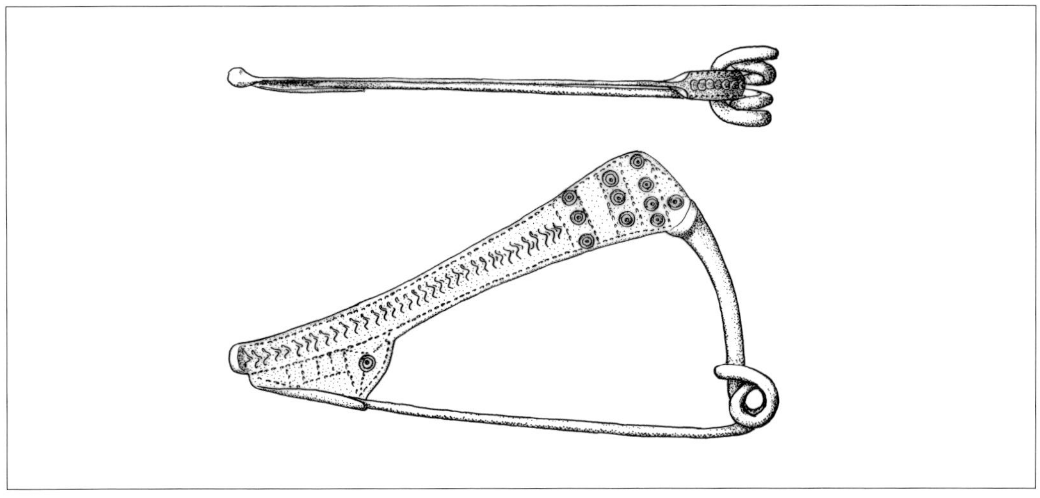

3.14.12.

förmigen Punzen bestehen kann. Der Fuß endet mit einer knopfartigen Verdickung. Der Nadelhalter ist dreieckig. Er kann durchbrochen gearbeitet sein oder ebenfalls ein Punzmuster aufweisen.
Synonym: Ettlingen Typ 7.
Datierung: Römische Kaiserzeit, 1.–3. Jh. n. Chr.
Verbreitung: Südschweiz, Norditalien.
Relation: hoher Nadelhalter: 3.20. Zweigliedrige Armbrustfibel mit hohem Nadelhalter.
Literatur: Crivelli 1958/59; Ettlinger 1973, 46f.; Guerra 2009.

3.14.13. Palmettenfibel

Beschreibung: Am Kopfende des geraden und leicht abfallenden Bügels befindet sich eine ovale, fächerförmig gerippte Palmette. Der daran anschließende Knoten besteht aus drei Rippen oder Wülsten, von denen die mittlere Rippe etwas kräftiger ausgeformt ist. Der untere Bügelabschnitt beginnt mit je einem hornartigen Hakenelement beiderseits des Bügels und setzt sich mit einem langen, tropfenförmig geschweiften Abschnitt fort. In Bügelmitte kann sich zusätzlich ein ringförmiges Zierelement befinden. Ein rahmenförmiger Nadelhalter sitzt am Fußende. Die Spirale ist in die Palmette eingenietet und besteht aus sechs oder acht Windungen und oberer Sehne.
Datierung: jüngere Eisenzeit, 1. Jh. v. Chr.
Verbreitung: Norditalien, Schweiz, Österreich.
Relation: fächerförmige Spiralabdeckung: 3.14.4. Schüsselfibel; Palmettenzier: [Gürtelhaken] 3.6. Palmettengürtelhaken.

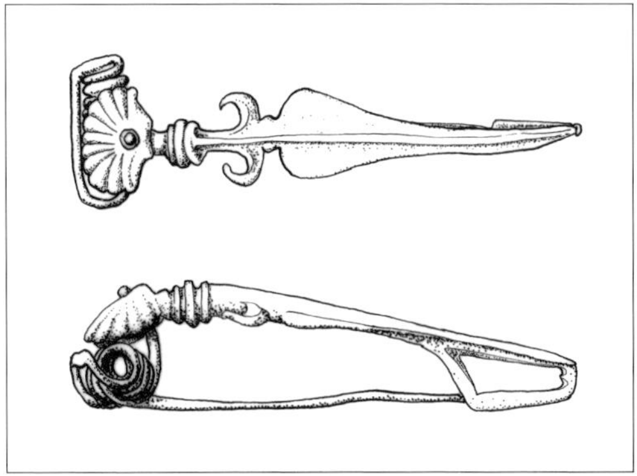

3.14.13.

Literatur: Gleirscher 1987; Demetz 1999b, 73ff.; Gamper 2006.

3.15. Eingliedrige Spiralfibel mit oberer Sehne und Sehnenhaken

Beschreibung: Zu den Konstruktionselementen der Fibel gehört ein Haken, der vom Bügelende abgeteilt ist und nach oben umbiegt. Der Haken dient dazu, die Spiralsehne zu fixieren. Er kann einfach rundstabig sein, ist aber häufig spatelartig abgeflacht und verbreitert und kann im Extrem sogar fächerförmig auf die gesamte Länge der Spirale ausgeweitet werden. Die breiten Sehnenhaken sind häufig mit Rillenmustern verziert. Aber auch die schmalen Haken können ein einfaches Dekor aus Kerben tragen. Bei einigen Fibeln endet der Sehnenhaken in einem kleinen, stark abstrahierten Köpfchen. Die Spirale besitzt überwiegend sechs oder acht Windungen. Sie ist meistens mit einer Stützplatte, einer rechteckigen Abdeckung beiderseits des Bügelendes, zusätzlich stabilisiert.
Synonym: Riha Gruppe 2.
Datierung: jüngere Eisenzeit bis ältere Römische Kaiserzeit, 1. Jh. v. Chr.–2. Jh. n. Chr.
Verbreitung: Mitteleuropa.
Literatur: Riha 1979, 12. 64ff.; Riha 1994, 63ff.; Möller 2007.

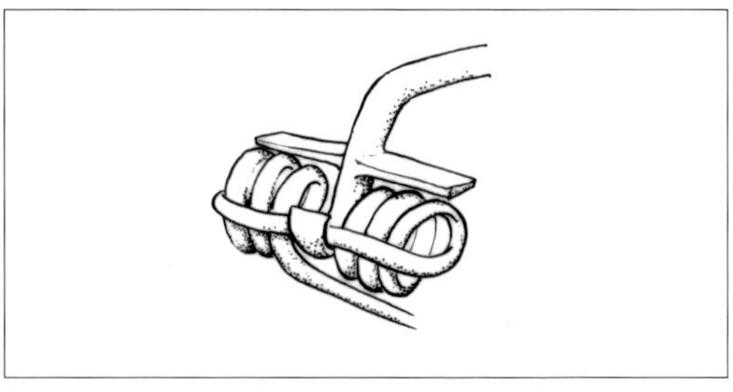

3.15.

3.15.1. Einfache Gallische Fibel

Beschreibung: Die Fibel ist eingliedrig. Der Bügel steigt an der Spirale kurz und steil an, biegt etwa rechtwinklig um und verläuft geradlinig bis zum Fußende, wobei er sich leicht verjüngt. Sein Querschnitt ist schmal rechteckig, oval bis D-förmig oder rhombisch. Die Spirale besitzt sechs bis acht

Windungen, eine obere Sehne und einen Sehnenhaken. Stützbalken oder Stützplatten am Bügelkopf bieten Raum für eine einfache Linienverzierung. Selten ist auch der Bügel dekoriert. Der Nadelhalter ist lang ausgezogen. Er ist schmal dreieckig oder trapezförmig.
Synonym: Almgren 241, Hofheim Typ Ic, Ettlinger Typ 9, Riha Typ 2.2, Feugère Typ 14a.
Datierung: jüngere Eisenzeit bis ältere Römische Kaiserzeit, um Chr. Geb.
Verbreitung: West- und Süddeutschland, Niederlande, Belgien, Frankreich, Schweiz.
Literatur: Ritterling 1912, 119ff.; Almgren 1923; Mahr 1967; Ettlinger 1973, 55f.; Riha 1979, 64ff.; Feugère 1985, 262ff.; Riha 1994, 63ff.; Demetz 1999b, 153f.; Gaspar 2007; Leifeld 2007, 142ff.
(siehe Farbtafel Seite 22)

3.15.2. Fibel mit beißendem Tierkopf

Beschreibung: Der im Kopfbereich hoch gewölbte Bügel besitzt die Form von Kopf und Hals eines wolfartigen Tieres. Deutlich sind Ohren und Augen sowie ein gezähntes Maul dargestellt. Aus dem Maul erwächst der Fußteil als leicht konkav geschwungener Rundstab oder Vierkant, der sich dem Fußende zu verjüngt. Der Nadelhalter ist durchbrochen verziert. Die Spirale besteht aus sechs oder acht Windungen mit oberer Sehne und einem Sehnenhaken. Sie ist mit einer Stützplatte abgedeckt.
Datierung: ältere Römische Kaiserzeit, Stufe B (Eggers), 1. Jh. n. Chr.
Verbreitung: Deutschland, Polen, Tschechien, Slowakei, Österreich, Ungarn, Norditalien, Slowenien.
Relation: Tierkopf: 3.28.1. Tierkopffibel.
Literatur: Ullbert 1969; R. Müller 1985, 83; Demetz 1993; J. Bemmann 1999, 151ff.; Demetz 1999b, 137ff.; Demetz 2000.

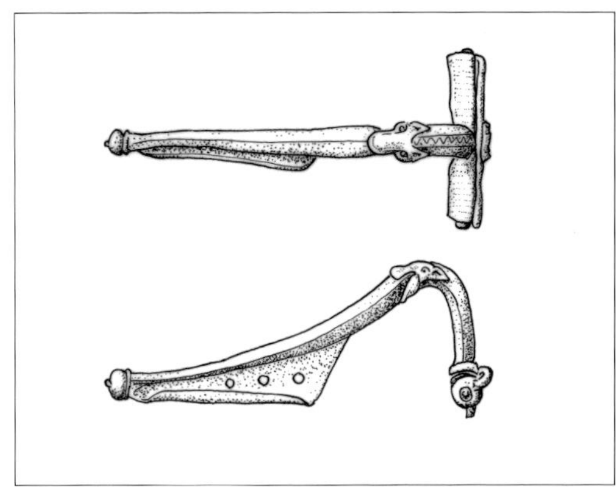

3.15.2.

3.15.2.1. Fibel mit degeneriertem Tierkopf

Beschreibung: Der kopfseitige Bügelabschnitt steigt steil an. Er nimmt stark an Breite zu, um sich am Bügelscheitel in zwei Stufen auf den schmalen weiteren Bügelquerschnitt zu verjüngen. An der höchsten Stelle des Bügels befinden sich zwei Höcker nebeneinander. Diese Bügelprofilierung gibt einen stark stilisierten Wolfskopf wieder. Der Bügel verläuft vom Scheitel linear abwärts. In der

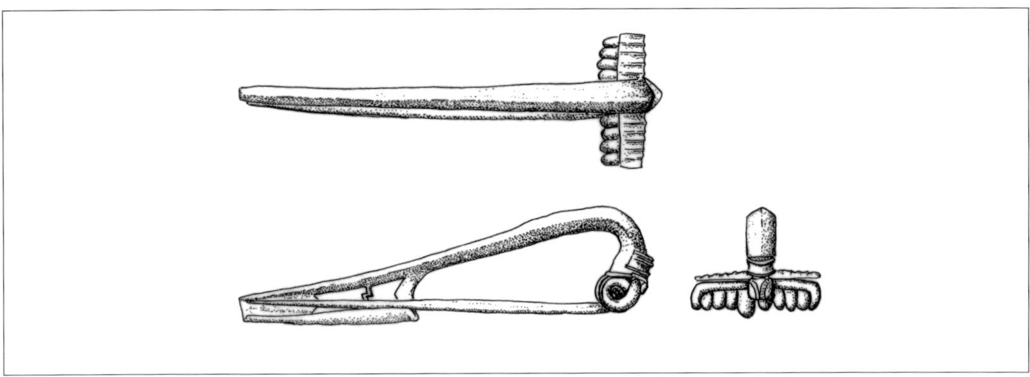

3.15.1.

Bügelmitte befindet sich ein Knoten aus drei Wülsten. Am Fußende sitzt ein aufgebogener Knopf. Der Nadelhalter ist lang und dreieckig. Er kann Durchbrechungen aufweisen. Die Fibel kann mit dem Namenstempel BASSOS markiert sein.

Synonym: Tierkopffibel der westlichen Serie, Höckerfibel, Bassosfibel, Riha Typ 2.12, Ettlinger Typ 12, Jobst 4A.

Datierung: ältere Römische Kaiserzeit, 1. Jh. n. Chr.

Verbreitung: West- und Süddeutschland, Schweiz, Westösterreich.

Literatur: Ettlinger 1973, 60; Keller 1973; Menke 1974; Jobst 1975, 31f.; Riha 1979, 77; Demetz 1993; Riha 1994, 71; J. Bemmann 1999, 151ff.; Demetz 1999b, 140ff.; Demetz 2000.

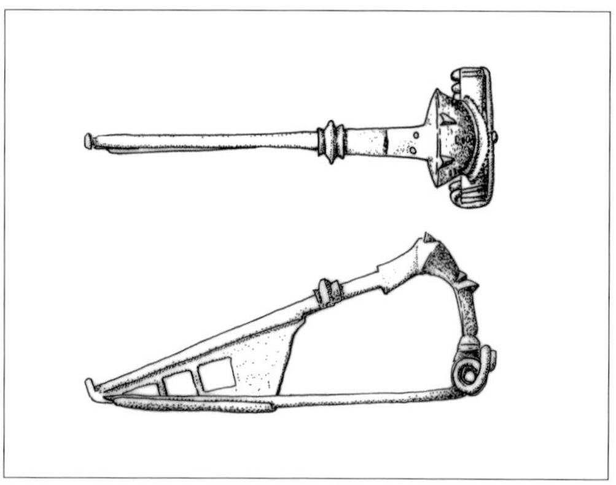

3.15.2.1.

3.15.3. Knickfibel

Beschreibung: Die Fibel besitzt eine sechs- oder achtwindige Spirale mit oberer Sehne. Die Konstruktion weist einen bandförmigen Sehnenhaken sowie beiderseits des Bügels eine Stützplatte auf. Der obere Bügelabschnitt steigt bei leicht konvexem Verlauf steil an. Er knickt scharf um und schwingt konkav ein. Leicht unterhalb des Bügelknicks befindet sich ein plastisch profilierter Knoten. Der Bügel ist bandförmig oder besitzt einen rhombischen Querschnitt. Der Nadelhalter ist gefüllt.

Synonym: Almgren 19, Hofheim Typ Ia, Ettlinger Typ 18, Riha Typ 2.6.

Datierung: jüngere Eisenzeit, Latène D (Reinecke) bis ältere Römische Kaiserzeit, Stufe B (Eggers), um Chr. Geb.

Verbreitung: Belgien, Niederlande, Deutschland, Nordfrankreich, Schweiz.

Relation: Bügelschwung: 3.14.8. Geschweifte Fibel, 3.14.10. Eingliedrige Armbrustfibel mit breitem Fuß; Fibelduktus: 3.15.7. Einknotenfibel mit Stützplatte und gestrecktem Fuß.

Literatur: Ritterling 1912, 118; Almgren 1923; Ettlinger 1973, 70; Leube 1978; Riha 1979, 71f.; Riha 1994, 67f.; Völling 1994, 216; Völling 1998, 44ff.; Leifeld 2007, 112ff.

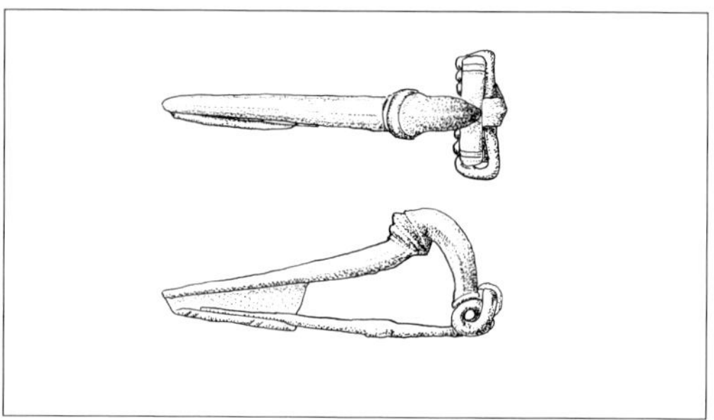

3.15.3.

3.15.4. Dolchfibel

Beschreibung: Die Fibel besitzt einen kurzen drahtförmigen, steil ansteigenden oberen Bügelabschnitt sowie ein lang ausgezogenes, lanzettförmiges unteres Ende, das einen flach linsenförmigen Querschnitt aufweist und zum Fußende hin kontinuierlich zuläuft. Dieser Fibelabschnitt ist mit einem Punzmuster versehen. Am Übergang zwischen dem drahtförmigen und dem lanzettförmigen Abschnitt kann sich ein Knoten oder ein leistenförmiges Zierelement befinden. Die sechs-

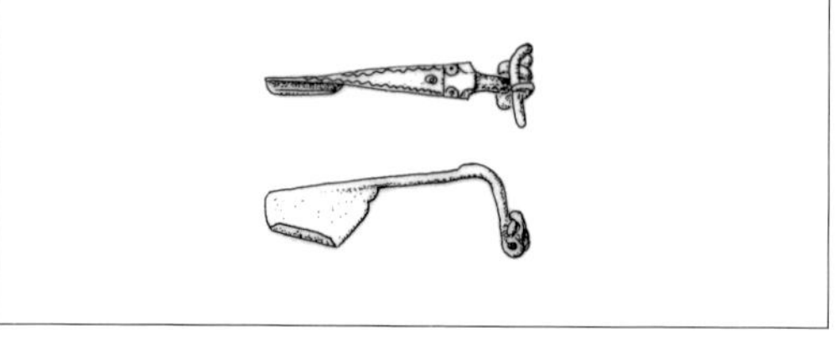

3.15.4.

schleifige Spirale besitzt eine obere Sehne mit flach drahtförmigem Sehnenhaken.
Synonym: Böhme 11.
Datierung: ältere Römische Kaiserzeit, Stufe B (Eggers), 1.–2. Jh. n. Chr.
Verbreitung: Westdeutschland, Niederlande.
Literatur: A. Böhme 1972, 12f.; Leifeld 2007, 115.

3.15.5. Kragenfibel

Beschreibung: Bei der Kragenfibel ist der obere Bügelabschnitt zu einem Schild verbreitert. Er kann eine löffelförmig verrundete, eine langdreieckige oder eine gleichseitig dreieckige Form mit deutlich einziehenden Seiten annehmen. Die Mittelachse des Schildes wird durch eine schmale Leiste oder einen flachen Wulst angedeutet. Der untere Bügelbereich ist bis zum Fußende lanzettförmig gestaltet, wobei die Bügelbreite kontinuierlich abnimmt oder auf Höhe des Fußansatzes am größten ist. Am Übergang zwischen dem konvexen oberen Bügelabschnitt und dem konkav einschwingenden unteren Bereich befindet sich eine große, flach linsenförmige, kragenartige Scheibe, die namengebend ist. Der Nadelhalter ist geschlossen oder gitterartig durchbrochen. Die sechs- bis zehnwindige Spirale besitzt eine obere Sehne und Sehnenhaken und wird durch Stützbalken, Stützplatten oder eine Rollenkappe abgedeckt.

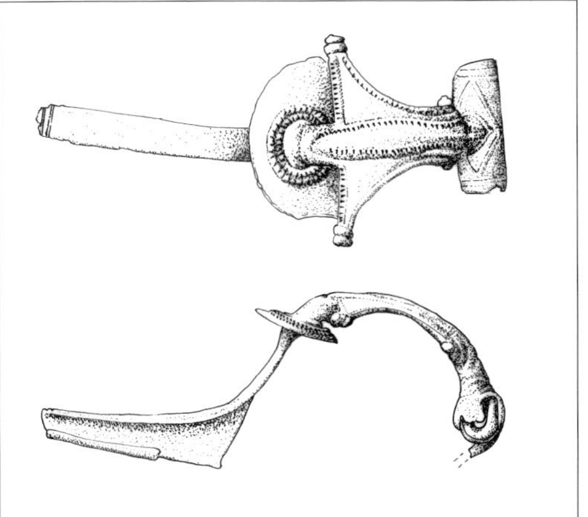

3.15.5.

Synonym: Almgren 239, Ettlinger Typ 19, Feugère Typ 10.
Datierung: jüngere Eisenzeit bis ältere Römische Kaiserzeit, 1. Jh. v. Chr. – 1. Jh. n. Chr.
Verbreitung: Niederlande, Belgien, Westdeutschland, Frankreich, Schweiz.
Relation: großer Bügelkragen: 3.29.3. Distelfibel.
Literatur: Almgren 1923; Ettlinger 1973; Feugère 1985, 243ff.; Böhme-Schönberger 1994; Cordie-Hackenberg/Haffner 1997; Möller 2004/05; Leifeld 2007, 116ff.; Gaspar 2007.

3.15.6. Flügelfibel

Beschreibung: Unter der Bezeichnung »Flügelfibel« werden verschiedene regionale Ausprägungen zusammengefasst. Das charakteristische Merkmal besteht in einem barocken Knotenelement. Beiderseits einer kräftig profilierten Mittelscheibe befinden sich Leisten, die lang trapezförmig ausgezogen sind und sich der Mittelscheibe zuneigen oder diese sogar überwölben. Das kopfseitige Bügelende ist kurz und steil; fußseitig fällt der Bügel lang und flach ab. Die Spirale besitzt sechs bis acht Windungen und Sehnenhaken. Der Nadelhalter ist durchbrochen.
Datierung: ältere Römische Kaiserzeit, 1.–2. Jh. n. Chr.
Verbreitung: Frankreich, Westdeutschland, Schweiz, Österreich, Italien, Ungarn.
Literatur: Garbsch 1965, 49ff.; Ettlinger 1973; Demetz 1999b, 42ff.; Gaspar 2007.

3.15.6.1. Norisch-pannonische Flügelfibel

Beschreibung: Ein großer trapezförmiger Fuß nimmt etwa die Hälfte der Fibellänge ein. Er ist häufig auf filigrane Weise durchbrochen. Es überwiegen dichte, siebartige Reihen von kleinen geometrischen Öffnungen sowie große radförmige Motive; aber auch komplizierte geometrische oder florale Motive kommen vor. Der Bügel verläuft bis zum Scheitelpunkt linear und fällt dann in einer steilen Rundung ab, wobei sich der Bügel stark verbreitert. Am Bügelscheitel befindet sich ein linsenförmiger Knoten, der beiderseits von ausge-

prägten Lappen flankiert wird, die zangenartig gegeneinander stehen: die sogenannten Flügel. Häufig sind diese Flügel durch einzelne kleine Stifte betont. Die Spirale besitzt in der Regel acht Windungen und eine obere Sehne, die von einem Sehnenhaken oder einer breiteren Sehnenkappe fixiert ist. Es überwiegen eingliedrige Fibeln.
Synonym: Almgren 238, Jobst 8, Riha Typ 2.11.
Datierung: jüngere Eisenzeit bis ältere Römische Kaiserzeit, 1. Jh. v. Chr.–2. Jh. n. Chr.
Verbreitung: Süddeutschland, Schweiz, Österreich, Slowenien.
Literatur: Almgren 1923; Garbsch 1965, 49ff.; Jobst 1975, 47ff.; Riha 1979, 76f.; Böhme-Schönberger 1998; Demetz 1999b, 42ff.; v. Carnap-Bornheim/Salač 1994.

3.15.6.2. Gallische Flügelfibel

Beschreibung: Der Bügel ist breit bandförmig und zieht an den Seiten leicht ein. Im Kopfbereich steigt er steil an und fällt zum Fuß flach und gerade ab. Am Bügelscheitel befindet sich eine große, runde, aber flache Scheibe. Beiderseits der Scheibe sitzen ein oder zwei aufgebogene Lappen. Der Nadelhalter ist durchbrochen und weist getreppte Stege auf. Die sechs- oder achtwindige Spirale besitzt eine obere Sehne und einen Sehnenhaken.
Synonym: Ettlinger Typ 10, Feugère Typ 13.
Datierung: jüngere Eisenzeit bis ältere Römische Kaiserzeit, 1. Jh. v. Chr. – 1. Jh. n. Chr.
Verbreitung: Frankreich, Schweiz.
Literatur: Ettlinger 1973, 57f.; Feugère 1985, 258ff.; Rey-Vodoz 1986.

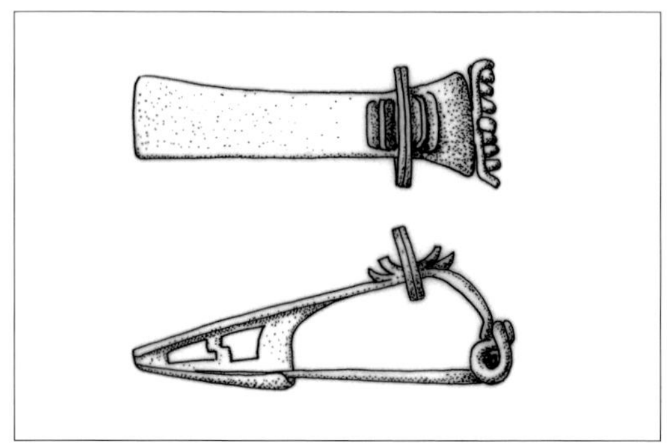

3.15.6.2.

3.15.7. Einknotenfibel mit Stützplatte und gestrecktem Fuß

Beschreibung: Die eingliedrige Fibel besitzt eine achtwindige Spirale mit oberer Sehne. Die Spirale ist mit einer rechteckigen Platte abgedeckt, die Querrillen oder Kreisstempel aufweisen kann. Der Kopfteil des Bügels steigt steil an und biegt scharf um. Kurz unterhalb des Bügelknicks befindet sich ein Knopf. Zum Fuß hin läuft die Fibel flach aus. Der lange, trapezförmige Nadelhalter ist recht

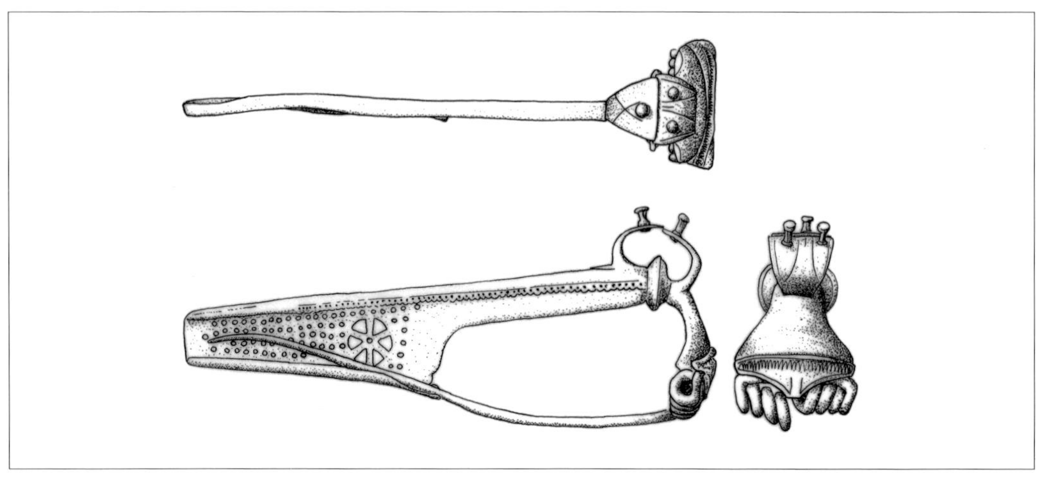

3.15.6.1.

hoch. Er kann kreisförmige, viereckige oder sternförmige Durchbrechungen aufweisen und mit Tremolierstich verziert sein.
Synonym: Riha Typ 1.5.
Datierung: ältere Römische Kaiserzeit, 1.–2. Jh. n. Chr.
Verbreitung: Österreich, Tschechien, Süddeutschland.
Relation: Bügelknoten: 3.14.11. Bügelknotenfibel; Fibelduktus: 3.15.3. Knickfibel.
Literatur: Heymans 1997, 329f.

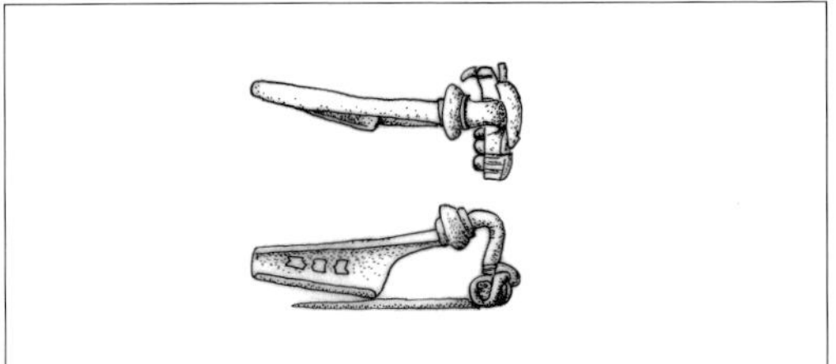

3.15.7.

3.15.8. Augenfibel

Beschreibung: Die Fibel besitzt einen gleichmäßig breiten, bandförmigen Bügel mit flach dreieckigem oder D-förmigem Querschnitt. Der Bügelverlauf folgt einer S-Schwingung. Am Übergang vom konvexen zum konkaven Abschnitt befindet sich ein kräftiger, flach zylinderförmiger Knoten, der mehrfach gerillt sein kann. Weitere Verzierung besteht in randbegleitenden oder die Mittelachse betonenden Linien oder Leiterbändern. Das Fußende hebt eine charakteristische Winkellinie hervor. Am Kopfende des Bügels befindet sich eine plattenartige Verbreiterung, aus der zwei kreisrunde, nach außen aufgeschnittene Löcher ausgebohrt sind, die sogenannten Augen. Bei manchen Stücken ersetzen kreisförmige Punzen diese Ausschnitte, bei anderen finden sich ringförmige Ansätze beiderseits des Bügels. Die Spirale besitzt sechs oder acht Windungen, eine obere Sehne und einen Sehnenhaken, der drahtförmig, aber auch plattenartig breit sein kann. Auch Stützbalken oder Rollenkappen kommen vor. Der Nadelhalter ist überwiegend trapezförmig und unverziert.
Synonym: Hofheim Typ II, Almgren Gruppe III, Ettlinger Typ 17, Riha Typ 2.3.
Datierung: ältere Römische Kaiserzeit, Stufe B (Eggers), 1. Jh. n. Chr.
Verbreitung: Mittel- und Nordeuropa.
Literatur: Ritterling 1912, 120ff.; Almgren 1923, 21ff.; Schwantes 1924; Schulz 1926; Ettlinger 1973, 68f.; Melander 1975–77; Cosack 1979, 57ff.; Riha 1979, 68ff.; Kunow 1980; Riha 1994, 65ff.; Kunow 1998; Kunow 1999; Demetz 1999b, 155f.; J. Bemmann 1999; Mączyńska 2004.
(siehe Farbtafel Seite 23)

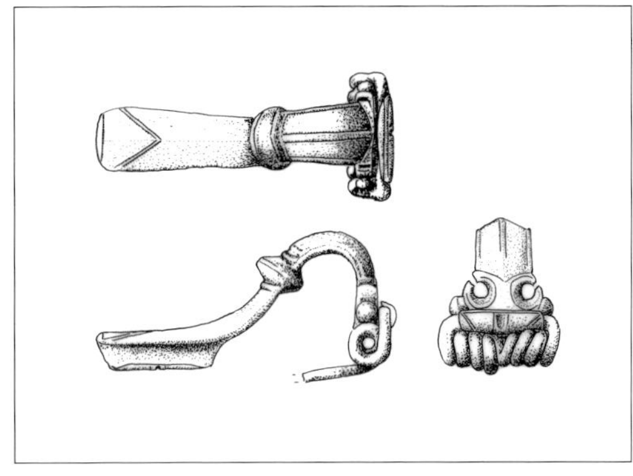

3.15.8.

3.15.9. Bogenfibel

Beschreibung: Der kräftige, rundstabige Bügel ist halbkreisförmig gebogen. Beiderseits des Kopfes befinden sich kurze, kräftige Stützbalken. Die kurze Spirale weist vier oder sechs Windungen sowie eine obere Sehne auf, die mit einem drahtförmigen Sehnenhaken gefasst wird. Am Übergang von Bügel zu Fuß sitzt ein kräftiger Knoten oder eine markante Rippe. Der Fuß ist bandförmig und leicht geschwungen. Er endet mit einer Zierkugel. Der Nadelhalter hat Dreiecksform und kann durchbrochen gearbeitet sein.
Synonym: Spiralbügelfibel, Almgren 22, Riha Typ 2.5.
Datierung: ältere Römische Kaiserzeit, 1. Jh. n. Chr.
Verbreitung: Frankreich, Niederlande, Belgien, Deutschland.

Literatur: Almgren 1923, 107f.; Riha 1979, 70f.; Völling 1994.

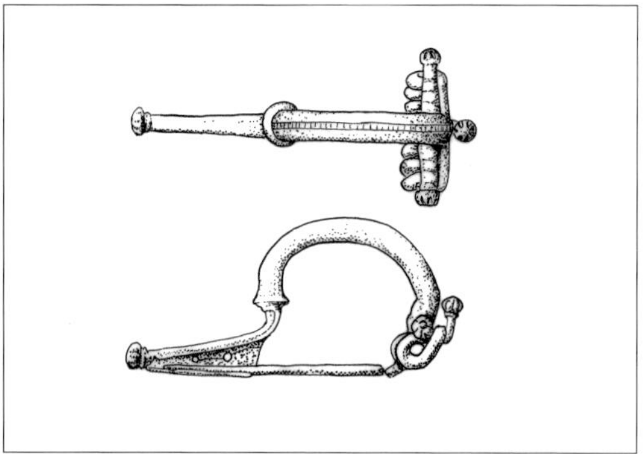

3.15.9.

3.16. Rollenkappenfibel

Beschreibung: Rollenkappen sind lappenförmige, gewölbte Platten, die auf beiden Seiten des Bügels sitzen und die Spirale abdecken. Sie dienen zum Schutz der Spirale und bieten Zierfläche, die häufig mit Rillen oder Punzreihen bedeckt wird. Die Fibel besitzt einen in der Regel gleichmäßig breiten, bandförmigen Bügel mit einem Wulst oder Kamm in der Bügelmitte. Mittelachse und/oder Bügelkanten können durch eine lineare Verzierung betont sein. Häufig verteilen sich Kreisaugen über den Bügel.
Synonym: Fibel mit zweilappiger Rollenkappe, Almgren Gruppe II, Wendenspange.
Datierung: ältere Römische Kaiserzeit, Stufe B (Eggers), 1.–2. Jh. n. Chr.
Verbreitung: Norddeutschland, Dänemark, Nordpolen, Tschechien.
Literatur: Almgren 1923, 11ff.; Drescher 1957; Cosack 1979, 29ff.; Olędzki 1998.

3.16.1. Fibel mit durchbrochenem Nadelhalter

Beschreibung: Die Fibel besitzt eine Spirale mit vier bis acht Windungen und oberer Sehne. In die Sehne greift ein bandförmiger Sehnenhaken, der, am Ende umgeschlagen, tierkopfartige Gestalt annehmen kann. Die Spiralen sind mit Rollenkappen abgedeckt. Der Bügel ist bandförmig oder von rhombischem Querschnitt. Eine linsenförmige Zierscheibe befindet sich in der Bügelmitte. Der meist lange Fuß besitzt einen durchbrochenen Nadelhalter mit getreppten Stegen.
Synonym: Almgren Gruppe II Serie 1, Almgren 24, 25, 33.
Datierung: ältere Römische Kaiserzeit, Stufe B (Eggers), um Chr. Geb. und 1. Jh. n. Chr.
Verbreitung: Dänemark, Norddeutschland, Tschechien.
Literatur: Almgren 1923, 12f.; Rangs-Borchling 1963; Leube 1998, 55ff.

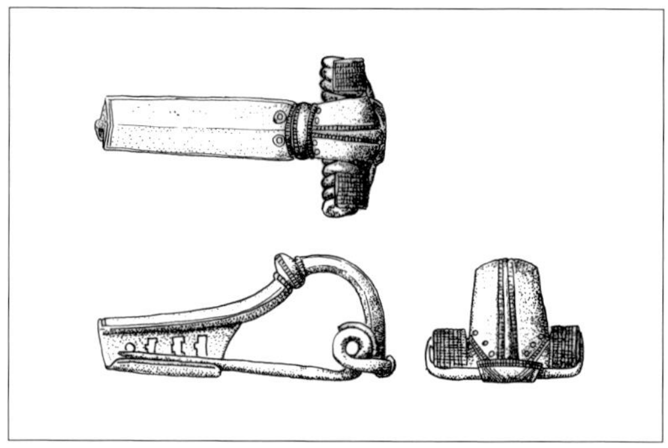

3.16.1.

3.16.2. Fibel mit Sehnenhaken

Beschreibung: Die Fibel besitzt einen bandförmigen Bügel. Er ist in der Regel gleichmäßig breit und weist einen dachförmigen Querschnitt auf. Etwa in der Bügelmitte befindet sich ein ausge-

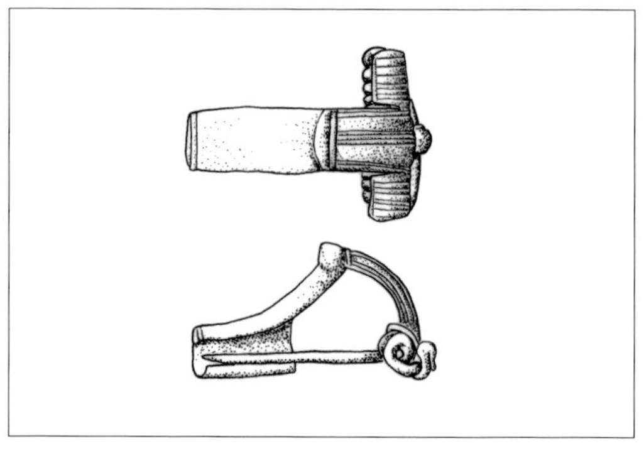

3.16.2.

prägter Kamm. Der Bügel ist mit einem einfachen Punzmuster verziert. Ein lineares Muster bedeckt die Rollenkappen. Ein bandförmiger Sehnenhaken fixiert die Sehne. Der Nadelhalter zeigt keine Durchbrechungen. Er kann bis zum Bügelkamm lang ausgezogen sein, kommt aber auch in einer verhältnismäßig kurzen Form vor.

Synonym: Almgren Gruppe II Serie 2, Almgren 26–30.

Datierung: ältere Römische Kaiserzeit, Stufe B (Eggers), 1.–2. Jh. n. Chr.

Verbreitung: Dänemark, Nord- und Mitteldeutschland, Tschechien.

Literatur: Almgren 1923, 13f.; Leube 1998, 55ff.

(siehe Farbtafel Seite 23)

3.16.3. Fibel mit Sehnenhülse

Beschreibung: Die Spirale mit oberer Sehne ist von einer Rollenkappe abgedeckt, die häufig unverziert bleibt. In die Sehne greift eine breite, sich über die gesamte Sehnenlänge ausdehnende Sehnenhülse. Der Fibelbügel ist breit und besitzt einen C-förmigen oder einen dachförmigen Querschnitt. Er kann sich dem Fußende zu fächerförmig verbreitern. Zwischen Bügelscheitel und dem Ansatz des Nadelhalters befindet sich ein deutlicher Kamm oder ein breiter Wulst. Der Nadelhalter ist meist kurz.

Synonym: Almgren Gruppe II Serie 3, Almgren 37–41.

Datierung: ältere Römische Kaiserzeit, Stufe B (Eggers), 1.–2. Jh. n. Chr.

Verbreitung: Polen, Tschechien, Norddeutschland, Dänemark.

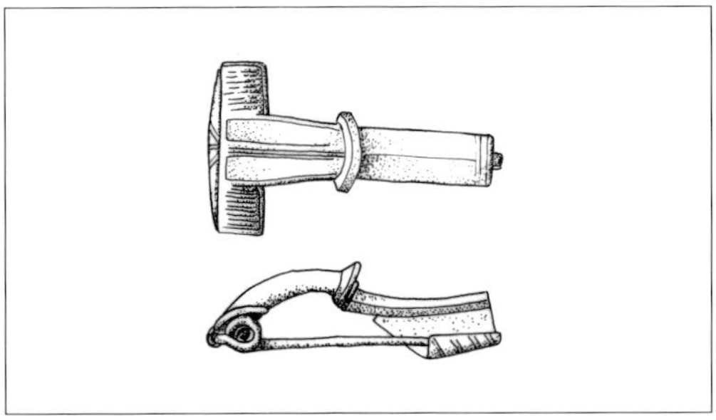

3.16.3.

Literatur: Almgren 1923, 17f.; Olędzki 1995; Olędzki 1998.

3.17. Norisch-pannonische Doppelknopffibel

Beschreibung: Die gestreckte Fibel besitzt einen lang gezogenen, geraden Bügel, der zwei linsenförmige Knöpfe aufweist. Das Kopfende des Bügels verläuft in einem steilen Bogen, wobei sich der Bügel stark bis auf Spiralbreite verbreitert. Eine achtwindige Spirale erzeugt die Nadelspannung. Die obere Sehne wird durch einen Sehnenhaken oder eine tremolierstichverzierte Sehnenkappe gefangen. Der Nadelhalter ist dreieckig und nimmt etwa die Hälfte der Fibellänge ein. Er ist rahmenartig durchbrochen oder besitzt eine geometrische Anordnung kleiner Öffnungen. Eine weitere knopfartige Verzierung kann sich am Ende des Fußes befinden.

Synonym: Almgren 236–237, Ettlinger Typ 14, Jobst 7, Riha Typ 2.10/3.3.

Datierung: jüngere Eisenzeit bis ältere Römische Kaiserzeit, 1. Jh. v. Chr.–2. Jh. n. Chr.

Verbreitung: Süddeutschland, Schweiz, Österreich, Slowenien.

Literatur: Garbsch 1965, 26ff.; Ettlinger 1973, 64f.; Jobst 1975, 44ff.; Riha 1979, 75f. 80f.; Riha 1994, 70f.; Demetz 1999b, 49ff.

3.18. Kräftig profilierte Fibel

Beschreibung: Der obere Abschnitt des S-förmig geschwungenen Bügels verbreitert sich zum Kopf hin fächer- oder trompetenförmig häufig bis fast auf Spiralbreite. Am Übergang zwischen dem stark konvex gewölbten oberen Bügel und dem geschwungenen Abschnitt befindet sich ein Knoten, der teils als kräftige Querleiste, teils als linsenförmig profiliertes Zierstück in Erscheinung tritt. Das Fußende ist ausgezogen und schließt mit einem Knopf. Der Nadelhalter besitzt Rechteck- oder Trapezform und kann kreisförmig oder viereckig durchbrochen sein.

Synonym: Hofheim Typ III, Almgren Gruppe IV, Jobst 4–5, Riha Typ 2.9/3.1.

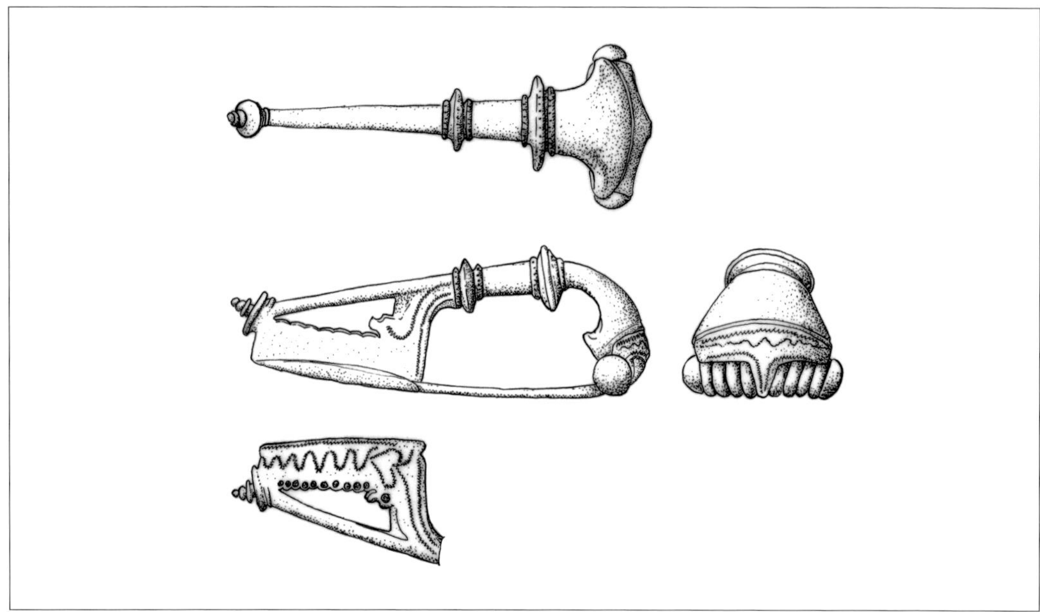

3.17.

Datierung: ältere Römische Kaiserzeit, Stufe B (Eggers), 1.–2. Jh. n. Chr.
Verbreitung: Deutschland, Schweiz, Österreich, Tschechien, Polen, Ungarn.
Relation: Fibelduktus: 4.4.1. Scharnierfibel mit Bügelknoten.
Literatur: Ritterling 1912, 123f.; Almgren 1923, 34ff.; A. Böhme 1972, 13; Jobst 1975, 29ff.; Riha 1979, 72ff. 79ff.; Riha 1993, 69f.; Buora 2002.

3.18.1. Kräftig profilierte Fibel mit Stützplatte

Beschreibung: Eine Spirale von acht bis zehn Windungen besitzt eine obere Sehne, die mit einem draht- oder bandförmigen Sehnenhaken fixiert ist. Das kopfseitige Bügelende ist sackförmig und breit. Eine Platte am Bügelansatz deckt die Spirale ab und stützt sie. Der Bügel ist S-förmig geschwungen und verjüngt sich zum Fußende, um mit einem Knopf abzuschließen. Ein kräftiger Knoten oder ein Kamm befindet sich in der Bügelmitte. Der Nadelhalter kann durchbrochen gearbeitet sein.

Synonym: Almgren 67–73, Ettlinger Typ 13, Jobst 4.
Datierung: ältere Römische Kaiserzeit, 1. Jh. n. Chr.
Verbreitung: Deutschland, Schweiz, Österreich, Tschechien, Polen, Slowenien.
Literatur: Almgren 1923, 35ff.; A. Böhme 1972; Ettlinger 1973, 61ff.; Jobst 1975, 30f.; Demetz 1999b, 127ff.; Mączyńska 2001.
(siehe Farbtafeln Seite 23)

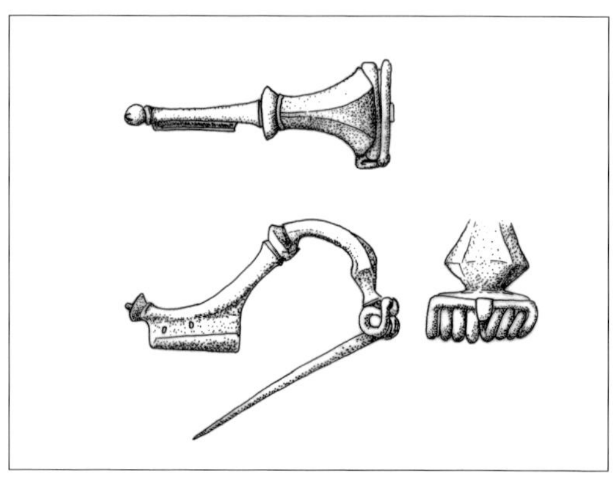

3.18.1.

3.18.1.1. Ankerfibel

Beschreibung: Der breite Kopfteil des Bügels weist auf beiden Seiten eine weit geschwungene Auszipfelung auf, die mit einem Knopf endet und der Fibel die charakteristische Ankerform verleiht. Kleinere, oft runde oder viereckige Auswüchse können sich auch beiderseits des Fußteils befinden. Als plastische Verzierung tritt am Bügelscheitel ein Knopf auf. Ein weiterer Knopf schmückt das Fußende. Es können weitere, vielfach figürliche Verzierungen auf dem Bügel oder dem Fuß auftreten. Die Fibelspirale ist lang und wird mit einer Spiralplatte abgedeckt. Der Nadelhalter besitzt Trapezform.
Datierung: Römische Kaiserzeit, 2.–3. Jh. n. Chr.
Verbreitung: Österreich, Ungarn.
Literatur: Kovrig 1937, 119ff.; Patek 1942, 100ff.

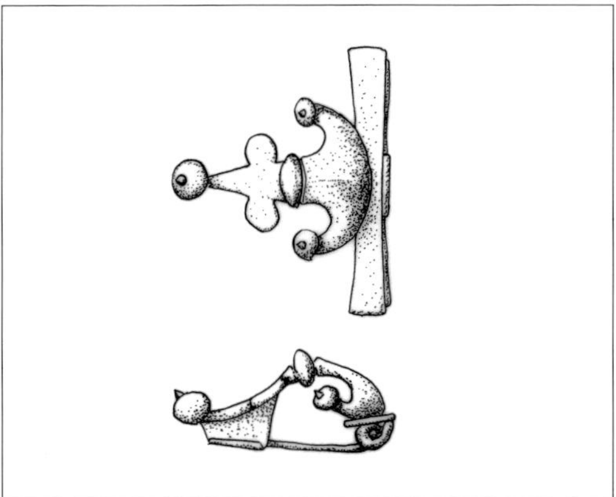

3.18.1.1.

3.18.2. Kräftig profilierte Fibel ohne Stützplatte

Beschreibung: Die Konstruktion der Fibel kann ein- oder zweigliedrig sein. Der Bügel ist am Spiralansatz sackförmig oder trompetenartig verbreitert. In der Bügelmitte befindet sich eine runde scheibenförmige oder eine kammartige Verdickung, die mit Perldraht verziert sein kann. Die Fibel weist häufig eine lange Spirale mit oberer Sehne auf, die zur Stabilität auch um den Bügel gewickelt sein kann.
Synonym: Almgren 74–84, Jobst 5.
Datierung: ältere Römische Kaiserzeit, Stufe B (Eggers), 1.–2. Jh. n. Chr.
Verbreitung: Skandinavien, Deutschland, Polen, Tschechien, Österreich.
Literatur: Almgren 1923, 39ff.; Rangs-Borchling 1963; Jobst 1975, 37ff.; Dàbrowska 1998.

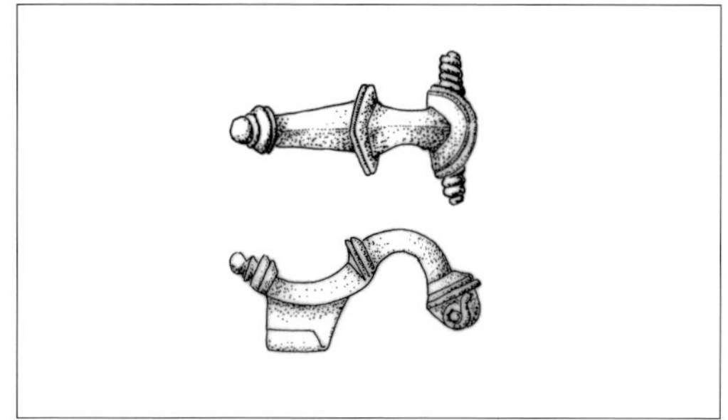

3.18.2.

3.18.2.1. Trompetenkopffibel

Beschreibung: Am Kopfende weitet sich der Bügel zu einer runden, zur Spirale hin gerade unterschnittenen Verdickung, die einem Trompetentrichter ähnelt. Die Bügelscheibe weist einen runden Umriss auf. Der fußseitige Bügelabschnitt besitzt ein dreikantiges oder rundes Profil und endet in einem Knopf oder Kamm. Der Umriss des Nadelhalters ist trapezförmig oder rechteckig. Perldraht erscheint oftmals als Bügelverzierung.
Synonym: Trompetenfibel, Almgren 75, 77, 78.
Datierung: ältere Römische Kaiserzeit, Stufe B (Eggers), 1.–2. Jh. n. Chr.
Verbreitung: Skandinavien, Norddeutschland, Polen, Tschechien.

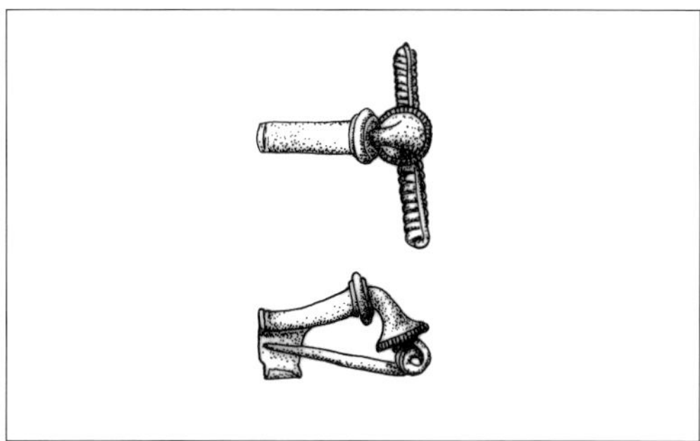

3.18.2.1.

Relation: trompetenförmiger Bügel: 3.19.1. Schwächer profilierte Fibel mit breitem Fuß.
Literatur: Almgren 1923, 40; Rangs-Borchling 1963; Dàbrowska 1998; Tejral 2001.
(siehe Farbtafel Seite 24)

3.18.2.2. Pannonische Trompetenfibel

Beschreibung: Die zweiteilige Fibelkonstruktion zeigt eine lange Spirale mit oberer oder den Bügel umschlingender Sehne. Diese kann von einer rechteckigen Kopfplatte abgedeckt sein. Die Fibel besitzt einen flach S-förmig geschwungenen Bügel. In seiner Mitte befindet sich ein Knoten, der aus einer linsenförmigen Scheibe oder mehreren Querrippen besteht. Zum Kopfende nimmt der Bügel deutlich an Breite zu und bildet ein scheibenförmiges Ende aus. Diese Kopfscheibe kann sich in Richtung Bügel ausweiten oder sogar mit dem Bügelknoten zu einer organischen Einheit verschmelzen, so dass der Bügel eine ovale Durchbrechung aufweist. Nicht selten ist der Fibelkopf mit Perldraht, Zierleisten oder Gravierungen verziert. Der Fibelfuß ist schmal bandförmig und endet in einem Knopf. Der hohe Nadelhalter besitzt Rechteck- oder Trapezform.
Synonym: Jobst 6, Riha Typ 3.4.
Datierung: Römische Kaiserzeit, 2. Jh. n. Chr.
Verbreitung: Ungarn, Österreich, Süddeutschland.
Literatur: Kovrig 1937 116ff.; Patek 1942, 112ff.; Jobst 1975, 42ff.; Riha 1979, 81; Gschwind/Ortisi 2001.

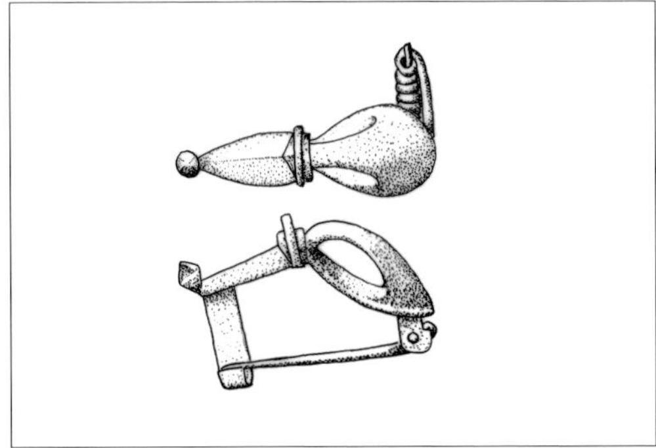

3.18.2.2.

3.18.3. Kräftig profilierte Fibel mit trapezförmigem Fuß

Beschreibung: Die kleine Fibel besitzt einen schmalen, häufig facettierten Bügel. Er verdickt sich zum Kopf hin. Der Fuß ist flach und zeigt einen dreieckigen oder trapezförmigen Umriss. Vielfach sind die Ränder mit Punzreihen oder Tremolierstich verziert. Die Spirale weist eine obere Sehne und einen Sehnenhaken auf. Der Nadelhalter ist rechteckig.
Synonym: Jobst 4F, Riha Variante 2.9.5.
Datierung: ältere Römische Kaiserzeit, 1.–2. Jh. n. Chr.
Verbreitung: Österreich, Ungarn, Slowakei, Tschechien, Rumänien, Süddeutschland.
Relation: Fibelduktus: 3.14.10. Fibel mit breitem Fuß; trapezförmiger Fuß: 3.22.7. Armbrustfibel mit Trapezfuß, 3.23.2. Stützarmfibel mit Trapezfuß, 3.29.5. Hülsenspiralfibel mit trapezförmigem Fuß.
Literatur: Jobst 1975, 36f.; Riha 1979, 75; Andrzejowski 1992; Schmid 2010.

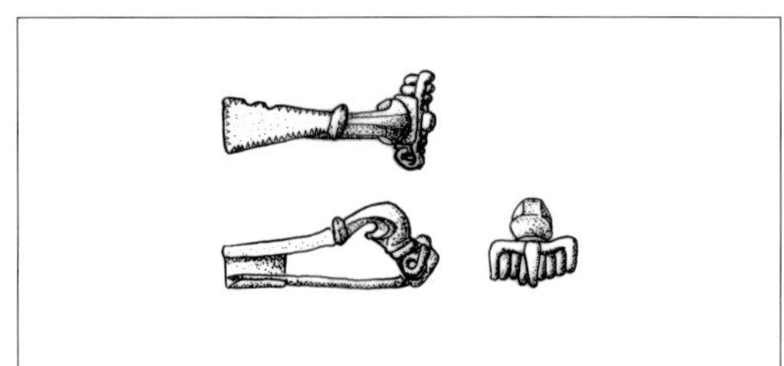

3.18.3.

3.19. Schwächer profilierte Fibel

Beschreibung: Das wesentliche Merkmal dieser heterogenen Gruppe besteht in dem reduzierten Auftreten von den drei Zierelementen, die die Fibel mit kräftiger Profilierung kennzeichnen: das verdickte kopfseitige Bügelende, der scheiben- oder kammförmige Bügelknopf sowie ein Knopf am Fußende.
Synonym: Almgren Gruppe V.
Datierung: jüngere Römische Kaiserzeit, 1.–3. Jh. n. Chr.
Verbreitung: Skandinavien, Deutschland, Polen.
Literatur: Almgren 1923, 48ff.

3.19.1. Schwächer profilierte Fibel mit breitem Fuß

Beschreibung: Die kleine Fibel besitzt kopfseitig ein trompetenförmiges Bügelende. Der Bügel ist geprägt von einer großen, flachen Scheibe. Der Fuß ist flach und endet in einer sprossenartigen Zier. Der Fuß kann durch Facettierung, seitlich angebrachte Dekorelemente oder durch Perldraht weiter verziert sein. Die Spirale von etwa zehn Windungen besitzt einen drahtförmigen Sehnenhaken sowie eine Achse, die in Zierknöpfen enden kann. Die Fibel besteht häufig aus Silber oder aus Bronze mit silbernen Zierelementen.
Synonym: Almgren 101.
Datierung: ältere Römische Kaiserzeit, Stufe B (Eggers), 1.–2. Jh. n. Chr.
Verbreitung: Nord- und Westdeutschland.
Relation: trompetenförmiger Bügel: 3.18.2.1.Trompetenkopffibel.
Literatur: Almgren 1923, 52f.; Fischer 1966; A. Böhme 1972; Böhme-Schönberger 1998.

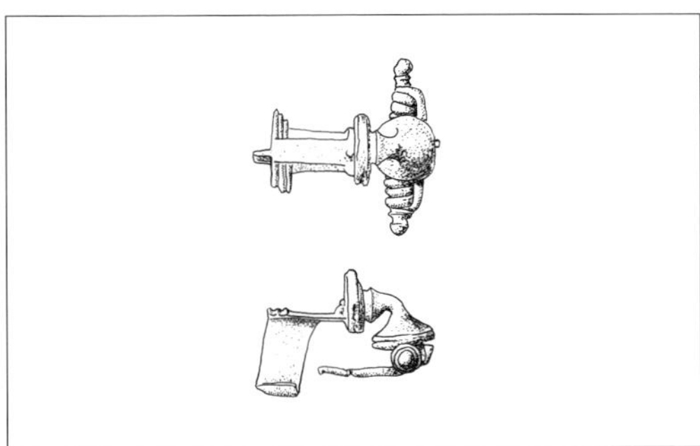

3.19.1.

3.19.2. Dreisprossenfibel

Beschreibung: Die Fibelkonstruktion ist zweigliedrig. Die verhältnismäßig lange Spirale besitzt eine Achse sowie eine obere Sehne. Über die Spirale kann eine röhrenförmige Sehnenhülse lose aufgeschoben sein. Der Fibelbügel beschreibt einen S-förmigen Schwung. Er ist breit und besitzt einen D- oder einen trapezförmigen Querschnitt. An beiden Enden des Bügels sowie in der Bügelmitte befindet sich jeweils ein breiter, nach beiden Seiten ausgezogener Kamm, die sogenannte Sprosse. Am Fibelfuß kann sich eine kugelförmige Verzierung befinden.
Synonym: Almgren Gruppe V Serie 1, Almgren 94–98.
Datierung: Römische Kaiserzeit, Stufe B–C (Eggers), 2./3. Jh. n. Chr.
Verbreitung: Polen, Norddeutschland, dänische Inseln, Schweden.
Relation: leiterförmiger Umriss: 3.19.7. Breite Fibel mit Deckplatte.
Literatur: Almgren 1923, 28ff.; Hauptmann 1998.
(siehe Farbtafel Seite 24)

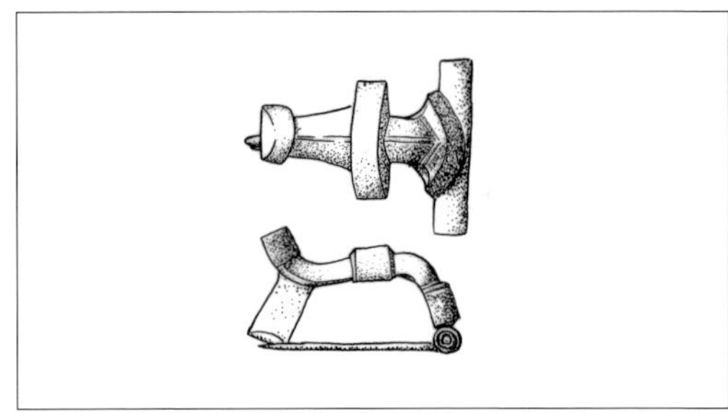

3.19.2.

3.19.3. Fibel ohne Bügelkamm

Beschreibung: Die Fibel besitzt einen S-förmig geschwungenen Bügel. Er weist einen runden, D- oder dachförmigen Querschnitt auf. An Kopf- und Fußende des Bügels befindet sich eine Verdickung, die teils als Zierkugel, teils als Kamm oder – im Kopfbereich der Fibel – als wulstige Schwellung ausgebildet ist.
Synonym: Almgren Gruppe V Serie 7, Almgren 109–114.

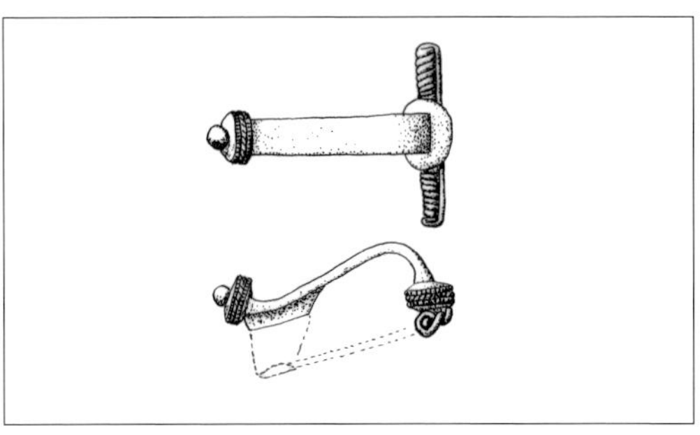

3.19.3.

Datierung: ältere Römische Kaiserzeit, Stufe B (Eggers), 2. Jh. n. Chr.
Verbreitung: Norddeutschland, Polen, Baltikum, Schweden, Dänemark.
Literatur: Almgren 1923, 56ff.
(siehe Farbtafel Seite 25)

3.19.4. Fibel mit Kopfkamm

Beschreibung: An den breiten, S-förmig geschwungenen Bügel schließt sich ein gleichmäßig breiter oder trapezförmig ausgestellter Fuß an. Das Ende ist gerade abgeschnitten. Als Bügelverzierung kann Perldraht auftreten. Am Kopfende des Bügels befindet sich ein ausgeprägter Kamm, der schmal und hoch oder breit und flach sein kann. Es überwiegen eingliedrige Spiralkonstruktionen mit langer Spirale und oberer Sehne, die durch einen Sehnenhaken gehalten wird.
Synonym: Fibel mit Kamm nur am Kopf, Fuß breit ausgestellt, Almgren Gruppe V Serie 8, Almgren 120–131.
Verbreitung: Skandinavien, Norddeutschland, Polen, Baltikum, Böhmen, Mähren.
Datierung: Römische Kaiserzeit, Stufe B/C (Eggers), 2.–3. Jh. n. Chr.
Literatur: Almgren 1923, 58ff.; Machajewski 1998.

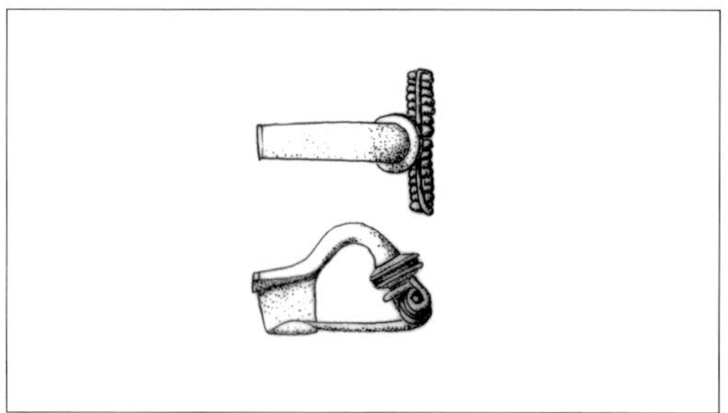

3.19.4.

Dabei ergibt sich eine nahezu rechteckige Bügelöffnung. Dies kommt einerseits dadurch zustande, dass der kopfseitige Bügelabschnitt sehr steil ansteigt und dann etwa rechtwinklig abknickt, andererseits durch einen verhältnismäßig hohen, rechteckigen oder leicht trapezförmigen Nadelhalter. Der Bügel ist rundstabig oder bandförmig. Am Bügelknick ist häufig auf der Innenseite ein kleiner Einschnitt zu beobachten. Bei einigen Stücken ist an dieser Stelle eine Knierosette montiert. Der Bügel ist am Fußende gerade abgeschnitten. Er kann eine Verzierung aus Silberdraht oder -blech bzw. eine Tauschierung besitzen.
Synonym: Kniefibel, Germanische Kniefibel, Almgren Gruppe V Serie 9, Almgren 138–147.
Datierung: ältere Römische Kaiserzeit, Stufe B (Eggers), 1.–2. Jh. n. Chr.
Verbreitung: Deutschland, Tschechien, Niederlande, Dänemark.
Relation: knieförmiger Bügelknick: 3.4.8. Kniefibel, 3.19.8. Römische Kniefibel mit halbrunder Kopfplatte, 3.29.7. Kniefibel.
Literatur: Almgren 1923, 62ff.; Wegewitz 1944; Gupte 1998; Droberjar 2002; Gupte 2004.
(siehe Farbtafel Seite 24)

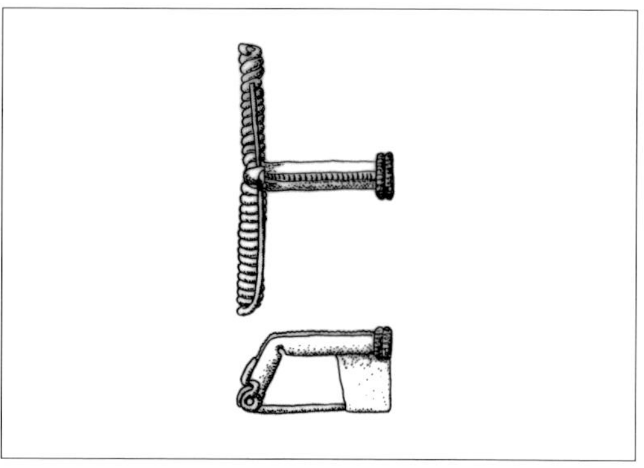

3.19.5.

3.19.5. Knieförmig gebogene Fibel

Beschreibung: Die Fibel ist eingliedrig. Sie besitzt eine lange Spirale mit oberer Sehne und Sehnenhaken oder eine den Bügel umschlingende Sehne. Vielfach findet sich eine Spiralachse mit kleinen Endkugeln. Bügel und Nadel verlaufen parallel.

3.19.6. S-förmig gebogene Fibel ohne Kamm

Beschreibung: Die Fibel ist ein- oder zweigliedrig. Sie besitzt eine lange Spirale mit oberer Sehne und Sehnenhaken oder mit einer den Bügel umschlingenden Sehne. Der Bügel ist S-förmig ge-

schwungen. Er besitzt einen dachförmigen, facettiert D-förmigen oder schmal rechteckigen Querschnitt. Ein Silberdrahtdekor oder ein Blechbelag kann als Verzierung auftreten. Das Fußende ist gerade abgeschnitten.
Synonym: Almgren Gruppe V Serie 10, Almgren 148–149.
Datierung: ältere Römische Kaiserzeit, Stufe B (Eggers), 2. Jh. n. Chr.
Verbreitung: Norddeutschland, Polen, Dänemark.
Literatur: Almgren 1923, 64f.; Motyková-Šneidrova 1967.

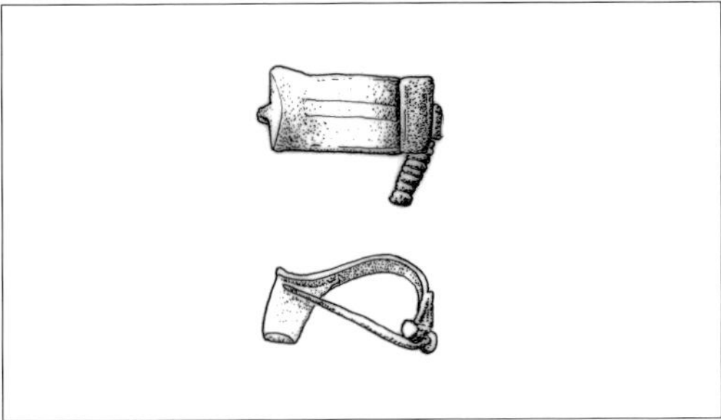

3.19.6.

3.19.7. Breite Fibel mit Deckplatte

Beschreibung: Der Bügel besteht aus einem breiten, kantenparallelen Blech. Er ist knieförmig geknickt oder S-förmig geschwungen. Am Kopfende weitet er sich zu einer Platte aus, die die Spirale abdeckt. Diese Platte besitzt an den Schmalseiten halbrunde Lappen, die nach unten umgeknickt die Enden der Spiralachse aufnehmen. Das Fußende des Bügels ist gerade abgeschnitten. In Wiederholung der Kopfplatte kann sich hier eine sprossenartige Verbreiterung befinden. Der Nadelhalter besitzt Trapezform.
Synonym: Almgren Gruppe V Serie 12, Almgren 151–155.
Datierung: ältere Römische Kaiserzeit, Stufe B (Eggers), 2. Jh. n. Chr.
Verbreitung: Nord- und Mitteldeutschland.
Relation: leiterförmiger Umriss: 3.19.2. Dreisprossenfibel.
Literatur: Almgren 1923, 66ff.; Wegewitz 1944; Geisler 1998b.
(siehe Farbtafel Seite 24)

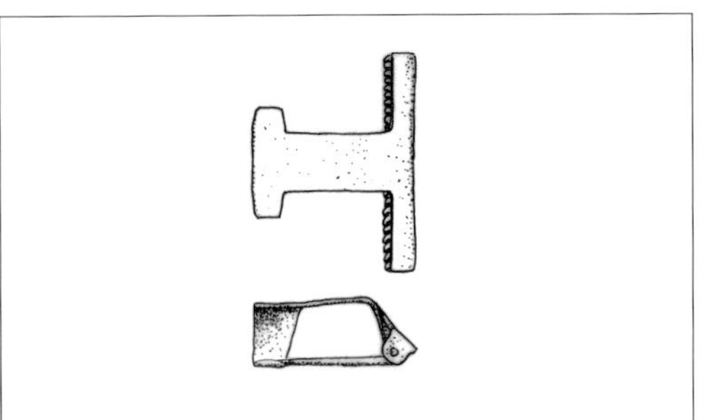

3.19.7.

3.19.8. Römische Kniefibel mit halbrunder Kopfplatte

Beschreibung: Der Bügel mit D-förmigem Querschnitt ist S-förmig geschwungen, wobei die Biegungen stark ausgeprägt sind. Der kopfseitige Bügelteil ist häufig birnenförmig verdickt. An ihn schließt sich eine halbkreisförmige Platte an. Sie ist mit einem Bogenmuster im Tremolierstich oder mit Reihen viereckiger Punzen verziert. Die Platte deckt die Spiralkonstruktion ab, die aus einer Spirale mit überwiegend unterer Sehne besteht. Der Nadelhalter ist schmal und hoch. Häufig bildet ein profilierter Knopf oder eine kammartige Verdickung den Fußabschluss.
Synonym: Kniefibel mit halbrunder Kopfplatte und längsgestelltem Nadelhalter, Almgren 246–247, Böhme 19, Jobst 13, Riha Typ 3.12.
Datierung: jüngere Römische Kaiserzeit, 2.–3. Jh. n. Chr.

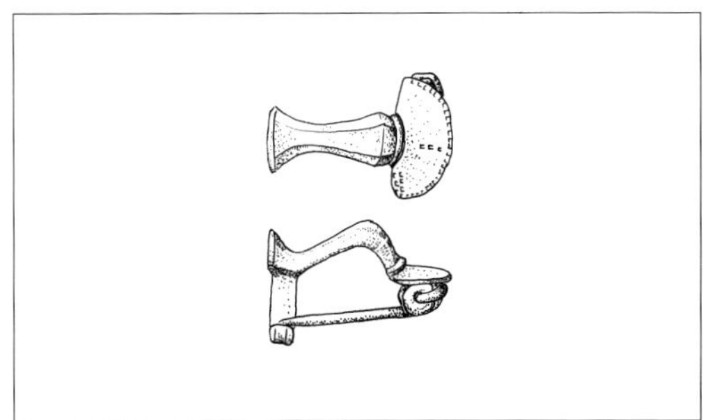

3.19.8.

Verbreitung: Süddeutschland, Schweiz, Österreich.
Relation: knieförmiger Bügelknick: 3.4.8. Kniefibel, 3.19.5. Knieförmig gebogene Fibel, 3.29.7. Kniefibel.
Literatur: A. Böhme 1972, 18ff.; Jobst 1975, 63ff.; Riha 1979, 84ff.; Riha 1994, 75f.; Böhme-Schönberger 1998b; Böhme-Schönberger 2016; Mączyńska 2016.
(siehe Farbtafel Seite 25)

3.20. Zweigliedrige Armbrustfibel mit hohem Nadelhalter

Beschreibung: Das charakteristische Merkmal der Fibel besteht in einem besonders hohen Nadelhalter, der meist schmal ist und schräg nach hinten/unten verläuft. Diese Verlängerung des Nadelhalters erfolgt auf Kosten des Bügels, der häufig verkürzt wird, in Folge dessen der Nadelhalter die Länge des Bügels erreicht oder diesen sogar übertrifft. Die Fibel ist zweigliedrig. Sie weist eine lange Spirale, eine untere Sehne sowie eine Achse auf, die in kugeligen Verdickungen enden kann.
Synonym: Almgren Gruppe VII.
Datierung: jüngere Römische Kaiserzeit, Stufe C (Eggers), 2.–3. Jh. n. Chr.
Verbreitung: West- und Norddeutschland, Skandinavien, Polen, Österreich, Tschechien.
Relation: hoher Nadelhalter: 3.14.12. Misoxer Fibel, 3.26. Scheibenfibel, 3.27.1. Tierscheibenfibel.
Literatur: Almgren 1923, 90ff.; Schuldt 1955b, 47ff.; Schulte 1998; Erdrich 1998; Kaczmarek 1998; Schulte 2011; Könemann 2018, 40–44.

3.20.1. Armbrustfibel mit hohem Nadelhalter und Fußknopf

Beschreibung: Der Bügel ist S-förmig geschwungen. Er kann am Fußansatz auch scharf geknickt sein. Der Bügel ist häufig unverziert, kann ein einfaches Dekor aus Leisten oder Riefen aufweisen oder besitzt Perldrahtumwicklungen. Am Fußende befindet sich ein kugelförmiger Knopf. Der Nadelhalter ist schmal und hoch. Er kann eine gravierte Verzierung tragen.
Synonym: Almgren Gruppe VII Serie 1, Almgren 193, 201–203, 210, 213, Böhme 37a–c.
Datierung: jüngere Römische Kaiserzeit, Stufe C (Eggers), 3. Jh. n. Chr.
Verbreitung: West- und Norddeutschland, Skandinavien, Polen, Österreich, Tschechien.
Literatur: Almgren 1923, 90ff.; Schuldt 1955b, 47ff.; A. Böhme 1972; Kaczmarek 1998, 309f.; Schulte 2011, 72ff.
(siehe Farbtafel Seite 25)

3.20.1.

3.20.2. Fibel mit hohem Nadelhalter und dickem abgeschnittenem Fußende

Beschreibung: Der Bügel verläuft in der Regel S-förmig. Er ist rundstabig oder besitzt einen D-förmigen oder dreieckigen Querschnitt. Das Fußende schließt in der Regel mit einem kammartigen Wulst ab. Der Nadelhalter ist schmal und schräg zurückgewandt, so dass die hintere Kante des Nadelhalters mit dem Fußwulst eine gerade Linie bildet. Bei einigen Fibeln ist der Nadelhalter ebenso lang wie der Bügel, und es entsteht ein dreieckiger Bügelausschnitt. Die Fibel ist zweigliedrig; die lange Spirale besitzt eine untere Sehne.

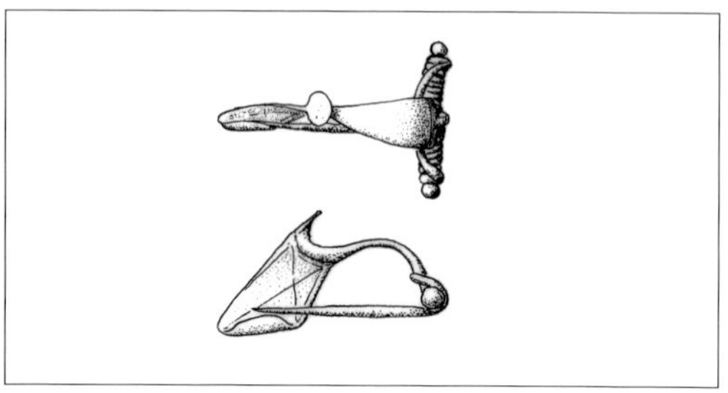

3.20.2.

Synonym: Almgren Gruppe VII Serie 2, Almgren 194–198.
Datierung: jüngere Römische Kaiserzeit, Stufe C (Eggers), 3. Jh. n. Chr.
Verbreitung: Mittel- und Norddeutschland, Polen, Tschechien, Dänemark, Norwegen.
Literatur: Almgren 1923, 93f.; Schuldt 1955b, 47ff.; B. Krüger 1986; Kaczmarek 1998, 310f.; Schulte 2011, 56ff.

3.20.3. Fibel mit hohem Nadelhalter ohne Fuß

Beschreibung: Der Bügel ist hoch gewölbt und geht direkt in den Nadelhalter über, indem sich das hintere Bügelende zu einem Blech verdünnt und sich gleichzeitig dreieckig verbreitert, um zu einem Nadelhalter umgeschlagen zu werden. Der kopfnahe Bügelteil kann bandförmig sein und trägt vielfach eine einfache Verzierung. Die Spirale ist lang und besitzt eine untere Sehne.
Synonym: Almgren Gruppe VII Serie 3, Almgren 199, 205–207, Halbkreisförmige Fibel, Böhme 37e.
Datierung: jüngere Römische Kaiserzeit, Stufe C (Eggers), 3. Jh. n. Chr.
Verbreitung: Niederlande, West- und Norddeutschland, Dänemark.
Literatur: Almgren 1923, 94; Schuldt 1955b, 47ff.; A. Böhme 1972; Kaczmarek 1998, 311f.; Schulte 2011, 139ff.

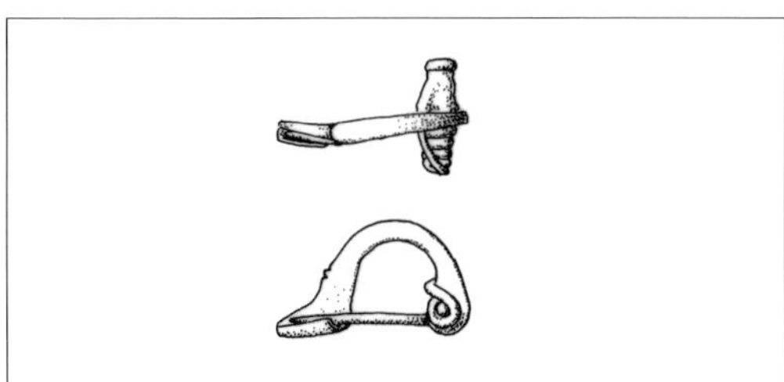

3.20.3.

3.21. Fibel mit umgeschlagenem Fuß

Beschreibung: Der Bügel ist schmal bandförmig. Er kann einen rechteckigen, runden oder trapezförmigen Querschnitt aufweisen. Der Bügel verläuft segmentförmig oder asymmetrisch knieförmig. Er biegt am Übergang zum Fuß so um, dass dieser parallel zur Nadel verläuft. Der Nadelhalter wird gebildet, indem das ausgezogene Fußende nach unten umgelegt wird, sich zu einer Nadelauflage verbreitert und abschließend, drahtförmig verjüngt, mehrfach um das untere Bügelende geschlungen wird. Die Spiralkonstruktion kommt eingliedrig mit kurzer, vierwindiger Spirale und oberer Sehne vor oder mehrgliedrig, bestehend aus langer Spirale, unterer Sehne und Spiralachse.
Synonym: Almgren Gruppe VI Serie 1, Jobst 18.
Datierung: jüngere Römische Kaiserzeit bis Völkerwanderungszeit, Stufe C–D (Eggers), 2.–5. Jh. n. Chr.
Verbreitung: Dänemark, Schweden, Deutschland, Polen, Tschechien, Slowakei, Österreich, Ungarn.
Relation: umgeschlagener Fuß: 3.22.8. Nydamfibel.
Literatur: Almgren 1923, 71ff.; Jobst 1975, 77ff.; Schuster 1996; I. Ioniţă 1998; Vakulenko 1998; J. Bemmann 1998.
(siehe Farbtafel Seite 25)

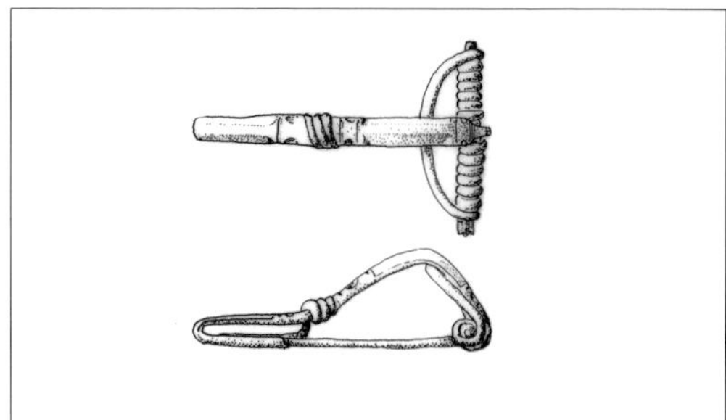

3.21.

3.22. Fibel mit festem Nadelhalter

Beschreibung: Die Fibel weist eine zweigliedrige Spiralkonstruktion mit überwiegend langer Spirale und unterer Sehne auf. Der Bügel ist halbkreisförmig gewölbt und kann durch Leisten, Randfacetten, Querrippen oder gesondert montierte Drahtklammern verziert sein. Der Fuß verläuft gerade. Er bleibt gleichmäßig breit, verbreitert sich trapezförmig oder besitzt eine rhomboide Form mit dreieckig zugespitztem Ende.

Sehr variantenreich ist der Nadelhalter. Selten ist er kurz und rechteckig; meistens nimmt er die gesamte Fußlänge ein. Dabei kann eine Längsseite des Fußes zum Nadelhalter umgeschlagen sein, es kann sich um einen rechteckigen, lappenartigen Nadelhalter handeln, der Nadelhalter kann scheidenförmig eng geschlossen sein, kästchenförmig mit geschlossenen Seiten und Ende oder röhrenförmig. Fast immer ist der Nadelhalter niedrig, nie findet sich eine Durchbruchsverzierung.

Synonym: Almgren Gruppe VI Serie 2.

Datierung: jüngere Römische Kaiserzeit bis Völkerwanderungszeit, 2.–5. Jh. n. Chr.

Verbreitung: Mitteleuropa.

Literatur: Almgren 1923, 71ff.; Genrich 1954, 7ff.; Schulze 1977; Schulze-Dörrlamm 1986; Becker 1998; Könemann 2018, 44–49.

(siehe Farbtafel Seite 26)

3.22.1. Armbrustfibel mit gleichbreitem, facettiertem Fuß

Beschreibung: Der Bügel ist halbkreisförmig aufgewölbt. Mit scharfem Knick setzt er sich gegen den flachen Fuß ab. Bügel und Fuß sind gleichmäßig breit, an den Kanten facettiert und mit Punkten oder Kreisaugen verziert. Der Nadelhalter ist kastenförmig und nimmt die gesamte Länge des Fußes ein. Die mäßig lange Spirale besitzt sechs bis zwölf Windungen und eine Spiralachse, die mit rundlichen oder polyedrischen Knöpfen abschließen kann.

Datierung: jüngere Römische Kaiserzeit, Stufe C (Eggers), 4. Jh. n. Chr.

Verbreitung: Nord- und Westdeutschland, Niederlande, Belgien, Nordfrankreich.

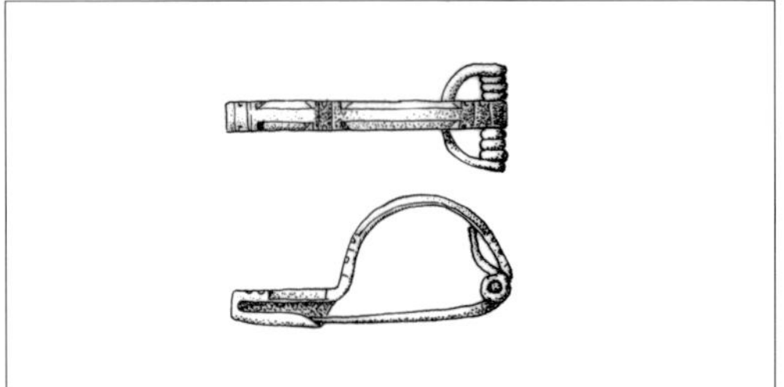

3.22.1.

Relation: Fibelduktus: 3.23.1. Stützarmfibel mit gleichbreitem, bandförmigem Fuß.

Literatur: Genrich 1954; H. W. Böhme 1974, 7f.

3.22.2. Elbefibel

Beschreibung: Der schmale, etwa halbkreisförmig gebogene Bügel besitzt einen ovalen oder D-förmigen Querschnitt. Die zweigliedrige Spiralkonstruktion besteht aus einer langen Spirale, einer unteren Sehne und einer Achse. Der Fuß ist gerade. Er verbreitert sich, schließt aber mit einer dreieckigen Spitze ab. Der Nadelhalter ist rechteckig.

Synonym: Riha Typ 3.9.

Datierung: jüngere Römische Kaiserzeit, Stufe C (Eggers), 3.–4. Jh. n. Chr.

Verbreitung: Nord- und Mitteldeutschland, Tschechien.

Relation: dreieckiger Fußabschluss: 3.22.5. Fibel mit dreieckiger Kopfplatte und gegabeltem Bügel, 3.22.12. Wiesbadener Fibel.

Literatur: Thomas 1967; A. Böhme 1972; Riha 1979, 83.

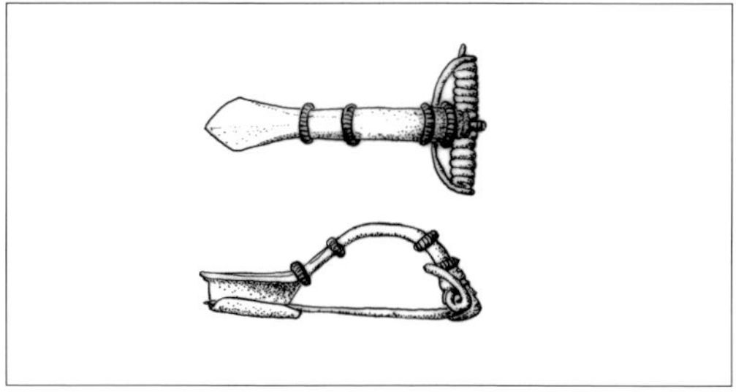

3.22.2.

3.22.3. Fibel mit nierenförmig durchbrochener Kopfplatte

Beschreibung: Der halbkreisförmig geführte schmale Bügel ist in Längsrichtung mit schmalen, teils geperlten Leisten verziert. Am Kopfende befindet sich eine herzförmige Platte, die in einem kleinen Fortsatz endet. Die Platte ist mit zwei nebeneinander angeordneten, nierenförmigen Durchbrechungen versehen. Die kurze Spirale besitzt eine untere Sehne. Den schmalen Fuß

nimmt ein röhrenförmiger Nadelhalter ein. Er ist unverziert.
Synonym: Böhme 22, Riha Typ 3.13.
Datierung: jüngere Römische Kaiserzeit, 2.–3. Jh. n. Chr.
Verbreitung: Westdeutschland, Schweiz, Österreich.
Literatur: A. Böhme 1972, 22f.; Riha 1979, 86.

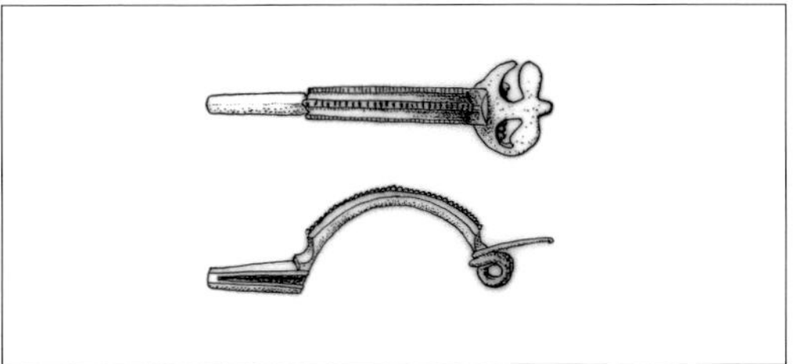

3.22.3.

3.22.4. Fibel mit peltaförmiger Kopfplatte

Beschreibung: Der im Querschnitt dreieckige Bügel ist hoch aufgewölbt und besitzt einen etwa halbkreisförmigen Verlauf. Er ist mit zwei oder drei Querwülsten versehen. Am Kopfende sitzt eine kreisförmige Platte mit zwei Randausschnitten und einem kurzen Mittelfortsatz. Sie deckt eine Spirale mit unterer Sehne ab. Der Fuß ist spatelförmig. Er besitzt einen niedrigen, dachförmigen Querschnitt und ein abgerundetes Ende.
Synonym: Almgren 188, Spiralfibel mit peltaförmiger Kopfplatte und schwach dachförmigem Fuß mit gerundetem Ende, Böhme 23, Jobst 14.
Datierung: Römische Kaiserzeit, 2.–3. Jh. n. Chr.
Verbreitung: Westdeutschland.
Relation: peltaförmige Fibelzier: 3.26.10. Peltafibel, 4.1.2.7. Peltafibel.

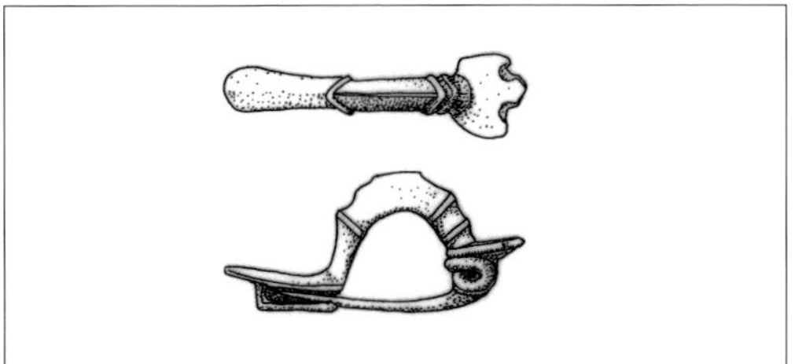

3.22.4.

Literatur: A. Böhme 1972, 23; Jobst 1975, 68ff.; Böhme-Schönberger 1998b.

3.22.5. Fibel mit dreieckiger Kopfplatte und gegabeltem Bügel

Beschreibung: Die kurze Spirale ist von einer dreieckigen Kopfplatte abgedeckt, die mit einem kleinen Knopf abschließt. Zwei oder drei im Querschnitt schmal rechteckige Bügelarme setzen an der Kopfplatte an und vereinen sich an einer kleinen, häufig gezackten Platte am Bügelansatz. Der Fuß ist spatelförmig. Er besitzt einen flach dachförmigen Querschnitt und ein dreieckig zugespitztes Ende. Auf Fuß und Kopfplatte kommt eine einfache Kreisaugenverzierung vor.
Synonym: Spiralfibel mit dreieckiger Kopfplatte, gegabeltem Bügel und scheidenförmigem oder dachförmigem Fuß, Spiralfibel mit Gabelbügel, Böhme 27, Jobst 16.
Datierung: jüngere Römische Kaiserzeit, 2.–3. Jh. n. Chr.
Verbreitung: Westdeutschland, Schweiz.
Relation: gegabelter Bügel: 3.29.6. Hülsenspiralfibel mit gegabeltem Bügel; dreieckiger Fußabschluss: 3.22.2. Elbefibel, 3.22.12. Wiesbadener Fibel.
Literatur: A. Böhme 1972, 25f.; Jobst 1975, 73ff.

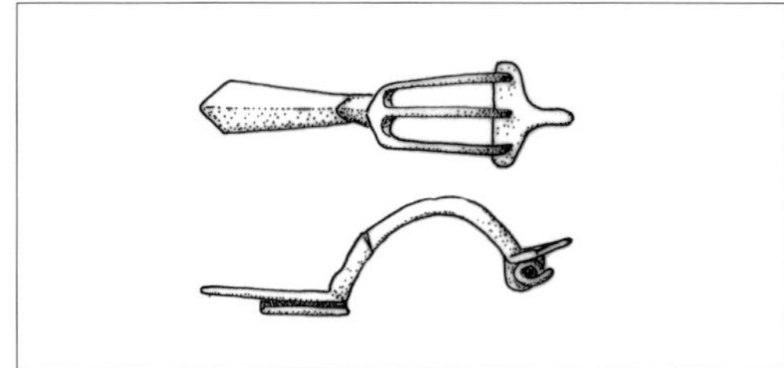

3.22.5.

3.22.6. Bügelknopffibel

Beschreibung: Der Bügel besitzt einen dreieckigen, trapezförmigen oder sechseckigen Querschnitt. Er ist halbkreisförmig gewölbt und kann mit Punkreihen oder Querrippen verziert sein. Am Kopfende ist ein Knopf montiert. Er ist rundlich oder polyedrisch. Die kurze Spirale mit unterer

Sehne ist an einer Achse befestigt, deren Endknöpfe die gleiche Form aufweisen wie der Bügelknopf. Der Fuß besitzt gleichbleibende Breite. Er kann mit Facetten oder Querrillen verziert sein. Der Nadelhalter nimmt die ganze Länge des Fußes ein und besitzt Kastenform oder weist eine kurze lappenartige Ausprägung auf.
Synonym: Riha Typ 3.11.
Datierung: jüngere Römische Kaiserzeit, 3.–4. Jh. n. Chr.
Verbreitung: Mittel- und Nordeuropa.
Relation: Duktus, profilierte Endknöpfe: 4.4.4. Zwiebelknopffibel; Bügelknopf: 3.22.8. Nydamfibel, 4.4.2. Armbrustscharnierfibel, 4.4.3. Fibel mit zweimal rechtwinklig geknicktem Bügel, 4.4.4. Zwiebelknopffibel.
Literatur: E. Meyer 1960; A. Böhme 1972; Riha 1979, 84; Riha 1994, 75; Voß 1998.

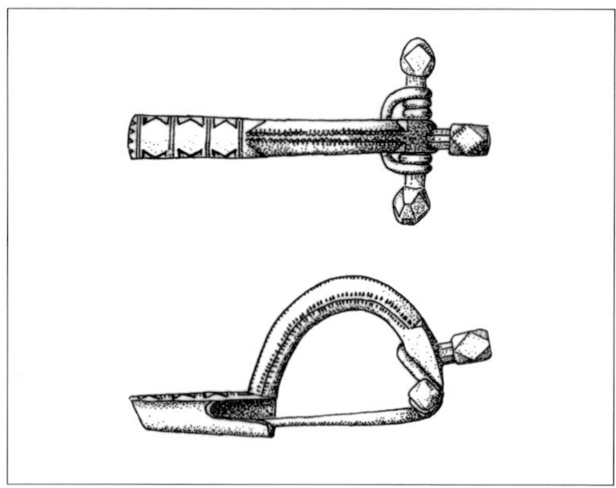

3.22.6.

3.22.7. Armbrustfibel mit Trapezfuß

Beschreibung: Die mäßig lange bis lange Spirale weist bis zu sechzehn Windungen auf. Die Spiralachse kann in rundlichen oder polyedrischen Knöpfen enden. Der Bügel verläuft halbkreisförmig aufgewölbt. Er ist an den Kanten facettiert und kann Längsrillen aufweisen. Der Fuß verbreitert sich zu einer teils ausladenden Trapezform, wobei die Seiten leicht einschwingen. Er kann mit Facetten und Querrillen dekoriert sein.
Datierung: jüngere Römische Kaiserzeit, Stufe C (Eggers), 4. Jh. n. Chr.
Verbreitung: Nord- und Westdeutschland, Niederlande, Belgien, Nordfrankreich.
Relation: trapezförmiger Fuß: 3.18.3. Kräftig profilierte Fibel mit trapezförmigem Fuß, 3.23.2. Stützarmfibel mit Trapezfuß, 3.29.5.Hülsenspiralfibel mit trapezförmigem Fuß.
Literatur: H. W. Böhme 1974, 8ff.

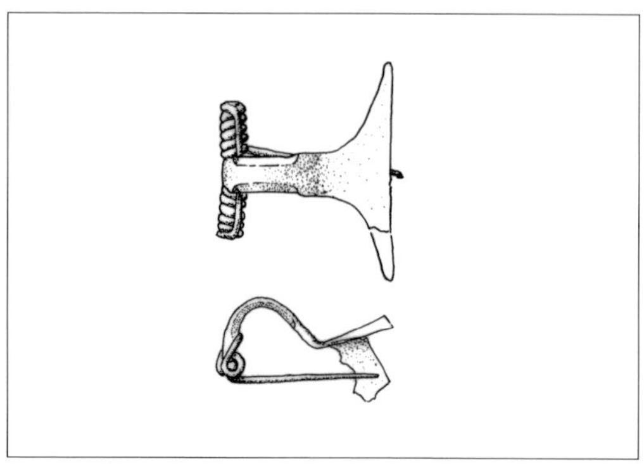

3.22.7.

3.22.8. Nydamfibel

Beschreibung: Bügel und Fuß sind etwa gleich lang und bandförmig oder besitzen einen dreieckigen bis D-förmigen Querschnitt. Der Fuß ist gerade. Der Nadelhalter schließt entweder in Form eines umgeschlagenen Fußes an oder ist auf die gesamte Länge des Fußes seitlich umgefaltet. Der Bügel verläuft halbkreisförmig und ist hoch. Er kann in Längsrichtung gerillt sein. Häufig wird ein tordierter oder gerippter Draht als Mittelleiste aufgenietet. Am Kopfende schließt der Bügel mit einem Knopf ab. Die kurze Spirale mit nur vier oder acht Windungen besitzt eine untere Sehne und eine Achse, die mit Endknöpfen ausgestattet ist.
Datierung: jüngere Römische Kaiserzeit bis Völkerwanderungszeit, Stufe C–D (Eggers), 3.–4. Jh. n. Chr.
Verbreitung: Dänemark, Schweden, Norwegen, Norddeutschland.
Relation: Fibelduktus: 3.4. Bogenfibel, 3.14. Fibel vom Spätlatèneschema; Bügelknopf: 3.22.6. Bügelknopffibel, 4.4.2. Armbrustscharnierfibel, 4.4.3. Fibel mit zweimal rechtwinklig geknicktem

Bügel, 4.4.4. Zwiebelknopffibel; umgeschlagener Fuß: 3.21. Fibel mit umgeschlagenem Fuß.
Literatur: Genrich 1954; Schuldt 1955b; Schach-Dörges 1970; Reichstein 1975; J. Bemmann 1993.

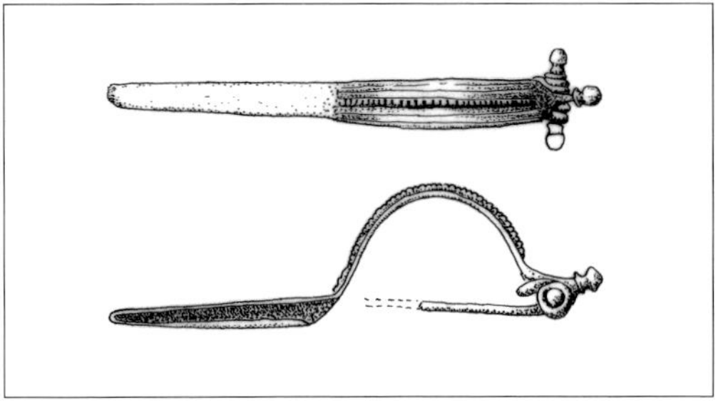

3.22.8.

3.22.9. Kreuzförmige Fibel

Beschreibung: Am Kopfende des hoch aufgewölbten Bügels befindet sich eine rechteckige Platte, die eine kurze Spirale mit unterer Sehne abdeckt. Große, kräftige, zwiebelförmig profilierte Knöpfe befinden sich an den Enden der Spiralachse bzw. an den Seiten der Kopfplatte. Sie bilden zusammen mit einem dritten, am Abschluss der Kopfplatte sitzenden Knopf und dem Bügel ein Kreuz. Der Fuß ist lang ausgezogen. Er nimmt häufig die Form eines stilisierten Tierkopfs mit breiter, halbrunder Schnauze und kugelförmigen Augen an, kann aber auch trapezförmig sein oder parallele Kanten aufweisen. Der niedrige Nadelhalter erstreckt sich über die gesamte Länge des Fußes.

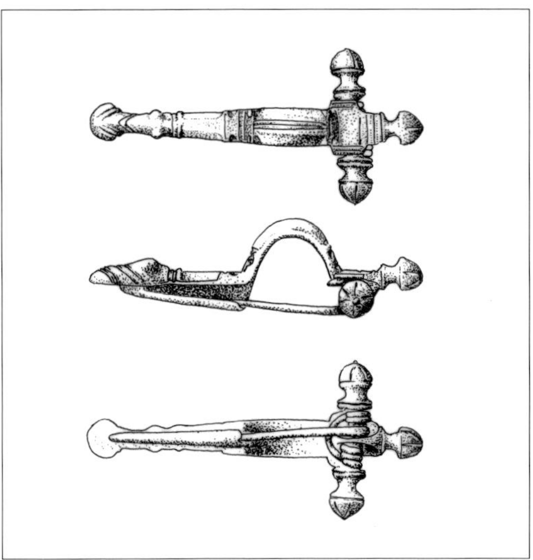

3.22.9.

Datierung: Völkerwanderungszeit, 5. Jh. n. Chr.
Verbreitung: Skandinavien, Großbritannien, Norddeutschland.
Relation: tierkopfförmiges Fußende: 3.24. Bügelfibel; Kopfplatte mit drei Zierknöpfen: 3.24.1.1. Dreiknopffibel, 3.24.2.1. Dreiknopffibel, 3.24.3.1. Dreiknopffibel.
Literatur: Schuldt 1955a; Reichstein 1975; Häßler 2002.

3.22.10. Schildfibel

Beschreibung: Die Grundbestandteile der Fibel bestehen in einem halbkreisförmig gebogenen, bandförmigen Bügel und einem geraden Fuß mit einem kurzen, rechteckigen Nadelhalter. Die Spirale ist lang und besitzt eine untere Sehne und eine Achse mit Endknöpfen. Bei einigen Stücken tritt eine weitere Spirale auf, die keine technische Verbesserung bewirkt. An bis zu drei Stellen treten große, schildartige Zierscheiben auf, die mit Blechen oder Glaseinlagen versehen sind. Mögliche Orte für die Zierscheibe sind der Bügelscheitel, wo eine viereckige oder kreisförmige Scheibe aufgenietet sein kann, der Fibelfuß, der einen kreisförmigen Umriss aufweist oder mit einer großen Scheibe endet, sowie eine Kopfplatte, die einen halbkreisförmigen oder rechteckigen Umriss besitzt und die Spirale abdeckt.
Synonym: Riha Typ 3.6.
Datierung: jüngere Römische Kaiserzeit, Stufe C (Eggers), 3.–4. Jh. n. Chr.
Verbreitung: Norddeutschland, Polen, Skandinavien.
Relation: große runde Bügelscheibe: 3.11.4. Bügelplattenfibel, 3.29.3. Distelfibel, 4.1.1. Plattenfibel, 4.3.6. Scharnierfibel mit scheibenförmigem Bügel; rechteckige Kopfplatte: 3.19.7. Breite Fibel mit Deckplatte, 3.24.7. Fibel mit rechteckiger Kopfplatte, 3.24.8. Einfache Bügelfibel mit gelochter Kopfplatte, 3.24.9. Bügelfibel vom nordischen Typ.

Literatur: Schuldt 1955b, 57f.; Riha 1979, 81f.; v. Carnap-Bornheim 2000; Haberstroh 2000/01; Riese 2004.

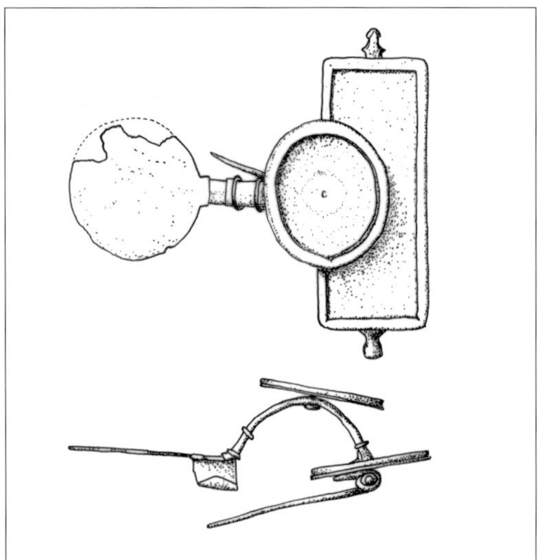

3.22.10.

3.22.11. Niemberger Fibel

Beschreibung: Der bandförmige Blechbügel ist flach gewölbt. Er kann einen C-förmigen Querschnitt aufweisen, ist am Kopfende am breitesten und nimmt zum Fußende hin kontinuierlich ab. Am Kopfende schließt sich ein schmaler eingerollter Haken an, in den die lange Fibelspirale mit einer unteren Sehne eingehängt ist. Der Bügel kann eine einfache, häufig randbegleitende Verzierung besitzen. Der Fuß ist facettiert oder quer- bzw. schräggerillt, der Nadelhalter flach und tütenförmig.
Synonym: Riha Typ 3.10.
Datierung: Völkerwanderungszeit, Stufe D (Eggers), 4.–5. Jh. n. Chr.

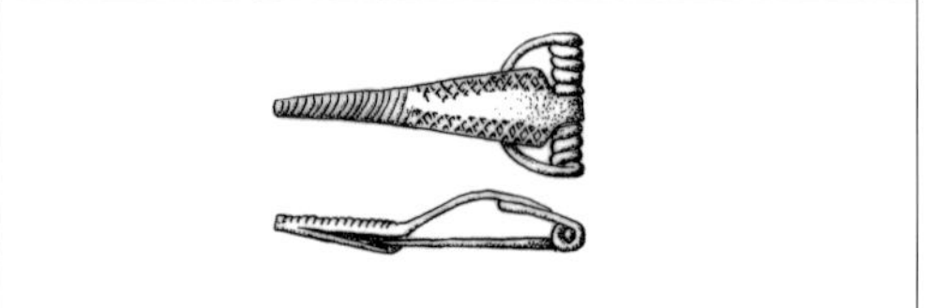

3.22.11.

Verbreitung: Mitteldeutschland.
Literatur: Schmidt 1970; Riha 1979, 83f.; Riha 1994, 74f.; J. Bemmann 2001.
(siehe Farbtafel Seite 26)

3.22.12. Wiesbadener Fibel

Beschreibung: Der Fibelbügel ist hoch aufgewölbt und besitzt einen C-förmigen Querschnitt. Er ist mit querlaufenden Rippengruppen oder mit Zierdraht versehen. Der gerade Fuß weist einen rhombischen Umriss auf. Es kommen auch herzförmige Fibelabschlüsse vor. In der Regel ist der Fuß mit einer Punzverzierung versehen, die randbegleitend verläuft oder die ganze Zierfläche umfasst. Der Nadelhalter ist rechteckig und kurz. Die lange Fibelspirale ist in eine Öse am Kopfende des Bügels eingehängt. Sie besitzt eine Achse, die mit Endknöpfen versehen sein kann, und weist eine untere Sehne auf.
Synonym: Fibel Typ Wiesbaden.
Datierung: Völkerwanderungszeit, 4.–5. Jh. n. Chr.
Verbreitung: Deutschland.
Relation: dreieckiger Fußabschluss: 3.22.2. Elbefibel, 3.22.5. Fibel mit dreieckiger Kopfplatte und gegabeltem Bügel.
Literatur: Werner 1981; Best 1990, 101f.; Schöneburg 1996.

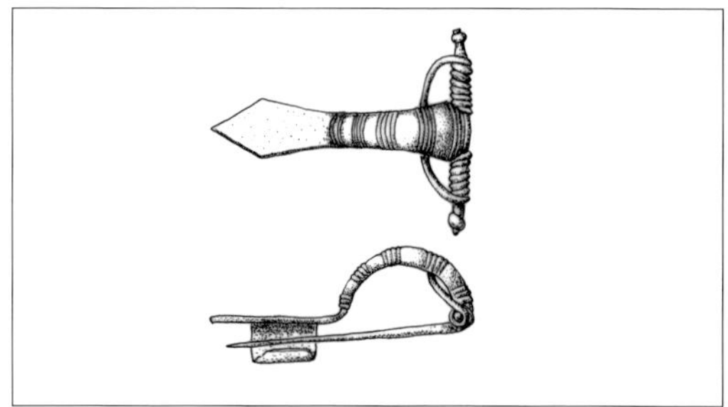

3.22.12.

3.22.13. Schnabelfibel

Beschreibung: Die Fibel stellt eine Weiterentwicklung der Fibeln mit festem Nadelhalter dar. Wesentliche Funktionselemente erscheinen nun als typologisches Rudiment ohne mechanische

Funktion. Die ehemals lange Spirale ist durch eine Querleiste mit Endknöpfen wiedergegeben; statt einer unteren Sehne erscheinen hakenförmige Stege, die beiderseits den Bügel mit den Enden der Querleiste verbinden und abgerundet dreieckige oder kreisförmige Löcher umschließen. In der Mitte der Querleiste befindet sich ein halbkugelförmiger oder dreieckiger Knopf. Die eigentliche Fibelspirale befindet sich unter der Imitation als kleine mehrgliedrige Konstruktion. Der Bügel ist bandförmig bis oval. Es schließt sich ein kurzer, leicht trapezförmiger Fuß an. Bei einigen Stücken befinden sich Querleisten auf dem Bügel oder am Fußansatz. Die Sichtflächen der Fibel sind mit Kreisaugen oder Punzreihen verziert.
Synonym: Krötenfibel.
Datierung: Völkerwanderungszeit bis Merowingerzeit, 5.–7. Jh. n. Chr.
Verbreitung: Mitteldeutschland.
Literatur: Fahr/Sopp 2009, 20–21.

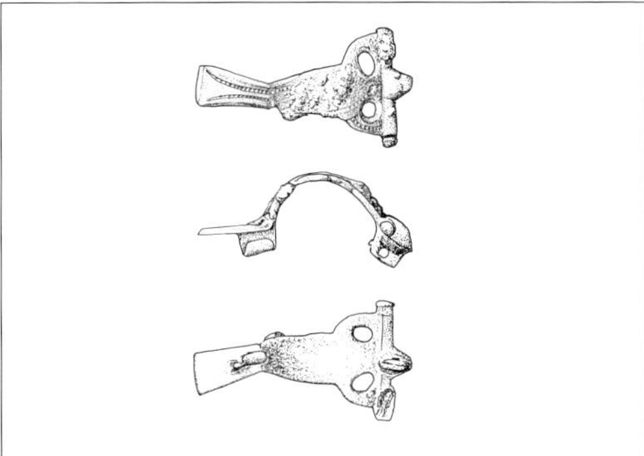

3.22.13.

3.23. Stützarmfibel

Beschreibung: Eine kräftige Querstrebe am Kopfende des Bügels dient zur Stütze der langen Spirale. Die Enden der Querstrebe sind nach unten umgeknickt und dienen ausschließlich oder mit einem dritten, in der Fibelmitte sitzenden Achshalter zur Aufhängung der Spiralachse. Die Achsenden können kleine Zierknöpfe aufweisen. Stützarme, Bügel und Fuß sind in der Regel durch Kantenfacetten, Hohlkehlen, Längs- und Querrillen verziert.
Datierung: Völkerwanderungszeit, Stufe D (Eggers), 4.–5. Jh. n. Chr.
Verbreitung: Norddeutschland, Niederlande, Belgien, Nordfrankreich, Ostengland.
Relation: Achshalter: 3.19.7. Breite Fibel mit Deckplatte.
Literatur: H. W. Böhme 1974, 10ff.

3.23.1. Stützarmfibel mit gleichbreitem, bandförmigem Fuß

Beschreibung: Der Kopfbereich ist durch die Stützarme beiderseits des Bügels T-förmig gestaltet. An den Enden der Stützarme befinden sich senkrechte Lappen, die, durchlocht, die Achsenden der Spirale fassen. Ein zusätzlicher Achsträger kann auf Höhe des Bügels auftreten. Der Bügel ist halbkreisförmig aufgewölbt. Der kurze gerade Fuß, der Bügel und die Stützarme können facettiert sein und Quer- oder Längsriefe tragen.
Datierung: Völkerwanderungszeit, Stufe D (Eggers), 4.–5. Jh. n. Chr.
Verbreitung: Norddeutschland, Niederlande, Ostengland.
Relation: Fibelduktus: 3.22.1. Armbrustfibel mit gleichbreitem, facettiertem Fuß.
Literatur: H. W. Böhme 1974, 10ff., 51f.; H. W. Böhme 1986; Häßler 2002.

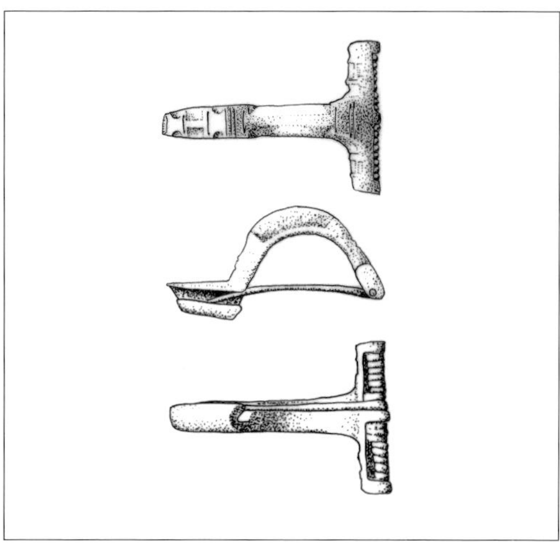

3.23.1.

3.23.2. Stützarmfibel mit Trapezfuß

Beschreibung: Die lange Spirale wird durch einen Stützarm stabilisiert, der an den Enden und auf Bügelhöhe Achsträger besitzt und die Spiralachse arretiert. Der Stützarm kann Facettierungen und Querriefen aufweisen. Der hochgewölbte Bügel ist bandförmig und zeigt Facetten sowie Quer- und Längsriefen. Facetten und Riefen treten auch auf dem Fuß auf, der sich trapezförmig bis auf Achslänge verbreitert.
Datierung: Völkerwanderungszeit, Stufe D (Eggers), 4. Jh. n. Chr.
Verbreitung: Norddeutschland, Niederlande, Belgien, Nordfrankreich.
Relation: trapezförmiger Fuß: 3.18.3. Kräftig profilierte Fibel mit trapezförmigem Fuß, 3.22.7. Armbrustfibel mit Trapezfuß, 3.29.5. Hülsenspiralfibel mit trapezförmigem Fuß.
Literatur: H. W. Böhme 1974, 10ff.; H. W. Böhme 1986.

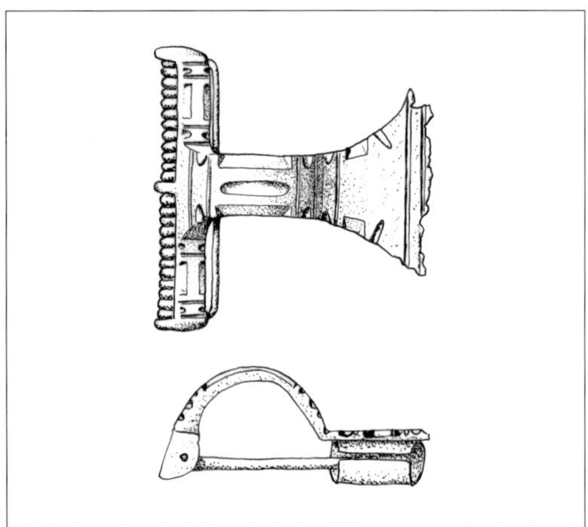

3.23.2.

3.23.3. Gleicharmige Kerbschnittfibel

Beschreibung: An beiden Enden des breiten, bandförmigen Bügels befindet sich je eine dreieckige Platte mit breiter Grundseite. Die gesamte Sichtfläche der Fibel ist mit Kerbschnitt verziert. Die Mittelteile der Platten sowie der Bügel sind mit Spiralranken bedeckt. An den Innenseiten der Platten kauern kleine Tiere. Die Außenseiten zeigen eine Leiste oder ein Eierstabmotiv, seltener ebenfalls kauernde Tierfiguren. An zwei Achsträgern unter der Kopfplatte ist eine lange Spirale aufgehängt.
Datierung: Völkerwanderungszeit, Stufe D (Eggers), 4.–5. Jh. n. Chr.
Verbreitung: Nordwestdeutschland, Ostengland.
Relation: Gleicharmigkeit: 3.24.6. Gleicharmige Bügelfibel, 3.28.1.1. Doppeltierkopffibel, 4.1.1.1. Tinsdahler Fibel, 4.1.2.8. Fibel Typ Domburg, 4.2.2. Gleichseitige Fibel; Randtiere: [Schnalle] 5.1.4.2. Schnalle Typ Trier-Samson. 7.6.2. Schnalle mit großem Beschlag; [Riemenzunge] 7.1.4. Lanzettförmige Riemenzunge mit Kerbschnittverzierung.
Literatur: H. W. Böhme 1974, 14ff.; H. W. Böhme 1986; Häßler 2002.

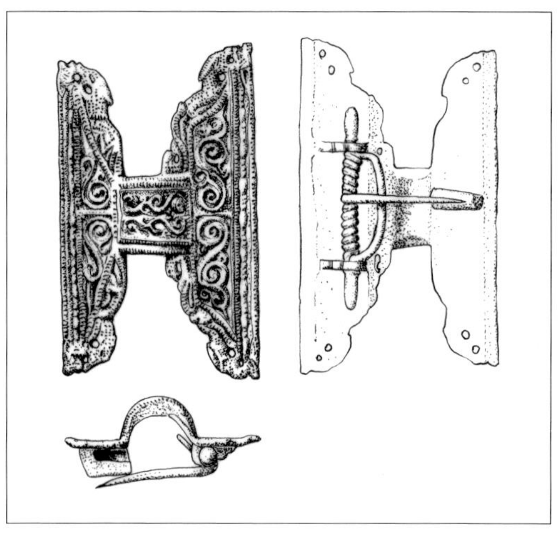

3.23.3.

3.24. Bügelfibel

Beschreibung: Ein zumeist breiter Bügel mit einem C- oder V-förmigen Querschnitt verbindet Kopf- und Fußplatte. Die Kopfplatte weist einen dreieckigen bis halbkreisförmigen oder einen viereckigen Umriss auf. Selten kommen auch andere Formen vor, die dann in der Regel durch Randausschnitte einen komplexen Umriss aufweisen. Den Rand der Kopfplatte zieren mehrere Knöpfe. Unter typologischem Gesichtspunkt bilden diese Knöpfe den Abschluss von einer oder zwei Spiralachsen; sie haben sich allerdings als ein Rudiment zu einer

reinen Verzierung weiterentwickelt und sitzen in gleichmäßigen Abständen am Rand der Kopfplatte. Es befindet sich in der Regel ein Knopf am Fibelende in der Hauptachse der Fibel, so dass sich eine ungerade Anzahl von Knöpfen ergibt: 3, 5, 7 oder 9. Eine gerade Anzahl kommt vor, ist aber selten. Unter der Kopfplatte befindet sich eine mehrgliedrige Spiralkonstruktion, bei der ein oder zwei Spiralachsen an zwei endständigen oder einem mittleren Achshalter befestigt sind. Die Fußplatte ist lang gezogen. Sie besitzt parallele Seiten, ist oval oder rhombisch. Häufig endet der Fuß in dem plastischen Kopf eines Raub- oder Fabeltieres. Seltener sitzen Pferde oder Fabelwesen auch beiderseits des Bügelansatzes. Auf der Rückseite der Fußplatte befindet sich ein kurzer rechteckiger Nadelhalter. Kopfplatte, Bügel und Fußplatte sind reichhaltig verziert. Dabei werden überwiegend Kerbschnitt, Punzreihen, Niello oder einzelne gefasste Schmucksteine verwendet.
Datierung: Merowingerzeit, 5.–7. Jh. n. Chr.
Verbreitung: Mittel- und Westeuropa.
Relation: tierkopfförmiges Fußende: 3.22.9. Kreuzförmige Fibel.
Literatur: Salin 1904; Kühn 1940; Kühn 1974; Kühn 1981; A. Koch 1998.

3.24.1. Bügelfibel mit gleichbreitem Fuß

Beschreibung: Die Fibel besitzt in der Regel eine halbkreisförmige Kopfplatte; seltener kommt auch eine Dreiecksform vor. Am Rand sitzen mehrere Knöpfe gleichmäßig verteilt. Die Fläche der Platte ist mit Kerbschnitt, Punzmustern oder Einlagen verziert. Bügel und Fuß sind gleichbreit. Der Bügel ist nur schwach aufgewölbt und trägt eine längs oder quer verlaufende Verzierung. Der Fuß besitzt parallele Kanten oder kann sich zum Ende hin leicht trapezförmig verbreitern. Das Fußende ist entweder gerade abgeschnitten, besitzt eine Schwalbenschwanzform oder zeigt einen plastischen Tierkopf. Die Verzierung der Fußplatte nimmt häufig in Muster und Technik den Dekor der Kopfplatte in kantenparalleler Abwandlung wieder auf. Dabei werden meistens die beiden Seitenstreifen durch Zierfelder betont.
Synonym: Bügelfibel mit halbrunder bis dreieckiger Kopfplatte und gleichbreitem bis trapezoidem Fuß, Koch Gruppe I.
Datierung: ältere Merowingerzeit, 5.–6. Jh. n. Chr.
Verbreitung: Mittel- und Westeuropa.
Literatur: Schmidt 1976; A. Koch 1998.

3.24.1.1. Dreiknopffibel

Beschreibung: Die Ausprägung der Fibel ist vielgestaltig. Die Kopfplatte ist dreieckig oder halbkreisförmig. Sie kann ein Kerbschnitt- oder Punzmuster tragen, ist häufig aber nur spärlich verziert. Der Bügel weist einen C-förmigen Querschnitt auf. Vielfach ist er mit einer längs- oder querlaufenden Rillung oder leichten Rippung versehen. Die Fußplatte weist die gleiche Breite wie der Bügel auf. Sie kann sich zum Fußende leicht verbreitern. Dann findet sich vielfach ein schwalbenschwanzförmig eingeschnittenes Ende. Ist der Fuß gleich-

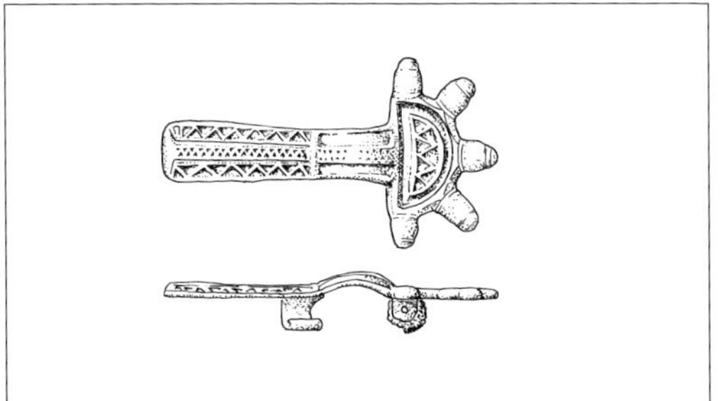

3.24.1.

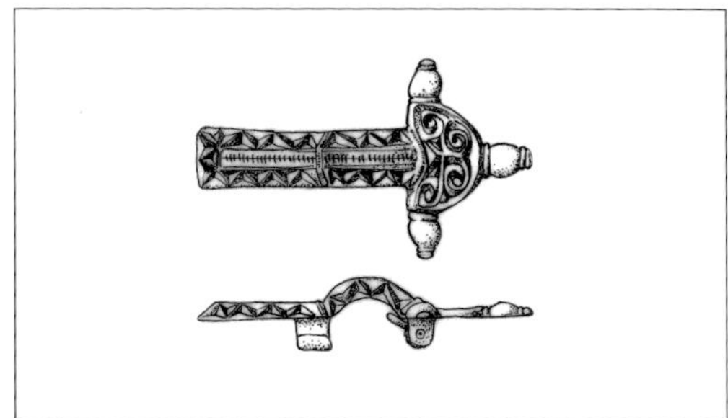

3.24.1.1.

mäßig breit, endet er gerade abgeschnitten oder in einem stilisierten Tierkopf.
Datierung: ältere Merowingerzeit, 5.–6. Jh. n. Chr.
Verbreitung: Mittel- und Westeuropa.
Relation: Kopfplatte mit drei Zierknöpfen: 3.22.9. Kreuzförmige Fibel, 3.24.2.1. Dreiknopffibel, 3.24.3.1. Dreiknopffibel.
Literatur: A. Koch 1998; U. Koch 2001.

3.24.1.2. Fünfknopffibel

Beschreibung: Die Kopfplatte erhält durch eine präzise Halbkreisform und fünf in gleichmäßigem Abstand angeordnete Zierknöpfe eine besondere Harmonie. Das Mittelfeld ist mit Kerbschnitt verziert. Häufig bildet der flache Bügel zusammen mit der gleichbreiten, rechteckigen Fußplatte eine optische Einheit, die durch durchgehende Zierbänder verstärkt wird.
Datierung: ältere Merowingerzeit, 5.–6. Jh. n. Chr.
Verbreitung: Mittel- und Westeuropa.
Relation: Kopfplatte mit fünf Zierknöpfen: 3.24.2.2. Fünfknopffibel, 3.24.3.2. Fünfknopffibel.
Literatur: A. Koch 1998; Brieske 2001.
(siehe Farbtafel Seite 26)

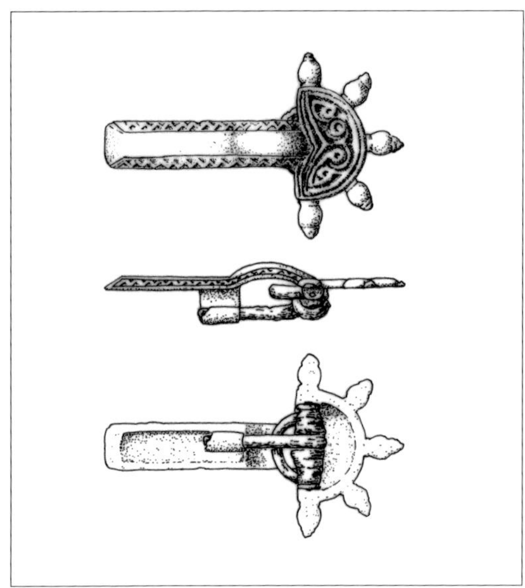

3.24.1.2.

3.24.1.3. Siebenknopffibel

Beschreibung: Die Fibel tritt durch die reichhaltige Ausgestaltung hervor. Dies betrifft neben der Auswahl des Materials, unter dem Edelmetall häufig ist, die dichte Folge von Knöpfen auf der halbkreisförmigen Kopfplatte ebenso wie die reiche Verzierung von Kopfplatte, Bügel und Fußplatte. Es dominiert eine Kerbschnittverzierung, wobei die Muster in der Regel zwischen den einzelnen Abschnitten wechseln. Vielfach ergänzen aufgesetzte Schmucksteine das Dekor.
Datierung: ältere Merowingerzeit, 6. Jh. n. Chr.
Verbreitung: Mittel- und Westeuropa.
Relation: Kopfplatte mit sieben Zierknöpfen: 3.24.2.3. Siebenknopffibel.
Literatur: Roth/Theune 1995; A. Koch 1998.

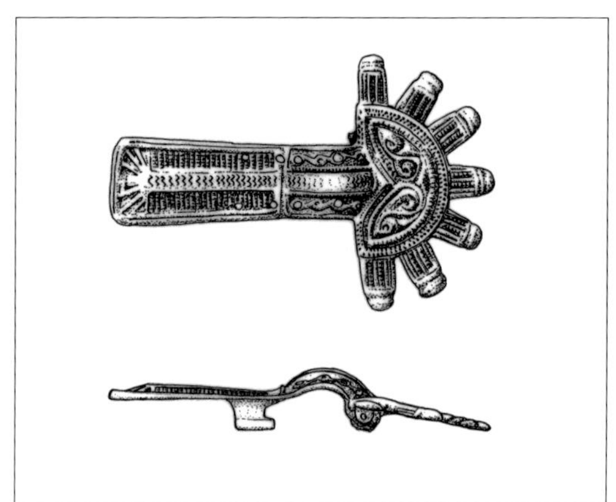

3.24.1.3.

3.24.2. Bügelfibel mit ovaler Fußplatte

Beschreibung: Die Fibel zeichnet sich durch eine ovale Fußplatte aus, die immer mit einem plastischen Tierkopf endet. Das Mittelfeld zeigt häufig ein Muster aus symmetrisch angeordneten Spiralen, ein Mäandermuster oder geschlungene Bänder in Kerbschnitttechnik. Der Bügel ist breit und bandförmig oder an den Übergängen zu Kopf- und Fußplatte etwas ausgestellt. Die halbkreisförmige Kopfplatte weist häufig ein mit dem Ziermuster der Fußplatte korrespondierendes Dekor auf. Mehrere gleichmäßig verteilte Zierknöpfe betonen die Randkontur.

Synonym: Bügelfibel mit halbrunder Kopfplatte und ovaler Fußplatte, Koch Gruppe IV.
Datierung: ältere Merowingerzeit, 5.–6. Jh. n. Chr.
Verbreitung: Mittel- und Westeuropa.
Literatur: A. Koch 1998.

3.24.2.1. Dreiknopffibel

Beschreibung: Die Kopfplatte ist dreieckig oder halbkreisförmig und mit drei Knöpfen akzentuiert. Die ovale Fußplatte endet in einem Tierkopf. Beide Zierflächen tragen häufig einen Kerbschnitt, der sich aufeinander beziehen kann, ohne identisch zu sein. Der Bügel ist vielfach schlicht und zeigt eine einfache Längsrillung.
Datierung: ältere Merowingerzeit, 5.–6. Jh. n. Chr.
Verbreitung: Mittel- und Westeuropa.
Relation: Kopfplatte mit drei Zierknöpfen: 3.22.9. Kreuzförmige Fibel, 3.24.1.1. Dreiknopffibel, 3.24.3.1. Dreiknopffibel.
Literatur: Schmidt 1976; A. Koch 1998.

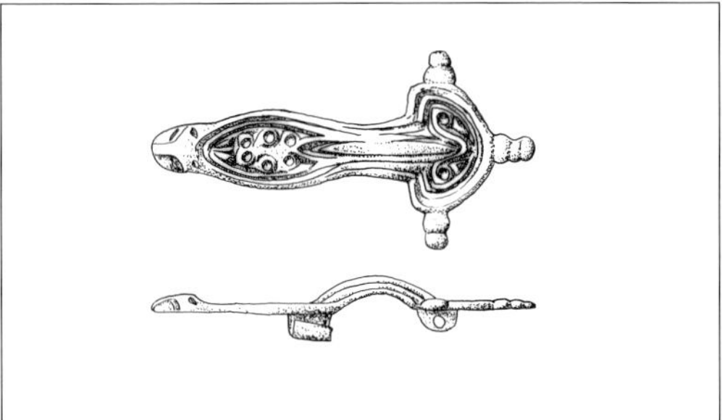

3.24.2.1.

3.24.2.2. Fünfknopffibel

Beschreibung: In gleichmäßigen Abständen befinden sich fünf Knöpfe am Rand der halbkreisförmigen Kopfplatte. Der breite Bügel stellt die Verbindung zur ovalen Fußplatte her. Kopf- und Fußplatte sind in der Regel mit einfachem Kerbschnitt verziert. Durch randparallele Linien werden die Konturen betont. Die Fußplatte endet in einem stilisierten Tierkopf.
Datierung: ältere Merowingerzeit, 5.–6. Jh. n. Chr.
Verbreitung: Mittel- und Westeuropa.

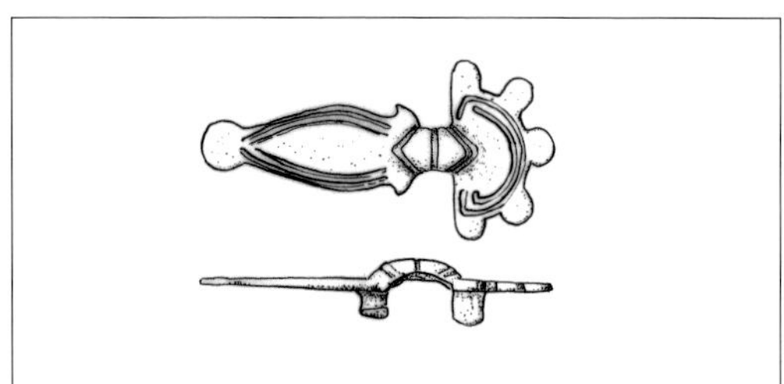

3.24.2.2.

Relation: Kopfplatte mit fünf Zierknöpfen: 3.24.1.2. Fünfknopffibel, 3.24.3.2. Fünfknopffibel.
Literatur: A. Koch 1998; Siegmund 1998.

3.24.2.3. Siebenknopffibel

Beschreibung: Die Fibel hebt sich durch besonders reiche Verzierung hervor, die neben der dichten Anordnung von sieben Zierknöpfen am Rand der halbkreisförmigen Kopfplatte durch eine komplexe Ornamentik zum Ausdruck kommt. Die Kopfplatte, die Seitenflächen des Bügels und die Fußplatte sind mit aufwändigem Kerbschnitt verziert. Häufig akzentuieren nielloverzierte Streifen die Konturen. Auch die beachtliche Größe unterstreicht die Qualität der Fibel.
Datierung: ältere Merowingerzeit, 6. Jh. n. Chr.
Verbreitung: Mittel- und Westeuropa.

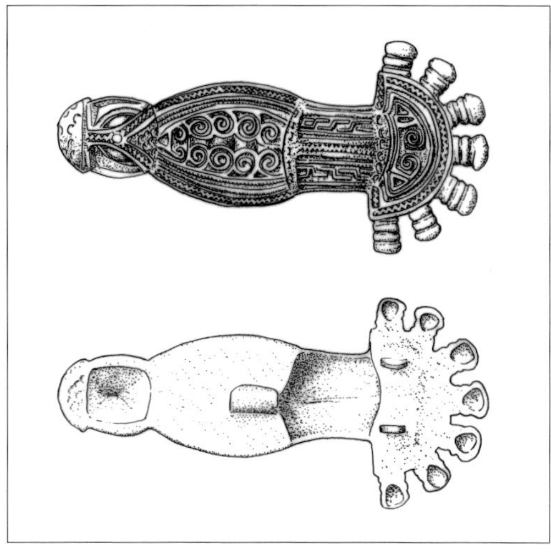

3.24.2.3.

Relation: Kopfplatte mit sieben Zierknöpfen: 3.24.1.3. Siebenknopffibel.
Literatur: U. Koch 1990; A. Koch 1998.

3.24.2.4. Neunknopffibel

Beschreibung: Die halbkreisförmige Kopfplatte ist in dichter Folge von Zierknöpfen umgeben. Um die Knöpfe anzuordnen, gibt es verschiedene Möglichkeiten. Sie können als einzelne Fortsätze mit dem Guss der Platte entstanden sein. Durch die große Dichte können sich die einzelnen Knöpfe berühren und zu einer Borte dicht gesetzter Buckel verschmelzen. Werden die Knöpfe einzeln montiert, dient der umgeschlagene Rand der Kopfplatte als Nietunterlage. Der Bügel ist breit. Die Zierflächen auf Fuß, Bügel und Kopfplatte sind reichhaltig mit Kerbschnitt verziert. Häufig treten Tierstilmotive oder Rankenmuster auf.

Datierung: ältere Merowingerzeit, 6. Jh. n. Chr.
Verbreitung: Mittel- und Westeuropa.
Literatur: A. Koch 1998; U. Koch 2001.

3.24.3. Bügelfibel mit rhombischer Fußplatte

Beschreibung: Die halbkreisförmige Kopfplatte besitzt seitliche Zierknöpfe und trägt eine Kerbschnittverzierung. Häufig sind radiale Linien, Dreiecksmuster oder Spiralranken. Der breite, bandförmige Bügel ist flach und in Längsrichtung mit Rillen, Punzreihen oder Einlagen versehen. Die Fußplatte besitzt einen rhombischen Umriss, wobei die größte Breite etwa der Breite der Kopfplatte entspricht. Am Fußende befindet sich ein stark stilisierter Tierkopf, ein scheibenförmiges oder ein geometrisch gestaltetes Zierelement. Zierscheiben befinden sich häufig auch an den

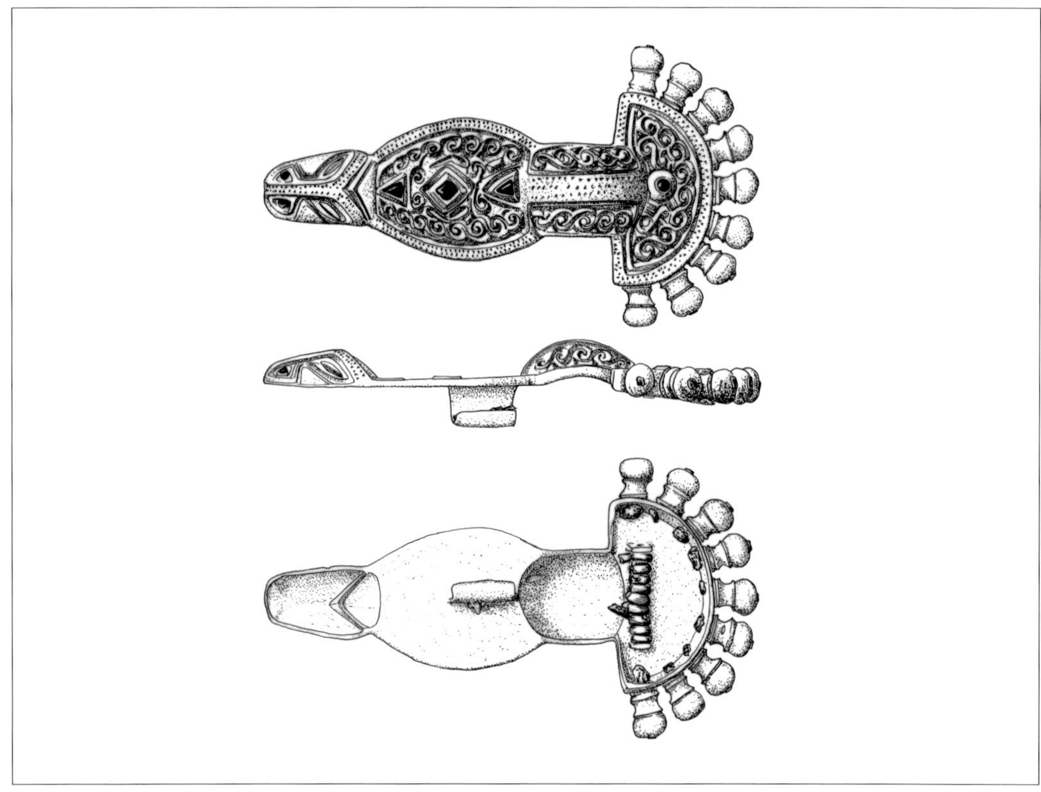

3.24.2.4.

seitlichen Ecken des Rhombus. Weitere Zierelemente, insbesondere zusätzliche Vogelköpfe können sich am Rand der Fußplatte befinden. Die Fläche der Fußplatte ist überwiegend im Kerbschnitt verziert.
Synonym: Bügelfibel mit halbrunder, in Einzelfällen auch dreieckiger Kopfplatte und rhombischer Fußplatte, Koch Gruppe III.
Datierung: ältere Merowingerzeit, 5.–6. Jh. n. Chr.
Verbreitung: Mittel- und Westeuropa.
Literatur: Schmidt 1970; A. Koch 1998.

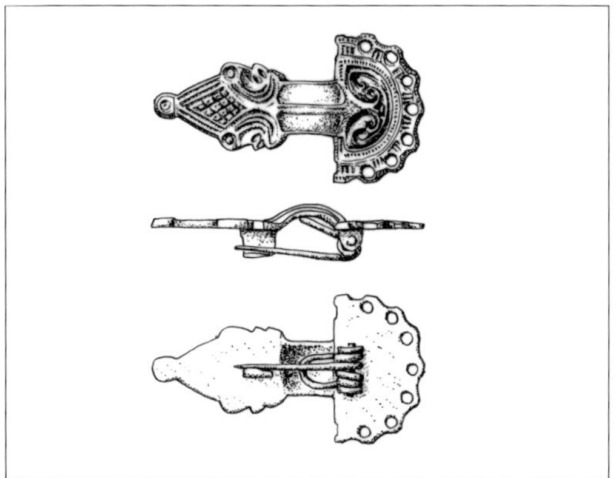

3.24.3.

3.24.3.1. Dreiknopffibel

Beschreibung: Es überwiegen kleine Exemplare, die in vielfältiger Variation erscheinen. Die Kopfplatte kann spitz oder stumpf dreieckig sein, wobei der Umriss durch Zierknöpfe betont wird. Auch bei den Stücken mit halbrunder Kopfplatte wird durch die Anordnung von drei Zierknöpfen die Tendenz zum Dreieck gegeben. Der Bügel besitzt überwiegend D- oder V-förmigen Querschnitt, seltener ist er breit bandförmig. Bei der Verzierung von Kopf- und Fußplatte überwiegen Punzmuster, auch Kerbschnitt kommt vor. Häufig finden sich auch unverzierte Flächen.
Datierung: ältere Merowingerzeit, 5.–6. Jh. n. Chr.
Verbreitung: Mittel- und Westeuropa.
Relation: Kopfplatte mit drei Zierknöpfen: 3.22.9. Kreuzförmige Fibel, 3.24.1.1. Dreiknopffibel, 3.24.2.1. Dreiknopffibel.
Literatur: Geisler 1998a; A. Koch 1998.

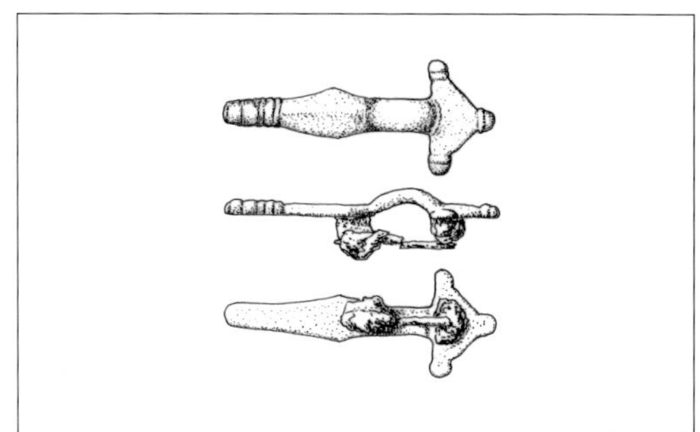

3.24.3.1.

3.24.3.2. Fünfknopffibel

Beschreibung: Am Rande der halbkreisförmigen Kopfscheibe befinden sich fünf Knöpfe in gleichmäßigem Abstand. Die Kopfplatte zeigt ein Kerbschnittmuster aus Ranken, Spiralen oder geometrischen Figuren. Häufig erscheint das Motiv der Kopfplatte in abgewandelter Form auch auf der Fußplatte. Der Fuß endet in einem stilisierten Tierkopf. An den Ecken des Rhombus können sich Rundeln befinden. Bei einigen Stücken kauern kleine Tiere am Rand der Fußplatte.
Datierung: ältere Merowingerzeit, 5.–6. Jh. n. Chr.
Verbreitung: Mittel- und Westeuropa.
Relation: Kopfplatte mit fünf Zierknöpfen: 3.24.1.2. Fünfknopffibel, 3.24.2.2. Fünfknopffibel.
Literatur: A. Koch 1998; Geisler 1998a.
(siehe Farbtafel Seite 27)

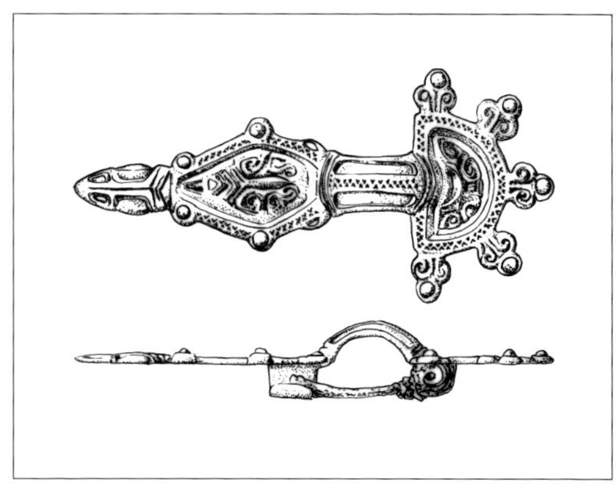

3.24.3.2.

3.24.4. Zonenknopffibel

Beschreibung: Die halbkreisförmige Kopfplatte ist von zahlreichen, häufig acht bis zehn Zierknöpfen umgeben. Selten treten auch viereckige Kopfplatten auf. Ein parallel zum Rand der Kopfplatte verlaufender Steg teilt die Zierknöpfe in zwei übereinander angeordnete Zonen. Die äußere Zone von Knöpfen ist häufig auffällig verziert. Vielfach sind sie als Tierköpfe gestaltet. In der inneren Zone sind die Zierknöpfe durch Einschnürungen profiliert. Die Fibel besitzt einen breiten bandförmigen Bügel und überwiegend eine ovale Fußplatte, die in einem Tierkopf endet. Die Zierflächen der Fibel sind mit Kerbschnitt versehen.
Synonym: Fibel langobardischen Typs.
Datierung: ältere Merowingerzeit, 6. Jh. n. Chr.
Verbreitung: Süddeutschland, Österreich, Ungarn, Italien, Schweiz, Frankreich.
Literatur: Geisler 1998a; A. Koch 1998, 260ff.

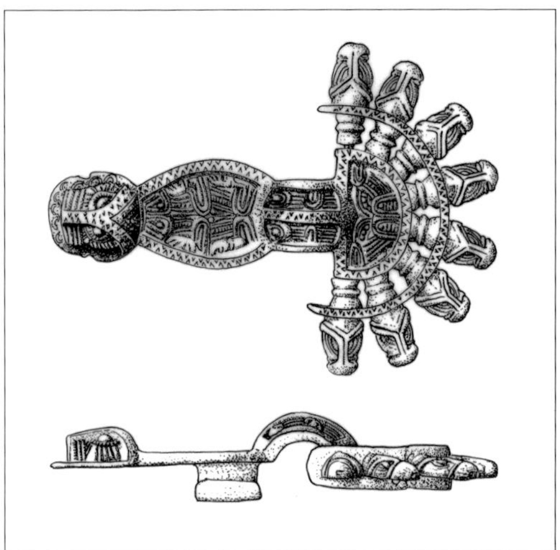

3.24.4.

3.24.5. Blechfibel

Beschreibung: Die verhältnismäßig große Fibel besteht aus einer halbkreisförmigen Kopfplatte und einer rhombischen Fußplatte, die durch einen schmalen, hoch gewölbten Bügel verbunden sind. An den Ansatzstellen des Bügels befinden sich oft palmettenförmige oder spitzdreieckige Abdeckbleche, die mit Vergoldung, Punz- oder Kerb-

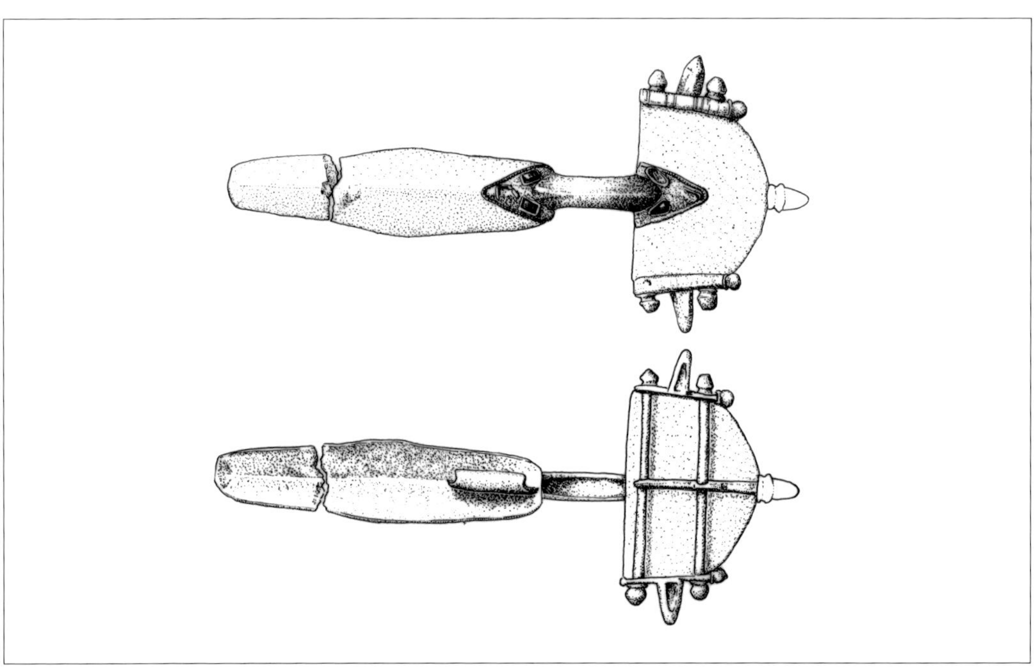

3.24.5.

schnittmuster oder aufgesetzten Schmucksteinen verziert sind. Die Kopfplatte ist gleichmäßig gerundet oder kann an den Seiten gerade verlaufen. Seitlich stehen die Endknöpfe der Spiralachsen hervor, neben denen auch reine Zierknöpfe auftreten. Meist lange, einfache oder doppelte Spiralen stellen die Federung der Nadel her. Die Fußplatte besitzt einen Mittelgrat. Eine Verzierung der Kopf- und Fußplatte ist selten.
Synonym: Silberblechfibel, gotische Silberblechfibel, Koch Gruppe VIII.
Datierung: Völkerwanderungszeit, 5. Jh. n. Chr.
Verbreitung: Mittel-, West-, Süd- und Südosteuropa.
Literatur: Hampel 1905; A. Koch 1998, 413ff.; Ebel-Zepezauer 1998; Gauß 2009.

3.24.6. Gleicharmige Bügelfibel

Beschreibung: Bei dieser symmetrisch gestalteten Fibel befinden sich an beiden Seiten eines Bügels gleich geformte Zierplatten oder Enden (»Arme«). Diese Zierplatten können einen dreieckigen, wappenförmigen, kreisförmigen, trapezförmigen oder kreuzförmigen Umriss besitzen. Häufig ist eine meist geometrisch angeordnete Punz-, Gravur- oder Kerbschnittverzierung anzutreffen. Die Fibel kann sowohl mit einer Spiral- als auch mit einer Scharnierkonstruktion vorkommen.
Datierung: frühes Mittelalter, 6.–10. Jh. n. Chr.
Verbreitung: West- und Süddeutschland, Niederlande, Belgien, Großbritannien, Frankreich, Schweiz, Österreich, Norditalien.
Relation: Gleicharmigkeit: 3.22.13. Schnabelfibel, 3.23.3. Gleicharmige Kerbschnittfibel, 3.28.1.1. Doppeltierkopffibel, 4.1.1.1. Tinsdahler Fibel, 4.1.2.8. Fibel Typ Domburg, 4.2.2. Gleichseitige Fibel.
Literatur: Hübener 1972; Schmidt 1976; Thörle 2001.

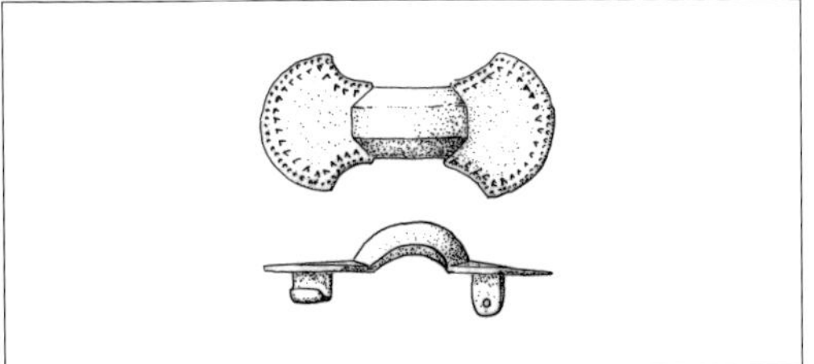

3.24.6.

3.24.7. Fibel mit rechteckiger Kopfplatte

Beschreibung: Die Fibel besteht aus einer rechteckigen Kopfplatte, einem breiten Bügel und einer ovalen Fußplatte. In den meisten Fällen weist die Kopfplatte Randknöpfe auf, die als Buckelleiste zusammenhängend gegossen sind oder einzeln stehen. Zwei oder drei Knöpfe befinden sich an den Schmalseiten, drei bis fünf sind es an der Breitseite. Die Kopfplatte zeigt eine geometrische, häufig achsensymmetrische Kerbschnittverzierung. Der Bügel besitzt einen Mittelstreifen, der mit Niello verziert sein kann, und beiderseits Schmuckfelder mit Kerbschnitt. Die ovale Fußplatte endet in einem Tierkopf. Auch sie ist mit Kerbschnittmustern bedeckt.
Synonym: Bügelfibel mit rechteckiger Kopfplatte und ovaler Fußplatte, Koch Gruppe V.
Datierung: Merowingerzeit, 6.–7. Jh. n. Chr.
Verbreitung: Mittel- und Westeuropa.
Relation: rechteckige Kopfplatte: 3.19.7. Breite Fibel mit Deckplatte, 3.22.10. Schildfibel, 3.24.8. Einfache Bügelfibel mit gelochter Kopfplatte, 3.24.9. Bügelfibel vom nordischen Typ.
Literatur: U. Koch 1990; A. Koch 1998, 275ff.; Hilberg 2005.

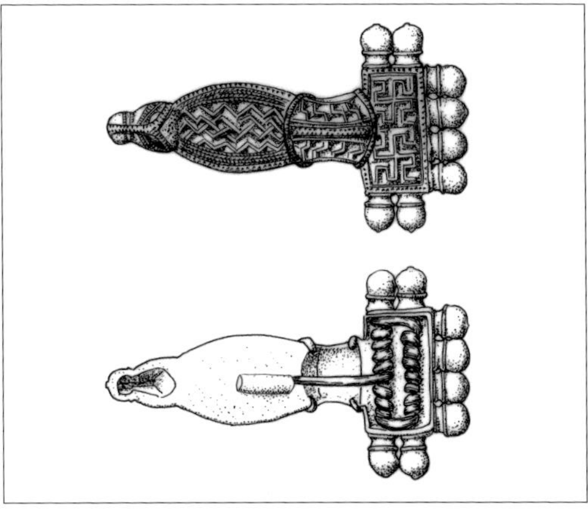

3.24.7.

3.24.8. Einfache Bügelfibel mit gelochter Kopfplatte

Beschreibung: Die verhältnismäßig kleine Bügelfibel besitzt eine rechteckige Kopfplatte. Durch kreisrunde Durchlochungen der beiden äußeren Ecken, die durch Einschnitte zum Rand geöffnet sein können, entsteht der Eindruck einer Kreuzform. Dieser Eindruck wird durch die leicht eingezogenen Seiten beiderseits des Bügelansatzes verstärkt. Bis auf randbegleitende Rillen ist die Kopfplatte unverziert. Auf der Unterseite befindet sich eine kurze Spirale von nur wenigen Windungen und unterer Sehne, die an einem mittelständigen Achshalter befestigt ist. Der Fibelbügel weist eine flache, aber enge Querrippung auf. Die Fußplatte ist rhombisch. Sie kann die Breite der Kopfplatte erreichen, ist aber häufig schmaler. Die Fußspitze ist verdickt und quer gerippt. Als einzige weitere Verzierung können zwei Querrillen auftreten, die die beiden Ecken des Rhombus verbinden.

Synonym: Dreilappige Fibel, Fibel Form Liebenau-West-Stow.

Datierung: Völkerwanderungszeit, 5. Jh. n. Chr.

Verbreitung: Norddeutschland, Ostengland.

Relation: rechteckige Kopfplatte: 3.19.7. Breite Fibel mit Deckplatte, 3.22.10. Schildfibel, 3.24.7. Fibel mit rechteckiger Kopfplatte, 3.24.9. Bügelfibel vom nordischen Typ.

Literatur: H. W. Böhme 1986, 554f.; Brieske 2001, 92ff.

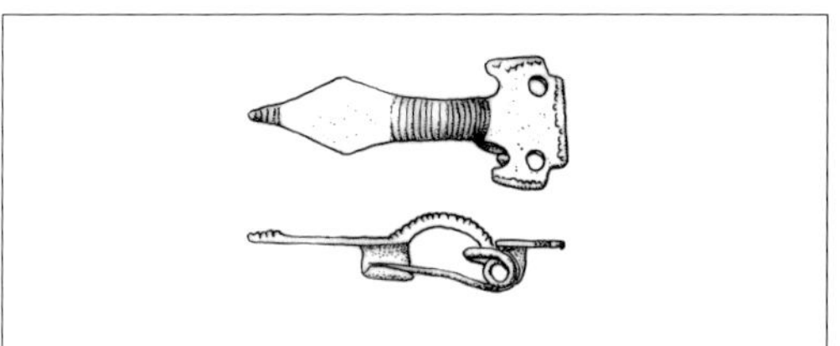

3.24.8.

zuwenden. Die Kopfplatte besitzt häufig eine umlaufende Randborte aus aneinandergereihten Bogen- oder Hütchenformen oder Tierfriesen. Das Zierfeld ist flächig verziert. Dabei treten zumeist Kerbschnittmuster im Tierstil auf. Auf dem Bügelscheitel kann sich eine zusätzliche runde Zierscheibe oder eine runde Fläche befinden, die eine figürliche Darstellung tragen kann. Die rhombische Fußplatte weist stark einziehende Seiten auf. Die Ecken können durch Rundeln oder plastische Tierköpfe betont sein. Das Innenfeld trägt Tierornamente. Die Tierköpfe beiderseits des Bügels stellen zumeist Vögel mit kräftigen Schnäbeln und betonten Augen dar.

Synonym: Bügelfibel vom skandinavischen Typ, Bügelfibel skandinavisch-angelsächsischen Typs, Bügelfibel mit barockem Fuß, Bügelfibel mit rechteckiger Kopfplatte und rhombischer Fußplatte mit eingeschwungenen Seiten, Koch Gruppe VI.

Datierung: jüngere Völkerwanderungszeit, 5.–7. Jh. n. Chr.

Verbreitung: Nord-, Nordwest- und Mitteleuropa.

Relation: rechteckige Kopfplatte: 3.19.7. Breite Fibel mit Deckplatte, 3.22.10. Schildfibel, 3.24.7. Fibel mit rechteckiger Kopfplatte, 3.24.8. Einfache Bügelfibel mit gelochter Kopfplatte.

Literatur: Salin 1904; Nissen Fett 1941; Haseloff 1981; A. Koch 1998, 318ff.

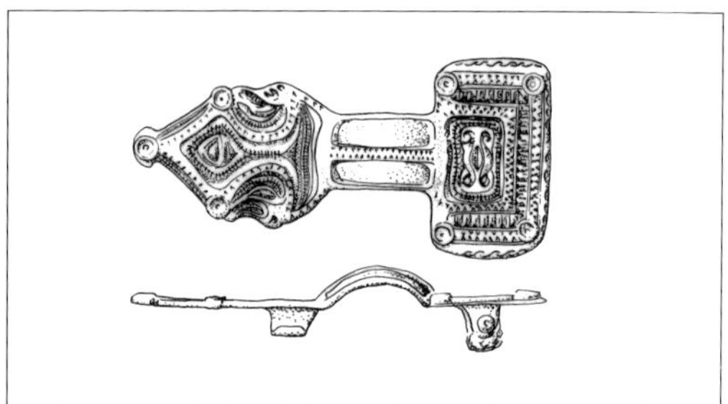

3.24.9.

3.24.9. Bügelfibel vom nordischen Typ

Beschreibung: Charakteristisch sind eine rechteckige Kopfplatte, eine rhombische Fußplatte sowie randlich angeordnete Tierköpfe, die vom Bügelansatz ausgehen und sich der Fußplatte

3.24.10. Thüringische Zangenfibel

Beschreibung: Die Kopfplatte besitzt einen querovalen Umriss, der durch eine leichte Einziehung der Scheitelpartie zu einer Bohnenform wird. An beiden Schmalseiten befinden sich tiefe, ovale

Einschnitte, wodurch die Kopfplatte beiderseits des Einschnitts schnabelartig spitze Lappen ausbildet. In einigen Fällen sitzt ein dritter Einschnitt am Plattenscheitel. Der breite Bügel ist längsgerillt. Der Fuß besitzt überwiegend einen ovalen Umriss und endet in einem Tierkopf. Er kann auch schwalbenschwanzförmig sein. Die Zierflächen sind mit Kerbschnitt versehen.

Synonym: Koch Gruppe VII.3.
Datierung: ältere Merowingerzeit, 6. Jh. n. Chr.
Verbreitung: Mittel-, West- und Süddeutschland, Tschechien, Österreich, Frankreich.
Literatur: Kühn 1930; Schmidt 1976; A. Koch 1998, 399ff.
(siehe Farbtafel Seite 27)

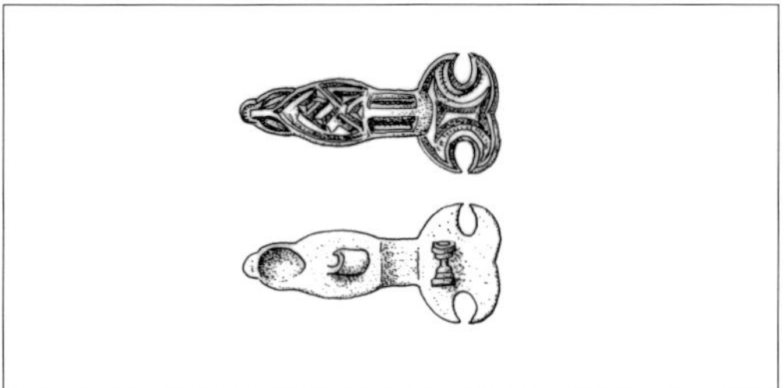

3.24.10.

3.24.11. Thüringische Vogelfibel

Beschreibung: Die Kopfplatte ist durch zwei symmetrisch angeordnete Vogelköpfe bestimmt. Die Vogelköpfe sind entweder einander in Richtung Kopfende der Fibel zugewandt und beißen in eine drei- oder viereckige Mittelplatte oder wenden sich voneinander ab dem Bügel zu. Die Konturen der Tiere sind im Kerbschnitt durch Randgrate wiedergegeben, die Augen durch Almandinscheiben betont. Der breite Bügel weist häufig Längsrillen auf. Der Fuß ist bandförmig, zeigt eine schmale Querrippung und endet in einem Tierkopf. Seltener kommen auch ovale oder rhombische Fußplatten vor.

Synonym: Koch Gruppe VII.2.
Datierung: ältere Merowingerzeit, 6. Jh. n. Chr.
Verbreitung: Mittel- und Süddeutschland, Tschechien, Ostfrankreich.
Literatur: Ziegel 1939; Schmidt 1961, 132f.; A. Koch 1998, 393ff.; Brieske 2001.

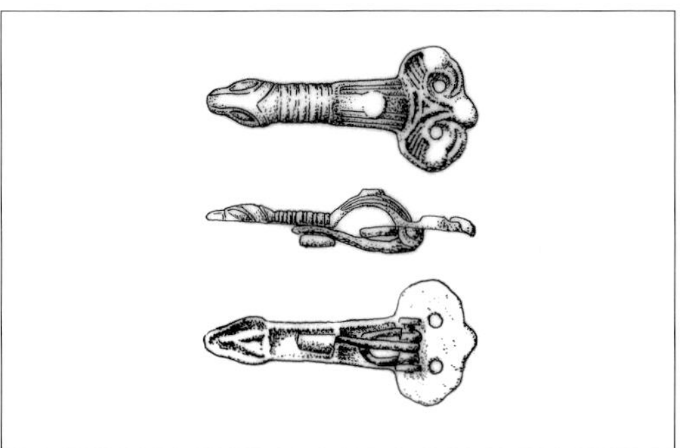

3.24.11.

3.25. Scheibenfibel mit gesondert gefertigtem Nadelapparat

Beschreibung: Die Fibel mit eingliedriger Konstruktion besitzt eine kurze, mittellange oder lange Spirale mit unterer oder oberer Sehne. Der bandförmige Bügel verläuft flach. Am Fußende biegt er nach unten um und verbreitert sich zu einem Nadelhalter. In der Bügelmitte ist eine kreisförmige Zierscheibe aufgenietet, die die ganze Fibelkonstruktion abdeckt. Die Zierscheibe ist mit konzentrischen Rippen, Treib- oder Punzmustern verziert. Sie kann auch durchbrochen gearbeitet sein.

Datierung: jüngere Eisenzeit, Latène A–B (Reinecke), 5.–4. Jh. v. Chr.
Verbreitung: Süddeutschland, Schweiz, Österreich.
Relation: Fibelaufbau: 3.7.3. Knopffibel.
Literatur: Pauli 1978, 116ff.

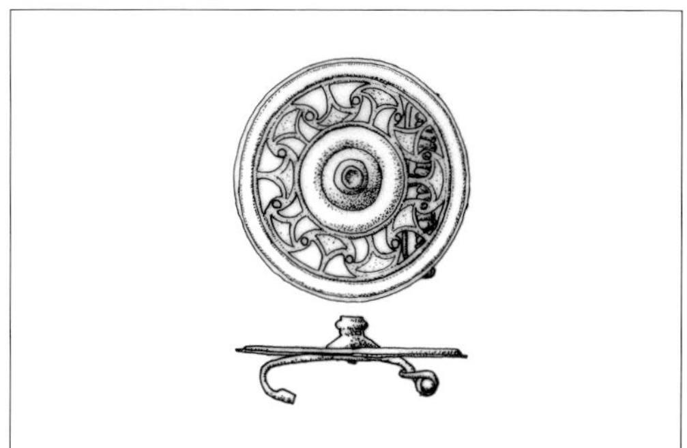

3.25.

3.26. Scheibenfibel mit integriertem Nadelapparat

Beschreibung: Die Fibel besteht aus einer runden, viereckigen oder figural ausgeschnittenen Grundplatte. Der Achsträger und der Nadelhalter sind an die Grundplatte angelötet oder mit dieser vernietet. Bei Fibeln aus provinzialrömischen Werkstätten sind Grundplatte, Spiralarretierung und Nadelhalter in einem Stück gegossen. Die Schauseite zeigt in der Regel ein Dekor, das aus einem Pressblech, gefassten Schmucksteinen oder Filigrandraht bestehen kann und durch Klebung, Nietung oder Lötung montiert ist.
Datierung: jüngere Römische Kaiserzeit bis Merowingerzeit, 2.–7. Jh. n. Chr.
Verbreitung: Mitteleuropa.
Literatur: A. Böhme 1972; Thomas 1967; Bode 1998.

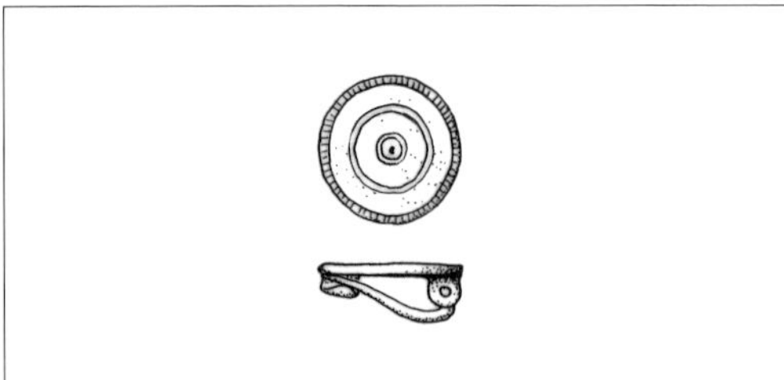

3.26.

3.26.1. Pressblechfibel

Beschreibung: Auf die runde Grundplatte ist ein Zierblech montiert. Das Blech wird in der Regel aufgeklebt. Bei einer Nietverbindung kann sich zwischen der Grundplatte und dem Zierblech ein Zwischenfutter aus organischem Material oder Metall befinden. Das Dekor des Zierblechs besteht überwiegend aus einer konzentrischen oder radialen Anordnung von Perlbändern, gerippten Bändern oder Winkelreihen. Zusätzlich können Stein oder Glaseinlagen auftreten. Zu den Konstruktionselementen der Fibel gehören eine zweigliedrige Spirale sowie ein häufig hoher Nadelhalter.
Synonym: Scheibenfibel mit flachem Blechbelag, runde Scheibenfibel mit Pressblechauflage, Almgren 225, Thomas Typ A, Riha Typ 3.14.
Datierung: jüngere Römische Kaiserzeit, Völkerwanderungszeit, Merowingerzeit, 3.–7. Jh. n. Chr.
Verbreitung: Deutschland, Niederlande, Belgien, Frankreich, Schweiz, Österreich.
Relation: Pressblech: 4.2.1.3. Brakteatenfibel.
Literatur: Thomas 1967, 18ff.; Riha 1979, 86f.; Klein-Pfeuffer 1993; Zeller 2008.
(siehe Farbtafel Seite 28)

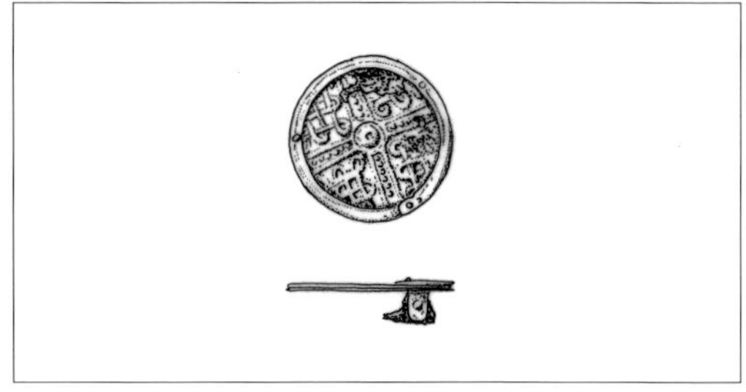

3.26.1.

3.26.2. Almandinscheibenfibel

Beschreibung: Auf einer meist runden oder rosettenförmigen Grundplatte sitzt ein Stegwerk aus geraden oder getreppten Blechstreifen, in das Almandine/Granate oder zugeschnittene Glassteine eingelegt sind. In der Regel besteht das Dekor aus einem zentralen Zierfeld sowie aus einem, seltener zwei Ringen radial angeordneter Felder. Vielfach sind die durchsichtigen Schmucksteine mit einer gewaffelten Metallfolie unterlegt,

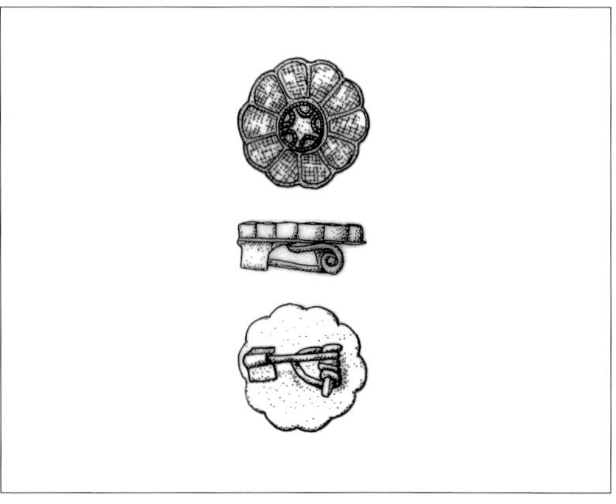

3.26.2.

die dem Stück einen besonderen optischen Reiz verleiht. Auf der Unterseite bilden Ösen die Aufhängung für eine Spiralkonstruktion.
Datierung: ältere Merowingerzeit, 6. Jh. n. Chr.
Verbreitung: West- und Süddeutschland, Frankreich, Schweiz.
Literatur: Geisler 1998a; Vielitz 2003.
(siehe Farbtafel Seite 28)

3.26.3. Filigranscheibenfibel

Beschreibung: Die Scheibenfibel besitzt eine Grundplatte mit einem runden, vierpassförmigen oder rosettenartigen Umriss. Auf diese Grundplatte ist eine kastenartige Konstruktion aus Edelmetallblech aufgenietet, wobei der Zwischenraum mit einer Kittmasse ausgefüllt ist. Die Zierfläche zeigt gefasste, bunte Schmucksteine oder Metallkugeln sowie Filigranornamentik aus zumeist tordierten oder gerippten Drähten. Bevorzugt ist eine auf das Zentrum der Scheibe ausgerichtete Anordnung der Zierelemente, wobei die Scheibenmitte häufig von einem einzelnen großen Schmuckstein eingenommen wird. Weitere Schmucksteine sind in konzentrischen Kränzen angeordnet. Die Zwischenräume werden von aufgelöteten Drahtschleifen oder -ringen eingenommen. Auf der Unterseite ist eine Spiralkonstruktion montiert.
Synonym: Goldscheibenfibel.
Datierung: Merowingerzeit, 6.–7. Jh. n. Chr.
Verbreitung: Mittel- und Westeuropa.
Literatur: Thieme 1978; Polenz 1988; Graenert 2007; Jordan 2015.
(siehe Farbtafel Seite 28)

3.26.3.

3.26.4. Scheibenfibel mit aufgewölbtem Blechbelag

Beschreibung: Die Fibel setzt sich aus einer kreisförmigen Grundplatte, an die der Spiral- und der Nadelhalter angenietet oder angelötet sind, und einem aufgewölbten Zierblech zusammen, das mit einer Holz- oder Harzunterfütterung versehen war. Zur Montage des Zierblechs dient ein langer, zentraler Niet, der mit einem Zierknopf abschließt. Höhe und Wölbung der Blechkalotte sind unterschiedlich. Das Zierblech kann mit konzentrischen Rippen, Leisten oder Buckelreihen sowie kleinen Ziernieten dekoriert sein.
Synonym: Dosenfibel, Scheibenfibel mit dosenartig erhöhter Blechauflage, Scheibenfibel mit glockenartigem Aufsatz, Almgren 223–224, Thomas Typ B.
Datierung: jüngere Römische Kaiserzeit, Stufe C (Eggers), 3.–4. Jh. n. Chr.
Verbreitung: Mittel- und Norddeutschland.

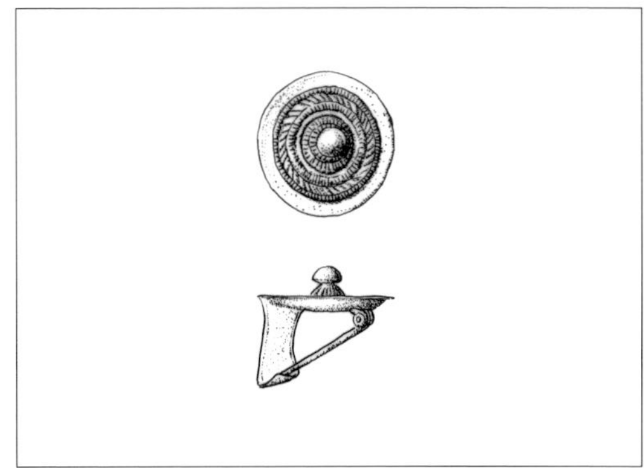

3.26.4.

Relation: aufgewölbtes Mittelteil: 3.26.15. Hakenkreuzförmige Wirbelfibel.
Literatur: Thomas 1967, 32ff.; H. W. Böhme 2017.

3.26.5. Tutulusfibel

Beschreibung: Die Fibel besteht aus einer Basisscheibe, die auf der Unterseite eine zweigliedrige Spiralkonstruktion und einen verhältnismäßig hohen Nadelhalter trägt, und einem mehrteiligen konischen Aufbau, der häufig höher ist als der Durchmesser der Basisscheibe. Dieser Aufbau setzt sich aus einer kegelförmigen Blechkappe und einer profilierten, mit einer Zierscheibe abschließenden Bekrönung zusammen, die mittels einer Achse mit der Basisscheibe verbunden sind. Der Blechtutulus ist durch Wülste profiliert und kann eine Gravur aufweisen. Zur Stabilisierung des Blechmantels kann sich organisches Material (Holz, Harz) im Innern des Tutulus befunden haben.
Synonym: Jobst 30.
Datierung: Völkerwanderungszeit, 4.–5. Jh. n. Chr.
Verbreitung: Nordwestdeutschland, Niederlande, Belgien, Nordfrankreich.

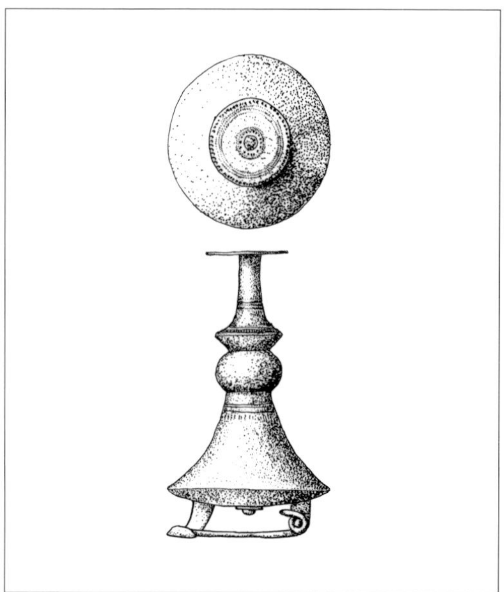

3.26.5.

Literatur: H. W. Böhme 1974, 19ff.; Jobst 1975, 115f.; Häßler 2002; H. W. Böhme 2017.

3.26.6. Schalenfibel

Beschreibung: Die runde Grundplatte ist schalenförmig eingesenkt. Auf die Schaufläche wurde ein Pressblech aufgelötet, das ein komplexes Dekor zeigt. Häufig treten geometrische Motive wie Stern- und Bogenmuster, Winkelbänder oder Spiralranken auf. Daneben kommen figürliche Darstellungen, insbesondere menschliche Masken vor.
Synonym: komponierte Schalenfibel, Thomas Typ A Serie 2 Variante 2.
Datierung: Völkerwanderungszeit, Stufe D (Eggers), 4.–5. Jh. n. Chr.
Verbreitung: Niederlande, Belgien, Nordfrankreich, Südengland, Norddeutschland.
Literatur: Thomas 1967, 26ff.; H. W. Böhme 1974, 24ff.; Häßler 2002.

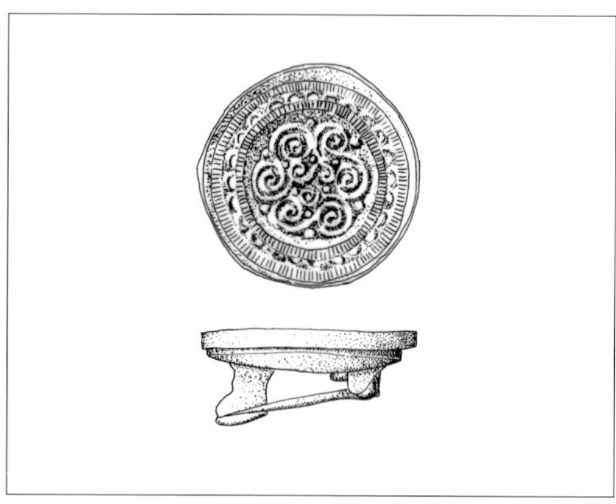

3.26.6.

3.26.7. Sternfibel

Beschreibung: Der sternförmige Umriss bestimmt die Fibel. Die Schauseite ist mit Email versehen. Häufig ist das Zentrum der Zierscheibe hervorgehoben, sei es durch die Verzierung, durch ein erhöhtes Feld oder durch eine rund ausgeschnittene Mitte.
Synonym: Riha Variante 3.15.1.

Datierung: jüngere Römische Kaiserzeit, 2.–3. Jh. n. Chr.
Verbreitung: Deutschland, Österreich, Ungarn.
Literatur: Exner 1939, 110f.; Riha 1979, 87; Riha 1994, 76.

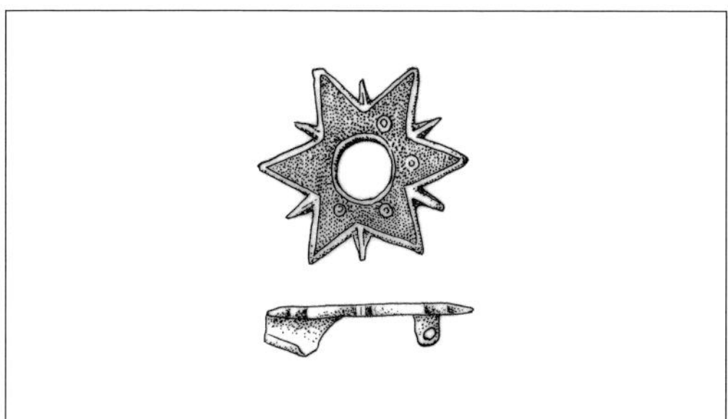

3.26.7.

3.26.8. Durchbrochene Scheibenfibel

Beschreibung: Die Grundplatte ist vielfältig, zumeist fischblasenförmig durchbrochen, so dass die verbleibenden Stege trompetenförmige oder wirbelartige Muster bilden. Seltener kommen geometrische oder figürliche Durchbrechungen vor. Die Fibel besitzt eine zweigliedrige Spiralkonstruktion mit querstehendem Nadelhalter.
Synonym: durchbrochen gearbeitete Scheibenfibel, Böhme 46, Ettlinger 49, Jobst 31, Riha Typ 3.18.
Datierung: jüngere Römische Kaiserzeit, 2.–3. Jh. n. Chr.
Verbreitung: Deutschland, Österreich, Schweiz, Frankreich, Großbritannien.
Literatur: A. Böhme 1972, 43f.; Ettlinger 1973, 129; Jobst 1975, 116ff.; Riha 1994, 77.

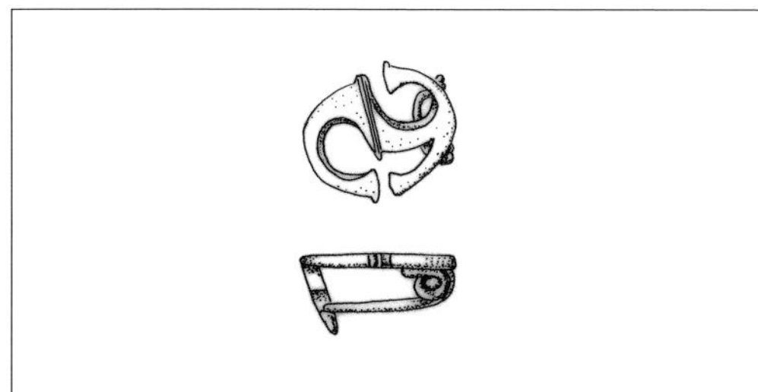

3.26.8.

3.26.9. Kleeblattfibel

Beschreibung: Die Grundplatte ist in Form eines drei- oder vierblättrigen Kleeblattes ausgeschnitten. Obwohl sich nur selten Reste erhalten haben, dürfte die Fibel grundsätzlich mit einem Zierblech bedeckt gewesen sein, das aufgelötet oder aufgenietet war. Die Fibel besitzt eine zweigliedrige Spiralkonstruktion mit unterer Sehne und Achse. Der Nadelhalter ist schmal bandförmig und hoch.
Synonym: Blattfibel, blattförmige Scheibenfibel, Drei-/Vierblattfibel, kleeblattförmige Scheibenfibel, Almgren 227, Thomas Typ E.
Datierung: jüngere Römische Kaiserzeit, Stufe C (Eggers), 2.–3. Jh. n. Chr.
Verbreitung: Deutschland, Tschechien.
Relation: kleeblattförmiger Umriss: 4.2.1.8. Kleeblattfibel.
Literatur: Thomas 1967, 56ff.

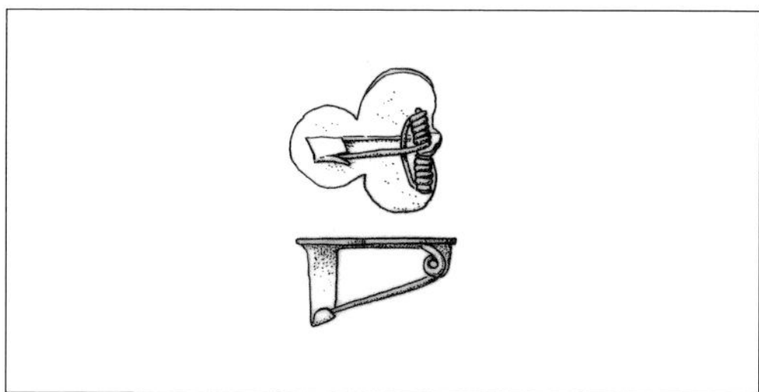

3.26.9.

3.26.10. Peltafibel

Beschreibung: Die Grundplatte besteht aus einem peltaförmigen, durchbrochenen Kopfteil und einem schmalen, geraden, facettierten Fußteil. Der Fußteil ist sowohl in Abgrenzung zum Kopfbereich als auch als Fußabschluss mit einer Querleiste versehen. Die zweigliedrige Spiralkonstruktion weist eine untere Sehne auf. Der Nadelhalter ist querstehend und hoch.
Synonym: Böhme 47, Jobst 32, Riha Typ 3.22.
Datierung: jüngere Römische Kaiserzeit, 2.–3. Jh. n. Chr.
Verbreitung: Niederlande, West- und Süddeutschland, Österreich, Schweiz.
Relation: peltaförmige Fibelzier: 3.22.4. Fibel mit peltaförmiger Kopfplatte, 4.1.2.7. Peltafibel.

Literatur: A. Böhme 1972, 44; Jobst 1975, 120f.; Riha 1994.

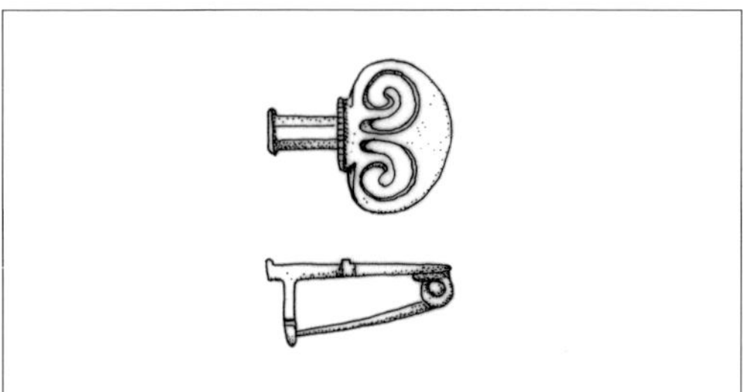

3.26.10.

3.26.11. Wortfibel

Beschreibung: Die Fibel besitzt eine zweigliedrige Spiralkonstruktion und einen kurzen, querstehenden Nadelhalter. Die Grundplatte ist durchbrochen gearbeitet und besteht aus miteinander verbundenen und kunstvoll ineinander übergehenden Buchstaben. Häufig taucht der Schriftzug »MARTIS« auf.
Synonym: Marsfibel, durchbrochene Wortfibel, Böhme 48a, Riha Typ 3.22.
Datierung: ältere bis jüngere Römische Kaiserzeit, 2.–3. Jh. n. Chr.
Verbreitung: Süddeutschland, Schweiz, Österreich.
Literatur: A. Böhme 1972, 44f.; Garbsch 1991; Riha 1994, 78; Garbsch 2002.

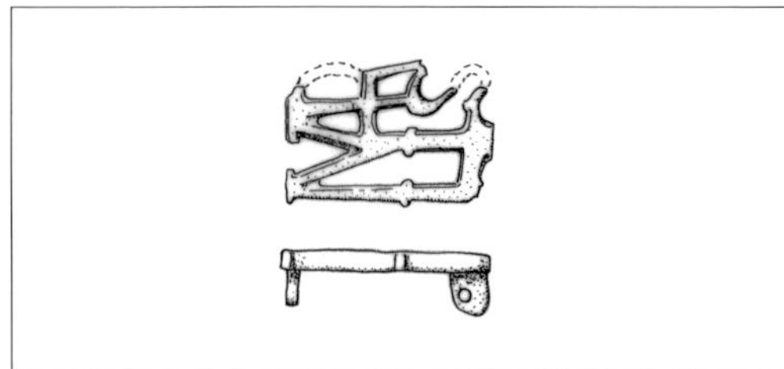

3.26.11.

3.26.12. Buchstabenfibel

Beschreibung: Die Grundplatte der Fibel ist in der Form eines einzelnen Buchstabens ausgeschnitten. Der Buchstabe kann an den Enden oder Ecken durch Rundeln ausgeschmückt sein. Häufig tritt ein »S« auf, aber auch andere Buchstaben – »M«, »N« oder »P« – sind bekannt. Zusätzlich kann auf der Fibel ein Schriftband erscheinen, beispielsweise »SI ME AMAS«, das auf die Funktion der Fibel hinweist. Auf der Unterseite der Fibel sitzen eine zweigliedrige Spiralkonstruktion und ein niedriger, schmal bandförmiger Nadelhalter.
Synonym: Böhme 48b, Jobst 33.
Datierung: jüngere Römische Kaiserzeit, 2.–3. Jh. n. Chr.
Verbreitung: Westdeutschland, Schweiz, Österreich.
Literatur: Behrens 1950, 10; A. Böhme 1972, 44f.; Jobst 1975, 122.

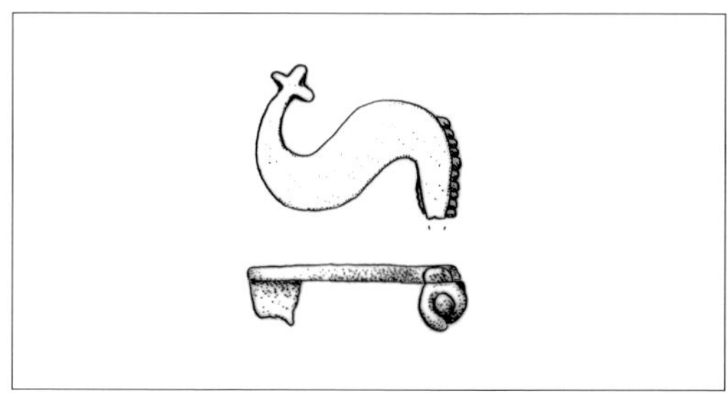

3.26.12.

3.26.13. Radfibel

Beschreibung: Die Zierscheibe der Fibel stellt ein Speichenrad dar. Es besteht aus einem äußeren Radreifen, vier oder sechs Speichen und einer zentralen Nabe. Die Fibel kann partiell mit Email verziert sein. Zum Nadelapparat gehören eine Spirale, die an einer kleinen Lasche befestigt ist, sowie ein kleiner schmaler Nadelhalter.

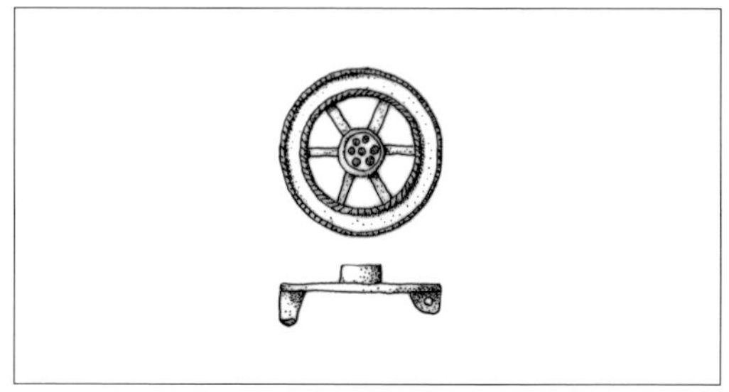

3.26.13.

Synonym: Böhme 42e.
Datierung: jüngere Römische Kaiserzeit, 2.–3. Jh. n. Chr.
Verbreitung: West- und Süddeutschland, Schweiz, Österreich.
Literatur: A. Böhme 1972, 39.

3.26.14. Swastikafibel

Beschreibung: Die Grundplatte besitzt die Form eines Hakenkreuzes, das in einen ringförmigen Rahmen gestellt sein kann. Ein Unterschied zwischen den Stücken provinzialrömischer und denen germanischer Provenienz besteht in der Nadelaufhängung. Die römischen Exemplare besitzen eine mitgegossene Spiralaufhängung und einen querstehenden Nadelhalter. Bei den germanischen Fibeln ist der Nadelapparat angenietet oder angelötet, und der Nadelhalter ist längs montiert.

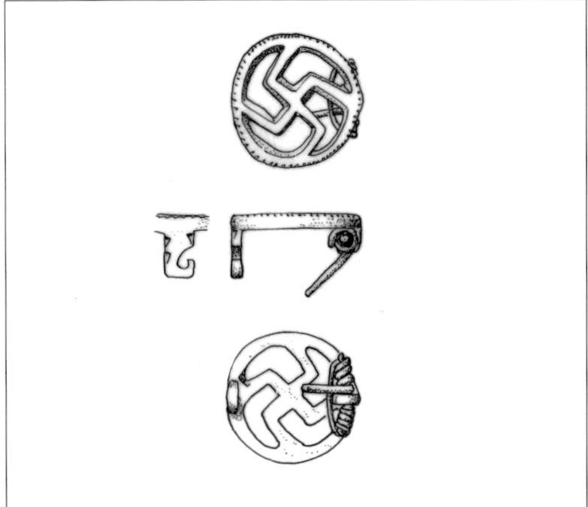

3.26.14.

Synonym: Hakenkreuzfibel, Almgren 231, Böhme 49, Jobst 34, Riha Typ 3.19.
Datierung: jüngere Römische Kaiserzeit, 2.–3. Jh. n. Chr.
Verbreitung: Mitteleuropa.
Literatur: Thomas 1967, 42ff.; A. Böhme 1972, 45f.; Jobst 1975, 122f.; Riha 1979, 88f.; Riha 1994, 77; Gudea 2002; Buora 2007.

3.26.15. Hakenkreuzförmige Wirbelfibel

Beschreibung: Die Außenkonturen der Fibel sind durch die Grundplatte vorgegeben. Sie besteht aus einer kreisförmigen Mittelscheibe und vier oder fünf, im oder gegen den Uhrzeigersinn gebogenen Armen, die in Rundeln enden. Ein Ring aus kleinen Kreisscheiben kann den äußeren Rahmen bilden. Auf die Grundplatte sind Zierbleche aufgenietet, die mit Perlbändern, Punktreihen und Zickzackbändern verziert sind. Der Mittelbereich ist dosenartig aufgewölbt und mit einem Kern aus Holz oder Harz unterfüttert. Der Nadelapparat ist angenietet. Er besteht aus der Spirale mit unterer Sehne und Achse, die mittels zweier Spiralhalter an den Achsenden arretiert ist, und einem niedrigen Nadelhalter.
Synonym: Almgren 233–235, Thomas Typ C.

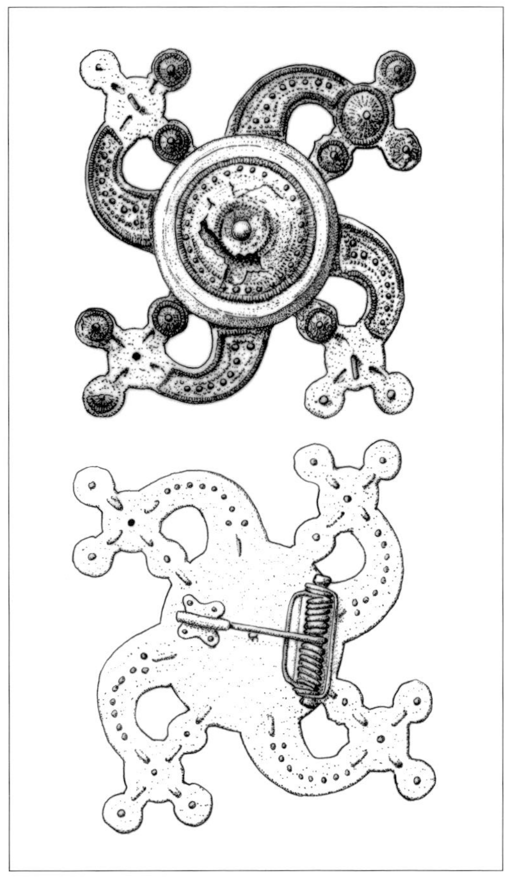

3.26.15.

Datierung: jüngere Römische Kaiserzeit, Stufe C (Eggers), 3.–4. Jh. n. Chr.
Verbreitung: Dänemark, Norwegen, Norddeutschland.
Relation: aufgewölbtes Mittelteil: 3.26.4. Scheibenfibel mit aufgewölbten Blechbelag.
Literatur: Thomas 1967, 42ff.

3.26.16. Wirbelfibel

Beschreibung: Die runde Scheibenfibel besitzt eine kreisförmige Mittelplatte, die einen radialen Kerbschnitt trägt. Um diese Platte sind vier, sechs oder acht Vögelköpfe in Profilansicht angeordnet. Die Köpfe bestehen aus einer einfachen, kreisförmigen Zierplatte, auf der sich Almandine, eine gelbe Glaseinalge oder eine Nielloverzierung befinden können. Die bogenförmigen Schnäbel weisen in eine Richtung. Auf der Unterseite sind eine Nadelkonstruktion mit kurzer Spirale und ein kurzer rechteckiger Nadelhalter montiert.
Datierung: ältere Merowingerzeit, 6. Jh. n. Chr.
Verbreitung: Deutschland, Nordfrankreich, Belgien, Österreich, Ungarn.
Relation: silhouettenartige Tierdarstellung: 3.26.17. S-Fibel, 3.27. Figürliche Fibel mit relief- oder silhouettenartiger Darstellung, 4.2.1.6. Seetierfibel.
Literatur: Nitzschke 1967, 51; U. Koch 2001, 252f.

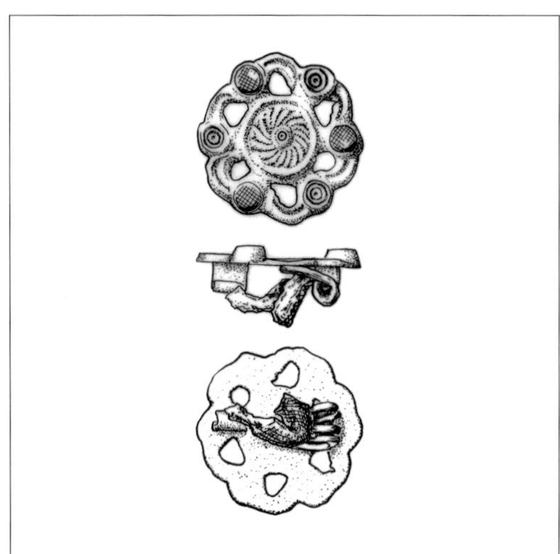

3.26.16.

3.26.17. S-Fibel

Beschreibung: Die Grundplatte der Fibel nimmt eine S-Form an. Häufig liegen die Enden so dicht an dem Mittelarm an, dass sich insgesamt ein Oval bildet. Die Enden besitzen die Form von gegenständigen Tierköpfen, die als Adler mit scharf ausgezogenem Schnabel zu deuten sind. Aber auch entenschnablige Vogelköpfe treten auf. Der Mittelteil wirkt schlangenartig. Er kann mit einer Punz- oder Kerbschnittverzierung versehen sein. Vielfach kommen auch Einlagen aus farbigem Glas oder Ziersteinen vor. Die kurze Spirale ist an einer Aufhängung an der Unterseite befestigt. Der Nadelhalter ist kurz und rechteckig.
Datierung: ältere Merowingerzeit, 5.–6. Jh. n. Chr.
Verbreitung: Deutschland, Niederlande, Belgien, Frankreich, Schweiz, Österreich.
Relation: silhouettenartige Tierdarstellung: 3.26.16. Wirbelfibel, 3.27. Figürliche Fibel mit relief- oder silhouettenartiger Darstellung, 4.2.1.6. Seetierfibel.
Literatur: Schmidt 1961; U. Koch 2001; Brieske 2001.
(siehe Farbtafel Seite 28)

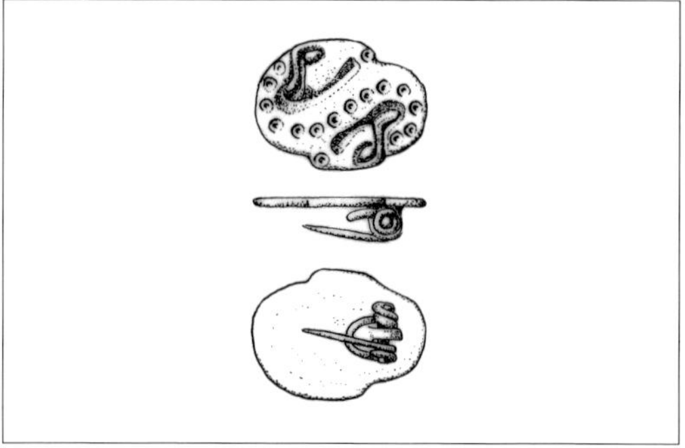

3.26.17.

3.27. Figürliche Fibel mit relief- oder silhouettenartiger Darstellung

Beschreibung: Die Grundplatte der Fibel wird durch Umriss und Relief zum Bildträger. Häufig zeigt sie die Form eines Tieres oder eines Gegenstandes. Die Grundplatte kann in Form gegossen sein; sie kann aber auch nur den Umriss besitzen, die Darstellung wird dann durch ein Zierblech

hervorgehoben. Die Spiralkonstruktion ist zweigliedrig mit einer kurzen Spirale und einem Nadelhalter unterschiedlicher Form.
Datierung: Römische Kaiserzeit bis ältere Merowingerzeit, 2.–6. Jh. n. Chr.
Verbreitung: Mitteleuropa.
Relation: silhouettenartige Tierdarstellung: 3.26.16. Wirbelfibel, 3.26.17. S-Fibel, 4.2.1.6. Seetierfibel.
Literatur: Thomas 1967, 60ff.; Jobst 1975, 114f.; Flügel 2007.

3.27.1. Tierscheibenfibel

Beschreibung: Die Grundplatte besitzt die Form einer Tiersilhouette, wobei die Darstellung stark stilisiert ist und die wesentlichen Eigenschaften des Tieres betont. Das Tierbild erscheint in der Regel nach rechts gewandt im Profil. Eber, Hirsch, Hindin, Hund/Wolf und Hase sind die häufigsten Arten. Auf die Grundplatte ist ein Zierblech montiert, das mit Perlreihen und schrägen Rippen die Konturen und charakteristische Merkmale des Tieres hervorhebt. Aufgrund der Erhaltungsbedingungen fehlt dieses Zierblech häufig. Die Fibel ist mit einer zweigliedrigen Spiralkonstruktion und einem hohen, schmalen Nadelhalter ausgestattet.
Synonym: Tierfibel, Almgren 229–230, Thomas Typ F.
Datierung: jüngere Römische Kaiserzeit, Stufe C (Eggers), 3. Jh. n. Chr.
Verbreitung: Mittel- und Norddeutschland, Tschechien.
Literatur: Thomas 1967, 60ff.; A. Böhme 1972.

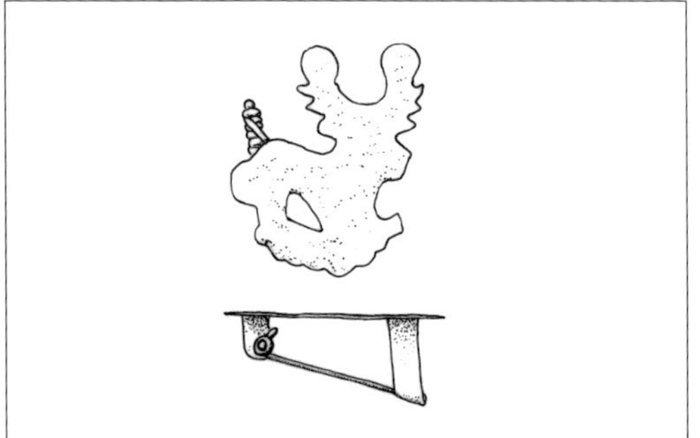

3.27.1.

3.27.1.1. Eberfibel

Beschreibung: Die häufigste Form der Tierscheibenfibel stellt die Eberfibel dar. Die Grundplatte ist in Form eines stilisierten Wildschweins ausgeschnitten. Dabei wurden der lange Kopf mit dem leicht aufgebogenen Rüssel und der hohe Rückenkamm besonders betont. Die Füße sind oft kurz und können in Rundeln enden. Die Grundplatte ist mit Silberblech belegt, auf dem die Konturen des Tieres durch Perlreihen wiedergegeben sind. Die Fibel besitzt einen hohen, bandförmigen Nadelhalter und eine zweigliedrige Spiralkonstruktion.
Synonym: Thomas Typ F Serie 1.
Datierung: jüngere Römische Kaiserzeit, Stufe C (Eggers), 3. Jh. n. Chr.
Verbreitung: Mittel- und Norddeutschland, Tschechien.
Literatur: Thomas 1967, 62.

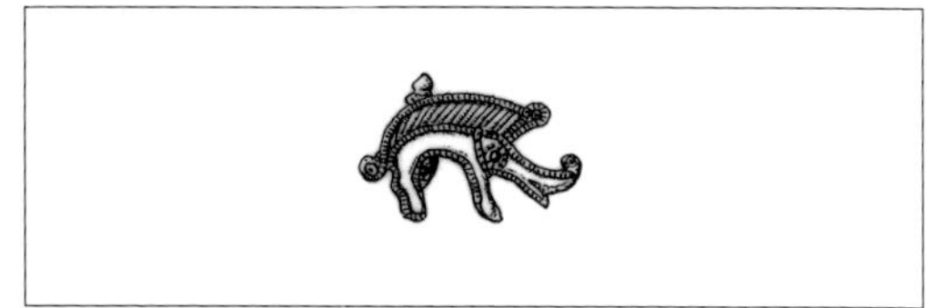

3.27.1.1.

3.27.2. Vogelfibel

Beschreibung: Die Grundplatte zeigt die Form eines Vogels mit scharfem, gebogenem Schnabel in einer rechten Seitenansicht. Die Darstellung ist abstrahiert. In der Regel sind ein seitlich angeleg-

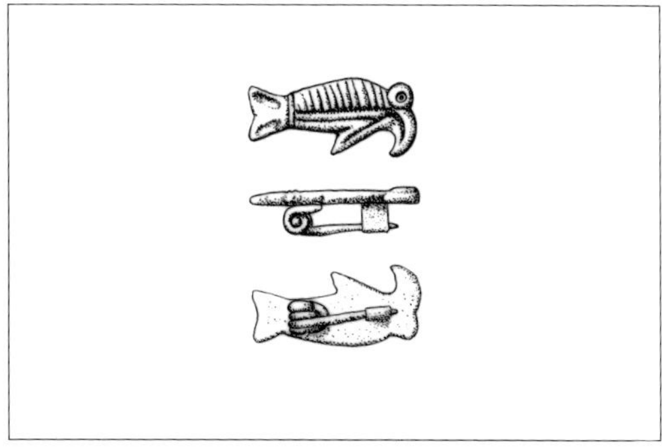

3.27.2.

ter Flügel sowie die Schwanzfedern zu erkennen. Das Auge ist auf ein Rundel reduziert. Vereinzelt sind das weitere Federkleid oder die Beine ausgeführt. Die Verzierung erfolgte in der Regel in Kerbschnitttechnik.
Synonym: Adlerfibel, Falkenfibel.
Datierung: ältere Merowingerzeit, 5.–6. Jh. n. Chr.
Verbreitung: Mittel- und Westeuropa.
Relation: Vogeldarstellung: [Nadel] 8.2.3. Nadel Typ Irlmauth.
Literatur: Thiry 1939; Haimerl 1998b; Haimerl 1998/99; Brieske 2001.
(siehe Farbtafel Seite 29)

3.27.3. Pferdchenfibel

Beschreibung: Die Zierplatte besitzt die Form eines Pferdes im seitlichen Relief. Es kann sich in Bewegung befinden oder mit gesenktem Kopf grasend ruhen. Eine zweigliedrige Spiralkonstruktion befindet sich auf der Unterseite.
Datierung: jüngere Römische Kaiserzeit, 2.–4. Jh. n. Chr.
Verbreitung: Österreich, Ungarn.
Relation: Pferdedarstellung: 3.8. Ostalpine Tierkopffibel, 3.27.4. Reiterfibel, 3.28.3. Pferdchenfibel, 4.1.2.9. Urnesfibel.
Literatur: Jobst 1975, 114f.

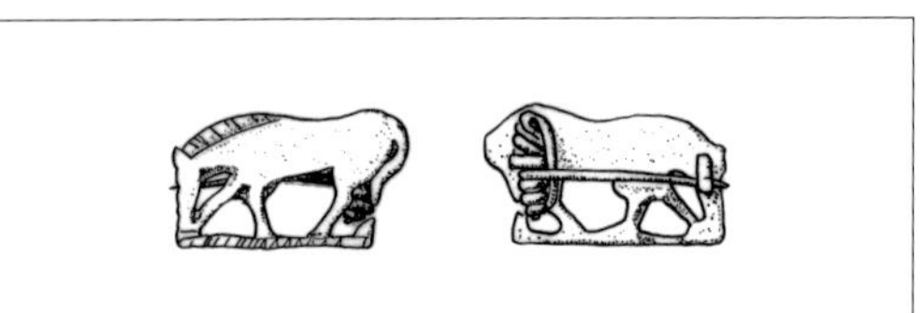

3.27.3.

3.27.4. Reiterfibel

Beschreibung: Die Zierplatte zeigt im Halbrelief einen Reiter. Häufig sind Details der Ausrüstung wie Lanze, Helm oder ein über die Hinterflanken des Pferdes gehängter Rundschild zu erkennen. Auf der Fibelunterseite ist eine zweigliedrige Spiralkonstruktion montiert. Die Fibel weist einen niedrigen, quer- oder längsstehenden Nadelhalter auf.
Datierung: jüngere Römische Kaiserzeit bis Völkerwanderungszeit, 2.–5. Jh. n. Chr.
Verbreitung: Deutschland, Österreich.
Relation: Pferdedarstellung: 3.8. Ostalpine Tierkopffibel, 3.27.3. Pferdchenfibel, 3.28.3. Pferdchenfibel.
Literatur: Jobst 1975, 114f.; Flügel 2007.

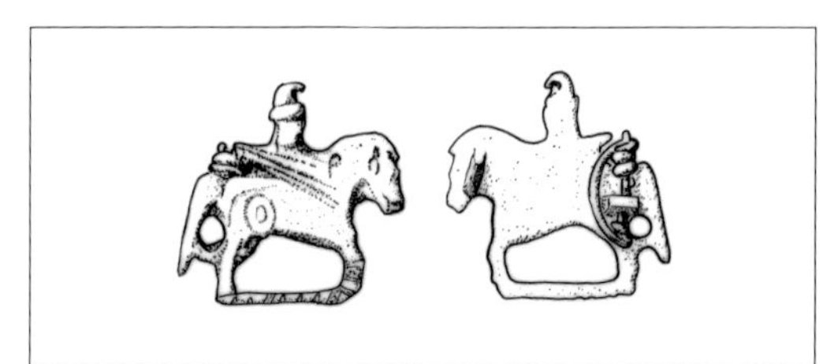

3.27.4.

3.27.5. Gladiatorenfibel

Beschreibung: Die Fibel greift das Gladiatorenthema auf: ein einzelner Kämpfer oder Gladiatoren im Zweikampf. Häufig handelt es sich um »secutores«, Gladiatoren mit großem Oval- oder Rechteckschild, Kurzschwert, eiförmigem Helm mit Kamm sowie Arm- und Beinschutz. Eine zweigliedrige Spiralkonstruktion gibt der Nadel Spannung.
Datierung: jüngere Römische Kaiserzeit, 2.–3. Jh. n. Chr.
Verbreitung: Süddeutschland, Österreich, Ungarn.
Literatur: Prohászka 2001; Flügel 2007.

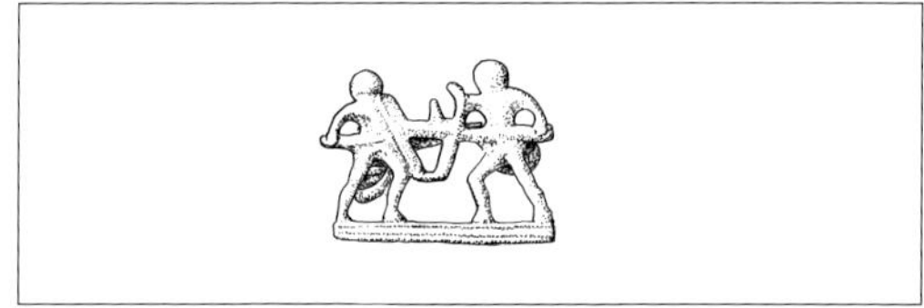

3.27.5.

3.27.6. Architekturfibel

Beschreibung: Die Grundplatte ist durch Stege, Ausschnitte und Durchbrechungen in Form eines Architekturelements gestaltet. Häufig ist ein Stadt- oder Lagertor dargestellt, das eine Durch-

fahrt sowie einen mehrgeschossigen Aufbau mit Fenstern zeigt. Es kann angenommen werden, dass die Fibel für den Träger eine besondere Symbolik besaß und als Souvenir verwendet wurde. Die Fibel besitzt eine zweigliedrige Spiralkonstruktion oder ein Backenscharnier und einen hohen, querstehenden Nadelhalter.
Datierung: jüngere Römische Kaiserzeit, 2.–3. Jh. n. Chr.
Verbreitung: Süddeutschland, Österreich, Ungarn.
Literatur: Fügel 2007; Flügel/Obmann 2008.

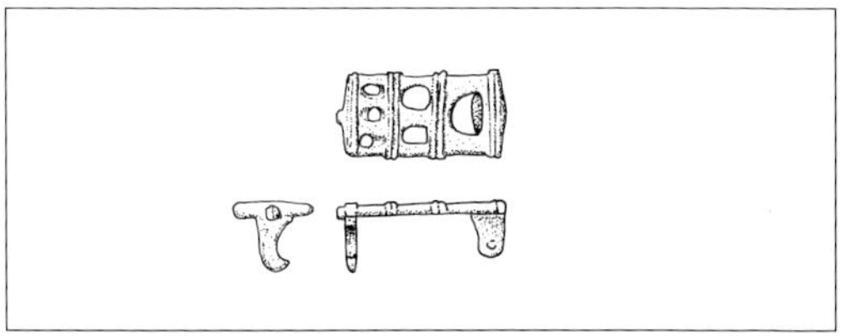

3.27.6.

3.27.7. Axtfibel

Beschreibung: Die Fibel stellt eine miniaturisierte Axt mit Axtklinge und Stiel dar. Einige Stücke zeigen Axtklingen an beiden Enden des Stiels. Es kommen auch weitere plastische Verzierungsdetails wie Voluten oder Girlanden vor. Unter der Axtklinge ist die Spirale montiert. Der kleine Nadelhalter am gegenüberliegenden Ende ist quergestellt.
Synonym: Böhme 42c–d, Riha Typ 3.20.
Datierung: jüngere Römische Kaiserzeit, 2.–3. Jh. n. Chr.
Verbreitung: England, Niederlande, West- und Süddeutschland, Österreich.

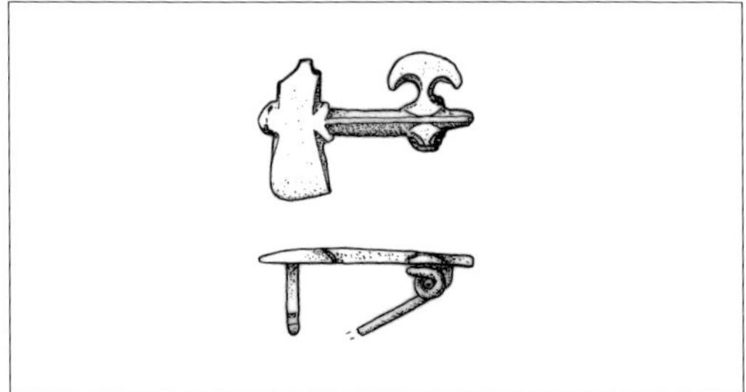

3.27.7.

Relation: Axtdarstellung: [Nadel] 8.4.1. Nadel mit Axtkopf.
Literatur: A. Böhme 1972, 39; Jobst 1975, 111f.; Riha 1979, 89.

3.27.8. Zikadenfibel

Beschreibung: Die Fibel besitzt die Gestalt eines Insektes: einer Fliege oder einer Zikade. Häufig stark stilisiert sind ein runder Kopf, ein durch Rippen oder Wülste dargestellter Körper und ein lang gezogener Hinterleib zu erkennen. Beiderseits des Hinterleibs breiten sich fächerförmig die Flügel aus. Die Fibel kann mit Punzmustern verziert sein, ist aber häufig schlicht gehalten. Allerdings zeigt die häufige Verwendung von Edelmetall den exzeptionellen Wert der Fibeln. Unter den Flügeln befindet sich die Spiralkonstruktion. Der Nadelhalter sitzt unter dem Tierkopf.
Synonym: Insektenfibel.
Datierung: Völkerwanderungszeit, 4.–5. Jh. n. Chr.
Verbreitung: Südrussland, Ungarn, Österreich, Süddeutschland, Italien, Frankreich, Belgien.
Literatur: Hampel 1905; Kühn 1935; Brentjes 1953/54; Wamers 1990.

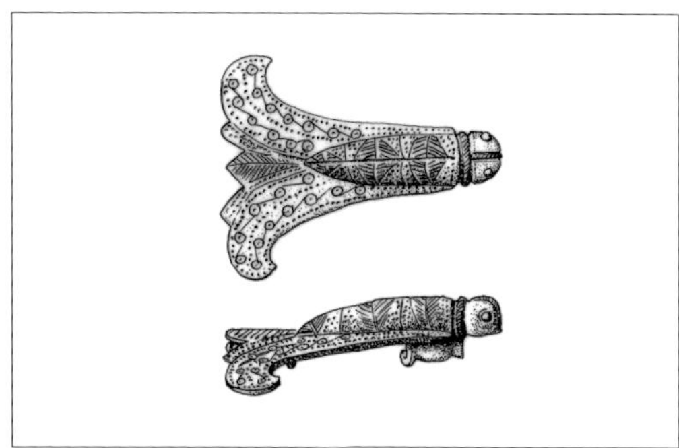

3.27.8

3.28. Figürliche Fibel mit vollplastischer Bügelzier

Beschreibung: Der gegossene Bügel und der Fuß sind plastisch verziert. Dabei kann der Bügel als Ganzes eine Figur bilden. Häufig sind jedoch nur Teile des Bügels oder der Fuß durch solitäre Köpfe oder Masken akzentuiert. Überwiegend werden Vogelköpfe dargestellt, wobei ein entenartiges Tier vorherrscht. Es kommen auch menschenähnliche Masken, Fratzen oder Fabelwesen vor. Bildet der ganze Bügel eine Figur, finden sich Darstellungen von Pferden, Wildschweinen, Schuhen oder Vögeln, in Ausnahmen auch Menschen. Es überwiegt die zweiteilige Spiralkonstruktion mit einer sechs- bis achtwindigen Spirale und großen Knöpfen an den Achsenden.

Datierung: jüngere Eisenzeit, Latène A (Reinecke), 5. Jh. v. Chr., jüngere Römische Kaiserzeit, 2.–4. Jh. n. Chr.

Verbreitung: Deutschland, Südpolen, Tschechien, Slowakei, Österreich, Schweiz, Ostfrankreich.

Relation: plastische Tierdarstellung: 3.29.4. Löwenfibel.

Literatur: Rieckhoff 1975, 68f.; Kurz 1984; Binding 1993; Riha 1994, 78.

(siehe Farbtafel Seite 30)

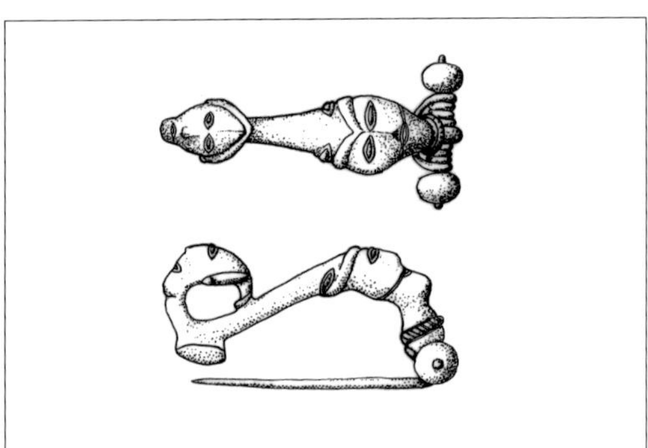

3.28.

3.28.1. Tierkopffibel

Beschreibung: Die Grundform greift das Frühlatèneschema (3.10.) auf. Das aufgebogene Fußende ist als Tierkopf ausgebildet, der in Richtung Bügel blickt. Die Fibel ist gegossen; häufig verbindet der Tierkopf Fuß und Bügel der Fibel. Als Motiv überwiegt ein entenähnlicher Vogelkopf mit einem breiten, leicht aufgebogenen Schnabel. Auch Vögel mit hakenförmigem Schnabel sowie andere Tierarten – zumeist Fabelwesen – kommen vor. Weit verbreitet ist die Stilisierung des Tierkopfes. Gegenüber einer rein geometrischen Fußzier sind bei den Tierkopffibeln die Augen deutlich erkennbar. Selten findet sich die Andeutung weiterer Merkmale wie Flügel oder Federn. Es kommen sowohl drahtförmige wie massive, wulstige Bügel vor. Die Spiralkonstruktion kann eingliedrig oder mehrgliedrig sein. Bei Armbrustkonstruktionen befinden sich häufig Zierkugeln an den Achsenden.

Synonym: Vogelkopffibel, Binding Gruppe C.

Datierung: jüngere Eisenzeit, Latène A (Reinecke), 5. Jh. v. Chr.

Verbreitung: Ostfrankreich, West-, Mittel- und Süddeutschland, Tschechien, Österreich, Schweiz.

Relation: Tierkopf: 3.8. Ostalpine Tierkopffibel; 3.10.2. Schwanenhalsfibel; Fibelduktus: 3.11.3. Fibel mit angegossenem Schlussstück.

Literatur: Beltz 1911, 672ff.; Neumann, 1973, 15ff.; Binding 1993.

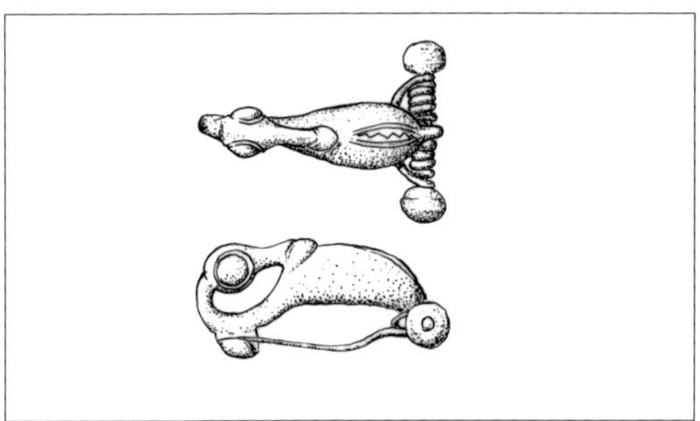

3.28.1.

3.28.1.1. Doppeltierkopffibel

Beschreibung: Die Fibel stellt eine Sonderform der Tierkopffibel dar, bei der sowohl das Fuß- als auch das Kopfende mit einem Tierkopf verziert sind. Der Fibelaufbau ist in der Regel achsensymmetrisch bezüglich des Bügelscheitels. Das Fußende sowie ein Fortsatz des Bügels am Kopfende geben der Fibel eine Brezelform. Es kommt überwiegend eine mehrgliedrige Spiralkonstruktion vor.

Synonym: Doppelvogelkopffibel, symmetrische Tierkopffibel, Binding Typ 15.

Datierung: jüngere Eisenzeit, Latène A (Reinecke), 5. Jh. v. Chr.

Verbreitung: Ostfrankreich, West-, Mittel- und Süddeutschland, Tschechien, Österreich, Schweiz.
Relation: Gleicharmigkeit: 3.23.3. Gleicharmige Kerbschnittfibel, 3.24.6. Gleicharmige Bügelfibel, 4.1.1.1. Tinsdahler Fibel, 4.1.2.8. Fibel Typ Domburg, 4.2.2. Gleichseitige Fibel.
Literatur: Dehn 1966; Binding 1993.

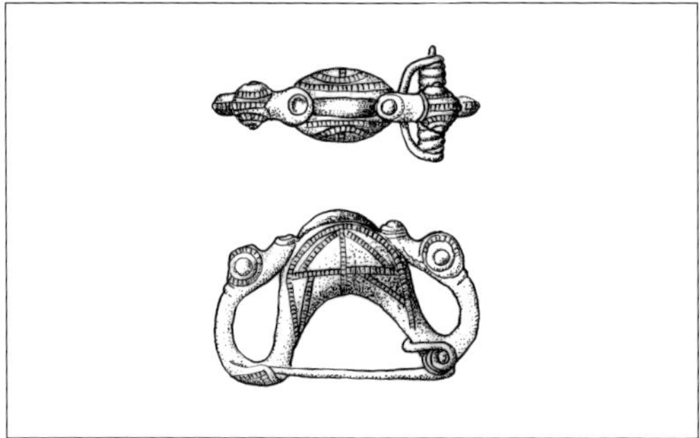

3.28.1.1.

3.28.2. Maskenfibel

Beschreibung: Der Bügel ist gegossen und zeigt häufig am Fußende ein menschliches Gesicht, eine Fratze oder den Kopf eines Fabelwesens. In die plastische Verzierung kann der Bügel einbezogen sein, auf dem sich dann weitere Fratzen befinden. Die Fibel besitzt eine Armbrustspiralkonstruktion, die mittels einer Achse arretiert ist. An den Achsenden sitzen in der Regel Zierkugeln; weitere Zierelemente wie zusätzliche Achterschleifen an der Spiralsehne sind möglich. Zu den Kennzeichen dieser variantenreichen Gruppe gehört, dass es keine völlig übereinstimmenden Stücke gibt.
Synonym: Binding Gruppe A.

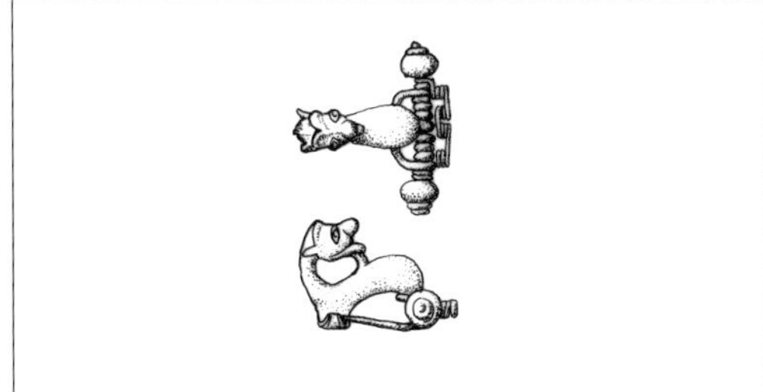

3.28.2.

Datierung: jüngere Eisenzeit, Latène A (Reinecke), 5. Jh. v. Chr.
Verbreitung: West- und Süddeutschland, Tschechien, Österreich, Schweiz.
Literatur: Beltz 1911, 672; Binding 1993.

3.28.3. Pferdchenfibel

Beschreibung: Eine Pferdedarstellung bildet den Bügel. Die Vorderbeine, auf ein Bein reduziert, enden in einem laschenartigen Nadelhalter; an den Hinterbeinen, ebenfalls vereinfacht, sitzt bei zweigliedrigen Fibeln eine Öse zur Montage einer Spirale mit Achse und Achsknöpfen; bei eingliedrigen Fibeln entwickelt sich die Spirale aus den Hinterbeinen. Die Tierdarstellung ist abstrahiert, wobei ein kräftig geschwungener Hals und der Kopf besonders hervorgehoben sind. Mehrfach deuten Linien oder feine Rippen eine Schirrung an. Die Mähne wird durch Schraffen oder Kerben angedeutet, der Schweif ist stummelartig verkürzt. Weitere Details sind nur angedeutet.
Synonym: Binding Typ 12.
Datierung: Eisenzeit, Hallstatt D bis Latène A (Reinecke), 6.–5. Jh. v. Chr.; Römische Kaiserzeit, 3.–4. Jh. n. Chr.
Verbreitung: Süddeutschland, Österreich, Italien.
Relation: Pferdedarstellung: 3.8. Ostalpine Tierkopffibel, 3.27.3. Pferdchenfibel, 3.27.4. Reiterfibel.
Literatur: Jobst 1975, 114; Pauli 1978; Binding 1993, 19ff.; Metzner-Nebelsick 2007.

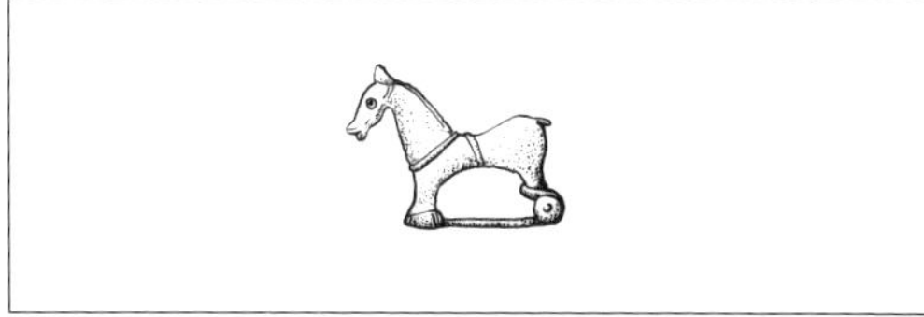

3.28.3.

3.28.4. Schuhfibel

Beschreibung: Der Bügel wird durch die plastische Darstellung eines Schnabelschuhs mit aufgebogener Schuhspitze, hohem Schaft und gerundeter Ferse eingenommen. Ein einfaches

Ornament auf dem Schuhspann könnte einen Schuhverschluss skizzieren, eine Lasche oder Knöpfe. Mehrfach ist die Schuhdarstellung mit Menschen- oder Tierköpfen kombiniert. Die Spiralkonstruktion befindet sich unter dem Hacken, und besteht aus einer kurzen Spirale mit unterer Sehne und einer Achse mit kugelförmigen Endknöpfen. Unter der Schuhspitze sitzt ein kleiner laschenartiger Nadelhalter.
Synonym: Binding Typ 13.
Datierung: jüngere Eisenzeit, Latène A (Reinecke), 5. Jh. v. Chr.
Verbreitung: Österreich, Süddeutschland, Tschechien.
Relation: Schuhdarstellung: 4.2.1.7. Schuhsohlenfibel.
Literatur: Pauli 1978; Binding 1993, 21f.

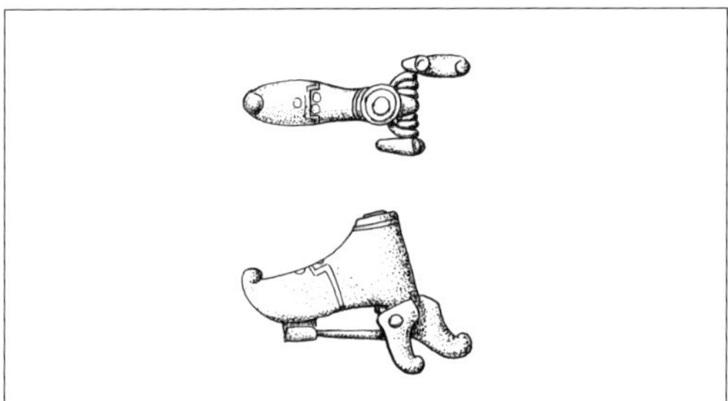

3.28.4.

3.29. Hülsenspiralfibel

Beschreibung: Bei der Hülsenspiralfibel sind Fibelkörper und Spirale getrennt gefertigt. Ihre Verbindung wird durch eine röhrenförmige Hülse am Bügelende hergestellt, die die Spirale umschließt. Dabei liegt die Spiralhülse so eng um die Spirale, dass diese ihre Federwirkung auf die Nadel ausüben kann. Einige Stücke besitzen kästchenförmige Spiralverkleidungen. Der Bügel ist überwiegend flach. Es kommen verschiedene Bügelausprägungen vor.
Synonym: Böhme 25–26, Ettlinger Typ 21–22, Riha Gruppe 4.
Datierung: ältere bis jüngere Römische Kaiserzeit, 1.–3. Jh. n. Chr.
Verbreitung: Großbritannien, Frankreich, West- und Süddeutschland, Schweiz.
Literatur: A. Böhme 1972, 23f.; Ettlinger 1973, 73ff.; Riha 1979, 12ff., 91ff.; Leifeld 2007, 161ff.
(siehe Farbtafel Seite 29)

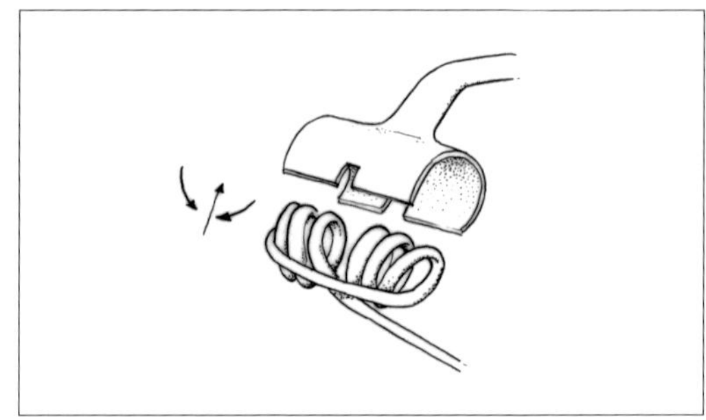

3.29.

3.29.1. Langton-Down-Fibel

Beschreibung: Der bandförmige Fibelbügel knickt dicht an der Spirale ab und verläuft leicht gewölbt. Er bleibt bis zum Fußende gleich breit, verjüngt sich leicht oder zieht in der Bügelmitte schwach ein. Der Bügel weist eine Verzierung aus Längsriefen oder -rillen auf. Das Fußende ist gerade abgeschnitten. Der Nadelhalter ist dreieckig und weist in der Regel eine Durchbrechung auf. Die Spiralhülse bleibt meist unverziert.
Synonym: Ettlinger Typ 23, Riha Typ 4.4.
Datierung: jüngere Eisenzeit bis ältere Römische Kaiserzeit, um Chr. Geb.
Verbreitung: Großbritannien, Frankreich, Westdeutschland, Schweiz.
Literatur: Ettlinger 1973, 78f.; Riha 1979, 98ff.; Riha 1994, 87ff.; Leifeld 2007, 168ff.; Gaspar 2007.

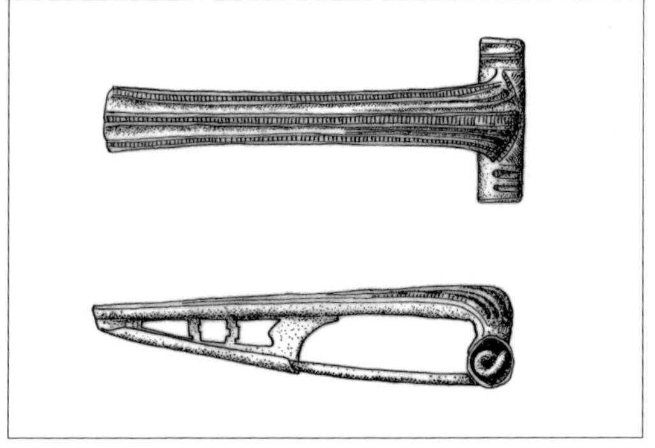

3.29.1.

3.29.2. Nertomarusfibel

Beschreibung: Das markante Merkmal besteht in einer Verzierung der Spiralhülse, die wie eine Filigranzier anmutet und aus zwei gegenständigen Voluten besteht, zwischen denen sich ein dreieckiges oder kreisförmiges Ziermotiv befindet. Die Bezeichnung der Fibel geht auf die Herstellermarke NERTOMAR zurück, die sich auf der Spiralhülse befinden kann; es kommen auch andere Namen vor. Der Fibelbügel weist einen rhombischen Querschnitt auf. Im Kopfbereich steigt er steil an, biegt scharf um und fällt gerade zum Fußende ab, wobei sich die Bügelstärke leicht verringert. Häufig umgibt den Bügelansatz im Kopfbereich eine schmale Leiste, die quergekerbt sein kann. Als weitere Verzierung ist eine Längsprofilierung des Bügels gängig. Der Nadelhalter ist rahmenförmig geöffnet oder mehrfach durchbrochen und nimmt fast die Hälfte der Fibellänge ein.

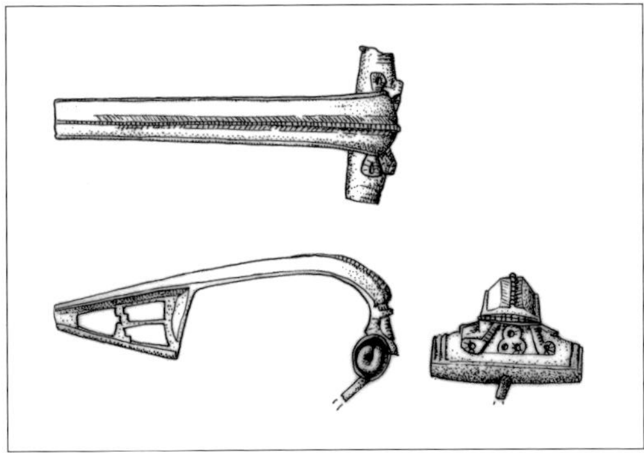

3.29.2.

Synonym: Ettlinger Typ 22, Riha Typ 4.3.

Datierung: ältere Römische Kaiserzeit, 1. Jh. n. Chr.

Verbreitung: Großbritannien, Frankreich, West- und Süddeutschland, Schweiz, Österreich, Ungarn.

Literatur: Ettlinger 1973, 76f.; Riha 1979, 97f.; Riha 1994, 86f.; Leifeld 2007, 164ff.

3.29.3. Distelfibel

Beschreibung: An die breite Spiralhülse schließt sich ein ebenfalls breiter, gleichmäßig gewölbter, bandförmiger Bügel an. Er ist durch Riefen oder Rillen in Längsrichtung verziert. Der Fußteil der Fibel besteht aus einem breit bandförmigen Fußende und einer mit diesem organisch verbundenen, großen Kreisscheibe. Das Fußende zeigt wie der Bügel eine Längsrillung. Die Zierscheibe ist mit randbegleitenden Rillen versehen und mit einem gesonderten Zierblech abgedeckt. Dieses wurde mit kranzförmig angeordneten, dreieckigen oder madelförmigen Motiven verziert und durchbrochen gearbeitet. Ein langer trapezförmiger Nadelhalter besitzt gitterartige Durchbrechungen. Zusätzliche Verzierung erscheint in Form von ein bis drei Stäben mit Endknöpfen, die in den Bügelausschnitt zwischen Bügel und Zierscheibe montiert sind.

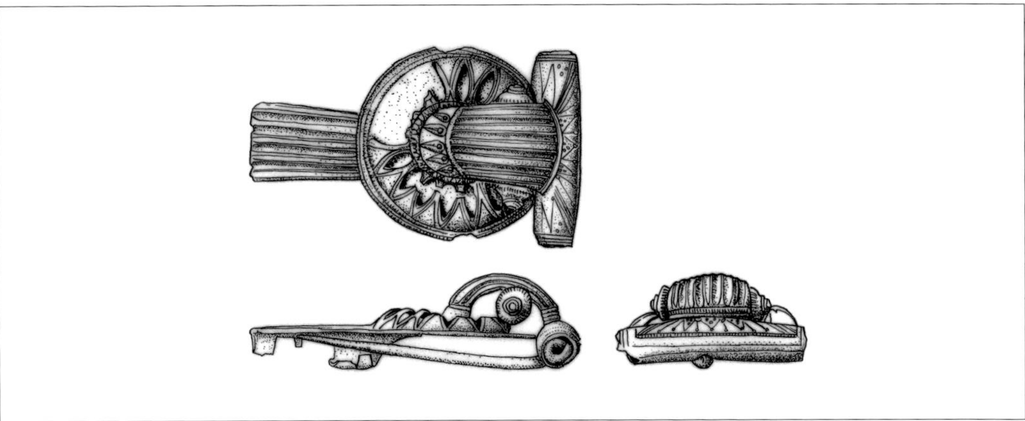

3.29.3.

Synonym: Almgren 240, Ettlinger Typ 24, Riha Typ 4.5.2, Feugère Typ 19.
Datierung: ältere Römische Kaiserzeit, 1. Jh. n. Chr.
Verbreitung: Großbritannien, Frankreich, West- und Süddeutschland, Schweiz, Österreich, Norditalien, Ungarn.
Relation: große runde Bügelscheibe: 3.11.4. Bügelplattenfibel, 3.22.10. Schildfibel, 4.1.1. Plattenfibel, 4.3.6. Scharnierfibel mit scheibenförmigem Bügel.
Literatur: Ettlinger 1973, 80ff.; Haffner 1974; Riha 1979, 101ff.; Feugère 1985, 288ff.; Rey-Vodoz 1986; Böhme-Schönberger 2002; Böhme-Schönberger/Schilp 2006; Leifeld 2007, 182ff.; Gaspar 2007.
(siehe Farbtafel Seite 29)

3.29.4. Löwenfibel

Beschreibung: Eine plastische Löwendarstellung bildet den Bügel. Die Hinterläufe stehen auf der Spiralhülse, die Vorderläufe binden an die Fußplatte an, die sich trapezförmig zum Ende hin verbreitert und in Längsrichtung mit Leisten und Punzreihen verziert ist.
Synonym: Hülsenspiralfibel mit zoomorphem Bügel, Riha Typ 4.5.7/4.6, Feugère Typ 18b.
Datierung: ältere Römische Kaiserzeit, 1. Jh. n. Chr.
Verbreitung: Frankreich, Westdeutschland, Schweiz.
Relation: plastische Tierdarstellung: 3.28. Figürliche Fibel mit vollplastischer Bügelzier.
Literatur: Fingerlin 1986; Riha 1979, 108f.; Feugère 1985, 278ff.; Riha 1994, 92; Leifeld 2007, 181ff.; Gaspar 2007.

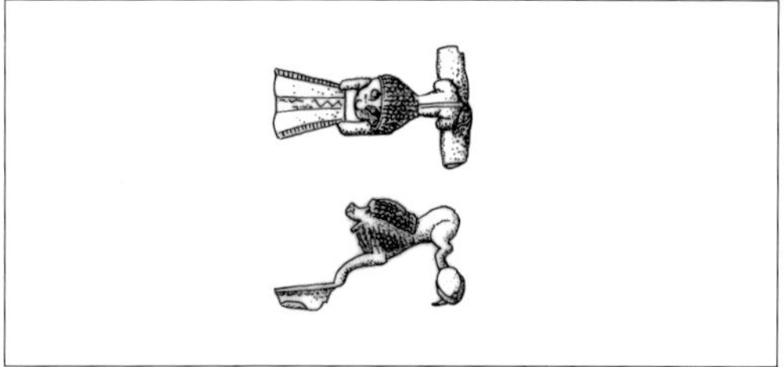

3.29.4.

3.29.5. Hülsenspiralfibel mit trapezförmigem Fuß

Beschreibung: Der niedrige, kräftige Bügel trägt in der Mitte zwei Querrippen. Es schließt sich ein flacher, sich trapezförmig verbreiternder Fuß an, der meistens unverziert ist. Der Nadelhalter ist trapezförmig und verhältnismäßig hoch. Er weist in der Regel keine Durchbrechung auf.
Synonym: Fibel mit breitem Fuß, Ettlinger Typ 27, Riha Typ 4.8.2, Feugère Typ 18a.
Datierung: ältere Römische Kaiserzeit, 1. Jh. n. Chr.
Verbreitung: Niederlande, Belgien, Frankreich, West- und Süddeutschland, Schweiz.
Relation: trapezförmiger Fuß: 3.18.3. Kräftig profilierte Fibel mit trapezförmigem Fuß, 3.22.7. Armbrustfibel mit Trapezfuß, 3.23.2. Stützarmfibel mit Trapezfuß.
Literatur: Ettlinger 1973, 87f.; Riha 1979, 108f.; Feugère 1985, 278ff.; Leifeld 2007, 178ff.; Gaspar 2007.

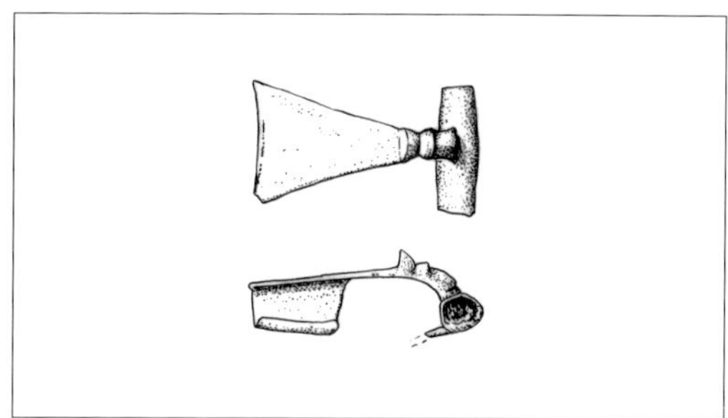

3.29.5.

3.29.6. Hülsenspiralfibel mit gegabeltem Bügel

Beschreibung: Der Fibelbügel ist zweigeteilt. Von der Spiralhülse oder einer rechteckigen Platte, die die Spiralhülse abdeckt, gehen zwei Bügelarme aus. Sie treffen sich an einem Knoten oder Kamm am Ansatz des Fußes. Die Bügelarme besitzen einen gleichseitig dreieckigen Querschnitt und sind unverziert. Der Fuß ist röhrenförmig oder spatelförmig mit flach dachförmigem Querschnitt und abgerundetem oder dreieckig zugespitztem Ende.

Synonym: Böhme 26, Riha Typ 4.10.
Datierung: jüngere Römische Kaiserzeit, 2.–3. Jh. n. Chr.
Verbreitung: Frankreich, West- und Süddeutschland, Schweiz, Österreich, Italien.
Relation: gegabelter Bügel: 3.22.5. Fibel mit dreieckiger Kopfplatte und gegabeltem Bügel.
Literatur: A. Böhme 1972, 24f.; Riha 1979, 109f.

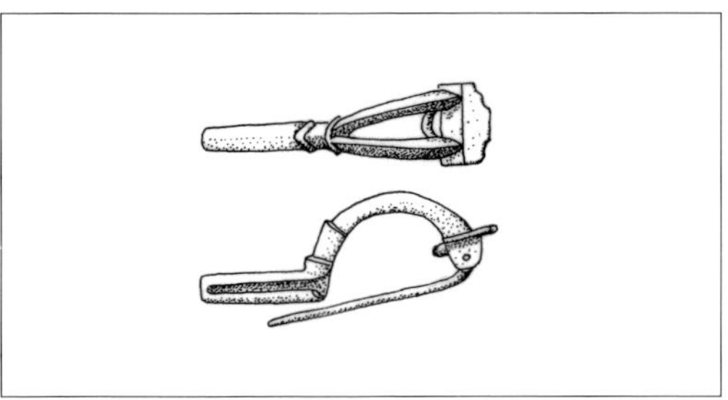

3.29.6.

3.29.7. Kniefibel

Beschreibung: Der schmale, S-förmig geschwungene, hohe Bügel endet in einer Fußplatte mit quergestelltem Nadelhalter. Der Bügelquerschnitt ist dreieckig oder schmal rechteckig. Die Spiralhülse besitzt Kästchenform.
Synonym: Almgren 248, Böhme 21, Jobst 12, Riha Typ 4.11.
Datierung: jüngere Römische Kaiserzeit, 2.–3. Jh. n. Chr.
Verbreitung: West- und Süddeutschland, Schweiz, Österreich.
Relation: knieförmiger Bügelknick: 3.4.8. Kniefibel, 3.19.5. Knieförmig gebogene Fibel, 3.19.8. Römische Kniefibel mit halbrunder Kopfplatte.

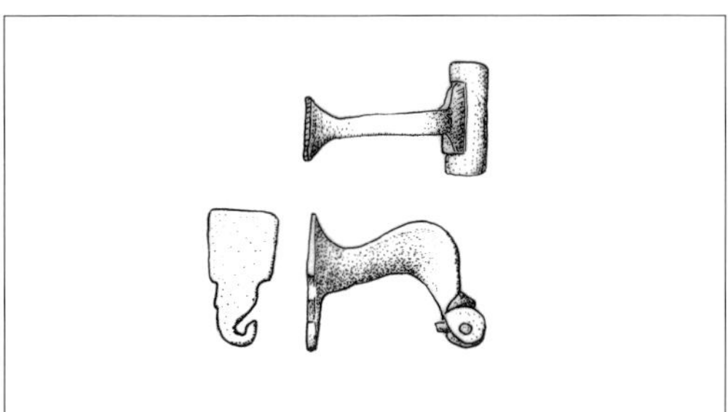

3.29.7.

Literatur: Almgren 1923; A. Böhme 1972, 20ff.; Jobst 1975, 59f.; Riha 1979, 110; Riha 1994, 97.

3.29.8. Delphinfibel

Beschreibung: Der massive Bügel besitzt einen D-förmigen Querschnitt. Im Kopfbereich ist er gerundet und weist Ähnlichkeit mit einem Delphinrücken auf. Zum Fuß hin fällt der Bügel flach ab. Er verjüngt sich dabei leicht und schließt mit einem Knopf ab. Der Bügel ist unverziert oder weist eine Mittelleiste auf. Der lang gezogene Nadelhalter ist geschlossen oder besitzt kleine runde oder dreieckige Durchbrechungen. Die Spirale ist in einer Spiralhülse gefasst, die umlaufende Querleisten zeigen kann. Die Fibelform kommt auch mit einer Scharnierkonstruktion vor.
Datierung: ältere Römische Kaiserzeit, 1.–2. Jh. n. Chr.
Verbreitung: Großbritannien, Westdeutschland.
Literatur: A. Böhme 1970, 8f.

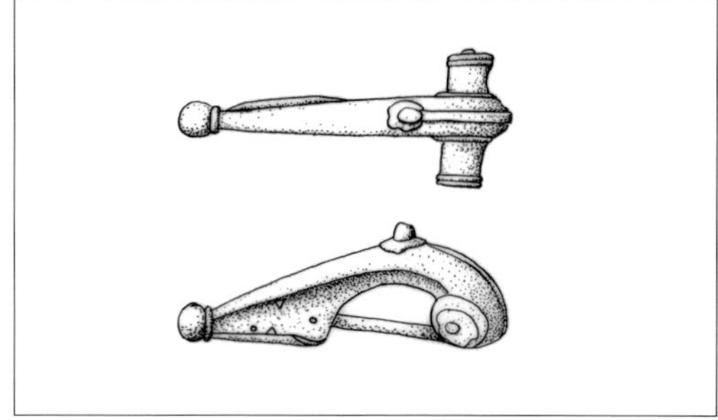

3.29.8.

4. Fibel mit Scharnierkonstruktion

Beschreibung: Diese Fibel stellt durch ihre technische Vereinfachung eine Weiterentwicklung dar. Die gesondert gefertigte Nadel ist beweglich montiert. In der einfachsten Form ist sie in eine Öse eingehängt. Komplexere Ausführungen weisen eine Achse zur Arretierung der Nadel auf. In der Regel besitzt die Nadel in geschlossenem Zustand keine Spannung, so dass sie sich aus dem Nadelhalter lösen kann. Durch die Ausarbeitung von Widerlagern wird eine federnde Wirkung der Mechanik erzeugt.

4.1. Scharnierfibel mit Ösenkonstruktion

Beschreibung: Auf der Unterseite der Fibel sitzen eine kleine Öse und ein schmaler Haken, die entweder durch ein Umbiegen von Teilen der Unterkonstruktion hergestellt, mitgegossen oder angelötet wurden. In die Öse wird eine Nadel mit ringförmig gebogenem Ende eingehängt. Der Haken dient als Nadelhalter. Diese Nadelkonstruktion kennzeichnet die Plattenfibeln der Eisenzeit sowie kleine Scheibenfibeln des Früh- und Hochmittelalters.
Datierung: jüngere Eisenzeit und Frühmittelalter, 5.–2. Jh. v. Chr. und 7.–15. Jh. n. Chr.

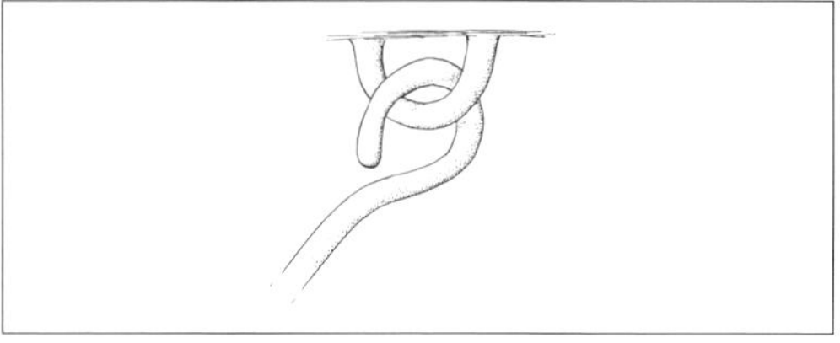

4.1.

Verbreitung: Mitteleuropa.
Literatur: Wamers 1986; Hofmann 2002.

4.1.1. Plattenfibel

Beschreibung: Die Fibel wird durch eine markante Zierscheibe dominiert. Beiderseits der Zierscheibe befinden sich weitere Zierelemente in Form kleiner, kreisförmiger Blechscheiben, querstehender Riegel oder Zierkugeln. Auch seitliche, flügelförmige Fortsätze kommen vor. Zur Montage der einzelnen Bleche dient meistens eine bandförmige Unterkonstruktion. Die Nadel ist in eine Öse eingehängt oder an einer Achse in einer Falte der Unterkonstruktion eingesetzt.
Datierung: jüngere Eisenzeit, 5.–2. Jh. v. Chr.
Verbreitung: Norddeutschland.
Relation: große runde Bügelscheibe: 3.11.4. Bügelplattenfibel, 3.22.10. Schildfibel, 3.29.3. Distelfibel, 4.3.6. Scharnierfibel mit scheibenförmigem Bügel; blechförmige Platten: 1.3.6. Plattenfibel mit getriebenen Platten.

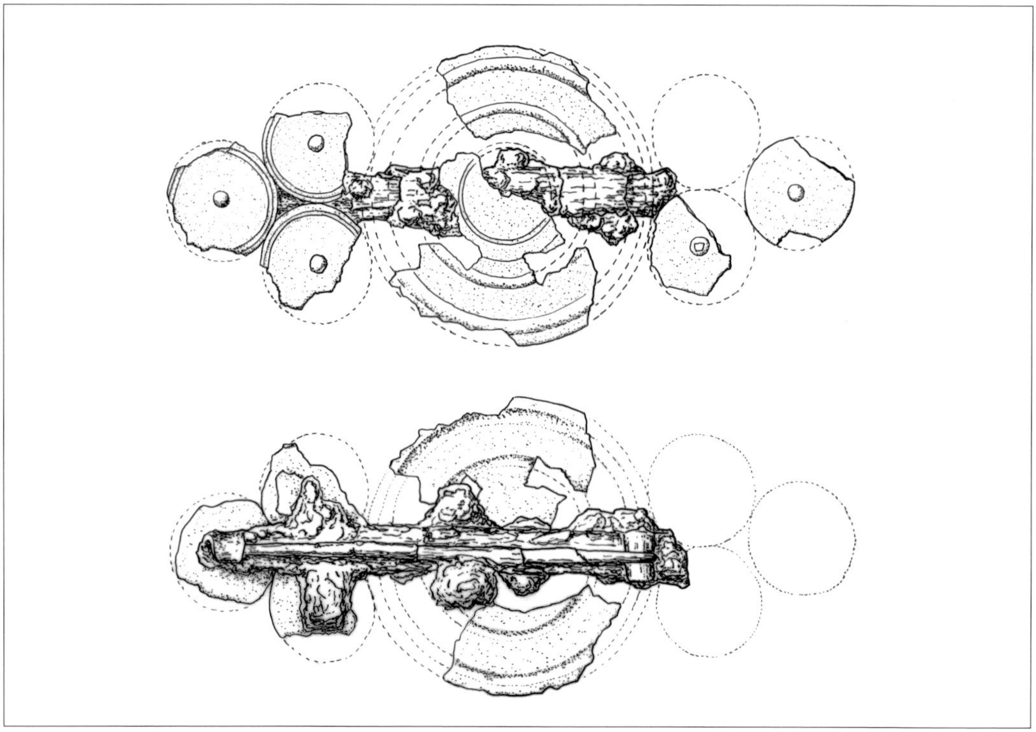

4.1.1.1.

Literatur: Behrends 1968, 41ff.; Hofmann 2002; Hofmann 2014.

4.1.1.1. Tinsdahler Fibel

Beschreibung: Das Grundgerüst besteht in einem Eisenband, auf dem die weiteren Zierelemente vernietet sind. Zur Montage der Nadel wird das eine Bandende zu einer Welle gelegt und geschlitzt, so dass die geöste Nadel an einer Achse eingehängt werden kann. Alternativ kommen eine Aufhängung der Nadel in einer Öse oder die feste Vernietung von Nadelkopf und Eisenband vor. Als Nadelhalter dient eine seitliche Lasche an der Stützkonstruktion. Die Verzierung besteht aus einer großen, kreisrunden Blechscheibe, die in der Mitte der Fibel aufgenietet ist, sowie aus jeweils drei kleinen Blechscheiben an den Fibelenden. Alle Blechscheiben können mit konzentrischen Rillen oder Rippen verziert sein.
Datierung: jüngere Eisenzeit, Stufe Ic (Hingst), 5.–4. Jh. v. Chr.
Verbreitung: Norddeutschland.
Relation: Gleicharmigkeit: 3.23.3. Gleicharmige Kerbschnittfibel, 3.24.6. Gleicharmige Bügelfibel, 3.28.1.1. Doppeltierkopffibel, 4.1.2.8. Fibel Typ Domburg, 4.2.2. Gleichseitige Fibel.
Literatur: Beltz 1913, 698; H. Krüger 1950; Behrends 1968, 42; Keiling 1969, 44; Hofmann 2002.

4.1.1.2. Heitbraker Fibel

Beschreibung: Die Unterkonstruktion besteht aus einem Eisenband, das in der Mitte ringförmig geweitet wurde und dessen Kopfende rundstabig ausläuft. Die Nadel ist in eine Scharnierkonstruktion oder eine Öse eingehängt. In der Fibelmitte sitzt eine große Blechscheibe, die mit konzentrischen Rillen und Rippen verziert sein und ein kreisförmig durchbrochenes Zentrum aufweisen kann. An den beiden gegenüberliegenden Seiten können sich kleine flügelförmige Fortsätze befinden. In Längsrichtung wird die Scheibe durch jeweils einen Querriegel flankiert, der mit Längslinien verziert ist. Das stabförmige Ende des Unterbaus ist mit Bronzeblech ummantelt und trägt eine oder mehrere kugelförmige Applikationen aus Blechschalen oder Glasperlen.
Datierung: jüngere Eisenzeit, Stufe Ic (Hingst), 5.–4. Jh. v. Chr.

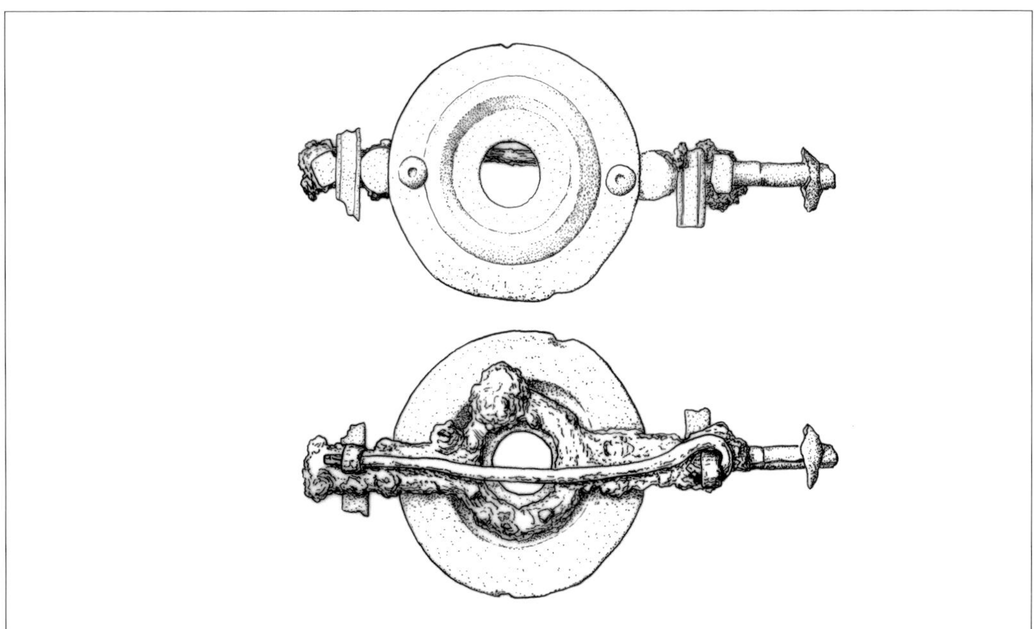

4.1.1.2.

Verbreitung: Norddeutschland.
Relation: Querstege: [Nadel] 7.13. Nadel mit umkleidetem Kopf.
Literatur: Beltz 1913, 698; H. Krüger 1950; Behrends 1968, 43; Hofmann 2002.

4.1.1.3. Malenter Fibel

Beschreibung: Die kreisrunde Zentralscheibe besitzt auf beiden Seiten kleine, meist dreizackige Flügel. In Längsrichtung schließen sich beiderseits der Mittelscheibe jeweils mindestens zwei Querstege an, die schwalbenschwanzförmig gezackte Enden aufweisen. Das Kopfende der Fibel ist dornartig ausgezogen und mit mehreren Blechkugeln profiliert. Auf der Rückseite der Fibel befindet sich eine bandförmige Stützkonstruktion mit einer Öse zur Aufnahme der Nadel.
Datierung: jüngere Eisenzeit, Stufe Ic–IIa (Hingst), 4.–3. Jh. v. Chr.
Verbreitung: Norddeutschland.
Relation: Querstege: [Nadel] 7.13. Nadel mit umkleidetem Kopf.
Literatur: Behrends 1968, 43; Hofmann 2002.

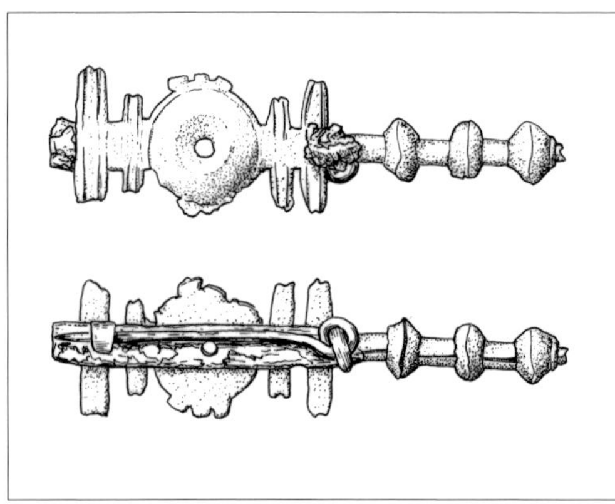

4.1.1.3.

4.1.1.4. Schwisseler Fibel

Beschreibung: Die Fibel ist gegossen. In der Mitte befindet sich eine kleine, ringförmige Scheibe, die auf beiden Seiten mit je einem fächerförmigen Flügel versehen ist. Kopf- und Fußende sind stabförmig und durch Rippen, Wülste und Querstege gegliedert. Die Nadel ist in eine rückseitige Öse eingehängt.
Synonym: Flügelnadelfibel.
Datierung: jüngere Eisenzeit, Stufe Ic–IIa (Hingst), 4.–3. Jh. v. Chr.
Verbreitung: Norddeutschland.
Relation: Grundform: [Nadel] 7.12.1. Flügelnadel vom Jastorftyp.
Literatur: Beltz 1913, 698; Behrends 1968, 44; Hingst 1989; Hofmann 2002.

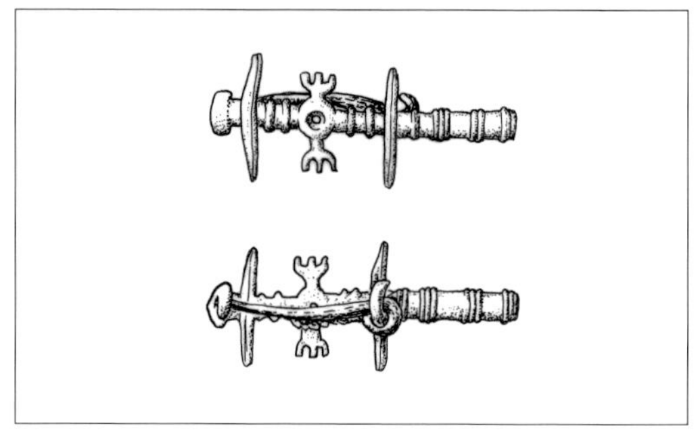

4.1.1.4.

4.1.1.5. Pommersche Fibel

Beschreibung: Die Fibel besitzt einen breiten, bandförmigen, hoch aufgewölbten Bügel, der mit Längsrippen versehen ist. Am Kopfende schließt der Bügel mit einer röhrenförmigen Hülse ab, in der sich eine Achse befindet. Die Achsenden sind aufgebogen und enden in großen scheibenförmigen Zierknöpfen. Die Fibelnadel ist in die Achse eingehängt. Der Fibelfuß ist trapezförmig. Er kann kräftige Randleisten besitzen und weist häufig ein oder zwei runde Durchlochungen auf. Zwischen Fuß und Bügel ist ein weiterer Zierknopf aufgenietet. Mit diesem Niet wird zugleich ein Nadelhalter auf der Unterseite fixiert. Eine Spiralröhre führt von der einen Achsseite um den Fußknopf herum zur anderen Achsseite und bildet gemeinsam mit der Achse ein etwa gleichseitiges Dreieck. Bei einigen Stücken ist diese Spiralröhre durch ein geripptes Band ersetzt.
Datierung: jüngere Eisenzeit, Stufe Ic–IIa (Keiling), 3.–2. Jh. v. Chr.
Verbreitung: Norddeutschland.

Relation: paukenförmiger Knopf: 3.7. Fußzierfibel.
Literatur: Beltz 1911, 691; Eggers 1930; Eggers/Stary 2001.

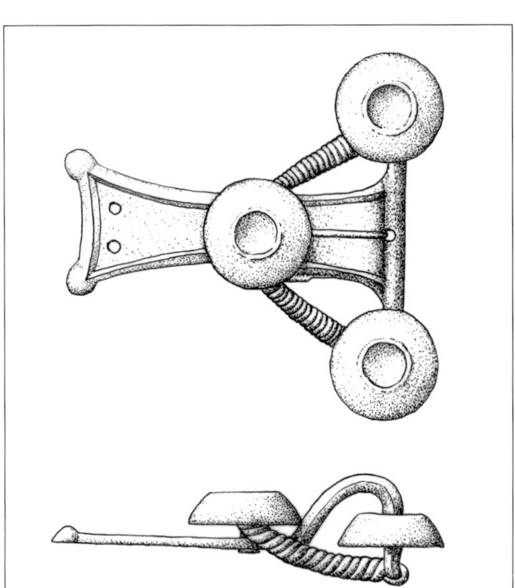

4.1.1.5.

4.1.1.6. Zachower Fibel

Beschreibung: Grundbestandteil ist ein geschlossener Ring, der an den vier Polen Erweiterungen aufweist. Während sich am Kopfende ein trompetenförmiger Fortsatz befindet, sitzen an den weiteren Polen ringförmige Laschen. Eine einfache Öse dient zur Aufhängung der Nadel.

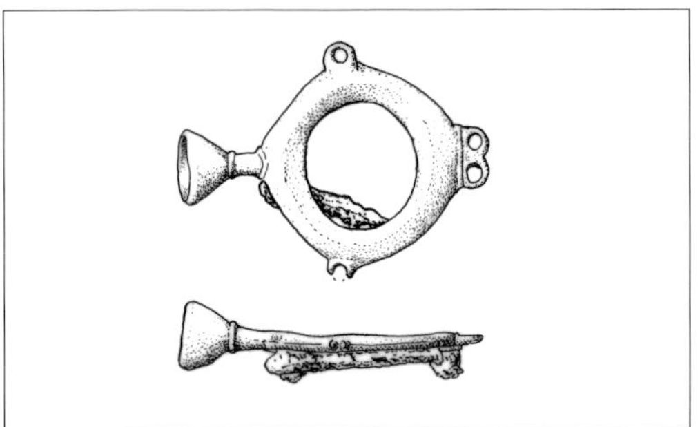

4.1.1.6.

Datierung: jüngere Eisenzeit, Stufe Ic–IIa (Keiling), 3.–2. Jh. v. Chr.
Verbreitung: Norddeutschland, Südschweden.
Relation: ringförmiger Fibelkörper: 1.4. Fibel mit Drehverschluss.
Literatur: Schubart 1955; Schubart 1957; Hofmann 2002, 154.

4.1.2. Scheibenfibel

Beschreibung: Auf der Unterseite einer Zierscheibe sitzen eine Ösenaufhängung und ein hakenförmiger Nadelhalter. Beide Funktionselemente sind gemeinsam mit der Zierscheibe im Gussverfahren hergestellt oder wurden an die Zierscheibe angelötet. Die Zierscheibe kann kreisförmig rund sein oder einen spezifischen Umriss besitzen. Häufig tritt eine Verzierung in Grubenschmelztechnik auf.
Datierung: Frühmittelalter, 7.–15. Jh. n. Chr.
Verbreitung: Europa.
Literatur: Wamers 1994; Spiong 2000; Bunte 2013, 98ff.

4.1.2.1. Runde Blechfibel

Beschreibung: Die kreisrunde Fibel besitzt eine durch Punzierung, Gravierung oder Presstechnik verzierte Grundplatte, die aus einem einfachen Blech oder aus zwei dünnen Blechscheiben mit einem Zwischenlager aus Blei bestehen kann.
Synonym: Buckelfibel.
Datierung: Frühmittelalter, 9.–11. Jh. n. Chr.
Verbreitung: Dänemark, Deutschland, Österreich, Schweiz.
Literatur: Frick 1992/93, 320ff.; Wamers 1994, 116ff.; Spiong 2000; Bunte 2013, 98ff.

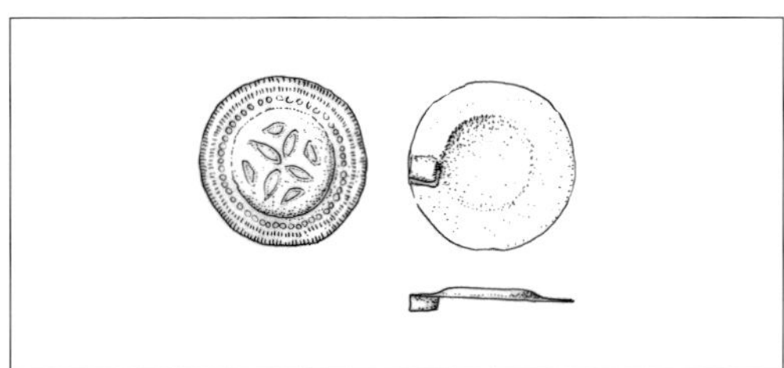

4.1.2.1.

4.1.2.2. Kreuzemailfibel

Beschreibung: Die Grundplatte ist kreisförmig. Durch den erhöhten Rand und vier dreiviertelkreisförmige Stege ist ein Kreuz dargestellt, das durch die Einlage von Zellenemail ausgefüllt ist. Alternativ kommt Grubenemail vor. Nadelaufhängung und Nadelhalter sind mitgegossen.
Datierung: Frühmittelalter, 9.–10. Jh. n. Chr.
Verbreitung: Nord-, Mittel- und Westdeutschland, Niederlande, Dänemark.
Relation: Kreuzdarstellung: 4.1.2.6. Kreuzfibel.
Literatur: Best 1985; Frick 1992/93, 260 ff.; Wamers 1994; Laux 1998; Spiong 2000; Ulriksen 2002; Panum Baastrup 2005; Bunte 2013, 114ff.
(siehe Farbtafel Seite 30)

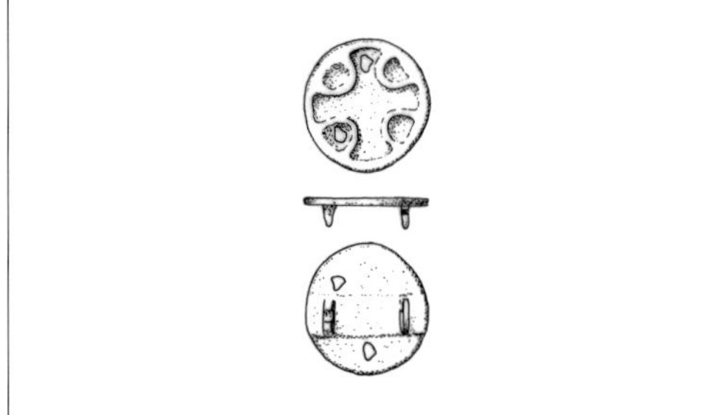

4.1.2.2.

4.1.2.3. Münzfibel

Beschreibung: Als Grundplatte der Fibel wird eine Münze verwendet. Alternativ tritt eine münzähnliche Darstellung auf, die häufig ein Kaiserportrait oder eine Ableitung dessen zeigt.
Datierung: Frühmittelalter, 7.–15. Jh. n. Chr.
Verbreitung: Nord- und Westdeutschland, Niederlande.

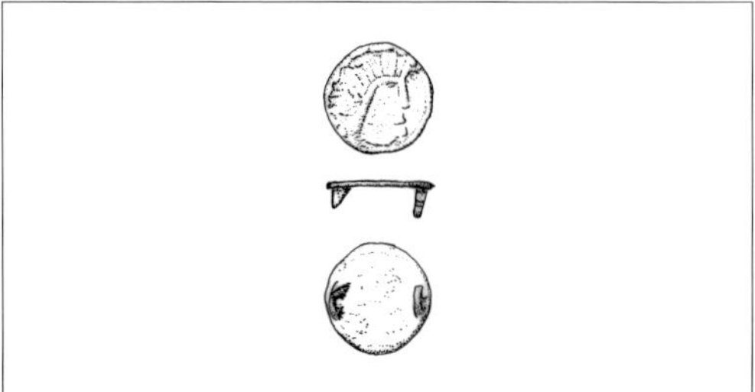

4.1.2.3.

Relation: münzartige Darstellung: 4.2.1.3. Brakteatenfibel
Literatur: Koers u.a. 1990; Frick 1992/93, 307 ff.; Berghaus 1994; Schulze-Dörrlamm 1999; Dieke 2003; Panum Baastrup 2005; Bunte 2013, 104ff.

4.1.2.4. Heiligenfibel

Beschreibung: Die kreisförmige Scheibenfibel ist mit Email verziert und zeigt das Bildnis eines Heiligen. Häufig tritt ein Grubenschmelz auf. Das Bild setzt sich zusammen aus einer C-förmigen Figur, dem Nimbus, zwei übereinander angeordneten, Y-förmigen Gruben – sie stellen Gesicht und Oberkörper dar – sowie zwei seitlichen Ovalen als Kennzeichnung der erhobenen Hände. Aufwändigere Stücke sind in Zellenschmelztechnik gearbeitet und in der Darstellung detailreicher.
Datierung: Frühmittelalter, 9.–10. Jh. n. Chr.
Verbreitung: Dänemark, Nordwestdeutschland, Niederlande, Großbritannien.
Literatur: Frick 1992/93, 287 ff.; Wamers 1994; Wamers in: Beck 1994, 586 ff.; Laux 1995; K. Krüger 1999; Spiong 2000; K. Krüger 2000; Eger 2001; Bunte 2013, 106ff.
(siehe Farbtafel Seite 30)

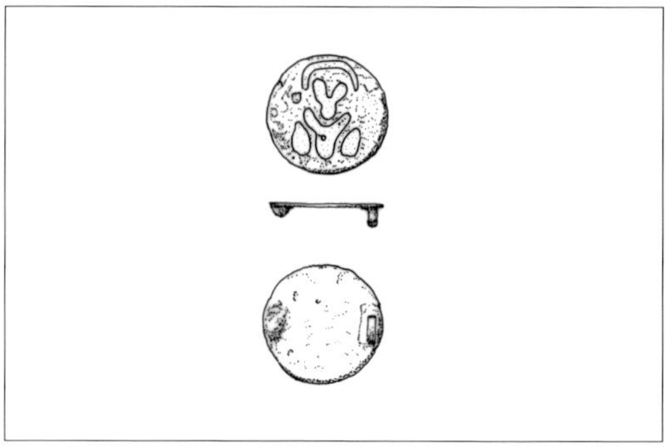

4.1.2.4.

4.1.2.5. Lunulafibel

Beschreibung: Die sichelförmige Grundplatte ist mit einem Dekor aus Grubenemail verziert. Auf der Rückseite ist die Nadel in eine Öse eingehängt und liegt auf einem einfachen Haken auf.
Datierung: Frühmittelalter, 9.–10. Jh. n. Chr.

Verbreitung: Mittel-, West- und Süddeutschland.
Relation: mondsichelförmiger Umriss: 4.2.1.5. Lunulafibel.
Literatur: Wamers 1994, 142ff.

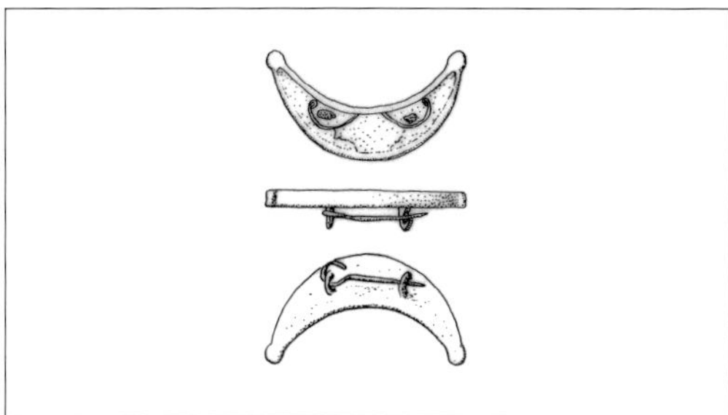

4.1.2.5.

4.1.2.6. Kreuzfibel

Beschreibung: Grundbestandteil ist ein kreuzförmiges Blech, das in vielfältiger Weise gestaltet sein kann. Sehr häufig finden sich Rundeln an den Enden der Kreuzarme. Die Kreuzarme selbst sind gleichbleibend breit oder verbreitern sich nach außen. Die gesamte Zierfläche kann mit Kerbschnitt oder Reliefmustern bedeckt sein, wobei Kreise, Leiterbänder sowie radiale Strahlen häufig wiederkehrende Motive sind. Auch florale Motive kommen vor.
Datierung: Frühmittelalter, 7.–9. Jh. n. Chr.
Verbreitung: Schweiz, Österreich, Nord- und Westdeutschland, Niederlande, Belgien, Frankreich, Großbritannien.
Relation: Kreuzdarstellung: 4.1.2.2. Kreuzemailfibel.
Literatur: Wamers 1994, 135ff.; Schulze-Dörrlamm 1997, Bierbrauer 2002.

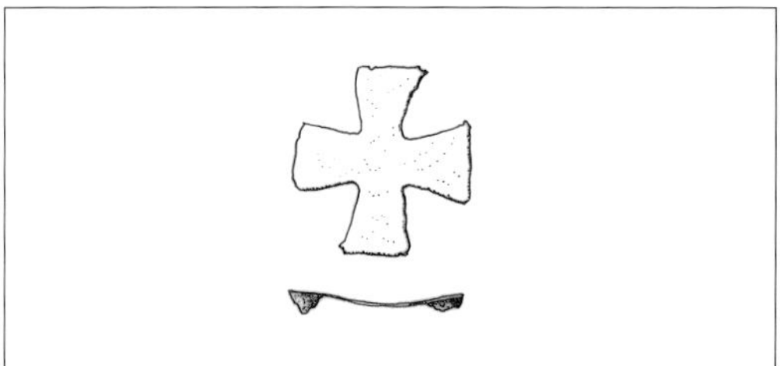

4.1.2.6.

4.1.2.7. Peltafibel

Beschreibung: Das Ziermotiv der Fibel besteht in einem leistenartigen Band, das in Pelta- oder Brezelform geschlungen ist. Dabei gibt es Ausführungen mit einer bohnenförmigen Grundplatte, deren Zierfläche mit Grubenemail ausgefüllt ist, sowie durchbrochen gearbeitete Stücke, die mit Buckelreihen und Zierleisten versehen sein können.
Synonym: Brezelfibel.
Datierung: Frühmittelalter, 9.–10. Jh. n. Chr.
Verbreitung: Westdeutschland.
Relation: peltaförmige Fibelzier: 3.22.4. Fibel mit peltaförmiger Kopfplatte, 3.26.10. Peltafibel.
Literatur: Wamers 1994; Spiong 2000; Pleterski 2003.

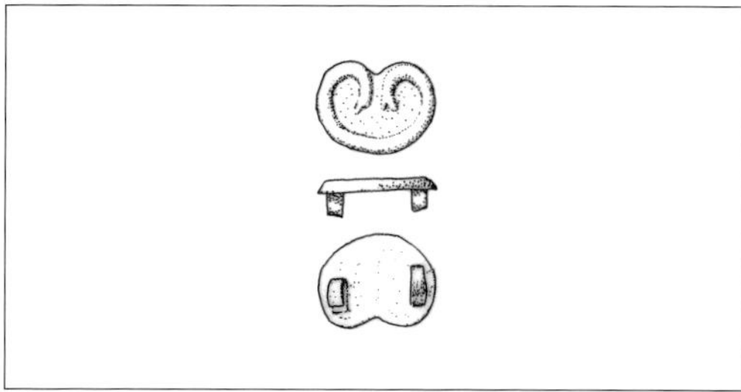

4.1.2.7.

4.1.2.8. Fibel Typ Domburg

Beschreibung: Die besonders plastisch gearbeitete, gleicharmige Fibel weist vegetabile Enden auf, die in der Regel als dreiblättrige Knospe gestaltet sind. Der Bügelscheitel ist durch eine Rosette akzentuiert. Soweit die Erhaltungsbedingungen eine Beobachtung nicht einschränken, scheint die Nadel bei einem überwiegenden Teil der Fibeln nur in eine Öse eingehängt worden zu sein.
Synonym: Gleicharmige Bügelfibel mit vegetabilen Enden, Thörle Gruppe XII.
Datierung: Frühmittelalter, ca. 9.–10. Jh. n. Chr.
Verbreitung: Norddeutschland, Niederlande, Belgien, Nordfrankreich.
Relation: Gleicharmigkeit: 3.22.13. Schnabelfibel, 3.23.3. Gleicharmige Kerbschnittfibel, 3.24.6.

Gleicharmige Bügelfibel, 3.28.1.1. Doppeltierkopffibel, 4.1.1.1. Tinsdahler Fibel, 4.2.2. Gleichseitige Fibel.
Literatur: Hübener 1972; Riebau 1999; Thörle 2001, 184ff.

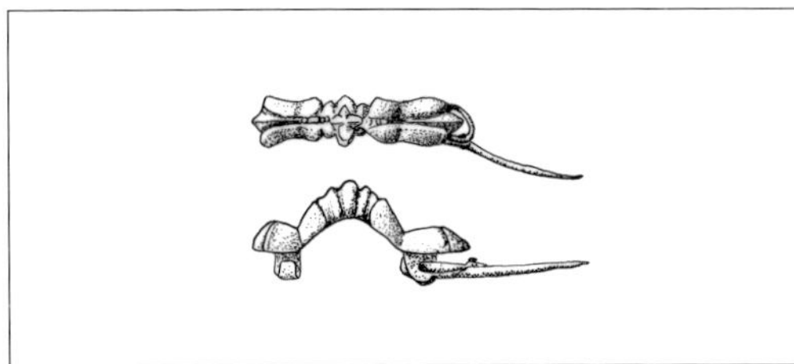

4.1.2.8.

4.2. Scharnierfibel mit Backenscharnier

Beschreibung: Zur Montage der Nadel befinden sich auf der Unterseite der Fibel zwei engstehende, parallel ausgerichtete, halbkreisförmige Platten (Backen), die mittig gelocht sind. Zwischen die Platten wird die mit einem kreisförmigen Öhr versehene Nadel eingesetzt und mit einer Achse fixiert. Diese Konstruktion tritt überwiegend bei kleinen Scheibenfibeln auf. Die Technik ist für römische Werkstätten typisch, kommt aber auch im frühen Mittelalter vor.
Synonym: Riha Gruppe 7.
Datierung: Römische Kaiserzeit bis Frühmittelalter, 1.–12. Jh. n. Chr.
Verbreitung: Mittel-, West- und Südeuropa.
Relation: Backenscharnier: 3.24.6. Gleicharmige Bügelfibel, 3.27.6. Architekturfibel, 3.29.8. Delphinfibel.

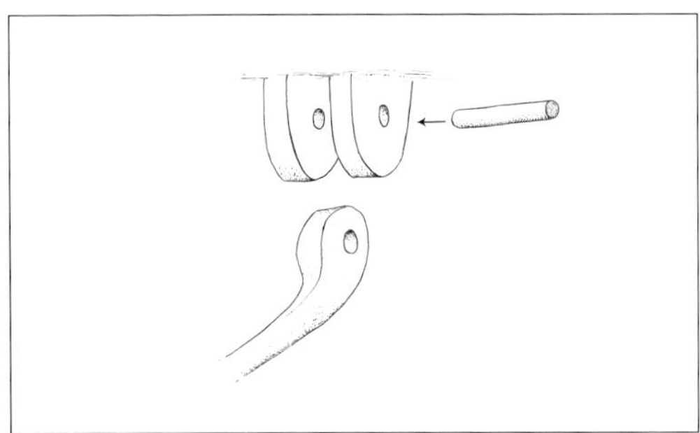

4.2.

Literatur: Riha 1979, 16. 178ff.
(siehe Farbtafel Seite 30)

4.2.1. Scheibenfibel

Beschreibung: Im Gegensatz zur Bügelfibel weist die Scheibenfibel eine flache Zierplatte auf, die durch einen Zierbelag, Formschnitt des Randes oder Durchbruchsmuster dekoriert ist. Als Zierauflage wurden überwiegend Email, Glasfluss oder Pressblech verwendet. Auch die geometrische Gestaltung der Scheibe im Zuge des Herstellungsgusses tritt auf. In der Regel wurden die Scharnierbacken der Nadelkonstruktion und der Nadelhalter ebenfalls beim Guss angefügt.
Synonym: Hofheim Typ VII, Feugère Typ 27.
Datierung: Römische Kaiserzeit, Völkerwanderungszeit, Frühmittelalter, 2.–10. Jh. n. Chr.
Verbreitung: Mittel-, West- und Südeuropa.
Literatur: Ritterling 1912, 130ff.; Exner 1939, 59ff.; A. Böhme 1972; Feugère 1985, 368ff.; Riha 1994; Böhme-Schönberger 2016; Mączyńska 2016.
(siehe Farbtafel Seite 30)

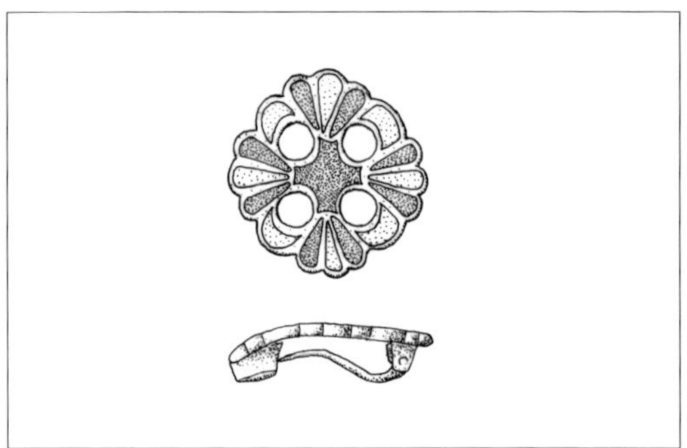

4.2.1.

4.2.1.1. Emailscheibenfibel

Beschreibung: Die Grundform der Basisscheibe ist überwiegend kreisförmig, seltener auch rechteckig, rhombisch oder oval. Häufig befindet sich im Zentrum ein Mittelfeld, das erhöht sein kann und sich durch den Einsatz eines geschliffenen Steins, einer Glaspaste oder eines Pressblechs hervorhebt. Von diesem Mittelfeld gehen radial Stege aus, zwischen denen sich unterschiedlich

gefärbtes Email befindet. Zusätzliche Dekore wie Bogenmuster oder Kreisaugen kommen vor.
Synonym: Exner Gruppe III.
Datierung: Römische Kaiserzeit, 1.–3. Jh. n. Chr.
Verbreitung: West-, Mittel- und Südeuropa.
Literatur: Exner 1939, 59ff.
(siehe Farbtafel Seite 31)

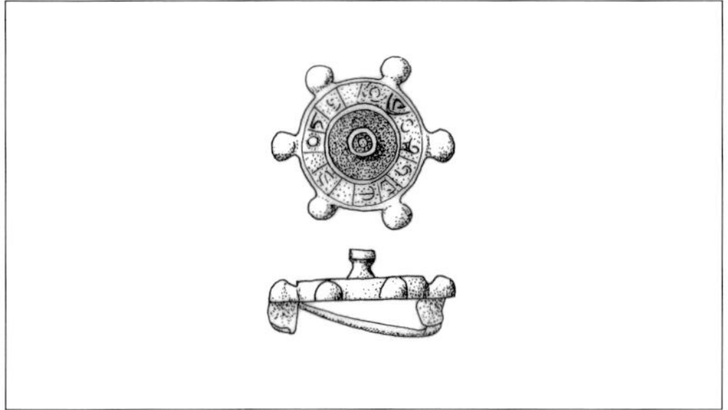

4.2.1.1.

4.2.1.2. Millefiorifibel

Beschreibung: Kennzeichnend ist die Verzierung der Fibel mit Einlagen in Millefioritechnik. Dazu kann sich die Grundplatte der Fibel zu einem sockelartigen Unterbau aufwölben, auf den die Zierscheibe eingesetzt ist. Möglich ist auch die Ausführung mit einem erhöhten Plattenrand und der flächigen Einlage von Reihen oder radialen Streifen aus Millefioriplättchen.
Synonym: Riha Typ 7.14.
Datierung: jüngere Römische Kaiserzeit, 2.–3. Jh. n. Chr.
Verbreitung: West- und Südeuropa.
Literatur: Riha 1979, 189ff.; Riha 1994, 161f.; Gaspar 2007.
(siehe Farbtafel Seite 31)

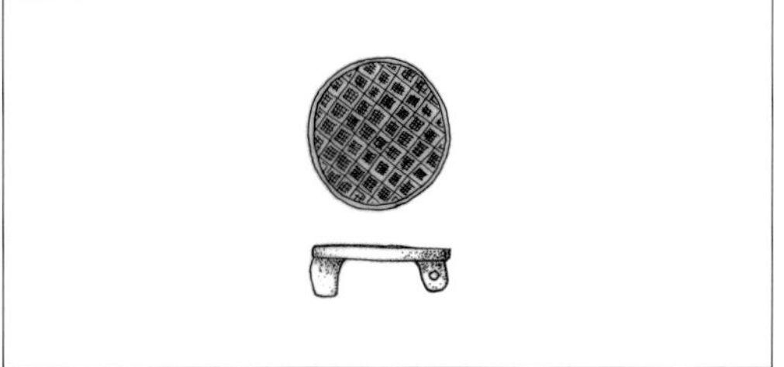

4.2.1.2.

4.2.1.3. Brakteatenfibel

Beschreibung: Auf die kreisförmige Grundplatte ist eine einseitig gepresste Metallfolie aufgelegt, die aufgenietet ist oder durch Umbörteln des Randes montiert wurde und mit einer Kittmasse unterlegt ist. Das Motiv stammt aus der christlichen Ikonographie. Häufige Darstellungen sind der Lebensbaum mit Vögeln, ein Stabkreuz mit Adoranten, Marien- oder Engelsdarstellungen oder mythologische Tierfiguren. Auf der Fibelunterseite befinden sich eine Scharnierkonstruktion und ein schmaler niedriger Nadelhalter.
Datierung: jüngere Merowingerzeit, 7.–8. Jh. n. Chr.
Verbreitung: Frankreich, Niederlande, Deutschland, Skandinavien, Großbritannien.
Relation: münzartige Darstellung: 4.1.2.3. Münzfibel; Pressblech: 3.26.1. Pressblechfibel.
Literatur: U. Koch 1982; Wamers in: Beck 1994, 590ff.; Bierbrauer 2002.

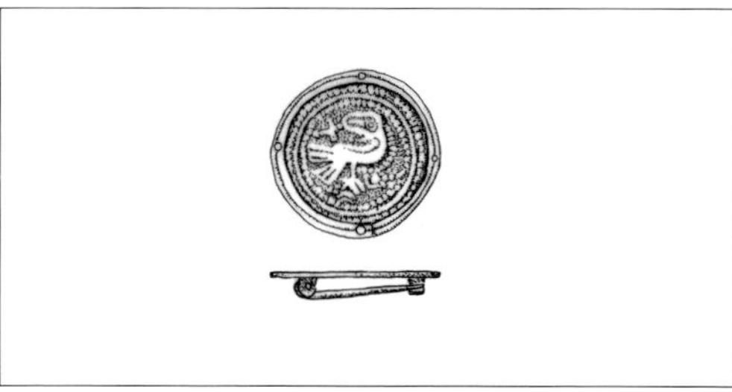

4.2.1.3.

4.2.1.4. Rechteckfibel

Beschreibung: Die Grundplatte der Fibel ist rechteckig, wobei die Proportionen zwischen langschmal und fast quadratisch variieren. Einige Stücke weisen leicht ausgezogene Ecken auf. Die Verzierung der Schauseite erfolgt in geometrischen Formen. Häufig lässt sich eine durch Leisten, Leitermuster oder Buckelreihen betonte, rahmenartige Randeinfassung beobachten. Die Innenfläche kann mit Rundeln, konzentrischen Kreisen, sich kreuzenden oder ein Rechteck bildenden Leisten gefüllt sein. Es kommen auch Emaileinlagen oder Zierbleche vor. Die Nadelkon-

struktion weist ein Backenscharnier sowie einen einfachen Haken zur Auflage der Nadel auf.
Datierung: Frühmittelalter, 7.–10. Jh. n. Chr.
Verbreitung: Deutschland, Niederlande, Belgien, Dänemark.
Literatur: Wamers 1986; Frick 1992/93, 279ff.; Wamers 1994, 121ff.

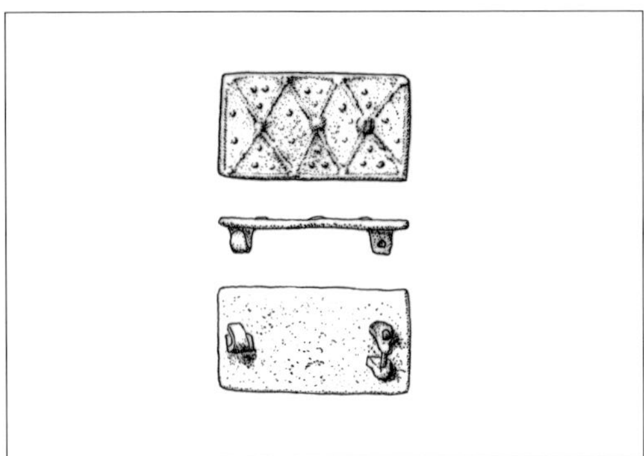

4.2.1.4.

4.2.1.5. Lunulafibel

Beschreibung: Die Grundplatte besitzt die Form einer Mondsichel. Die Spitzen sind in zwei kurze Fortsätze gespalten. Drei kurze Fortsätze oder Knöpfchen befinden sich gleichmäßig auf der Außenkante der Sichel verteilt, ein weiterer in der Mitte der Innenkante. Die Fibel weist in der Regel eine kreisförmige Applikation aus Glas oder Bein auf, die in der Fibelmitte aufgenietet ist.
Synonym: Ettlinger Typ 41, Riha Typ 7.5, Feugère Typ 24d.
Datierung: ältere Römische Kaiserzeit, 1. Jh. n. Chr.

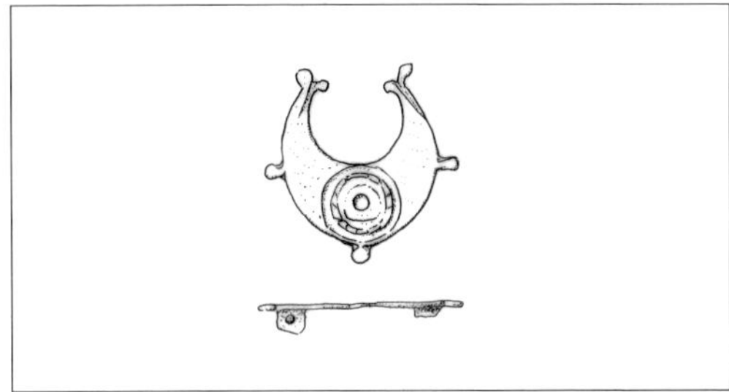

4.2.1.5.

Verbreitung: Mittel-, West- und Südeuropa.
Relation: mondsichelförmiger Umriss: 4.1.2.5. Lunulafibel.
Literatur: Ettlinger 1973, 113; Riha 1979, 183; Feugère 1985, 335ff.; Gaspar 2007.

4.2.1.6. Seetierfibel

Beschreibung: Die Umrisse der Fibel geben ein Phantasietier wieder. Häufig weist das Vorderteil Ähnlichkeit mit einem Raubtier oder einem Pferd auf, während das Hinterteil mit Flossen ausgestattet ist. Das Fabeltier ist in Seitenansicht dargestellt, vielfach mit rückblickendem Kopf. Die Oberfläche kann mit Email verziert sein. Ritzlinien verstärken die Konturen und geben Details von Kopf und Körper wieder. Auf der Unterseite finden sich eine Backenscharnierkonstruktion und ein kleiner Nadelhalter.
Datierung: jüngere Römische Kaiserzeit/ältere Merowingerzeit, 2.–5. Jh. n. Chr.
Verbreitung: Westdeutschland, Niederlande, Ostfrankreich, Schweiz.
Relation: silhouettenartige Tierdarstellung: 3.26.16. Wirbelfibel, 3.26.17. S-Fibel, 3.27. Figürliche Fibel mit relief- oder silhouettenartiger Darstellung.
Literatur: Riha 1994.

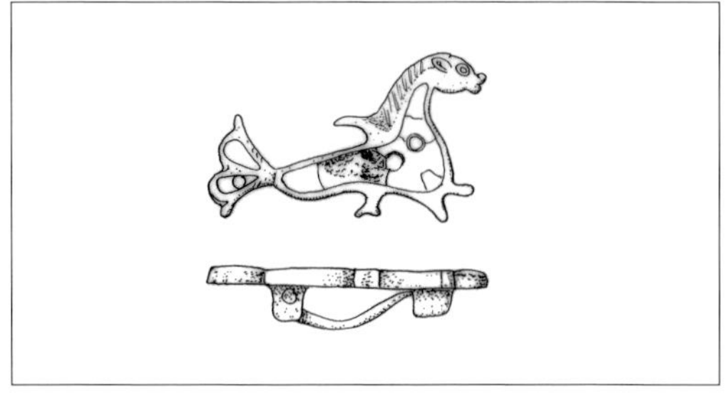

4.2.1.6.

4.2.1.7. Schuhsohlenfibel

Beschreibung: Die Grundplatte besitzt den Umriss einer Schuhsohle mit spitz zulaufender Schuhspitze und gerundeter Ferse. Bei der einfachen Blechausführung kann am Plattenrand eine Kerbreihe umlaufen, die die Sohlennaht wiederzugeben scheint. Aufwändiger ist die Fibelausführung mit Emailauflage. Dabei bildet ein erhöhter Rand die Voraussetzung für einen Grubenschmelz. Andersfarbige Emailpunkte bilden die Schuhnägel ab.

Synonym: Feugère Typ 28b.

Datierung: jüngere Römische Kaiserzeit, 2.–3. Jh. n. Chr.

Verbreitung: Großbritannien, Frankreich, Belgien, West- und Süddeutschland, Schweiz.

Relation: Schuhdarstellung: 3.28.4. Schuhfibel.

Literatur: Rieckhoff 1975, 68; Riha 1979, 203; Feugère 1985, 372ff.; Leifeld 2007, 248ff.

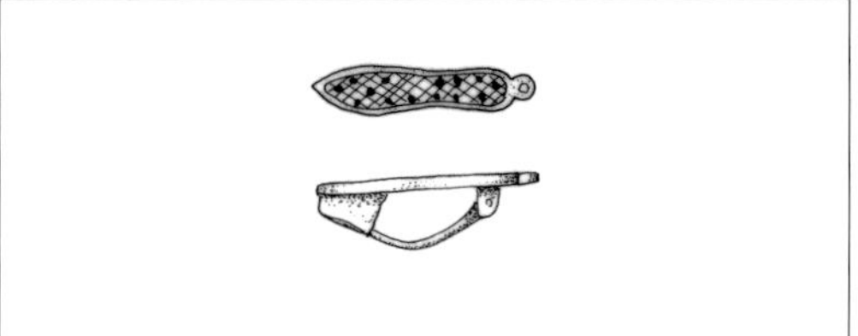

4.2.1.7.

4.2.1.8. Kleeblattfibel

Beschreibung: Der Fibelumriss weist die Form eines dreiblättrigen Kleeblatts auf. Die Schauseite zeigt ein Dekor in Kerbschnitttechnik oder eine reliefhafte Darstellung von geometrischen, theriomorphen oder vegetabilen Motiven um ein dreieckiges Mittelfeld. Dabei wiederholt sich die Darstellung auf jedem Fibelblatt. Auf der Rückseite befinden sich in der Regel jeweils in der Mitte eines Blattes die Scharnierbacken bzw. der kleine bandförmige Nadelhalter, so dass die Nadelausrichtung nicht durch den Mittelpunkt der Fibel läuft. Alternativ kann sich das Scharnier auch im Zwickel zwischen zwei Blättern befinden. In der Mitte des dritten Blattes sitzt meistens eine kleine Öse. Die Fibel wird in einen Zusammenhang mit karolingischen Schwertgurtbeschlägen gleicher Form gestellt.

Datierung: Wikingerzeit, 9.–10. Jh. n. Chr.

Verbreitung: Norwegen, Schweden, Dänemark, Norddeutschland.

Relation: kleeblattförmiger Umriss: 3.26.9. Kleeblattfibel.

Literatur: Capelle 1968a; Capelle 1968b; Hårdh 1984, 85–94; Maixner 2005; Arents/Eisenschmidt 2010, 95ff.

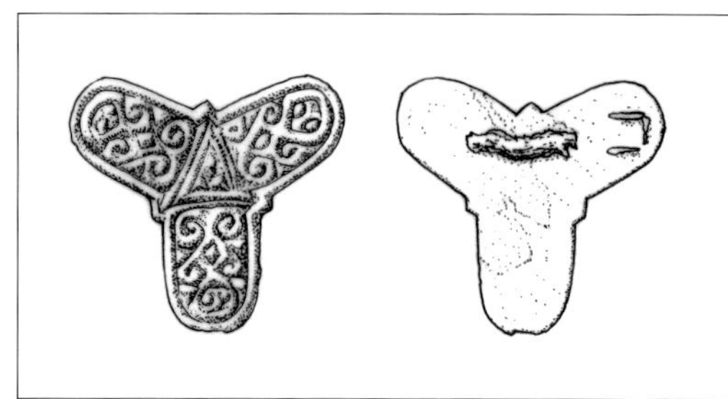

4.2.1.8.

4.2.1.9. Urnesfibel

Beschreibung: Die Fibel ist durch eine durchbrochene Darstellung charakterisiert, bei der ein meist nach rechts gewandtes Wesen in ein ausgeprägtes Schlingenmuster eingebettet ist. Ausgangspunkt ist die Darstellung eines Pferdes oder eines schlangenartigen Wesens. Beine und Kiefer des Tieres werden zu langen Bändern ausgezogen, die in weiten Schlingen miteinander verflochten sind. Die Darstellung erfolgt im Mammen-, Ringerike- oder Urnesstil und scheint teilweise romanische Einflüsse aufzugreifen. Die Nadelkonstruktion weist ein Backenscharnier und eine einfache Lasche als Nadelhalter auf. Bei einigen Stücken findet sich eine zusätzliche Öse auf der Rückseite.

Synonym: Drachenfibel.

Datierung: Wikingerzeit/frühes Mittelalter, 11.–12. Jh. n. Chr.

Verbreitung: Norwegen, Schweden, Dänemark, Norddeutschland.

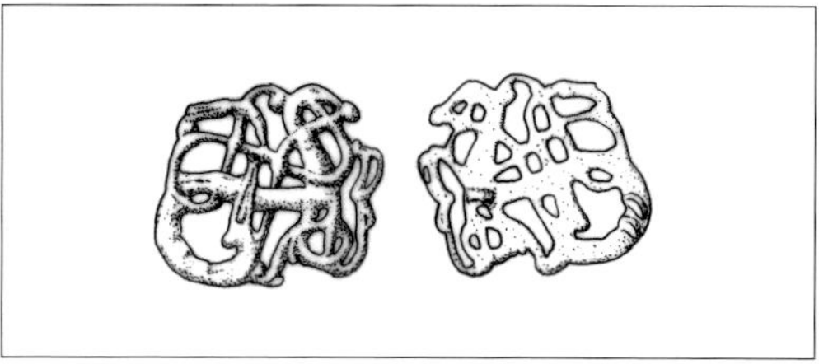

4.2.1.9.

Relation: Pferdedarstellung: 3.8. Ostalpine Tierkopffibel, 3.27.4. Reiterfibel, 3.27.3. Pferdchenfibel, 3.28.3. Pferdchenfibel.
Literatur: Gjedssø Bertelsen 1992.

4.2.2. Gleichseitige Fibel

Beschreibung: Die in ihren Ausführungen sehr variantenreiche Fibel ist in ihrem Aufbau durch zwei Symmetrieachsen bestimmt. Vor allem auf Grund der Nadelkonstruktion mit Backenscharnier wird die Fibel häufig als Scheibenfibel aufgefasst, obwohl sie einen ausgeprägten Bügel besitzt. Der Bügel ist flach geführt und überwiegend gerade. Er besitzt eine geometrische Grundform (Rechteck, Raute, Kreis), kann aus mehreren geometrischen Elementen zusammengesetzt sein oder sogar florale Motive aufweisen. Kopf und Fuß sind in gleicher Weise ausgebildet und weisen, je nach Ausführung, schmale, durch Querwülste gegliederte Fortsätze oder plattenförmige Enden auf. Eine zusätzliche Verzierung durch seitliche Knöpfe, Fortsätze oder Rundeln ergänzt das Dekor. Zur Verzierung wurden Email, Niello oder Punzen eingesetzt. Die Fibel besitzt ein Backenscharnier. Der Nadelhalter ist dreieckig und kann kreisförmig durchbrochen sein.
Synonym: Gleichseitige Emailfibel, gleichseitige Scheibenfibel, Exner Gruppe II, Riha Typ 7.16.
Datierung: ältere Römische Kaiserzeit, 1.–2. Jh. n. Chr.
Verbreitung: Mitteleuropa.
Relation: Gleicharmigkeit: 3.23.3. Gleicharmige Kerbschnittfibel, 3.24.6. Gleicharmige Bügelfibel, 3.28.1.1. Doppeltierkopffibel, 4.1.1.1. Tinsdahler Fibel, 4.1.2.8. Fibel Typ Domburg.
Literatur: Exner 1939; Riha 1979, 191ff.; Riha 1994, 163ff.; Gaspar 2007.
(siehe Farbtafeln Seite 31)

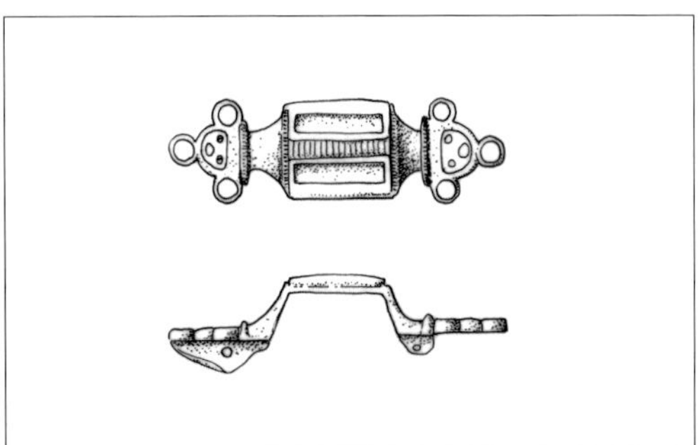

4.2.2.

4.2.3. Schalenfibel

Beschreibung: Die Fibel wird durch eine große, ovale, hoch aufgewölbte, innen offene Schale gebildet. Die Backen des Scharniers und ein schmaler, bandförmiger Nadelhalter sind auf der Innenseite mit dem Guß der Fibelschale angebracht. Die Nadel verläuft entlang der Hauptachse der Fibel. Die Außenschale ist reichhaltig verziert, wobei die Ziermotive überwiegend ebenfalls im Zuge des Schalengusses entstanden sind. Neben geometrischen, teppichartigen Motiven treten häufig florale Darstellungen oder Bilder im Tierstil auf. Dabei ist eine zeitliche Tendenz zu aufwändigeren und bildreicheren Fibeln zu bemerken. Zu dieser prachtvolleren Gestaltung gehört auch eine Zweischaligkeit mit einfacher unterer Schale und aufgenieteter, reich verzierter oberer Schale. Darüber hinaus sind Durchbrechungen sowie eine plastisch hervorgehobene Darstellung zu beobachten.
Datierung: Vendelzeit bis Wikingerzeit, 8.–10. Jh. n. Chr.
Verbreitung: Norwegen, Schweden, Dänemark, Norddeutschland.

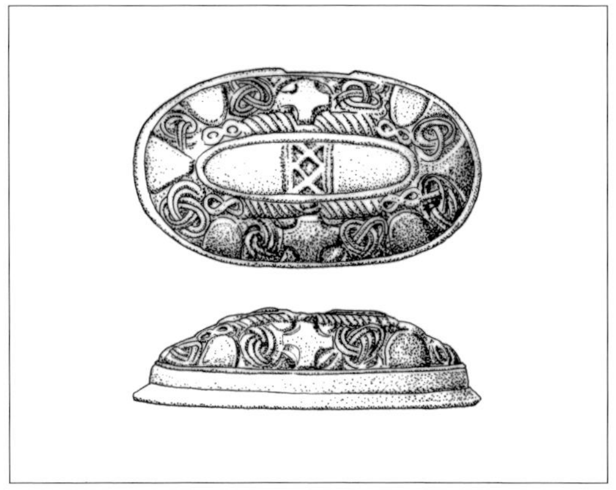

4.2.3.

Literatur: J. Petersen 1928; Kersten/LaBaume 1958; Capelle 1968a, 66ff.; Hägg 1974; Janson 1985; Arents/Eisenschmidt 2010, 88ff.

4.3. Scharnierfibel mit Hülsenscharnier

Beschreibung: Die Hülse wird aus dem zu zwei rechteckigen Lappen ausgezogenen Bügelende gebildet. Die Lappen werden zu zwei Blechröhren eingerollt, zwischen denen sich ein Schlitz befindet. Die Nadel mit gelochtem Kopf wird in den Schlitz eingesetzt und mit einer Achse arretiert. Das Herausrutschen der Achse wird entweder durch Endknöpfe oder durch ein Festpressen der Hülse um die Achse verhindert. Die Nadel kann eine Federung durch einen am Nadelansatz rechtwinklig abstehenden Dorn erhalten, der beim Schließen der Fibel gegen den Bügel drückt und dabei eine Materialspannung in Nadel und Bügel erzeugt.
Datierung: jüngere Eisenzeit bis Römische Kaiserzeit, 1. Jh. v. Chr. – 4. Jh. n. Chr.
Verbreitung: Mittel-, West- und Südeuropa.
Synonym: Riha Gruppe 5.
Literatur: Riha 1979, 111ff.
(siehe Farbtafel Seite 32)

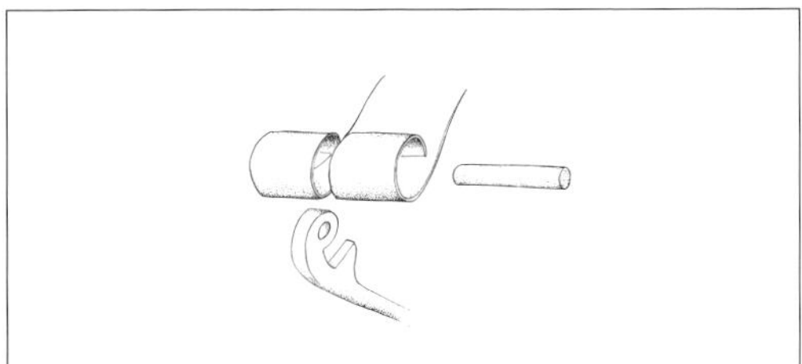

4.3.

4.3.1. Fibel Typ Alesia

Beschreibung: Der Bügel besitzt seine größte Breite am Kopfende und läuft kontinuierlich zum schmalen Fußsteg zusammen. Er kann mit Punz- und Gravurmustern verziert sein. Der Fuß schließt beidseitig mit einem aufgebogenen Knopf ab. Der Nadelhalter ist kurz und dreieckig oder rechteckig.
Synonym: Feugère Typ 21.
Datierung: jüngere Eisenzeit, 1. Jh. v. Chr.
Verbreitung: Frankreich, Nordspanien, West- und Süddeutschland, Schweiz, Österreich, Norditalien, Serbien, Ungarn.
Literatur: Rieckhoff 1975, 18ff.; Feugère 1985, 299ff.; Demetz 1999b, 156ff.; Gamper 2006; Gaspar 2007.

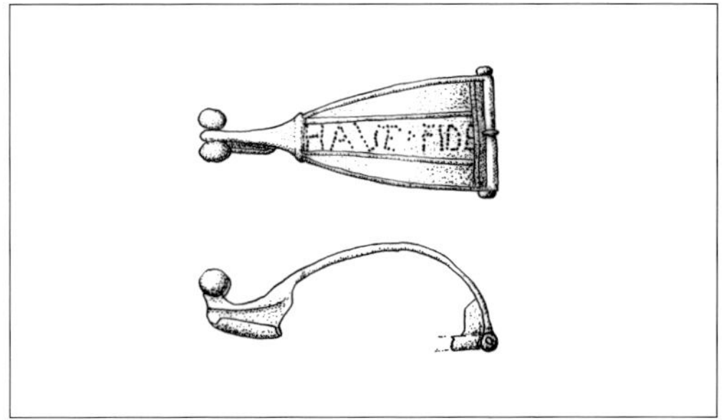

4.3.1.

4.3.2. Aucissafibel

Beschreibung: Der Bügel verläuft halbkreisförmig. Er ist mit Längsleisten verziert. Am Kopfende befindet sich eine trapezförmige Verbreiterung. An dieser Stelle kann der Herstellerstempel aufgebracht sein. Neben AVCISSA kommen die Namen C. CARTILIVS, P. VALER oder DVRNACVS mehrfach vor. Bei den meisten Fibeln dieses Typs fehlt dieser Stempel jedoch. Das Bügelende ist in zwei Lappen geteilt, die eingerollt einen Teil der Scharnierkonstruktion bilden. Am Fußende geht der Bügel gerundet in einen kurzen, schmalen Fuß über, der mit einem kugelförmigen Knopf abschließt. Der Nadelhalter ist dreieckig. Eine Reihe von Sonderformen weist eine abweichende Bügelgestaltung auf: bei einigen Stücken können seitlich Reihen von Knöpfen angebracht sein, bei anderen ist der Bügel gitterförmig durchbrochen.
Synonym: Hofheim Typ V, Almgren 242, Böhme 8, Ettlinger Typ 29, Jobst 1, Riha Typ 5.2–5.4, Feugère Typ 22.
Datierung: ältere Römische Kaiserzeit, 1. Jh. v. Chr. – 1. Jh. n. Chr.
Verbreitung: West- und Mitteleuropa.
Literatur: Ritterling 1912, 126f.; Almgren 1923, 109; Behrens 1950, 6ff.; A. Böhme 1972, 11; Ettlinger 1973, 93ff.; Jobst 1975, 26f.; Riha 1979,

114ff.; Feugère 1985, 312ff.; Demetz 1999b, 164ff.; Chowaniec 2001; M. Müller 2002; Böhme-Schönberger 2005; Gaspar 2007.
(siehe Farbtafel Seite 32)

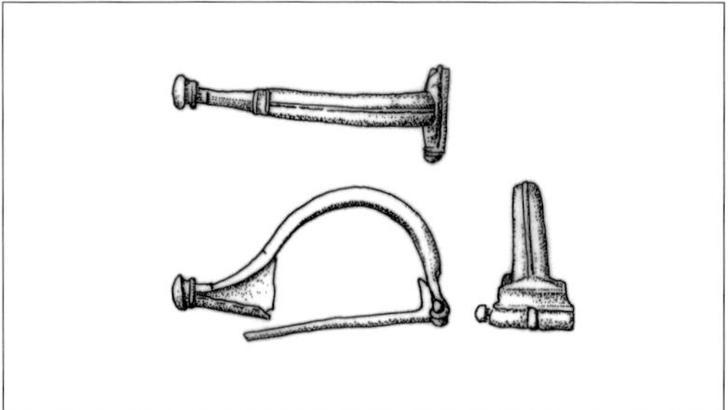

4.3.2.

4.3.3. Scharnierflügelfibel

Beschreibung: Die Fibel ist durch zwei Knöpfe, Auszipfelungen oder »Flügel« gekennzeichnet, die sich auf beiden Seiten quer zum Bügel an dessen breitester Stelle befinden. Der Bügel ist breit bandförmig. Er kann einen trapezförmigen Umriss besitzen, wobei die breite Seite zum Kopfende oder zum Fußende orientiert sein kann. Es kommen aber auch breit rechteckige oder scheibenförmig runde Bügel vor. Die Verzierung besteht aus Riefen und Rillen in Längsrichtung. Der Fuß ist meist schmal und durch Querwülste profiliert. Er schließt häufig mit einem runden Knopf ab. Der Nadelhalter ist lang und dreieckig. Er kann kreisförmig durchbrochen sein.
Synonym: Scharnierfibel mit seitlichen Flügeln, Ettlinger Typ 34, Riha Typ 5.7, Feugère Typ 23d.
Datierung: ältere Römische Kaiserzeit, 1. Jh. n. Chr.

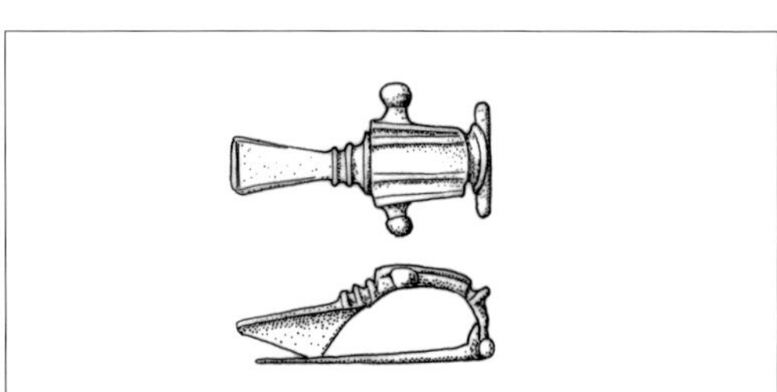

4.3.3.

Verbreitung: Großbritannien, Frankreich, Belgien, Westdeutschland, Schweiz.
Literatur: Ettlinger 1973, 101f.; Riha 1979, 126ff.; Feugère 1985, 331ff.; Riha 1994, 112ff.; Gaspar 2007.

4.3.4. Gestreckte Scharnierfibel mit profiliertem Bügel

Beschreibung: Die Scharnierkonstruktion besteht aus dem nach oben eingerollten Bügelende und der darin eingehängten Nadel. Der Bügel verläuft flach. Er ist überwiegend bandförmig und kann durch Längsleisten profiliert sein. Der Fuß ist gegen den Bügel abgesetzt. Er verjüngt sich dem Ende zu und schließt mit einem flachen, nur nach oben gewölbten Knopf ab. Der Nadelhalter ist lang gezogen dreieckig und kann eine oder mehrere kreisförmige Durchbrechungen aufweisen.
Synonym: Scharnierfibel mit längsverziertem Bügel, Hofheim Typ VI, Böhme 10, Jobst 2, Riha Typ 5.12, Feugère Typ 23a.
Datierung: ältere Römische Kaiserzeit, 1.–2. Jh. n. Chr.
Verbreitung: West- und Süddeutschland, Schweiz, Österreich.
Literatur: Ritterling 1912, 127ff.; Ullbert 1969; A. Böhme 1972, 12; Jobst 1975, 27f.; Riha 1979, 137ff.; Feugère 1985, 331ff.; Gaspar 2007.
(siehe Farbtafel Seite 32)

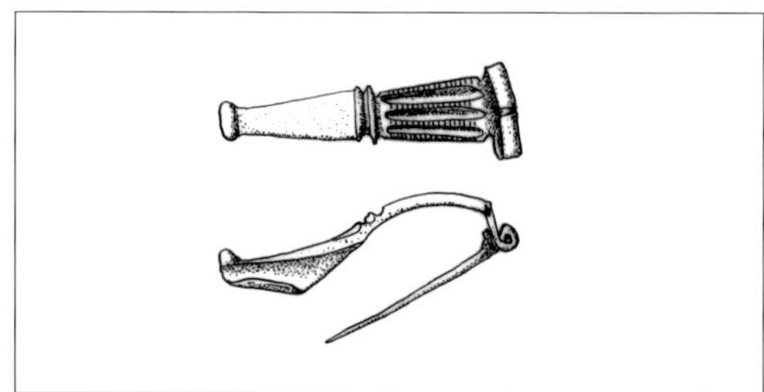

4.3.4.

4.3.5. Emailbügelfibel

Beschreibung: Der Kopf wird durch ein breites Hülsenscharnier eingenommen. Die Fibel zeigt viele verschiedene Ausprägungen. Sie besitzt in

der Regel einen flachen Bügel. Unter den auftretenden Bügelformen ist ein bandförmiger Bügel mit parallelen Kanten häufig. Auch trapezförmige, rhombische oder dreieckige Bügelplatten kommen vor. Die Bügelverzierung besteht aus einer Emaileinlage, die in zu Reihen angeordneten Kästchen auftritt. Bei dreieckigen Bügelplatten kann die Zierfläche in Reihen kleiner Dreiecke aufgegliedert sein. Auch große, in ihrer Form am Bügelumriss orientierte, ein- oder mehrfarbige Einlagen kommen vor. Der Fuß ist kurz und schmal. Er kann durch Querwülste profiliert sein. Der Nadelhalter besitzt Dreiecks- oder Trapezform und ist zuweilen kreisförmig durchbrochen.
Synonym: Exner Gruppe I, Böhme 17, Riha Typ 5.17.
Datierung: ältere Römische Kaiserzeit, 1.–2. Jh. n. Chr.
Verbreitung: Westeuropa.
Literatur: Exner 1939; A. Böhme 1972, 15ff.; Riha 1979, 154ff.; Riha 1994, 138; Gaspar 2007.

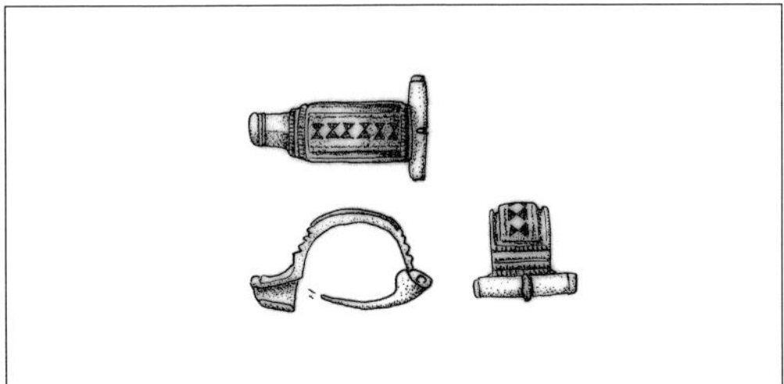

4.3.5.

4.3.6. Scharnierfibel mit scheibenförmigem Bügel

Beschreibung: Der Fibelbügel wird von einer radförmigen oder trapezoiden Scheibe eingenommen. Er ist flach. Es schließt sich ein schmaler Fuß an. Der Nadelhalter ist trapezförmig. Bügel und Fuß können mit Punzreihen verziert sein.
Synonym: Rosettenfibel mit Hülsenscharnier, Riha Typ 5.18, Feugère Typ 20.
Datierung: ältere Römische Kaiserzeit, 1. Jh. n. Chr.
Verbreitung: Großbritannien, Frankreich, Belgien, Niederlande, Westdeutschland, Schweiz.
Relation: große runde Bügelscheibe: 3.11.4. Bügelplattenfibel, 3.22.10. Schildfibel, 3.29.3. Distelfibel, 4.1.1. Plattenfibel.
Literatur: Feugère 1985, 292ff.; Riha 1994, 141f.; Leifeld 2007, 227ff.

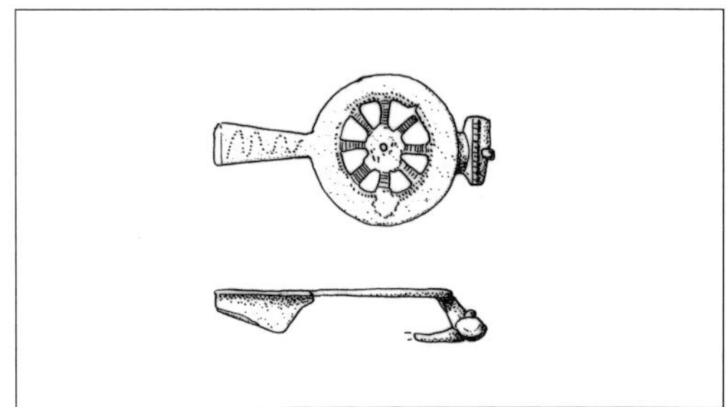

4.3.6.

4.3.7. Fibel mit breiter Schmuckzone

Beschreibung: Das kennzeichnende Merkmal der Fibel besteht in einer tatsächlichen oder scheinbaren Anlage von zwei Bügelebenen: Auf den funktionalen Teil der Fibel wird eine Zierzone aufgesetzt. Dies kann dadurch geschehen, dass der Bügel mit einer Zierfläche abgedeckt ist, die mit Hilfe von Stiften verbunden, aber auf Abstand gehalten wird. Alternativ kann der Bügel mit Reihen von Stiften oder Querbalken besetzt sein, wobei sich die Einzelelemente nach oben flächig verbreitern und den Eindruck einer einheitlichen, aber gegliederten Ebene vermitteln. Bei der dritten Variante wird der Bügel durch markante Absätze optisch erhöht, tatsächlich existiert aber nur eine

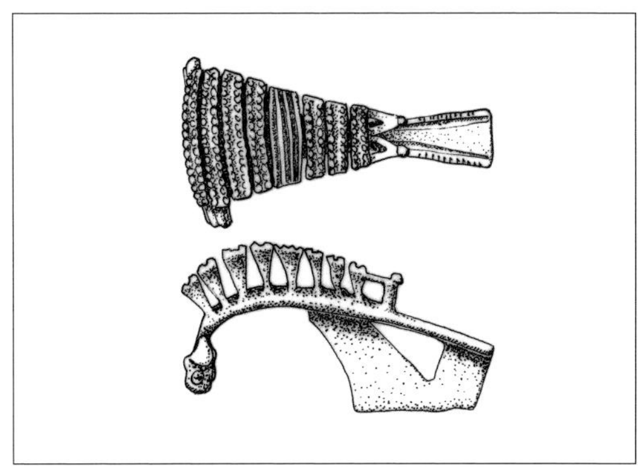

4.3.7.

Ebene. Die Fibel besitzt in der Aufsicht eine asymmetrische X-Form. Der flache Bügel verschmälert sich vom breiten Kopfteil bis zum Fußansatz kontinuierlich. Es schließt sich ein trapezförmiger, kurzer Fuß an. Die Bügelverzierung besteht aus zwei gerasterten Zonen, die durch eine Querriefengruppe getrennt sind. Der Nadelhalter ist hoch und lang gezogen trapezförmig oder rechteckig. Er kann dreieckige Durchbrechungen aufweisen.

Synonym: Fibel Typ Sontheim, Scharnierfibel mit Zierstiften.

Datierung: Römische Kaiserzeit, 2.–3. Jh. n. Chr.

Verbreitung: Süd- und Westdeutschland.

Literatur: Riha 1979, 163f.; Grönke/Weinlich 1994; Grönke/Weinlich 1996; Heising 2006.

4.3.8. Fibel Typ Hruš ica

Beschreibung: Der Bügel von quadratischem oder kreisförmigem Querschnitt ist halbkreisförmig aufgewölbt. Er kann eine schlichte Verzierung aus Punzreihen oder linearer Gravur aufweisen. Am Kopfende des Bügels befindet sich eine hohe, trapezförmige Platte, die ebenfalls eine einfache Verzierung tragen kann. Die Achse des Scharniers endet in großen kugelförmigen Knöpfen. Die Fibel besitzt einen kurzen, leicht geschwungenen Fuß, der ebenfalls mit einem kugeligen Knopf abschließt. Der Nadelhalter ist rechteckig oder trapezförmig und flach.

Synonym: Fibel Typ Gurina.

Datierung: jüngere Römische Kaiserzeit, 3.–4. Jh. n. Chr.

Verbreitung: Norditalien, Slowenien, Österreich.

Literatur: U. Giesler 1981, 58ff.; Buora u.a. 1990.

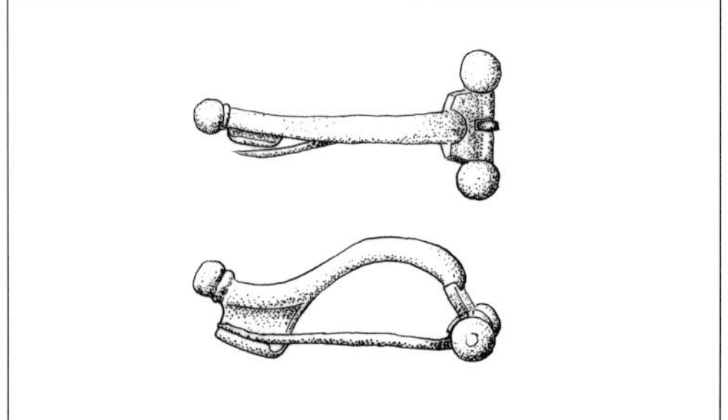

4.3.8.

4.4. Scharnierfibel mit Röhrenscharnier

Beschreibung: Am Kopfende des Bügels schließt eine querstehende Röhre an, die am Bügelende einen Schlitz aufweist. Die Röhre dient zur Aufnahme einer Achse, die das durch den Schlitz eingeschobene Nadelende fixiert und die Bewegung ermöglicht. Knöpfe an den Röhrenenden schließen diese ab und verhindern das Herausrutschen der Achse aus der Röhre.

Datierung: jüngere Römische Kaiserzeit bis Völkerwanderungszeit, 2.–5. Jh. n. Chr.

Verbreitung: Mittel-, West- und Südeuropa.

Literatur: Riha 1979, 162ff.; Schierl 2016.

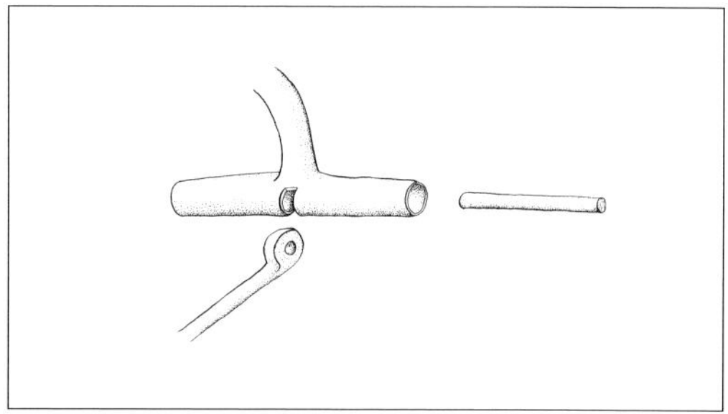

4.4.

4.4.1. Scharnierfibel mit Bügelknoten

Beschreibung: Die Scharnierröhre weist an beiden Enden eine knopfartige Verdickung auf. Der S-förmig geschwungene Bügel ist im Kopfbereich dreieckig verbreitert und in Facetten gegliedert. Etwas unterhalb des Bügelscheitels sitzt ein schwach hervortretender, meistens in mehreren Querrippen profilierter Knoten. Der Fuß besitzt einen rhombischen oder dreieckigen Querschnitt. Das hochgezogene Ende wird durch einen doppelkonischen Knopf betont. Der hohe Nadelhalter ist trapezförmig und geschlossen.

Synonym: Kräftig profilierte Fibel mit Scharnier, Riha Typ 6.1.

Datierung: jüngere Römische Kaiserzeit, 2.–3. Jh. n. Chr.

Verbreitung: Schweiz.

Relation: Fibelduktus: 3.18. Kräftig profilierte Fibel.

Literatur: Ettlinger 1973, 66; Riha 1994, 144.

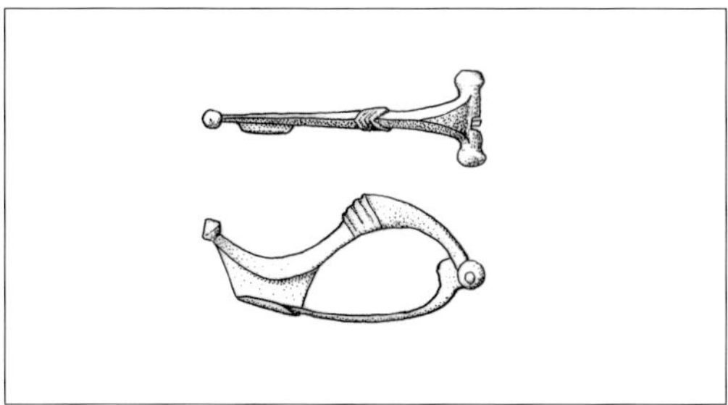

4.4.1.

4.4.2. Armbrustscharnierfibel

Beschreibung: Die langen Scharnierarme können an den Enden mit einem Knopf abschließen. Ein weiterer Knopf befindet sich am Kopfende des Bügels. Der Bügel ist schmal und halbkreisförmig aufgewölbt. Am fußseitigen Ende des Bügels befindet sich eine Profilierung, die aus einem kräftigen Kamm und einer breiten Kehle besteht. Der Fuß ist röhrenförmig und schließt häufig mit einem schräggestellten Kamm ab.

Synonym: Scharnierfibel mit langen Scharnierarmen, halbkreisförmigem Bügel und Röhrenfuß, Böhme 28, Ettlinger Typ 56, Jobst 25, Riha Typ 6.4.

Datierung: jüngere Römische Kaiserzeit, 2.–3. Jh. n. Chr.

Verbreitung: Großbritannien, Westdeutschland, Schweiz, Österreich, Balkanländer.

Relation: Bügelknopf: 3.22.6. Bügelknopffibel, 3.22.8. Nydamfibel, 4.4.3. Fibel mit zweimal rechtwinklig geknicktem Bügel, 4.4.4. Zwiebelknopffibel.

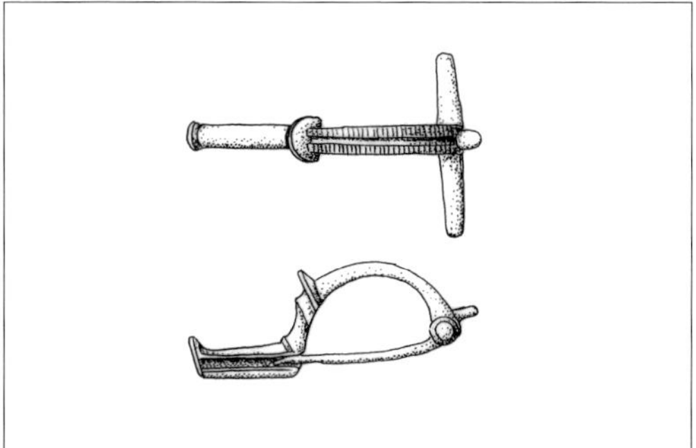

4.4.2

Literatur: A. Böhme 1972, 26ff.; Ettlinger 1973, 138; Jobst 1975, 87ff.; Riha 1979, 166ff.

4.4.3. Fibel mit zweimal rechtwinklig geknicktem Bügel

Beschreibung: Der Bügel ist schmal und besitzt einen rechteckigen Querschnitt. Er ist mit einer Leiste verziert, die beiderseits von einer Reihe kleiner Niete eingefasst wird. Der Bügel knickt zweimal rechtwinklig um. Am fußseitigen Bügelknick befindet sich eine stabförmige Verlängerung, die als Tierkopf gestaltet ist. Der Fuß ist schmal und röhrenförmig. Er endet mit einem schmalen hohen Kamm, so dass sich ein offener, rechteckiger Fußausschnitt bildet. Der Knopf am kopfseitigen Ende ist ebenfalls lang und schmal. Auch er kann Tierkopfform annehmen. Die langen Scharnierarme bleiben unverziert.

Synonym: Bügelfibel mit langen Scharnierarmen und zweimal rechtwinklig geknicktem Bügel, Böhme 29.

Datierung: jüngere Römische Kaiserzeit, 3. Jh. n. Chr.

Verbreitung: Niederlande, West- und Süddeutschland, Schweiz, Österreich, Ungarn.

Relation: Bügelknopf: 3.22.6. Bügelknopffibel, 3.22.8. Nydamfibel, 4.4.2. Armbrustscharnierfibel, 4.4.4. Zwiebelknopffibel.

Literatur: A. Böhme 1972, 28f.

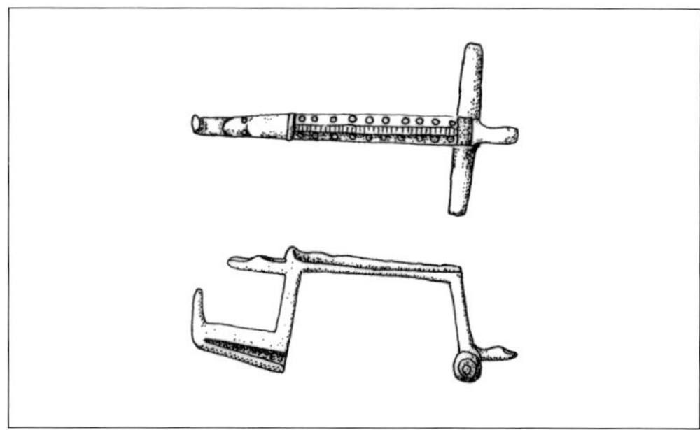

4.4.3.

4.4.4. Zwiebelknopffibel

Beschreibung: Der Bügel ist halbkreisförmig aufgewölbt. Er besitzt einen trapezförmigen Querschnitt und kann auf der Oberseite mit einer Punzverzierung versehen sein. Die Querarme weisen überwiegend einen sechseckigen Querschnitt auf. Eine Leiste auf der Oberseite kann mit Treppungen, Querkerben oder seltener auch kreisförmigen Durchbrechungen profiliert sein. An den Enden der Querarme sowie am Kopfende des Bügels sitzt je ein großer, zwiebelförmiger Knopf. Auf der Unterseite der Querarme befindet sich ein schmaler Schlitz zur Aufnahme der Nadel. Der Fuß verläuft gerade und ist etwa auf die Länge des Bügels ausgezogen. Er zeigt eine Verzierung aus Facetten, Kreisaugen, Kerben oder Punzmustern. Der Nadelhalter nimmt die gesamte Länge des Fußes ein. Die Fibel besteht häufig aus Edelmetall, vielfach aus Gold.

Synonym: Ettlinger Typ 57, Jobst 26, Riha Typ 6.5, Feugère Typ 31.

Datierung: Völkerwanderungszeit, Stufe D (Eggers), 4.–5. Jh. n. Chr.

Verbreitung: Mittel- und Südeuropa.

Relation: Fibelduktus, profilierte Endknöpfe: 3.22.6. Bügelknopffibel; Bügelknopf: 3.22.6. Bügelknopffibel, 3.22.8. Nydamfibel, 4.4.2. Armbrustscharnierfibel, 4.4.3. Fibel mit zweimal rechtwinklig geknicktem Bügel.

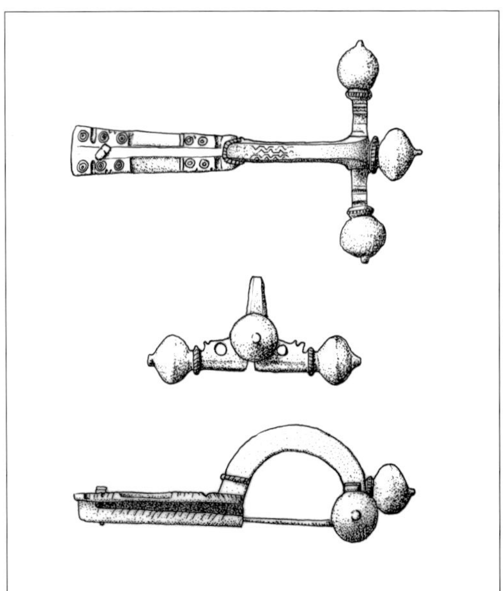

4.4.4

Literatur: Keller 1971, 26ff.; Ettlinger 1973, 139ff.; H. W. Böhme 1974, 51; Jobst 1975, 91ff.; v. Schnurbein 1977; Riha 1979, 169ff.; Feugère 1985, 423ff.; Theune-Großkopf 1995; Paul 2013, 34ff.; Łuczkiewicz 2017.

(siehe Farbtafel Seite 32)

4.5. Zangenfibel

Beschreibung: Bügel und Nadel sind mit einem Niet verbunden, um den die Nadel beweglich ist. Beide sind über das Nietauge hinaus um zwei flach- oder kneifzangenartige Backen verlängert. Beim Schließen der Nadel drücken diese Backen gegeneinander und geben der Fibel Spannung. In der Ausführung zeigt die Fibel vielfältige Variationen. Der Bügel ist gleichmäßig gewölbt. Er kann drahtförmig rund, vierkantig oder bandförmig sein. Verschiedentlich kommen Verzierungen im Tremolierstich oder als Punzreihen vor. Es schließt sich ein kurzer gerader Fuß an, der mit einer eingerollten Öse oder einem aufgebogenem Dorn endet. Der Nadelhalter ist häufig breit, rechteckig und hoch. Er kann ebenfalls mit Tremolierstich oder einem Punzmuster verziert sein.

Synonym: Ettlinger Typ 52, Jobst 11, Riha Gruppe 9, Feugère Typ 32.

Datierung: Römische Kaiserzeit, 1.–4. Jh. n. Chr.

Verbreitung: Süddeutschland, Schweiz, Österreich, Ungarn, Italien, Frankreich.

Literatur: Ettlinger 1973, 134; Jobst 1975, 57ff.; Feugère 1985, 426ff.; Riha 1994, 181.

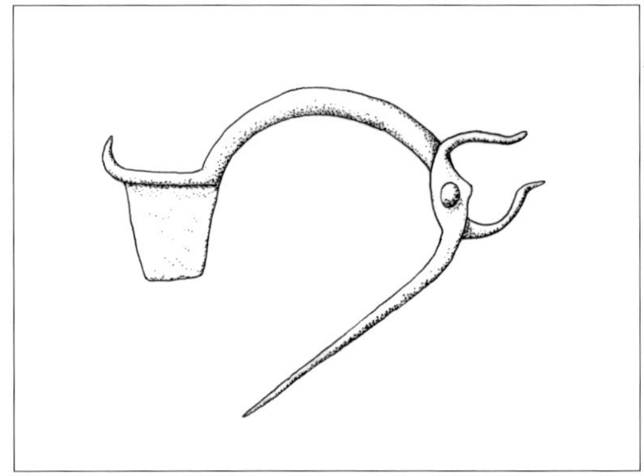

4.5.

Anhang

Literatur

Literaturhinweise und Abkürzungen für Zeitschriften folgen den für wissenschaftliche deutschsprachige Publikationen verbindlichen Richtlinien der Römisch-Germanischen Kommission (Frankfurt a. M.) des Deutschen Archäologischen Institutes.

Adam 1996
A. M. Adam, Le fibule di tipo celtico nel Trentino (Trento 1996).

Almgren 1923
O. Almgren, Studien über nordeuropäische Fibelformen der ersten nachchristlichen Jahrhunderte mit Berücksichtigung der provinzialrömischen und südrussischen Funde. Mannus-Bibl. 32 (2. Aufl., Leipzig 1923).

Andrzejowski 1992
J. Andrzejowski, Strongly Profiled Brooches with Triangular Foot in the Roman Provinces and in Barbaricum. In: K. Godłowski (Hrsg.), Probleme der relativen und absoluten Chronologie ab Latènezeit bis zum Frühmittelalter (Kraków 1992), 111–120.

Aner/Kersten 1977
E. Aner/K. Kersten, Die Funde der älteren Bronzezeit des nordischen Kreises in Dänemark, Schleswig-Holstein und Niedersachsen. Bd. III. Bornholms, Maribo, Odense und Svendborg Amter (København, Neumünster 1977).

Aner/Kersten 1981
E. Aner/K. Kersten, Die Funde der älteren Bronzezeit des nordischen Kreises in Dänemark, Schleswig-Holstein und Niedersachsen. Bd. IV. Nordsleswig-Syd (København, Neumünster 1981).

Arents/Eisenschmidt 2010
U. Arents/S. Eisenschmidt, Die Gräber von Haithabu 1. Ausgr. Haithabu 15 (Neumünster 2010).

Bader 1983
T. Bader, Die Fibeln in Rumänien. Prähist. Bronzefunde Abt. XIV, Bd. 6 (München 1983).

Baudou 1960
E. Baudou, Die regionale und chronologische Einteilung der jüngeren Bronzezeit im Nordischen Kreis. Studies in North-European Archaeology 1 (Stockholm 1960).

Bechert 1973
T. Bechert, Römische Fibeln des 1. und 2. Jahrhunderts n. Chr. Funde Asciburgium 1 (Duisburg 1973).

Beck 1994
H. Beck u.a. (Hrsg.), Reallexikon der Germanischen Altertumskunde. Bd. 8 (Berlin, New York 1994), 411–608, Stichwort »Fibel und Fibeltracht«.

Becker 1998
M. Becker, Armbrustfibeln der Gruppe Almgren VI, 2. In: J. Kunow (Hrsg.), 100 Jahre Fibelformen nach Oscar Almgren. Forsch. Arch. Land Brandenburg 5 (Wünsdorf 1998), 263–270.

Behrends 1968
R.-H. Behrends, Schwissel. Ein Urnengräberfeld der vorrömischen Eisenzeit aus Holstein. Offa-Bücher 22 (Neumünster 1968).

Behrens 1950
G. Behrens, Römische Fibeln mit Inschrift. In: G. Behrens/J. Werner (Hrsg.), Reinecke-Festschrift (Mainz 1950), 1–12.

Behrmann 1985
I. Behrmann, Volkstümlicher Schmuck. Kat. Mus. Kunst u. Gewerbe Hamburg 7 (Hamburg 1985).

Beltz 1911
R. Beltz, Die Latènefibeln. Zeitsch. Ethnol. 43, 1911, 664–817.

Beltz 1913
R. Beltz, Die bronze- und hallstattzeitlichen Fibeln. Zeitschr. Ethnol. 45, 1913, 659–900.

G. Bemmann 1999
G. Bemmann, Badow. Ein Gräberfeld der jüngeren vorrömischen Eisenzeit und älteren römischen Kaiserzeit im Landkreis Nordwestmecklenburg. Beitr. Ur- u. Frühgesch. Mecklenburg-Vorpommern 34 (Lübsdorf 1999).

J. Bemmann 1993
J. Bemmann, Die Nydamfibeln. Eine Fibelform der Stufe C 3? Germania 71, 1993, 139–182.

J. Bemmann 1998
J. Bemmann, Anmerkungen zu einigen Fibeln mit umgeschlagenen Fuß (Almgren Gruppe VI, Serie 1). In: J. Kunow (Hrsg.), 100 Jahre Fibelformen nach Oscar Almgren. Forsch. Arch. Land Brandenburg 5 (Wünsdorf 1998), 255–262.

J. Bemmann 1999
J. Bemmann, Norisch-pannonische Trachtbestandteile aus Mitteldeutschland. Arbeits- u. Forschber. sächs. Bodendenkmalpfl. 41, 1999, 151–174.

J. Bemmann 2001
J. Bemmann, Die Niemberger Fibeln und die Chronologie der Völkerwanderungszeit in Mitteldeutschland. Slovenská Arch. 49, 2001, 59–101.

Berghaus 1994
P. Berghaus, Münzfibeln. In: E. Wamers, Die frühmittelalterlichen Lesefunde aus der Löhrstraße (Baustelle Hilton II) in Mainz. Mainzer Arch. Schr. 1 (Mainz 1994), 106–115.

Best 1985
W. Best, Emailscheibenfibeln mit Kreuzdarstellung aus Westfalen. Ausgr. u. Funde Westfalen-Lippe 3, 1985, 79–88.

Best 1990
W. Best, Funde der Völkerwanderungs- und Merowingerzeit aus der frühgeschichtlichen Siedlung Fritzlar-Geismar, Schwalm-Eder-Kreis. Mat. Vor- u. Frühgesch. Hessen 12,2 (Wiesbaden 1990).

Betzler 1974
P. Betzler, Die Fibeln in Süddeutschland, Österreich und der Schweiz I. Prähist. Bronzefunde Abt. XIV, Bd. 3 (München 1974).

van Beuningen 2001
H. J. E. van Beuningen u.a., Heilig en Profan 2. 1200 Laatmiddeleeuwse Insignes uit openbare en particuliere collecties. Rotterdam Papers 12 (Cothen 2001).

Bieger 2002
A. Bieger, Kugelfibeln: Fibeln mit Kugeln, Fibeln mit Kugelzier? Klassifizierung von Kugelfibeln der mittleren Latène- bzw. jüngeren vorrömischen Eisenzeit. Acta Praehist. et Arch. 34, 2002, 55–58.

Bieger 2003
A. Bieger, Kugelfibeln. Eine typologisch-chronologische Untersuchung zu den Varianten F, N und O von Beltz. Univforsch. Prähist. Arch. 98 (Bonn 2003).

Bierbrauer 2002
V. Bierbrauer, Fibeln als Zeugnisse persönlichen Christentums südlich und nördlich der Alpen im 5. bis 9. Jahrhundert. Acta Praehist. et Arch. 34, 2002, 209–224.

Binding 1993
U. Binding, Studien zu den figürlichen Fibeln der Frühlatènezeit. Univforsch. Prähist. Arch. 16 (Bonn 1993).

Bode 1998
J. Bode, Germanische Scheibenfibeln – ein kurzer Überblick über den Forschungsstand ausgewählter Formen. In: J. Kunow (Hrsg.), 100 Jahre Fibelformen nach Oscar Almgren. Forsch. Arch. Land Brandenburg 5 (Wünsdorf 1998), 321–328.

Boelicke 2002
U. Boelicke, Die Fibeln aus dem Areal der Colonia Ulpia Traiana. Xantener Ber. 10 (Mainz 2002).

A. Böhme 1970
A. Böhme, Englische Fibeln aus den Kastellen Saalburg und Zugmantel. Saalburg Jahrb. 27, 1970, 5–20.

A. Böhme 1972
A. Böhme, Die Fibeln der Kastelle Saalburg und Zugmantel. Saalburg Jahrb. 29, 1972, 5–112.

Böhme-Schönberger 1994
A. Böhme-Schönberger, Die Kragenfibel – eine treverische Fibelform? In: C. Dobiat (Hrsg.), Festschrift für O.-H. Frey zum 65. Geburtstag. Marburger Stud. Vor- u. Frühgesch. 16 (Marburg 1994), 111–126.

Böhme-Schönberger 1998
A. Böhme-Schönberger, Die Fibeln Almgren 101. In: J. Kunow (Hrsg.), 100 Jahre Fibelformen nach Oscar Almgren. Forsch. Arch. Land Brandenburg 5 (Wünsdorf 1998), 175–185.

Böhme-Schönberger 2002
A. Böhme-Schönberger, Die Distelfibel und die Germanen. In: K. Kuzmová u.a. (Hrsg.), Zwischen Rom und dem Barbaricum (Nitra 2002), 215–224.

Böhme-Schönberger 2005
A. Böhme-Schönberger, Eine gestempelte Aucissafibel aus Mainz. In: C. Dobiat (Hrsg.), Reliquiae Gentium (Rahden/Westf. 2005), 61–74.

Böhme-Schönberger 2016
A. Böhme-Schönberger, Emailscheibenfibeln und provinzialrömische Kniefibeln mit halbrunder Kopfplatte. In: H. U. Voß/N. Müller-Scheeßel (Hrsg.), Archäologie zwischen Römern und Barbaren 1. Kolloqu. z. Vor- u. Frühgesch. 22,1 (Bonn 2016), 435–451.

Böhme-Schönberger/Schilp 2006
A. Böhme-Schönberger/T. Schilp, Neue Beobachtungen zur Herstellungsweise römischer Distelfibeln. Arch. Korrbl. 36, 2006, 75–82.

H. W. Böhme 1974
H. W. Böhme, Germanische Grabfunde des 4. bis 5. Jahrhunderts zwischen unterer Elbe und Loire. Studien zur Chronologie und Bevölkerungsgeschichte. Münchner Beitr. Vor- u. Frühgesch. 19 (München 1974).

H. W. Böhme 1986
H. W. Böhme, Das Ende der Römerherrschaft in Britannien und die angelsächsische Besiedlung Englands im 5. Jahrhundert. Jahrb. RGZM 33, 1986, 469–574.

H. W. Böhme 2017
H. W. Böhme, Germanische Tutulusfibeln der Spätantike. In: B. V. Eriksen/A. Abegg-Wigg/R. Beile/U. Ickerodt (Hrsg.), Interaktion ohne Grenzen (Schleswig 2017), 283–298.

Brentjes 1953–54
B. Brentjes, Zur Typologie, Datierung und Ableitung der Zikadenfibeln. Wiss. Zeitschr. Martin-Luther-Univ. Halle-Wittenberg, Gesch. u. Sprachwiss. Bd. 3, T. 5, 1953–54, 901–913.

Brieske 2001
V. Brieske, Schmuck und Trachtbestandteile des Gräberfeldes von Liebenau, Kreis Nienburg/Weser. Stud. Sachsenforsch. 5,6 (Oldenburg 2001).

Bujna 2003
J. Bujna, Spony z keltských hrobov bez výzbroje z územia Slovenska. (Typovo-chronologické triedenie LTB- a C1-spôn). Slovenská Arch. 51, 2003, 39–108.

Bunte 2013
T. Bunte, Fibeln und Keramik des 6. bis frühen 11. Jahrhunderts aus der Ortswüstung Balhorn bei Paderborn. Wiss. Schr. WWU Münster, Reihe X, Bd. 13 (Münster 2013).

Buora 2002
M. Buora, Kräftig profilierte Fibeln aus Friaul (östliches Oberitalien). In: K. Kuzmová u.a. (Hrsg.), Zwischen Rom und dem Barbaricum (Nitra 2002), 65–71.

Buora 2007
M. Buora, Hakenkreuzfibeln aus Norditalien. Bayer. Vorgeschbl. 72, 2007, 319–326.

Buora u. a. 1990
M. Buora u. a., Spätantike Scharnierfibeln aus der Region Friuli-Venezia Giulia. Germania 68, 1990, 612–627.

Capelle 1968 a
T. Capelle, Der Metallschmuck von Haithabu. Studien zur wikingischen Metallkunst. Ausgr. Haithabu 5 (Neumünster 1968).

Capelle 1968 b
T. Capelle, Kleeblattfibeln und Zierketten. Fornvännen 63, 1968, 1–9.

Carlsson 1988
A. Carlsson, Vikingatida ringspännen från Gotland. Stockholm Studies in Archaeology 8 (Stockholm 1988).

v. Carnap-Bornheim, 2000
C. v. Carnap-Bornheim, Zu Schildfibeln mit Glaseinlagen (Mackeprang 9 sowie Matthes B und C). In: M. Mączyńska/T. Grabarczyk (Hrsg.), Die spätrömische Kaiserzeit und die frühe Völkerwanderungszeit in Mittel- und Osteuropa (Łódź 2000), 52–75.

v. Carnap-Bornheim/Salač 1994
C. v. Carnap-Bornheim/V. Salač, Eine norisch-pannonische Flügelfibel aus Lovosice (Bez. Litoměřice, NW-Böhmen). In: C. Dobiat (Hrsg.), Festschrift für Otto-Herman Frey zum 65. Geburtstag. Marburger Stud. Vor- u. Frühgesch. 16 (Marburg 1994), 127–137.

Chowaniec 2001
R. Chowaniec, Zapinki typu Avcissa z ziem Polski. In: J. Kolendo u.a. (Red.), Nowe znaleziska importów rzymskich 2 (Warszawa 2001), 39–49.

Cordie-Hackenberg/Haffner 1997
R. Cordie-Hackenberg/A. Haffner, Das keltisch-römische Gräberfeld von Wederath-Belginum 5. Trierer Grab. u. Forsch. 6,5 (Mainz 1997).

Cosack 1979
E. Cosack, Die Fibeln der Älteren Römischen Kaiserzeit in der Germania libera (Dänemark, DDR, BRD, Niederlande, CSSR). Eine technologisch-archäologische Analyse. 1. Armbrustfibeln, Rollenkappenfibeln, Augenfibeln. Göttinger Schr. Vor- u. Frühgesch. 19 (Neumünster 1979).

Cosack 2008
E. Cosack, Neue Forschungen zu den latènezeitlichen Befestigungsanlagen im ehemaligen Regierungsbezirk Hannover. Göttinger Schr. Vor- u. Frühgesch. 31 (Neumünster 2008).

Crivelli 1958/59
A. Crivelli, Per una revisione della cronologia preistorica ticinese: La fibula tipo Mesoco. Jahrb. Schweizer Ges. Urgesch. 47, 1958/59, 113–116.

Dàbrowska 1992
T. Dàbrowska, Die späten kräftig profilierten Fibeln (Almgren Typ 84) in Polen. In: K. Godlowski (Red.), Probleme der relativen und absoluten Chronologie ab Latènezeit bis Frühmittelalter (Kraków 1992), 103–109.

Dàbrowska 1998
T. Dàbrowska, Die kräftig profilierten Fibeln Almgren Gruppe IV, Fig. 74–84 (Trompetenfibeln) mit einem Ausblick auf die östlichen Formen. In: J. Kunow (Hrsg.), 100 Jahre Fibelformen nach Oscar Almgren. Forsch. Arch. Land Brandenburg 5 (Wünsdorf 1998), 149–156.

Dehn 1966
W. Dehn, Die Doppelvogelkopffibel aus dem Valde-Travers. In: W. Dehn u.a. (Hrsg.), Helvetia Antiqua (Zürich 1966), 137–146.

Dehn/Stöllner 1996
W. Dehn/T. Stöllner, Fusspaukenfibel und Drahtfibel (Marzabottofibel). Ein Beitrag zum kulturhistorischen Verständnis des 5. Jh. in Mitteleuropa. In: T. Stöllner (Hrsg.), Europa celtica (Espelkamp 1996), 1–54.

Demetz 1992
S. Demetz, Knotenfibeln mit Zierleiste. Ein Beitrag zu westalpinen Nachfolgeformen der Spätlatène-Fibel Almgren 65. In: A. Lippert/K. Spindler (Hrsg.), Festschrift zum 50jährigen Bestehen des Instituts für Ur- und Frühgeschichte der Leopold-Franzens-Universität Insbruck. Univforsch. Prähist. Arch. 8 (Bonn 1992), 107–121.

Demetz 1993
S. Demetz, Fibule a testa di animale dal Trentino. Considerazioni sulla possibilità di ricerche topologiche su fibule della prima età imperiale. Archeologia delle Alpi 2, 1993, 59–71.

Demetz 1998
S. Demetz, Almgren Gruppe IV, Fig. 65–67: Zum Beginn der kräftig profilierten Fibeln. In: J. Kunow (Hrsg.), 100 Jahre Fibelformen nach Oscar Almgren. Forsch. Arch. Land Brandenburg 5 (Wünsdorf 1998), 137–148.

Demetz 1999a
S. Demetz, Fibeln aus dem östlichen Zentralalpenraum am Übergang von der Spätlatènezeit zur römischen Kaiserzeit. Archeologia delle Alpi 5, 1999, 134–155.

Demetz 1999b
S. Demetz, Fibeln der Spätlatène- und frühen römischen Kaiserzeit in den Alpenländern. Frühgesch. u. Provinzialröm. Arch. 4 (Rahden/Westf. 1999).

Demetz 2000
S. Demetz, Fibeln mit beissendem Tierkopf (TKF-Tierkopffibeln). Sborník Národ. Muz. Praha, Rada A 54, 2000, 15–36.

Dieke 2003
M. Dieke, Die Pseudo-Münzfibel von Östringfelde. Kunde, N.F. 54, 2003, 149–156.

Drescher 1953–55
H. Drescher, Die technische Entwicklung und Anfertigung der Lüneburger Fibeln. Hammaburg 4, 1953–55, 23–34.

Drescher 1957
H. Drescher, Die Technik der germanischen Rollenkappenfibeln. Germania 35, 1957, 80–95.

Droberjar 2002
E. Droberjar, Zu den elbgermanischen Prunkkniefibeln vom Typ Almgren 147. In: K. Kuzmová u.a. (Hrsg.), Zwischen Rom und dem Barbaricum (Nitra 2002), 239–244.

Ebel-Zepezauer 1998
W. Ebel-Zepezauer, Ostgermanische Blechfibeln des 5. und 6. Jahrhunderts zwischen Rhein und Garonne. Arch. Korrbl. 28, 1998, 297–303.

Eger 2001
C. Eger, Byzantinische Heiligenfibeln. Bayer. Vorgeschbl. 66, 2001, 149–155.

Eggers 1930
H.-J. Eggers, Zur Typologie und Chronologie der sog. »pommerschen Fibeln«. Mittl. Slg. vaterländischer Altertümer Univ. Greifswald 4, 1930, 38–52.

Eggers 1955
H.-J. Eggers, Zur absoluten Chronologie der römischen Kaiserzeit im Freien Germanien. Jahrb. RGZM 2, 1955, 196–244.

Eggers/Stary 2001
H.-J. Eggers/P. F. Stary, Funde der Vorrömischen Eisenzeit, der Römischen Kaiserzeit und der Völkerwanderungszeit in Pommern. Beitr. z.

Ur- u. Frühgesch. Mecklenburg-Vorpommern 38 (Lübstorf 2001).

v. Eles Masi 1986
P. v. Eles Masi, Le fibule dell' Italia settentrionale. Prähist. Bronzefunde Abt. XIV, Bd. 5 (München 1986).

Ettel 2005
P. Ettel, Aufnahme der italischen Fibelmode in der älteren Eisenzeit nordwärts der Alpen und Italisches in Thüringen. Alt-Thüringen 38, 2005, 119–142.

Ettlinger 1973
E. Ettlinger, Die römischen Fibeln der Schweiz. Handbuch der Schweiz zur Römer- und Merowingerzeit (Bern 1973).

Exner 1939
K. Exner, Die provinzialrömischen Emailfibeln der Rheinlande. Ber. RGK 29, 1939, 31–121.

Fahr / Sopp 2009
J. Fahr / M. Sopp, Lange vor der Autobahn A14. Archäologie zwischen Peißen und Reideburg. Kleine Hefte z. Arch. Sachsen-Anhalt 7 (Halle/S. 2009).

Fazekas 2007
F. Fazekas (Hrsg.), Die römische Siedlung bei Babarc, Komitat Baranya/Ungarn. Passauer Univ. Schr. z. Arch. 12 (Rahden/Westf. 2007).

Feugère 1985
M. Feugère, Les fibules en Gaule Méridionale de la conquête à la fin du Ve s. ap. J.-C. Revue Arch. Narbonnaise, Suppl. 12 (Paris 1985).

Fingerlin 1986
G. Fingerlin, Dangstetten I. Forsch. u. Ber. z. Vor- u. Frühgesch. Baden-Württemberg 22 (Stuttgart 1986).

Fischer 1966
U. Fischer, Zu den Fibeln Almgren 101. Jschr. mitteldt. Vorgesch. 50, 1966, 229–262.

Flügel 2007
Ch. Flügel, Eine Scheibenfibel mit Architekturdarstellung aus Chieming, Lkr. Traunstein. Zu mittelkaiserzeitlichen Fibeln mit militärischen Motiven. Bayer. Vorgeschbl. 72, 2007, 327–340.

Flügel / Obmann 2008
Ch. Flügel / J. Obmann, Römische Architekturfibeln. Ein Beitrag zur römischen Militärarchitektur. Quaderni Friulani di Archeologia 18, 2008, 145–153.

Fowler 1960
E. Fowler, The Origins and Development of the Penannular Brooch in Europe. Proc. Prehist. Soc. 26, 1960, 149–177.

Frick 1992/93
H.-J. Frick, Karolingisch-ottonische Scheibenfibeln des nördlichen Formenkreises. Offa 49/50, 1992/93, 243–463.

Gaál 2001
A. Gaál, Posamenteriefibel mit Fussspirale, Bronzebecken und Bronzehelm aus dem Donauabschnitt im Komitat Tolna. Commun. Arch. Hungariae 2001, 41–50.

Gamper 2006
P. Gamper, Die latènezeitliche Besiedlung am Ganglegg in Südtirol: Neue Forschungen zur Fritzen-Sanzeno Kultur. Internationale Arch. 91 (Rahden / Westf. 2006).

Garbsch 1965
J. Garbsch, Die Norisch-Pannonische Frauentracht im 1. und 2. Jahrhundert. Münchner Beitr. z. Vor- u. Frühgeschichte 11 (München 1965).

Garbsch 1991
J. Garbsch, Beobachtungen an Fibeln des Mars. Bayer. Vorgeschbl. 56, 1991, 187–197.

Garbsch 2002
J. Garbsch, Alte und neue Mars-Fibeln. In: K. Kuzmová u.a. (Hrsg.), Zwischen Rom und dem Barbaricum (Nitra 2002), 99–104.

Gaspar 2007
N. Gaspar, Die keltischen und gallo-römischen Fibeln vom Titelberg. Les fibules gauloises et gallo-romaines du Titelberg. Dossiers Arch. Mus. Nat. Hist. et Art 11 (Luxembourg 2007).

Gauß 2009
F. Gauß, Völkerwanderungszeitliche »Blechfibeln«. Typologie, Chronologie, Interpretation. Ergbd. RGA 67 (Berlin, New York 2009).

Gebhard 1991
R. Gebhard, Die Fibeln aus dem Oppidum von Manching. Die Ausgrabungen in Manching 14 (Stuttgart 1991).

Gedl 2004
M. Gedl, Die Fibeln in Polen. Prähist. Bronzefunde Abt. XIV, Bd. 10 (Stuttgart 2004).

Geisler 1998a
H. Geisler, Das frühbairische Gräberfeld Straubing-Bajuwarenstraße I. Internationale Archäologie 30 (Rahden/Westf. 1998).

Geisler 1998b
H. Geisler, Die Fibeln Almgren Fig. 151–155 und 215 in den Jahren 1897 und 1997. In: J. Kunow (Hrsg.), 100 Jahre Fibelformen nach Oscar Almgren. Forsch. Arch. Land Brandenburg 5 (Wünsdorf 1998), 213–228.

Genrich 1954
A. Genrich, Formenkreise und Stammesgruppen in Schleswig-Holstein nach geschlossenen Funden des 3. bis 6. Jahrhunderts. Offa-Bücher NF 10 (Neumünster 1954).

J. Giesler 1978
J. Giesler, Zu einer Gruppe mittelalterlicher Emailscheibenfibeln. Zeitschr. Arch. Mittelalter 6, 1978, 57–72.

U. Giesler 1981
U. Giesler, Die Kleinfunde. In: T. Ulbert (Hrsg.), AD PRIVUM (Hrušica). Spätrömische Passbefestigung in den Julischen Alpen. Münchner Beitr. Vor- u. Frühgesch. 31 (München 1981), 53–127.

Gjedssø Bertelsen 1992
L. Gjedssø Bertelsen, Urnesfibler i Danmark. Aarbøger 1992, 347–370.

Gleirscher 1987
P. Gleirscher, Tiroler Schüssel- und Palmettenfibeln. Archäologisches zur Frage der Eroberung der Alpen durch die Römer. Germania 65, 1987, 67–88.

Glogović 2003
D. Glogović, Fibeln im kroatischen Küstengebiet (Istrien, Dalmatien). Prähist. Bronzefunde, Abt. XIV, Bd. 13 (Stuttgart 2003).

Glunz 1997
B. Glunz, Studien zu den Fibeln aus dem Gräberfeld von Hallstatt. Linzer Archäol. Forsch. 25 (Linz 1997).

Göldner 1987
H. Göldner, Studien zu rhein- und moselfränkischen Bügelfibeln. Marburger Stud. Vor- u. Frühgesch. 8 (Marburg 1987).

Graenert 2007
G. Graenert, Merowingerzeitliche Filigranscheibenfibeln westlich des Rheins. Europe médiéval 7 (Montagnac 2007).

Grasselt 1998
T. Grasselt, Die Fibelformen Almgren I, 10–14. Geschichte und Stand der Forschung. In: J. Kunow (Hrsg.), 100 Jahre Fibelformen nach Oscar Almgren. Forsch. Arch. Land Brandenburg 5 (Wünsdorf 1998), 29–38.

Graue 1974
J. Graue, Die Gräberfelder von Ornavasso. Hamburger Beitr. z. Arch., Beih. 1 (Hamburg 1974).

Grönke 2005
E. Grönke, Die Fibeln vom Gebiet der römischen Kastelle und des Vicus in Theilenhofen, Lkr. Weißenburg-Gunzenhausen. Bayer. Vorgeschbl. 70, 2005, 103–132.

Grönke/Weinlich 1994
E. Grönke/E. Weinlich, Römische Scharnierfibeln mit breiter Schmuckzone aus Obergermanien und Rätien nördlich der Alpen. Bayer. Vorgeschbl. 59, 1994, 97–115.

Grönke/Weinlich 1996
E. Grönke/E. Weinlich, Eine neu entdeckte römische Scharnierfibel mit breiter Schmuckzone, ein Nachtrag. Bayer. Vorgeschbl. 61, 1996, 225–228.

Gschwind/Ortisi 2001
M. Gschwind/S. Ortisi, Zur kulturellen Eigenständigkeit der Provinz Raetien Almgren 86, die raetische Form der sog. pannonischen Trompetenfibeln. Germania 79, 2001, 401–416.

Gudea 2002
N. Gudea, Über römische Hakenkreuzfibeln mit Pferdekopfenden. Arch. Korrbl. 32, 2002, 101–104.

Guerra 2009
E. Guerra, Le fibule d'epoca romana nel Locarnese. Tradizione e romanità. Jahrb. Arch. Schweiz 92, 2009, 165–200.

Gugl 1995
C. Gugl, Die römischen Fibeln aus Virunum (Klagenfurt 1995).

Gupte 1998
O. Gupte, Die knieförmig gebogenen Fibeln der älteren römischen Kaiserzeit. Forschungsgeschichte und Forschungsstand. In: J. Kunow (Hrsg.), 100 Jahre Fibelformen nach Oscar Almgren. Forsch. Arch. Land Brandenburg 5 (Wünsdorf 1998), 203–212.

Gupte 2002
O. Gupte, Röntgentechnische Untersuchungen an eisernen knieförmig gebogenen Fibeln des Gräberfeldes von Putensen, Kr. Harburg. Hammaburg, N.F. 13, 2002, 61–73.

Gupte 2004
O. Gupte, Knieförmig gebogene Fibeln der römischen Kaiserzeit. Univforsch. Prähist. Arch. 110 (Bonn 2004).

Haberstroh 2000/01
J. Haberstroh, Elbgermanischer Adel an der Regnitz? Eine Fibel des Horizontes Hassleben-Leuna aus Altendorf, Lkr. Bamberg. Ber. Bayer. Bodendenkmalpfl. 41/42, 2000/01, 107–116.

Haevernick 1938
T. E. Haevernick, Spätlatènezeitliche Gräber aus Brücken an der Helme. In: E. Sprockhoff (Hrsg.), Marburger Studien (Darmstadt 1938), 77–82.

Hägg 1974
I. Hägg, Kvinnedräkten i Birka. Aun 2 (Uppsala 1974).

Haffner 1974
A. Haffner, Das keltisch-römische Gräberfeld von Wederath-Belginum 2. Trierer Grab. u. Forsch. 6,2 (Mainz 1974).

Haimerl 1998 a
U. Haimerl, Die Vogelfibel der älteren Merowingerzeit. Untersuchungen zur Typologie, Chronologie, Herkunft und Trachtgeschichte sowie zu Aspekten der soziologischen und symbolischen Bedeutung der Vogelfibel im frühen Mittelalter. Arch. Nachrbl. 3, 1998, 70–73.

Haimerl 1998 b
U. Haimerl, Die Vogelfibeln der älteren Merowingerzeit. Bemerkungen zur Chronologie und zur Herleitung der Fibelgattung. Acta Praehist. et Arch. 30, 1998, 90–105.

Haimerl 1998/99
U. Haimerl, Bemerkungen zur Ikonographie des Raubvogels am Beispiel der merowingerzeitlichen Vogelfibeln. Arch. Austriaca 82/83, 1998/99, 343–346.

Häßler 2002
H.-J. Häßler, Das sächsische Gräberfeld von Issendorf, Landkreis Stade. Stud. Sachenforsch. 9,4 (Oldenburg 2002).

Hampel 1905
J. Hampel, Alterthümer des frühen Mittelalters in Ungarn (Braunschweig 1905).

Haseloff 1981
G. Haseloff, Die germanische Tierornamentik der Völkerwanderungszeit. Vorgesch. Forsch. 17 (Berlin 1981).

Haseloff 1990
G. Haseloff, Email im frühen Mittelalter. Frühchristliche Kunst von der Spätantike bis zu den Karolingern (Marburg 1990).

Hauptmann 1998
T. Hauptmann, Studien zu den Dreisprossenfibeln. In: J. Kunow (Hrsg.), 100 Jahre Fibelformen nach Oscar Almgren. Forsch. Arch. Land Brandenburg 5 (Wünsdorf 1998), 159–173.

Heimann 2007
F. Heimann, Kontakte in der Späthallstattzeit – Soziale und chronologische Untersuchungen zu Paukenfibeln und deren Auswirkung auf die chronologische Bewertung der Späthallstattzeit. In: Scripta praehistorica in honorem Biba Teržan (Ljubljana 2007), 453–463.

Heising 2006
A. Heising, Eine Fibel Typ »Sontheim« aus den Mainzer Canabae Legionis. In: G. Seitz (Hrsg.), Im Dienste Roms (Remshalden 2006), 409–422.

Heymans 1997
H. Heymans, Die Fibeln aus dem römerzeitlichen Vicus von Kalsdorf bei Graz. Fundber. Österreich 36, 1997, 325–374.

Heynowski 1998
R. Heynowski, Frühe Ringfibeln in Norddeutschland und Dänemark. In: A. Müller-Karpe u.a. (Hrsg.), Studien zur Archäologie der Kelten, Römer und Germanen in Mittel- und Westeuropa (Rahden/Westf. 1998), 209–230.

Heynowski 2013
R. Heynowski, Schönheit und Wandel – Bemerkungen zu den Osterburger Fibeln, Ethnogr.-Arch. Zeitschr. 54, 2013, 71–98.

Hilberg 2005
V. Hilberg, Griesheimer Grab 400. Die Bügelfibeln der jüngeren Merowingerzeit im Rhein-Main-Gebiet. In: C. Dobiat (Hrsg.), Reliquiae Gentium (Rahden / Westf. 2005), 195–222.

Hildebrand 1872–1880
H. Hildebrand, Studier i jämförande fornforskning. 1. Bidrag till spännets historia. Antiqv. Tidskr. Sverige 4, 1872–1880, 15–263.

Hingst 1959
H. Hingst, Vorgeschichte des Kreises Stormarn. Vor- u. frühgesch. Denkm. u. Funde Schleswig-Holstein 5 (Neumünster 1959).

Hingst 1989
H. Hingst, Urnenfriedhöfe der vorrömischen Eisenzeit aus Südostholstein. Urnenfriedhöfe Schleswig-Holstein 12 (Neumünster 1989).

Hodson 1968
F. R. Hodson, The La Tène Cemetery at Münsingen-Rain. Acta Bernensia 5 (Bern 1968).

Hofmann 2002
K. Hofmann, Die Tinsdahler Fibel von Wittorf. Zur Typologie jastorfzeitlicher Plattenfibeln. In: U. Masemann (Hrsg.), Forschungen zur Archäologie und Geschichte Norddeutschlands (Rothenburg/W. 2002), 141–175.

Hofmann 2014
K. Hofmann, Auf der Suche nach der Jastorf-Fibel. Die ältereisenzeitlichen Plattenfibeln Norddeutschlands – eine Leitform?. In: J. Brandt/ B. Rauchfuß (Hrsg.), Das Jastorf-Konzept und die vorrömische Eisenzeit im nördlichen Mitteleuropa (Hamburg 2014), 129–142.

Hoppe 1986
M. Hoppe, Die Grabfunde der Hallstattzeit in Mittelfranken. Materialh. Bayer. Vorgesch. Reihe A, Bd. 55 (Kallmünz / Opf. 1986).

Hübener 1972
W. Hübener, Gleicharmige Bügelfibeln der Merowingerzeit in Westeuropa. Madrider Mittl. 13, 1972, 211–269.

Hårdh 1984
B. Hårdh, Kleeblattfibeln. In: G. Arwidsson (Hrsg.), Birka 2,1. Systematische Analysen der Gräberfunde (Stockholm 1984), 85–94.

Ioniţă 1998
I. Ioniţă, Die Fibeln mit umgeschlagenem Fuß Almgren Gruppe VI, 1. In: J. Kunow (Hrsg.), 100 Jahre Fibelformen nach Oscar Almgren. Forsch. Arch. Land Brandenburg 5 (Wünsdorf 1998), 231–240.

Jacob-Friesen 2003
G. Jacob-Friesen, Einige Altfunde latène- und kaiserzeitlicher Fibeln aus Norddeutschland. Kunde, N.F. 54, 2003, 17–33.

Jandrasits 2000/01
H. Jandrasits, Scheibenfibeln mit Pressblechauflage. Röm. Österreich 23/24, 2000/01, 41–45.

Janson 1985
I. Janson, Ovale spännbucklor. En studie av vikingetida standardsmycken med utgångspunkt från Björkö-fynden (Stockholm 1985).

Jobst 1975
W. Jobst, Die römischen Fibeln aus Lauriacum. Forsch. Lauriacum 10 (Linz 1975).

Jordan 2015
J. Jordan, Rot und funkelnd wie das Feuer. Bericht aus dem LVR-LandesMuseum Bonn 2015, Heft 2, 16–20.

Kaczmarek 1998
M. Kaczmarek, Spätrömische Fibeln mit hohem Nadelhalter im nordwestlichen Polen. In: J. Kunow (Hrsg.), 100 Jahre Fibelformen nach Oscar Almgren. Forsch. Arch. Land Brandenburg 5 (Wünsdorf 1998), 305–317.

Keiling 1969
H. Keiling, Die vorrömische Eisenzeit im Elde-Karthane-Gebiet (Kreis Perleberg und Kreis Ludwigslust). Beitr. Ur- u. Frühgesch. Bez. Rostock, Schwerin u. Neubrandenburg 3 (Schwerin 1969).

Keiling 1970
H. Keiling, Ein Urnengrab mit Kugelfibel aus der jüngeren vorrömischen Eisenzeit von Schönbeck, Kr. Strasburg. Ausgr. u. Funde 15, 1970, 196–206.

Keiling 1971
H. Keiling, Eine besondere Kettenplattenschmuckform der vorrömischen Eisenzeit von Tangermünde, Kreis Stendal. Jschr. mitteldt. Vorgesch. 55, 1971, 189–219.

Keiling 2011
H. Keiling, Zu den Doppelpauken- und Doppelscheibenfibeln der Jastorf-Kultur. In: W. Budesheim (Hrsg.), Festschrift 20 Jahre Freie Lauenburgische Akademie. Beitr. Wissensch. u. Kultur 10 (Wentorf bei Hamburg 2011), 9–88.

Keller 1971
E. Keller, Die spätrömischen Grabfunde in Südbayern. Münchner Beitr. Vor- u. Frühgesch. 14 (München 1971).

Keller 1973
E. Keller, Frührömerzeitliche Körpergräber aus Heimstetten, Ldkr. München. Arch. Korrbl. 3, 1973, 325–328.

Kersten / LaBaume 1958
K. Kersten / P. LaBaume, Vorgeschichte der nordfriesischen Inseln. Vor- u. frühgesch. Denkm. u. Funde Schleswig-Holstein 4 (Neumünster 1958).

Kleingärtner/Jöns 2000
S. Kleingärtner/H. Jöns, Eine Pferdefibel aus Gross Strömkendorf, Lkr. Nordwestmecklenburg. Bodendenkmalpfl. Mecklenburg-Vorpommern Jahrb. 48, 2000, 279–293.

Klein-Pfeuffer 1993
M. Klein-Pfeuffer, Merowingerzeitliche Fibeln und Anhänger aus Preßblech. Marburger Stud. Vor- u. Frühgesch. 14 (Marburg 1993).

A. Koch 1998
A. Koch, Bügelfibeln der Merowingerzeit im westlichen Frankenreich. RGZM Monographien Bd. 41 (Mainz 1998).

U. Koch 1982
U. Koch, Die fränkischen Gräberfelder von Bargen und Berghausen in Nordbaden. Forsch. u. Ber. Vor- u. Frühgesch. Baden-Württemberg 12 (Stuttgart 1982).

U. Koch 1990
U. Koch, Das fränkische Gräberfeld von Klepsau im Hohenlohekreis. Forsch. u. Ber. Vor- u. Frühgesch. Baden-Württemberg 38 (Stuttgart 1990).

U. Koch 2001
U. Koch, Das alamannisch-fränkische Gräberfeld bei Pleidelsheim. Forsch. u. Ber. Vor- u. Frühgesch. Baden-Württemberg 60 (Stuttgart 2001).

Könemann 2018
P. Könemann, Die kaiserzeitlichen Bunt- und Edelmetallfunde von Kamen-Westick. RITaK 5 (Bochum 2018).

Koers u.a. 1990
J. P. Koers/J. N. Lanting/J. Molema, De muntfibula van een Almohadische dobla uit Scheemda: vondstomstandigheden parallellen en historische context. Palaeohistoria 32, 1990 (1993), 331–338.

Kossack 1959
G. Kossack, Südbayern während der Hallstattzeit. Röm.-Germ. Forsch. 24 (Berlin 1959).

Kossack 1998
G. Kossack, Von der verborgenen Lebenskraft der Dinge. Nordtiroler Gehängefibeln aus der frühen Eisenzeit als sakrale Zeichen. Veröff. Tiroler Landesmus. 78, 1998, 71–87.

Kostrzewski 1919
J. Kostrzewski, Die ostgermanische Kultur der Spätlatènezeit. Mannus-Bibliothek 18 (Leipzig, Würzburg 1919).

Kovrig 1937
I. Kovrig, Die Hauptformen der kaiserzeitlichen Fibeln in Pannonien. Diss. Pann. Serie II Nr. 4 (Budapest 1937).

Krabath 2004
S. Krabath, Die metallenen Trachtbestandteile und Rohmaterialien aus dem Schatzfund von Fuchsenhof. In: B. Prokisch/T. Kühtreiber (Hrsg.), Der Schatzfund von Fuchsenhof. Studien z. Kulturgesch. Oberösterreich 15 (Linz 2004) 231–322.

Krämer 1950
W. Krämer, Ein außergewöhnlicher Latènefund aus dem Oppidum von Manching. In: G. Behrens/J. Werner (Hrsg.), Reinecke Festschrift (Mainz 1950) 84–95.

Krämer 1957
W. Krämer, Cambodunumforschung 1953. Materialh. z. Bayer. Vorgesch. 9 (Kallmünz/Opf. 1957).

Krämer 1964
W. Krämer, Das keltische Gräberfeld von Nebringen (Kreis Böblingen). Veröff. Staatl. Amt Denkmalpflege Stuttgart, Reihe A, Heft 8 (Stuttgart 1964).

Krämer 1971
W. Krämer, Silberne Fibelpaare aus dem letzten vorchristlichen Jahrhundert. Germania 49, 1971, 111–132.

Krämer 1985
W. Krämer, Die Grabfunde von Manching und die latènezeitlichen Flachgräber in Südbayern. Ausgrabungen in Manching 9 (Stuttgart 1985).

Krausse 2006
D. Krausse, Eisenzeitlicher Kulturwandel und Romanisierung im Mosel-Eifel-Raum. Die keltisch-

römische Siedlung von Wallendorf und ihr archäologisches Umfeld. Röm.-Ger. Forsch. 63 (Mainz 2006).

Kromer 1956
K. Kromer, Das Gräberfeld von Hallstatt (Firenze 1956).

B. Krüger 1986
B. Krüger u.a., Die Germanen. Geschichte und Kultur der germanischen Stämme Mitteleuropas. Bd. 2: Die Stämme und Stammesverbände in der Zeit vom 3. Jahrhundert bis zur Herausbildung der politischen Vorherrschaft der Franken (2. Aufl. Berlin 1986).

H. Krüger 1950
H. Krüger, Zu den Fibeln vom Typus Tinsdahl und Heitbrack. Hammaburg 2, 1950, 141–146.

K. Krüger 1999
K. Krüger, Eine Heiligenfibel mit Zellenemail aus Ochtmissen, Stadt Lüneburg, Ldkr. Lüneburg. Zu Auswertungs- und Aussagemöglichkeiten einer archäologischen Matrialgruppe. Kunde, N.F. 50, 1999, 129–204.

K. Krüger 2000
K. Krüger, Eine Heiligenfibel aus Cluvenhagen, Gde. Langwedel, Kr. Verden. Kunde, N.F. 51, 2000, 109–116.

Kruta 1971
V. Kruta, Le trésor de Duchcov (Ústi nad Labem 1971).

Kühn 1930
H. Kühn, Die Fibeln mit ausgezackter Kopfplatte (Thüringischer Typ). In: P. Reinecke (Hrsg.), Schumacher Festschrift (Mainz 1930).

Kühn 1935
H. Kühn, Die Zikadenfibeln der Völkerwanderungszeit. IPEK 10, 1935, 85–106.

Kühn 1940
H. Kühn, Die germanischen Bügelfibeln der Völkerwanderungszeit in der Rheinprovinz. Rhein. Forsch. Vorgesch. 4 (Bonn 1940).

Kühn 1974
H. Kühn, Die germanischen Bügelfibeln der Völkerwanderungszeit in Süddeutschland. German. Bügelfibeln Völkerwanderungszeit 2 (Graz 1974).

Kühn 1981
H. Kühn, Die germanischen Bügelfibeln der Völkerwanderungszeit in Mitteldeutschland. German. Bügelfibeln Völkerwanderungszeit 3 (Graz 1981).

Kunow 1980
J. Kunow, Der Leithorizont der Augenfibeln und die Stufe Eggers B1. Arch. Korrbl. 10, 1980, 157–161.

Kunow 1998
J. Kunow. Die Hauptserie der Augenfibeln: Gruppe III, Fig. 45–54. In: J. Kunow (Hrsg.), 100 Jahre Fibelformen nach Oscar Almgren. Forsch. Arch. Land Brandenburg 5 (Wünsdorf 1998), 93–118.

Kunow 1999
J. Kunow, Katalog und Kartierungen zur Hauptserie der Augenfibeln: Almgren Gruppe 3, Figuren 44, 45–54. Veröff. Brandenburg. Landesmus. Ur- u. Frühgesch. 33, 1999 (2002), 65–105.

Kunow 2001
J. Kunow, Untersuchungen zu frühen Augenfibelformen in der Germania magna. In: M. Meyer (Hrsg.), »... trans Albim fluvium« (Rahden/Westf. 2001), 343–347.

Kurz 1984
S. Kurz, Figürliche Fibeln der Frühlatènezeit. Fundber. Baden-Württemberg 9, 1984, 249–278.

Lang 1979
A. Lang, Krebsschwanzfibeln. Germania 57, 1979, 75–97.

Laux 1973
F. Laux, Die Fibeln in Niedersachsen. Prähist. Bronzefunde Abt. XIV, Bd. 1 (München 1973).

Laux 1995
F. Laux, Karolingische »Heiligenfibeln« aus Bardowick und Ochtmissen, Stadt Lüneburg, im Landkreis Lüneburg. Kunde, N.F. 46, 1995, 123–136.

Laux 1998
F. Laux, Kleine karolingische und ottonische Scheibenfibeln aus Bardowick, Ldkr. Lüneburg. Nachr. Niedersachsen Urgesch. 67, 1998, 9–28.

Leifeld 2007
H. Leifeld, Endlatène- und älterkaiserzeitliche Fibeln aus Gräbern des Trierer Landes. Eine antiquarisch-chronologische Studie. Univforsch. Prähist. Arch. 146 (Bonn 2007).

Leube 1978
A. Leube, Neubrandenburg. Ein germanischer Bestattungsplatz des 1. Jahrhunderts u. Z. Beitr. z. Ur- u. Frühgesch. Bezirke Rostock, Schwerin u. Neubrandenburg 11 (Berlin 1978).

Leube 1998
A. Leube, Die Rollenkappenfibeln Almgren Gruppe II, Fig. 24–29, im Gebiet zwischen Weser und Parseta. Studien zur Typologie und zur Fundgeographie. In: J. Kunow (Hrsg.), 100 Jahre Fibelformen nach Oscar Almgren. Forsch. Arch. Land Brandenburg 5 (Wünsdorf 1998), 55–66.

Leube 1999
A. Leube, Zur Fibel mit hohem Nadelhalter im nördlichen Elbgebiet. Studien zur Sachsenforschung 13, 1999, 287–301.

Lippert/Stadler 2009
A. Lippert/P. Stadler, Das spätbronze- und früheisenzeitliche Gräberfeld von Bischofshofen-Pestfriedhof. Univforsch. Prähist. Arch. 168 (Bonn 2009).

Logemann 1993
H. Logemann, Die Marzabotto-Fibel und ein Exkurs in die Frühlatèneproblematik. Ethnogr.-Arch. Zeitschr. 34, 1993, 385–399.

Łuczkiewicz 2017
P. Łuczkiewicz, Im Dienste Roms? In: B. V. Eriksen / A. Abegg-Wigg / R. Beile / U. Ickerodt (Hrsg.), Interaktion ohne Grenzen (Schleswig 2017), 299–305.

Luik 1997
M. Luik, Fibeln vom Typ Alesia aus den römischen Lagern um Numantia. Arch. Korrbl. 27, 1997, 463–479.

Machajewski 1998
H. Machajewski, Die Fibeln der Gruppe V, Serie 8, im östlichen Teil Mitteleuropas. In: J. Kunow (Hrsg.), 100 Jahre Fibelformen nach Oscar Almgren. Forsch. Arch. Land Brandenburg 5 (Wünsdorf 1998), 187–196.

Mączyńska 2001
M. Mączyńska, Das Verbreitungsbild der Fibeln A.67/68 und A. 68 im Barbaricum. Slovenská Arch. 49, 2001, 165–179.

Mączyńska 2004
M. Mączyńska, Bemerkungen über einige Typen der Augenfibeln im Barbaricum. In: H. Friesinger/ A. Stuppner (Hrsg.), Zentrum und Peripherie. Gesellschaftliche Phänomene in der Frühgeschichte (Wien 2004), 211–240.

Mączyńska 2016
M. Mączyńska, Römische Fibeln im Barbaricum: Das Beispiel der Emailscheibenfibeln und Kniefibeln mit halbrunder Kopfplatte. In: H. U. Voß/ N. Müller-Scheeßel (Hrsg.), Archäologie zwischen Römern und Barbaren 1. Kolloqu. z. Vor- u. Frühgesch. 22,1 (Bonn 2016), 453–463.

Mahr 1967
G. Mahr, Die jüngere Latènekultur des Trierer Landes. Berliner Beitr. z. Vor- u. Frühgeschichte 12 (Berlin 1967).

Maixner 2005
B. Maixner, Die gegossenen kleeblattförmigen Fibeln der Wikingerzeit aus Skandinavien. Univforsch. Prähist. Arch. 116 (Bonn 2005).

Mangelsdorf/Rausch 2000
G. Mangelsdorf/K. Rausch, Eine vendelzeitliche Schnabelfibel des 6./7. Jahrhunderts aus Menzlin, Lkr. Ostvorpommern. Bodendenkmalpfl. Mecklenburg-Vorpommern Jahrb. 48, 2000, 269–277.

Mansfeld 1973
G. Mansfeld, Die Fibeln der Heuneburg 1950–1970. Ein Beitrag zur Geschichte der Späthallstattfibel. Heuneburgstudien II (Berlin 1973).

Matouschek 2000/01
J. Matouschek, Nadelsicherungen bei Fibeln im besonderen bei Zwiebelknopffibeln. Röm. Österreich 23/24, 2000/01, 55–94.

Meier 2004
M. Meier, Zur Herstellungstechnik dreier Vasenfussfibeln aus Leese und Barchel. Arch. Ber. Lkr. Rotenburg Wümme 11, 2004, 249–266.

Melander 1975–77
J. Melander, Svenska ögonfibulor. Tor 17, 1975–77, 285–304.

Menke 1974
M. Menke, »Rätische« Siedlungen und Bestattungsplätze der frührömischen Kaiserzeit im Voralpengebiet. In: G. Kossack/G. Ulbert (Hrsg.), Studien zur vor- und frühgeschichtlichen Archäologie (München 1974), 141–159.

Metzner-Nebelsick 2007
C. Metzner-Nebelsick, Pferdchenfibeln – Zur Deutung einer frauenspezifischen Schmuckform der Hallstatt- und Frühlatènezeit. In: Scripta praehistorica in honorem Biba Teržan (Ljubljana 2007), 707–735.

E. Meyer 1960
E. Meyer, Die Bügelknopffibel. Arbeits- u. Forschber. z. sächs. Bodendenkmalpfl. 8, 1960, 216–349.

M. Meyer 2001
M. Meyer, Regionale Ausprägungen der Fibel Var. K nach Kostrzewski. In: M. Meyer (Hrsg.), »... trans Albim fluvium« (Rahden/Westf. 2001), 161–175.

Möller 2004/05
C. Möller, Die Fibeln aus Grab 145 von Wederath-Belginum, Kreis Bernkastel-Wittlich. Ein Beitrag zur Typologie und Genese der Kragenfibeln unterbesonderer Berücksichtigung der treverischen Form. Trierer Zeitschr. 67/68, 2004/05, 39–65.

Möller 2007
C. A. Möller, Typologische und nomenklatorische Fragen gallo-römischer Fibelformen mit Sehnenhaken der Spätlatène- und älteren römischen Kaiserzeit. Arch. Inf. 30, 2007, 73–80.

Montelius 1917
O. Montelius, Minnen från vår forntid (Stockholm 1917).

Motyková-Šneidrova 1967
K. Motyková-Šneidrova, Weiterentwicklung und Ausklang der älteren Römischen Kaiserzeit in Böhmen. Fontes Arch. Prag. 11 (Prag 1967).

M. Müller 2002
M. Müller, Die römischen Buntmetallfunde von Haltern (Mainz 2002).

R. Müller 1985
R. Müller, Die Grabfunde der Jastorf- und Latènezeit an unterer Saale und Mittelelbe. Veröff. Landesmus. Vorgesch. Halle 38 (Berlin 1985).

Müller/Lüscher 2004
F. Müller/G. Lüscher, Die Kelten in der Schweiz (Stuttgart 2004).

Müller-Wille 1986
M. Müller-Wille, Das wikingerzeitliche Gräberfeld von Thumby-Bienebek in Schwansen (Kr. Rendsburg-Eckernförde). Ber. RGK 67, 1986, 465–478.

Nermann 1975
B. Nermann, Die Vendelzeit Gotlands (Stockholm 1975).

Neumann 1973
G. Neumann, Die Fibeln vom Kleinen Gleichberg bei Römhild. Abhandl. Sächs. Akad. Wiss. Leipzig, Phil.-Hist. Klasse 64, H. 3 (Berlin 1973).

Nikulka 2007
F. Nikulka, Eine neue Fibel des Helmshagener Typs. Bodendenkmalpfl. Mecklenburg-Vorpommern Jahrb. 55, 2007, 133–139.

Nissen Fett 1941
E. Nissen Fett, Relief-Fibeln von nordischem Typus in Mitteleuropa. Bergen Mus. Årbog, Hist.-Antikv. R. 5 (Bergen 1941).

Nitzschke 1967
W. Nitzschke, Neue völkerwanderungszeitliche Gräber aus dem Kreis Weißenfels. Ausgr. u. Funde 12, 1967, 46–52.

Novotná 2001
M. Novotná, Die Fibeln in der Slowakei. Prähist. Bronzefunde Abt. XIV, Bd. 11 (Stuttgart 2001).

Nowakowski 1998
W. Nowakowski, Die Nebenformen Almgren 133 und 137 aus heutiger Sicht. In: J. Kunow (Hrsg.), 100 Jahre Fibelformen nach Oscar Almgren. Forsch. Arch. Land Brandenburg 5 (Wünsdorf 1998), 197–201.

Ogrin 1998
M. Ogrin, Trortasta fibula v Sloveniji. Arh. Vestnik 49, 1998, 101–132.

Oldeberg 1933
A. Oldeberg, Det nordiska bronsåldersspännets historia. Kungl. Vitt. Hist. o. Antikv. Akad. Handl. 38:3 (Stockholm1933).

Olędzki 1995
M. Olędzki, Typologie, Chronologie und Verbreitung der ostgermanischen Varianten der Rollenkappenfibeln. Prähist. Zeitschr. 70, 1995, 228–247.

Olędzki 1998
M. Olędzki, Rollenkappenfibeln der östlichen Hauptserie Almgren 37–41 und die Varianten Fig. 42–43. In: J. Kunow (Hrsg.), 100 Jahre Fibelformen nach Oscar Almgren. Forsch. Arch. Land Brandenburg 5 (Wünsdorf 1998), 67–86.

Ørsnes 1966
M. Ørsnes, Form og stil i sydskandinaviens yngre germanske jernalder. Nationalmuseets Skrifter. Ark.-hist. R. 11 (København 1966).

Ortisi 2002
S. Ortisi, Die früh- und mittelkaiserzeitlichen Fibeln. In: S. Ortisi/P. M. Prötel, Römische Kleinfunde aus Burghöfe 2. Frühgesch. u. Prov.-Röm. Arch. 6 (Rahden/Westf. 2002), 10–58.

Pabst-Dörrer 2000
S. Pabst-Dörrer, Untersuchungen zu hallstattzeitlichen Frauentrachten mit Spiralbrillenfibeln zwischen Alpen, Karpaten und Ostsee. Internat. Arch. 51 (Rahden / Westf. 2000).

Panum Baastrup 2005
M. Panum Baastrup, Småfibler af karolingiske og ottonske typer i Danmark. Aarbøger 2005 (2009), 209–255.

Patek 1942
E. Patek, Verbreitung und Herkunft der römischen Fibeltypen in Pannonien. Diss. Pann. Serie II Nr. 19 (Budapest 1942).

Paul 2013
M. Paul, Fibeln und Gürtelzubehör der späten römischen Kaiserzeit aus Augusta Vindelicum/ Augsburg. Münchner Beitr. Provinzialröm. Arch. 3 (Wiesbaden 2013).

Pauli 1978
L. Pauli, Der Dürrnberg bei Hallein. 3. Münchner Beitr. z. Vor- u. Frühgesch. 18 (München 1978).

Paulík 1959
J. Paulík, Ružicové spony zo Slovenska. Slovenská Archeológia 7, 1959, 328–362.

Pavišić 2003
I. Pavišić, Novi nalazi fibula u obliku violinskoga gudala u Hrvatskom zagorju. Prilog poznavanju razdoblja kulture polja sa žarama u sjeverozapadnoj Hrvatskoj. Prilozi 20, 2003, 47–55.

Peschel 1972
K. Peschel, Fibeln mit Spiralfuß. Zeitschr. Arch. 6, 1972, 1–42.

Peškař 1972
I. Peškař, Fibeln aus der römischen Kaiserzeit in Mähren (Praha 1972).

E. Petersen 1929
E. Petersen, Die frühgermanische Kultur in Ostdeutschland und Polen. Vorgesch. Forsch. 2 H. 2 (Berlin 1929).

J. Petersen 1928
J. Petersen, Vikingetidens smykker (Kristiana 1928).

Pleterski 2003
A. Pleterski, Sclavinia und Germania, Brezelfibeln und Töpfe. In: I. Ericsson/H. Losert (Hrsg.), Aspekte der Archäologie des Mittelalters und der Neuzeit (Bonn 2003), 363–372.

Polenz 1988
H. Polenz, Katalog der merowingischen Funde der Pfalz. Germ. Denkm. Völkerwanderungszeit, Serie B, Bd. 12 (Stuttgart 1988).

Primas 1967
M. Primas, Zur Verbreitung und Zeitstellung der Certosafibeln. Jahrb. RGZM 14, 1967, 99–133.

Prohászka 2001
P. Prohászka, Römische Fibel mit Gladiatordarstellung und Inschrift aus Pannonien. Commun. Arch. Hungariae 2001, 65–85.

Rangs-Borchling 1963
A. Rangs-Borchling, Das Urnengräberfeld von Hornbek in Holstein. Offa-Bücher 18 (Neumünster 1963).

Reichstein 1975
J. Reichstein, Die kreuzförmige Fibel. Zur Chronologie der späten römischen Kaiserzeit und der Völkerwanderungszeit in Skandinavien, auf dem Kontinent und in England. Offa-Bücher 34 (Neumünster 1975).

Reinecke 1965
P. Reinecke, Mainzer Aufsätze zur Chronologie der Bronze- und Eisenzeit (Bonn 1965).

Rey-Vodoz 1986
V. Rey-Vodoz, Le fibules gallo-romaines de Martigny VS. Jahrb. Schweizer Ges. Urgesch. 69, 1986, 149–198.

Riebau 1999
M. H. Riebau, Die gleicharmigen Fibeln der Wikingerzeit. In: G. Mangelsdorf (Hrsg.), Von der Steinzeit zum Mittelalter. Greifswalder Mittl. 3 (Frankfurt am Main, Bern, New York 1999), 23–119.

Rieckhoff 1975
S. Rieckhoff, Münzen und Fibeln aus dem Vicus des Kastells Hüfingen (Schwarzwald-Bahr-Kreis). Saalburg Jb. 32, 1975, 5–104.

Riese 2004
T. Riese, Die Schildfibeln aus dem Bereich der Dębczyno-Gruppe. Folia Praehist. Posnaniensia 12, 2004, 201–249.

Riha 1979
E. Riha, Die römischen Fibeln aus Augst und Kaiseraugst. Forschungen in Augst 3 (Augst 1979).

Riha 1994
E. Riha, Die römischen Fibeln aus Augst und Kaiseraugst. Die Neufunde seit 1975. Forschungen in Augst 18 (Augst 1994).

Říhovský 1993
J. Říhovský, Die Fibeln in Mähren. Prähist. Bronzefunde Abt. XIV, Bd. 9 (Stuttgart 1993).

Ritterling 1912
E. Ritterling, Das frührömische Lager bei Hofheim im Taunus. Nass. Ann. 40, 1912, 1–416.

Ritz 1978
G. M. Ritz, Alter bäuerlicher Schmuck (München 1978).

Roth / Theune 1995
H. Roth / C. Theune, Das frühmittelalterliche Gräberfeld bei Weingarten I (Kr. Ravensburg). Forsch. u. Ber. Vor- u. Frühgesch. Baden-Württemberg 44 (Stuttgart 1995).

Salin 1904
B. Salin, Die altgermanische Thierornamentik (Stockholm 1904).

Schierl 2016
T. Schierl, Zu Scharnierarmfibeln und verwandten Formen beiderseits des spätantiken Limes. In: H. U. Voß / N. Müller-Scheeßel (Hrsg.), Archäologie zwischen Römern und Barbaren 1. Kolloqu. z. Vor- u. Frühgesch. 22,1 (Bonn 2016), 529–579.

Schleiermacher 1993
M. Schleiermacher, Die römischen Fibeln von Kempten-Cambodunum. Materialh. Bayer. Vorgesch. A 63 (Kallmünz / Opf. 1993).

Schmid 2010
S. Schmid, Die römischen Fibeln aus Wien. Monogr. Stadtarch. Wien 6 (Wien 2010).

Schmidt 1961
B. Schmidt, Die späte Völkerwanderungszeit in Mitteldeutschland. Veröff. Landesmus. Vorgesch. Halle 18 (Berlin 1961).

Schmidt 1970
B. Schmidt, Die späte Völkerwanderungszeit in Mitteldeutschland. Katalog (Südteil). Veröff. Landesmus. Vorgesch. Halle 25 (Berlin 1970).

Schmidt 1976
B. Schmidt, Die späte Völkerwanderungszeit in Mitteldeutschland. Katalog (Nord- und Ostteil). Veröff. Landesmus. Vorgesch. Halle 29 (Berlin 1976).

v. Schnurbein 1977
S. v. Schnurbein, Das römische Gräberfeld von Regensburg. Materialh. Bayer. Vorgesch., Reihe A, Bd. 31 (Kallmünz/Opf. 1977).

Schöneburg 1996
P. Schöneburg, Die Fibel vom Typ Wiesbaden aus der Siedlungsgrabung von Dallgow-Doberitz, Kr. Havelland. Ethnogr.-Arch. Zeitschr. 37, 1996, 167–175.

Schubart 1955
H. Schubart, Noch eine Zachower Fibel. Jahrb. Bodendenkmalpfl. Mecklenburg 1955, 102–104.

Schubart 1957
H. Schubart, Zachower Fibeln in Berliner Museen. Berliner Bl. Vor- u. Frühgesch. 6, 1957, 81–96.

Schuldt 1953
E. Schuldt, Die Bügelknopffibel. Jahrb. Bodendenkmalpfl. Mecklenburg 1953, 69–84.

Schuldt 1955 a
E. Schuldt, Die kreuzförmigen Fibeln in Mecklenburg. Jahrb. Bodendenkmalpfl. Mecklenburg 1955, 107–134.

Schuldt 1955 b
E. Schuldt, Pritzier. Ein Urnenfriedhof der späten Römischen Kaiserzeit in Mecklenburg. Dt. Akad. Wiss. Berlin, Schr. Sektion Vor- u. Frühgesch. 4 (Berlin 1955).

Schulte 1998
L. Schulte, Die Fibeln mit hohem Nadelhalter in Deutschland – Forschungsgeschichte und Forschungsansätze. In: J. Kunow (Hrsg.), 100 Jahre Fibelformen nach Oscar Almgren. Forsch. Arch. Land Brandenburg 5 (Wünsdorf 1998), 285–298.

Schulte 2011
L. Schulte, Die Fibeln mit hohem Nadelhalter (Almgren Gruppe VII). Göttinger Schr. Vor- u. Frühgesch. 32 (Neumünster 2011).

Schulz 1926
W. Schulz, Zur Entstehung der Augenfibel. Germania 10, 1926, 110–112.

Schulze 1977
M. Schulze, Die spätkaiserzeitlichen Armbrustfibeln mit festem Nadelhalter (Gruppe Almgren VI, 2). Antiquitas, Reihe 3, Bd. 19 (Bonn 1977).

Schulze-Dörrlamm 1986
M. Schulze-Dörrlamm, Romanisch oder Germanisch? Untersuchungen zu den Armbrust- und Bügelknopffibeln des 5. und 6. Jahrhunderts n. Chr. aus den Gebieten westlich des Rheins und südlich der Donau. Jahrb. RGZM 33, 1986, 593–720.

Schulze-Dörrlamm 1997
M. Schulze-Dörrlamm, Unbekannte Kreuzfibeln der Karolingerzeit aus Edelmetall. Arch. Korrbl. 27, 1997, 341–354.

Schulze-Dörrlamm 1999
M. Schulze-Dörrlamm, Münzfibeln der Karolingerzeit. Arch. Korrbl. 29, 1999, 271–288.

Schuster 1996
J. Schuster, Bemerkungen zur Datierung einiger eingliedriger Fibeln mit umgeschlagenem Fuss in Brandenburg. Ethnogr.-Arch. Zeitschr. 37, 1996, 87–93.

Schwantes 1924
G. Schwantes, Zur Typologie der Augenfibeln. Prähist. Zeitschr. 15, 1924, 138.

Schwantes 1958
G. Schwantes, Die Gruppen der Ripdorf-Stufe. Jahrsschr. mitteldt. Vorgesch. 41/42, 1958, 334–388.

Sedlmayer 2009
H. Sedlmayer, Die Fibeln vom Magdalensberg: Funde der Grabungsjahre 1948–2002 und Altfunde des 19. Jahrhunderts. Kärntner Museumsschr. 79 (Klagenfurt 2009).

Seyer 1982
H. Seyer, Siedlung und archäologische Kultur der Germanen im Havel-Spree-Gebiet in den Jahrhunderten vor Beginn u. Z. Schr. Ur- u. Frühgesch. 34 (Berlin 1982).

Siegmund 1998
F. Siegmund, Merowingerzeit am Niederrhein. Die frühmittelalterlichen Funde aus dem Regierungsbezirk Düsseldorf und dem Kreis Heinsberg. Rhein. Ausgr. 34 (Köln 1998).

Spiong 2000
S. Spiong, Fibeln und Gewandnadeln des 8. bis 12. Jahrhunderts in Zentraleuropa. Eine archäologische Betrachtung ausgewählter Kleidungsbestandteile als Indikatoren menschlicher Identität. Zeitschr. Arch. Mittelalter, Beih. 12 (Bonn 2000).

Sprockhoff 1938
E. Sprockhoff, Die Spindlersfelder Fibel. Ein Beitrag zum Verlauf der germanisch-illyrischen Grenze in Ostdeutschland. In: E. Sprockhoff (Hrsg.), Marburger Studien (Darmstadt 1938), 205–233.

Sprockhoff 1956
E. Sprockhoff, Jungbronzezeitliche Hortfunde der Südzone des Nordischen Kreises (Periode V) (Mainz 1956).

Stare 1973
V. Stare, Prazgodovina Šmarjeta. Katalogi in monografije 10 (Ljubljana 1973).

Striewe 1994
K. Striewe, Eine oberrheinische Nauheimer Fibel in Somerset, Grossbritannien. In: C. Dobiat (Hrsg.), Festschrift für Otto-Herman Frey zum 65. Geburtstag. Marburger Stud. Vor- u. Frühgesch. 16 (Marburg 1994), 653–658.

Striewe 1996
K. Striewe, Studien zur Nauheimer Fibel und ähnlichen Formen der Spätlatènezeit. Internat. Arch. 29 (Espelkamp 1996).

Stürzebecher 2010
M. Stürzebecher, Der Schatzfund aus der Michaelisstraße in Erfurt. In: S. Ostritz (Hrsg.), Die mittelalterliche jüdische Kultur in Erfurt 1 (Weimar 2010), 60–323.

Stundner 2006
J. Stundner, Ausgewählte Fibeln des 1. und 2. Jahrhunderts aus Aelium Cetium und seinem Umland. Röm. Österreich 29, 2006, 135–170.

Suter 1984
P. J. Suter, Neuere Mittellatène-Grabkomplexe aus dem Kanton Bern. Ein Beitrag zur Latène C-Chronologie des schweizerischen Mittellandes. Jahrb. SGUF 67, 1984, 73–93.

Teegen 1998
W.-R. Teegen, Die germanischen Scheibenfibeln der römischen Zeit. In: J. Kunow (Hrsg.), 100 Jahre Fibelformen nach Oscar Almgren. Forsch. Arch. Land Brandenburg 5 (Wünsdorf 1998), 339–349.

Teegen 1999
W.-R. Teegen, Studien zu dem kaiserzeitlichen Quellopferfund von Bad Pyrmont. Ergbd. RGA 20 (Berlin 1999).

Tejral 2001
J. Tejral, Die germanische Silberfibel von Mušov und ihr archäologisch-historisches Umfeld. Slovenská Arch. 49, 2001, 203–247.

Teržan 1976
B. Teržan, Certoška Fibula. Arch. Vestnik 27, 1976, 317–536.

Theune-Grosskopf 1995
B. Theune-Grosskopf, Zwiebelknopffibeln und ihre Träger. Schmuck und Rangabzeichen. In: B. Deppert-Lippitz (Hrsg.), Die Schraube zwischen Macht und Pracht (Sigmaringen 1995), 77–112.

B. Thieme 1978
B. Thieme, Filigranscheibenfibeln der Merowingerzeit aus Deutschland. Ber. RGK 59, 1978, 381–500.

W. Thieme 2003
W. Thieme, Gleicharmige Fibeln in Hamburgs Umgebung. Kunde, N.F. 54, 2003, 197–208.

Thiry 1939
G. Thiry, Die Vogelfibeln der germanischen Völkerwanderungszeit. Rhein. Forsch. Vorgesch. 3 (Bonn 1939).

Thörle 1998
S. Thörle, Formen und Verzierungen gleicharmiger Bügelfibeln im westlichen Frankenreich. Acta Praehist. et Arch. 30, 1998, 106–112.

Thörle 2001
S. Thörle, Gleicharmige Bügelfibeln des frühen Mittelalters. Univforsch. Prähist. Arch. 81 (Bonn 2001).

Thomas 1967
S. Thomas, Die germanischen Scheibenfibeln der Römischen Kaiserzeit im freien Germanien. Berliner Jahrb. Vor- u. Frühgesch. 7, 1967, 1–187.

Torbrügge 1979
W. Torbrügge, Die Hallstattzeit in der Oberpfalz 1.Materialh. z. Bayer. Vorgesch. A, Bd. 39 (Kallmünz/ Opf. 1979).

Treude 1997
E. Treude, Karolinger- und ottonenzeitliche Scheibenfibeln aus Schlangen-Oesterholz, Kreis Lippe. In: D. Bérenger (Hrsg.), Archäologische Beiträge zur Geschichte Westfalens (Rahden/Westf. 1997), 249–258.

Ullbert 1969
G. Ullbert, Das frührömische Kastell Rheingönheim: Die Funde aus den Jahren 1912 und 1913. Limesforschungen 9 (Berlin 1969).

Ulriksen 2002
J. Ulriksen, Scheibenförmige Kreuzemailfibeln des 9. bis 12. Jahrhunderts in Dänemark und Schonen. Offa 59/60, 2002/03, 145–165.

Vakulenko 1998
L. V. Vakulenko, One-piece fibulae with chord in high position and inverted foot (Almgren 158) and aspects of the chronology of the Roman Age sites in the Transcarpathian Ukraine. In: J. Kunow (Hrsg.), 100 Jahre Fibelformen nach Oscar Almgren. Forsch. Arch. Land Brandenburg 5 (Wünsdorf 1998), 241–247.

Vasić 1999
R. Vasić, Die Fibeln im Zentralbalkan. Prähist. Bronzefunde Abt. XIV, Bd. 12 (Stuttgart 1999).

Vielitz 2003
K. Vielitz, Die Granatscheibenfibeln der Merowingerzeit. Europe Médiévale 3 (Montagnac 2003).

Vijups 1994
A. Vijups, Pakavsaktas ar masivam un garenam zvergalvam Latvijas 14.–15. gs. arheologiskaja materiala. Arh. un Etnogr. 17, 1994, 124–128.

Viollier 1916
D. Viollier, Les sépultures du second âge du fer sur le plateau Suisse (Genève 1916).

Voigt 1964
T. Voigt, Zur Neugliederung der eingliedrigen Armbrustfibeln mit breitem Fußteil (Almgren Gruppe I, 10–14). Jahrb. Bodendenkmalpfl. Mecklenburg 1964, 175–225.

Voigt 1969
T. Voigt, Eine ostalpine Blechbügelfibel des 1. Jahrhunderts u. Z. von Möringen, Kr. Stendal. Ausgr. u. Funde 14, 1969, 33–37.

Völling 1994
T. Völling, Studien zu Fibelformen der jüngeren vorrömischen Eisenzeit und ältesten römischen Kaiserzeit. Ber. RGK 75, 1994, 147–282.

Völling 1998
T. Völling, Die Fibeln Almgren Fig. 2, 18, 19 und 22. In: J. Kunow (Hrsg.), 100 Jahre Fibelformen nach Oscar Almgren. Forsch. Arch. Land Brandenburg 5 (Wünsdorf 1998), 39–54.

Voß 1998
H.-U. Voß, Die Bügelknopffibeln. Almgren Gruppe VI, 2, Fig. 185 und 186. In: J. Kunow (Hrsg.), 100 Jahre Fibelformen nach Oscar Almgren. Forsch. Arch. Land Brandenburg 5 (Wünsdorf 1998), 271–282.

R. Wagner 2002
R. Wagner, Fibeln von Dalheim aus der Sammlung von Jean Winandy. Hémecht 54, 2002, 215–231.

K. Wagner 2006
K. Wagner, Köpenicker Teller und Spindlersfelder Fibel. Zwei Leitformen der jüngeren Bronzezeit aus dem Berliner Raum. In: W.-R. Teegen (Hrsg.), Studien zur Lebenswelt der Eisenzeit (Berlin, New York 2006), 333–351.

Walther 1999
W. Walther, Eiserne Korallenfibeln aus dem Brandgräberfeld von Körner, Unstrut-Hainich-Kreis. Typologie, Datierung und technische Beobachtungen. Alt-Thüringen 33, 1999, 153–180.

Wamers 1986
E. Wamers, Frühmittelalterliche Funde aus Mainz. Zum karolingisch-ottonischen Metallschmuck und seinen Verbindungen zum angelsächsischen Kunsthandwerk. In: E. Wamers u.a., Frankfurter Beitr. Mittelalter-Archäologie. 1. Schr. Frankfurter Mus. Vor- u. Frühgesch. 9 (Bonn 1986), 11–56.

Wamers 1990
E. Wamers, Bemerkungen zu zwei Zikadenfibeln aus westdeutschen Privatsammlungen. In: B. Arrhenius u.a. (Hrsg.), Frankfurter Beitr. Mittelalter-Archäologie 2 (Bonn 1990), 49–60.

Wamers 1994
E. Wamers, Die frühmittelalterlichen Lesefunde aus der Löhrstraße (Baustelle Hilton II) in Mainz. Mainzer Arch. Schr. 1 (Mainz 1994).

Weber 2007
M. Weber, Militärische Ausrüstungsgegenstände, Pferdegeschirrbestandteile und Fibeln aus dem römischen Vicus Pons Aeni/Pfaffenhofen. Bayer. Vorgeschbl. 72, 2007, 151–233.

Wegewitz 1944
W. Wegewitz, Der langobardische Urnenfriedhof von Tostedt-Wüstenhöfen im Kreise Harburg. Urnenfriedhöfe in Niedersachsen II, H. 5–6 (Hildesheim, Leipzig 1944).

Wendowski-Schünemann 2002
A. Wendowski-Schünemann, Anmerkungen zu einer frühen Latènefibel aus »Visselhövede«, Ldkr. Rotenburg / Wümme. In: U. Masemann (Hrsg.), Forschungen zur Archäologie und Geschichte in Norddeutschland (Rotenburg / Wümme 2002), 129–140.

Wendowski-Schünemann 2003
A. Wendowski-Schünemann, Bemerkungen zu einigen Fibelfunden vom Typ Kostrzewski Var. K im südwestlichen Niederelbegebiet. Kunde, N.F. 54, 2003, 55–67.

Wendowski-Schünemann 2004 a
A. Wendowski-Schünemann, Eine »späte« Frühlatènefibel aus Barchel-Lehmkamp. Bemerkungen zur Gruppe der so genannten Vasenfussfibeln. Arch. Ber. Lkr. Rotenburg Wümme 11, 2004, 223–247.

Wendowski-Schünemann 2004 b
A. Wendowski-Schünemann, Zu den emailverzierten Fibeln der vorrömischen Eisenzeit vom Typ »Helmshagen«. Nachr. Nieders. Urgesch. 73, 2004, 105–116.

Werner 1955
J. Werner, Die Nauheimer Fibel. Jahrb. RGZM 2, 1955, 170–195.

Werner 1981
J. Werner, Zu einer elbgermanischen Fibel des 5. Jahrhunderts aus Gaukönigshofen, Ldkr. Würzburg: Ein Beitrag zu den Fibeln vom »Typ Wiesbaden« und zur germanischen Punzornamentik. Bayer. Vorgeschbl. 46, 1981, 225–254.

Wiechmann 2005
R. Wiechmann, Münzen und Münzfibeln aus der spätslawischen Burg Dobin in Flessenow, Lkr. Nordwestmecklenburg. Bodendenkmalpfl. Mecklenburg-Vorpommern Jahrb. 53, 2005, 155–182.

Zanier 2004
W. Zanier, Ende der Nauheimer Fibeln in früher römischer Kaiserzeit? Arch. Korrbl. 34, 2004, 65–80.

Zeller 2008
G. Zeller, Das fränkische Gräberfeld von Ingelheim, Rotweinstraße. Grabung 1990. Mainzer Arch. Schriften 8, 2008, 269–276.

Zürn 1987
H. Zürn, Hallstattzeitliche Grabfunde in Württemberg und Hohenzollern. Forsch. u. Berichte z. Vor- u. Frühgesch. Baden-Württemberg 25 (Stuttgart 1987).

Fibelverzeichnis

Zum Autor

Ronald Heynowski (Jahrgang 1959) ist Archäologe. Er studierte Vor- und Frühgeschichte, Anthropologie und Ethnologie an den Universitäten Mainz und Kiel. 1989 promovierte er über den eisenzeitlichen Trachtenschmuck des deutschen Mittelgebirgsraumes. Es schlossen sich Untersuchungen zu Schmuckformen sowie zu chronologischen Fragen an. 1996 erfolgte die Habilitation an der Universität Mainz. Bis heute gelten seine wissenschaftlichen Interessen der Chronologie und den kulturellen Beziehungen zur Eisenzeit im mittel- und norddeutschen Raum.

Während der 1990er Jahre übernahm Ronald Heynowski Lehraufträge an den Universitäten Mainz und Freiberg. Seit 1997 arbeitet er am Sächsischen Landesamt für Archäologie in Dresden. Bis 2001 stand die Konzeption zahlreicher Sonderausstellung im Mittelpunkt. Heute leitet er das Referat Inventarisation und Dokumentation. Seit 2009 ist er Mitglied der Arbeitsgemeinschaft Archäologiethesaurus.
Ronald Heynowski ist verheiratet und hat eine Tochter.

Abbildungsnachweis

Zeichnungen:
Sämtliche Zeichnungen stammen von R. Heynowski. Die dazu verwendeten Vorlagen sind in dem zur jeweiligen Fibelklassen gehörenden Literaturverweis angeführt.

Fotos:
Die wiedergegebenen Fibeln stehen stellvertretend für eine bestimmte Fibelklasse. Deshalb wird auf eine Auflistung der individuellen Merkmale (Fundort, Fundumstände) entgegen der in der Archäologie üblichen Praxis verzichtet.

Bonn, LVR-LandesMuseum Bonn: Umschlagabbildung (3.26.3.), 3.24.3.2. (Foto: S. Taubmann), 3.24.1.2., 3.27.2. (Foto: H. Lilienthal), 4.4.4. (Foto: A. Thünker/H. Lilienthal), 3.26.2., 3.26.3.

Dresden, Landesamt für Archäologie: 1.2.3.2., 3.24.10., 3.26.17. (Foto: J. Liptak), 3.10.3. (Foto: S. Krabath), 3.18.1. (rechts), 3.19.2., 3.19.3., 3.19.7., 3.19.8., 3.20.1., 3.21., 3.22., 3.22.11., 3.28., 4.1.2.2. (Foto: U. Wohmann).

Hamburg, Archäologisches Museum Hamburg: 3.26.1. (Foto: N. Pamperin), 1.2., 1.2.2.3.2., 1.2.4., 1.3.3., 3.13., 3.13.4., 3.14., 3.15.8., 3.16.2., 3.18.2.1., 3.19.5., 4.1.2.4.

Konstanz, Archäologisches Landesmuseum Baden-Württemberg: 1.4.2., 3.10.1., 3.29.3., 4.2., 4.2.1., 4.2.1.2., 4.2.2. (2 x), 4.3.4. (Foto: M. Hoffmann, Rastatt), 2.3., 3.6., 3.7., 3.7.3., 3.10., 3.14.3., 3.15.1., 3.18.1. (links), 3.29., 4.2.1.1., 4.3., 4.3.2. (Foto: M. Schreiner).